微商这么营销才赚钱

深圳市马帮云商科技服务有限公司　编著

机 械 工 业 出 版 社

本书是一本深度揭秘微商营销，帮助传统企业完成电商转型，普通大众低成本做微商盈利的实用工具书。本书打破了人们对微商的传统观念，将其归纳为移动端的电商，不只局限于微信平台的电商营销，更扩散到微博、移动APP等其他的社交媒体平台上。

在营销方法上，书中不仅讲解了移动端多个微商赚钱工具，如微博、微信公众平台、微信朋友圈、APP应用、自媒体渠道等，还解析了微商应如何借助不同的平台展开营销，对企业和个体经营者进行了战略指导。无论是刚刚起步的个人微商，还是已然发展并预备转型的传统企业，都可以在本书中找到适合自己的微商营销方法。

在营销案例上，本书列举了50余个微商的成功营销案例，其中不仅有多个个人微商案例，还囊括房产、金融、餐饮、快消品、美妆服饰、旅游、商场等12大行业的企业微商案例，从而深度剖析了案例中的营销策略及行业指导，总结分析了可运用之处。

本书适合各类企业的经营管理人员、从事广告营销工作人员、相关培训机构以及对自主创业感兴趣的读者朋友阅读借鉴。

图书在版编目（CIP）数据

微商　这么营销才赚钱／深圳市马帮云商科技服务有限公司编著. —北京：机械工业出版社，2015.5 （2016.5重印）

ISBN 978-7-111-50686-7

Ⅰ. ①微…　Ⅱ. ①深…　Ⅲ. ①网络营销　Ⅳ. ①F713.36

中国版本图书馆CIP数据核字（2015）第142878号

机械工业出版社（北京市百万庄大街22号　邮政编码100037）

责任编辑：丁　伦　　责任校对：张艳霞

责任印制：乔　宇

保定市中画美凯印刷有限公司印刷

2016年5月第1版・第2次印刷

170mm×240mm・18印张・446千字

3501—5300册

标准书号：ISBN 978-7-111-50686-7

定价：55.00元

前言

如今移动互联网发展如火如荼，传统营销模式正在发生变化，无论对于企业家还是普通的经营者、创业者，这都是不可错过的发展机遇。想让你的企业用更小的成本创造更大的效益？想你的小店变得人尽皆知，登上话题头条？想白手创业，挣取你人生的第一桶金？如今选择做微商，这些就都可能成为现实！

纵观2015年，微商发展势头可谓相当猛烈，朋友圈中各种卖家商品信息的刷屏，各种微店APP平台的面世，各种企业搭建起的微信公众平台商城……微商只用一年时间就完成并超出了淘宝花十余年时间发展的1000万个卖家，光口袋购物旗下的“微店”APP注册用户数量就超1200万，更不用说微信上卖货的商家了，数量可谓惊人。而随着被誉为“微商元年”的2015年的走过，微商已经成为了未来新型电商平台中势不可挡的中坚力量。

当你还在用微信朋友圈发自拍时，已经有人发现了其中蕴含的巨大商机；当你对加入微商犹豫不决时，已经有人赚到了自己的第一桶金；当你准备加入微商时，已经有人建立好了自己的微信、微店商城，打出了自己的品牌……在移动互联网高速发展的时代里，如果你还是选择一味地错过和等待，你将不是被超越就是被淘汰。

本书就是在这样的大时代环境下，向读者们介绍了个人如何通过不同的社交媒体平台做微商，用人人触手可及的营销方式来赚钱。企业怎样利用社交媒体平台转型做新电商，紧随大时代的步伐，用创新的营销模式来赢得更长远的发展和收益。本书削弱了那些看起来“高大上”但却不切实际的营销“专业理论知识”，本着“用事实说话”的原则，向读者们讲述了从事微商的建议与营销步骤，从不同的成功案例中为读者分析他们的营销创新思路，出奇制胜的营销细节，以及与客户的沟通相处方式等内容。本书将真正的建议落实到营销行动上，让微商们能把本书当做自身发展过程中实用的参考指南。

书中不仅仅介绍了时下大热的微博、微信平台的微商运营策略，更介绍了微商的辅助营销平台的营销技巧和思路，如口袋购物的“微店”，豆瓣的“东西”，短视频应用的“微视”“美拍”，SNS平台“天涯论坛”和经久不衰的“QQ”这些工具。除了微商之外，还介绍了与微商相辅相成的新兴人群——自媒体，从而进一步开拓了微商的赚钱渠道。

为了能让各行各业的读者能更好地理解如何转型做微商，本书还列举了来自房产、金融、餐饮、快消品、美妆、旅游、电子、汽车、传媒、商场、互联网产品、生活服务12大行业的营销案例，剖析了不同行业中的多平台的整合营销运作模式。虽然本书无法做到为每一位读者“量身定做”，但我们希望读者们可以通过本书，在众多繁杂的营销关键点中掌握住最适合自己、最匹配自己的那一个，进而找到最有利于自己快速赚钱的方式。

本书由深圳市马帮云商科技服务有限公司的多位专家、顾问共同策划编写，主要人员包括梅文、何辉、邹国庆、姚义琴、江涛、李雨旦、邬清华、向慧芳、袁圣超、陈萍、张范、李佳颖、邱凡铭、谢帆、周娟娟、张静玲、王晓飞、张智、席海燕、宋丽娟、黄玉香、董栋、董智斌、刘静、王疆、杨枭、李梦瑶、张小雪、黄聪聪、毕绘婷、李红术等。

由于作者水平有限，书中难免存在不足之处，恳请广大读者批评指正。

编者

目录 Contents

第 5 章 APP 微商机，小乾坤里的大世界

第 6 章 自媒体，粉丝经济颠覆传统创业

第 7 章 看 12 大行业如何争做指尖微商

第 8 章 个人品牌微商自有创业门道

第1章

移动互联网，一部手机做微商

今天，移动互联网正不断地侵占着人们的时间和注意力。无论是在公司、家里还是上下班的路上，人们随时随地都拿着手机浏览着移动互联网上的内容。优酷APP 移动端日均浏览量超 3 亿，微博、微信、QQ 等各种即时通信工具都成为了人们日常生活的必备 APP……正是这些手机端的 APP 丰富了人们的生活并消磨了这些碎片化时间。移动互联网让所有媒体内容“移动”起来了，营销环境也随着传播介质的改变而改变。符合时下用户主流生活体验的媒体才是营销传播媒体的引领者，而移动互联网也毋庸置疑地成为未来各行各业的主要营销传播阵地。

1.1 移动微商的商业机遇

有数据显示，2014 年双 11，淘宝的移动端成交量 7 小时内就突破百亿，可见如今人们在移动端购物的习惯已经根深蒂固。而移动互联网的普及，也为众多的电商们提供了更多更好的机遇。

在移动电子商务普及的今天，人们的生活更加便利和实惠。如今大多数人抢购商品已经不必再死守着计算机，随时随地打开手机即可购物。在商场看到一件衣服，拿出手机拍个照片或者扫下二维码，再者还能利用语音输入，点击一下就能得到衣服的详情；在实体店铺看中某个商品，拿出手机来比价，马上就可以上网购买；出去游玩累了，打开地图看下周围的餐馆，评价、团购信息、优惠券一应俱全。而随着智能手机的普及和国家在移动支付安全方面的保障体系更加完善，我们的生活形态变得越来越“移动化”，4G 网络时代下的移动电子商务已然进入到一个快速增长的时期。

在此情况下，以客户端为代表的手机应用正在成为移动购物的最主要通道及入口。随着手机运营商、第三方支付的移动支付业务日趋成熟，搜索、LBS、二维码等功能与电子商务相结合的尝试带来了很多新的价值与体验。例如微博、微信、大众点评、百度搜索等，这些应用工具可以借助线下场景，在用户最希望比价或者消费的时候提供优惠的消费选择，帮助卖家实现线上、线下营销一体化。于是除了淘宝、京东以外的电商平台，更利于人们下单购物的微商行业诞生了。

◎ 1.1.1 手机改变传统营销方式

手机作为移动互联网的重要载体，已经逐渐成为未来人们生活和消费的首选通道，也成为未来影响人们日常生活和消费行为的关键工具。毋庸置疑，手机作为快速发展的移动互联网市场第一入口，如今已经逐渐成为各个传统行业进行移动互联网营销的主流平台。

传统的营销模式，无论是将广告放在线上还是线下，都无法解决与用户双向互动的问题。用户永远是单方面在看广告，而不能融入广告商所创造的营销场景中。用户无法产生认同感，广告自然失去了意义与价值。传统营销还不能解决差异化的广告处理问题，同一个广告是很难满足所有用户的需求的，但是传统的营销模式中不可能做到广告的个性化定制，而没有差异的广告自然不能吸引用户。

而手机端营销则不存在以上问题。由于移动互联网特殊的交互方式，决定了用户可以在营销过程中参与双向的互动。当用户融入广告场景并成为营销的一部分时，对于广告的认同感自然产生。同时，让用户参与到营销过程中，可以最大限度地降低传统营销带给人的距离感，从而变成差异化营销的最佳方法。这两者相结合，手机端营销的优点自然不言而喻了。

传统营销模式还因为其传播效率低下，导致了营销成本的直接增加。虽然互联网时代的营销成本有所下降，可是依然不能避免广告效率低下的问题。究其根本，还是传播方式的问题。传统互联网时代只是将旧有的纸质、电视等媒体资源放到了网上，用户将浏览广告的方式从报纸电视变为计算机屏幕，没有发生关乎营销本质的进步。但移动互联网的来临，让手机端成为了人们主要的信息载体，人们对手机的依赖使得传播效率得到改善，可见手机端营销必将逐步在今后的营销策略中占据越来越重要的地位。

对于微商来说，通过智能手机 APP 客户端，注册品牌信息，发布产品数据，同客户在线交流互动，实现在线交易。巨大的信息量和便捷的互助系统，为微商起到很好的宣传推广作用。无限的商机和低廉的运营成本，促进微商进行精准营销。同时，在智能手机的另一端，消费者可根据自己的需求，搜寻相关产品，产品信息一目了然，轻松点击即可将所选物品放入“购物车”，并通过支付宝或者网上银行完成支付，最终通过物流将产品送达客户。完成整个交易过程，一部手机就能搞定。

当智能手机功能在不断丰富，第三方应用程序也在不断更新和完善，使得以手机为代表的智能手持终端得以更快速地深入应用于每个行业。要想成为行业的领头军，就必须紧随移动互联网时代步伐，利用最新技术和社交平台，积极探索最优异的营销渠道，才是企业和商家最佳经营之道。

◎ 1.1.2　“双微时代”正值盛世

当移动互联网正飞速发展，以人为中心、以微众为主角的社交平台也成为品牌企业在移动营销上的战略重地。越来越多的企业和商家注重在微博、微信等平台的营销，如图 1-1 所示。他们在很多平台开设了账号，有些甚至制定了详细的运营策略，加粉、内容媒体化、大号转发、事件炒作、活动转发成为当下许多品牌企业常用的营销手段。

图 1-1　微博、微信平台 LOGO

在我国，微博的发展是以新浪微博在 2009 年 8 月试运行上线为标志的。此后，国内各大门户网站都推出了自己的微博，但其中最有影响力的是新浪和腾讯的微博。微博 140 字的内容发布形式，虽然短小但却具有相当强的表现力；而微信从 2011 年上线以来，也以无比迅捷的速度蔓延，形成了我们生活中不可缺少的沟通方式。现在，许多人的生活和工作网络往往是依赖微信建构的。

1. 构成人们的“微生活”底色

微博作为个人的信息平台，已经成为人们接受信息的主要渠道。尤其是

80、90后的年轻人们，都开始越过传统媒体，依赖微博平台来接收信息，因此也深受微博中的报道和观点的影响。另一方面，微博也是每个人直击信息、进行报道和参与社会生活的主要渠道。它在具有媒体功能的同时，还兼有社交网络的功能，所具有的弥漫式的传播能力和短小精悍的特点都让人着迷。

而相比之下，微信的力量在于人际关系的紧密性比微博更强。作为即时通信工具的微信，将传统的短信、通话的通信方式全部以类似方式收罗其中。更有互联网专家预言："在不久的将来，很多互联网网站的运营也会受到微信的冲击。"在微博里无论如何，大家都是保持着弱联系，大V用户和普通用户还是若即若离。但微信上都是熟人间的交流，更具亲近感。可以说，微博是社交化的媒体，而微信是媒体化的社交。

微博和微信对于年轻人来说，已经逐步像手机号码一样成为生活的一部分。它既是虚拟的，也是现实的，既是虚拟世界的新宠，又对现实世界正在发生着多方面的影响。它带来了新的分享的可能，也带来了具有想象力的公共空间，构成了新时代下的"双微生活"。

"双微生活"改变了人们交流的方式和接受信息的方式以及生活习性，使得人们更加依赖互联网和移动互联网，并且其通过"大数据"为未来的社会发展提供了关键的踪迹。在其中留下的人们的兴趣、关切和习性，都会成为社会生活最为关键的信息资源。

2. 双微营销大行其道

在微博和微信的社会化成为人们交流沟通时不可或缺的平台时，它们也对传统纸质或电子媒体形成了冲击，更改变了传统的营销形态。

传统的营销模式慢慢被其取缔，单向的沟通已经不再符合时代要求，无法获得消费者的关注。在双微平台上，人与人、人与企业之间的沟通逐渐变得零距离，注重互动的"微营销"也呼之欲出。

双微平台的操作都十分快捷简便，对用户技术要求低。具有很强的时效性与互动性。每个双微用户都能拥有好友与粉丝，形成一个传播小团体，通过转发将信息大面积"辐射"出去，使之无限传播并且速度极快。

双微平台的这种如原子裂变般的传播威力，在当前时代的"脉搏"变得越来越快时，企业和商家们有什么理由不去重视它带来的可能性呢?

要想开展"微营销"，商家和企业就得做到以下三点——服务性、深入性、全面性。

➢ 服务性：用优质的服务来突出品牌，不单单专注于"双微"的社会化属性上。在这一点上，一些公认运营较好的官微可以给我们启示：杜蕾斯、可口可乐等品牌因注重服务，从而拥有高参与度、高知名度的微博及微信公众平台。这些热门官微的形成都是需要运营者每时每刻默默守在屏幕前关注相关信息，及时转发、

快速反应、快速互动的。

➢ 深入性：微博作为信息平台，更适合作为线上品牌的发声媒体，而微信则更适合做 O2O 服务。可以说微博用来吸引消费者，而微信则是圈住消费者。如今在微信上做游戏、做购物网页的品牌比比皆是，如何不断对开发技术进行研发和学习，并将技术与自身品牌相结合，是值得运营者们深入研究的。

➢ 全面性：尽管"双微"盛行，但像"人人网""百度贴吧""天涯论坛"这样的 SNS 垂直社区上的推广也不应该被轻易放弃。虽然这些社区早已不站在网络的风口浪尖，但若只把它们当做一篇软文、新闻稿就可以解决的地方，就太过草率了。利用好每个 SNS 社区特有的文化，谈论的话题，关注的时事以及消费者的行为，再结合"双微"的力量，完全可以引发新一波的互联网流行趋势。

消费者如今需要的是有趣又新颖，并且贴近自己的营销手段，所以微商们必须以"为消费者着想"的角度来开展营销思路。具体来说就是"从为产品吸引消费者，转变到为消费者介绍好产品"这么一个过程，这便是以用户为中心的移动互联网思维。

◎ 1.1.3　指尖掘金，微商势头正足！

当微博、微信深入到了人们的生活中以后，微商也慢慢随之而诞生。如今人们在刷各种社交平台时，都可以看到大大小小的广告，而这些广告不仅仅来自各大企业，还包括了无数的个人用户，他们都是微商。

做微商，不需要大量的成本资金，不需要高租金、好地段的线下店面，不需要承担高风险也能有高收益，不需要进行复杂的电商平台操作，哪怕只有一部手机，一样可以做微商！

当越来越多的人加入到微商的行业中来后，用一部手机创造出超大数额的销量奇迹再也不是神话，"微信卖面膜月销 10 万""开微店卖零食，年成交额破百万"等，这些案例无一不表明着，在移动互联网的大环境下，移动营销的新模式给普通人都带来了更多的商业机遇。

如今很多人一听到微商，首先想到的就是微信营销，其实微商远远不止是微信营销，可以是很多种营销模式，更可以通过很多设计工具来实现，比如陌陌、QQ 和微博等。那么到底什么是微商？编者认为微商就是企业或个人利用各种社会化媒体运营的新型电商，更简单来说，微商就是移动式电商。

从企业微商的角度来看，目前微信已有 800 多万的微信公众账号，以企业为主的 B2C 微商逐渐处于升温状态，虽然微信没有给予太多的流量导入，但是却得到了微信的强大支持和认可。加之"微信小店""微盟"等平台的诞生，无不是为企业微商们提供了强有力的营销途径，用更低的成本来建立自己的品牌商城。

从个人微商的角度来看，微商行业具备的投入小、门槛低、传播范围广、足不出户便可推广与销售等特点，满足了大多数有意愿自己做点生意，却不敢轻易尝试实体性创业，亦没有太多资本投入，也不熟悉企业运营的个体。

微商目前已经在市场上形成了一种不可忽视的力量，2014 年的下半年，很多国内知名品牌已经进驻微商战场。它在一定程度上解决了传统市场与电商市场的渠道引流费等高成本、短促人员高管理要求、投入成本回收慢等问题，不仅可以快速铺开销售渠道，还能以星星之火燎原之势，用低成本将广告铺向社会的每一个角落。

1.2 微商元年来临，你准备好了吗？

2014 年微商兴起，移动互联生活中开始掀起了一股赚钱浪潮，一如十年前的淘宝，吸引着许多企业和个人都加入其中。微商就像蚂蚁搬大象，看似笑料，却不吭不响地将其抬了起来。如今微商逐渐发展成熟，2015 年也被誉为微商元年的称号，在这样一个大势所趋的环境下，想要轻松赚取第一桶金的你，还不准备加入吗？

◎ 1.2.1 2015，微商元年的 6 大趋势

纵观 2014 年，微商的发展是相当迅猛的。微商只用一年时间就完成并超出了淘宝花十年时间发展的 1000 多万个卖家，光“口袋购物”的微店数量大概就超过 1200 万了，更不用说朋友圈卖货了。不可否认，微商成为移动电商的一个重要分支已经成为共识。2015 年的微商元年已经到来，微商的发展势头将更好，作为可以和淘宝一较高下的新行业，微商充满了未来。

微商中流传着这么一句话：“我们卖的不是产品，是信任。”当伴随“卖信任”的“小伙伴”越来越多时，又出现了这样一句话：“自从做了微商，从此没有朋友。”像这样严峻的微商社交生态的现象也延续至今。不可否认的是，业界唱衰微商的人也不少，不整顿微商自然生态，提高微信用户的体验度，微商被扼杀也不是不可能。但在经历了朋友圈微商被屏蔽，各种造假售假工具被曝光，各大分销平台崛起等现象后，微商开始逐渐回归理性，越来越多的商家开始达成“戒违规、戒伪劣、戒传销、不乱市、不囤货、不暴利、不刷屏、不杀熟”的商业伦理和共识。如今愈演愈烈的微商，在 2015 年里会存在怎样的趋势呢？

1. 品牌化

微商最初是个人居多，且主要以朋友圈渠道销售为主。但随着微商队伍的壮大，产品同质化也日益严重，单一的销售渠道让个体微商们逐渐被淹没，取而代之的是大多数品牌的兴起。消费者在微信购物的新鲜感过后，会越来越理性，对品牌的要求也更高，包括代理商都会更看重品牌。例如俏十岁、韩束等品牌的一

夜崛起让许多微商看到了新的创业方法，品牌化和集团式的作战方式让越来越多的微商们从曾经的 C2C 端走向 B2C 模式。

当下的市场经济是粉丝经济，微商的成功同样离不开粉丝，而粉丝更多的来源是基于对品牌的认可，微商玩的也是品牌。因此在 2015 年做微商，首先要拥有品牌意识，这样才会有更广阔的未来。

2. 社群化

如今的时代已经逐渐演变为一个社群时代，也就是要资源共享、平台对接、联合营销。一个人的力量是有限的，但社群的力量就不容忽视。大家将资源高度整合，相互抱团，在相同的兴趣爱好和情感共鸣上建立起微商社群。社群的力量可以让个体微商少走弯路，大家可以相互扶持、相互推广。一旦组建了社群，你就不再是一个人摸着石头过河。这样的社群从某种意义来说既可以是流量入口，又可以成为一种新的变现方式。

3. O2O 化

如今市场上 O2O 的概念越来越清晰，也越来越落地，无论是传统行业还是新兴行业都开始玩 O2O。O2O 最重要的一点就是服务，如果微商仅仅只把自己定位成一个微信卖东西的人，那么他就只是一个卖家或中介商。而如果把自己定位成一个移动客服的话，解决终端的用户找信息难和信息不对称问题，那么微商就会成为移动电商的桥梁。同时，微商们还可以借助着微信公众号和服务号开放的接口，研究出更多新颖的功能，让 O2O 真正落地，助力营销。在 2015 年要做微商，就得将 O2O 玩得更接地气。

4. 服务化

在微商发展势头正强之时，越来越多的第三方服务平台也开始崛起。第三方服务平台，可以通过一些技术手段来帮助个体微商和企业微商们规范繁杂的交易流程，以及开发出更多提升客户体验的购物功能。目前简单粗暴的朋友圈卖货已经不完全适合微商的发展，只有开发出更多便捷、有趣的购物功能，才能提升客户的购物体验，促进销售。

例如一些在微信公众平台上的微商们，就可以通过“微盟”“微俱聚”等第三方服务平台，为自己搭建一个更美观更完善的微商城。而对于一些做得较大，常常拥有大量订单的微商们，就可以通过第三方服务平台整理交易订单，提供客户服务等，将自己的“店面”系统化、流程化。

除了技术上的支持之外，第三方服务商还会给微商们提供培训、代运营、品牌策划、推广等方面的服务，许多品牌或自媒体人的平台都是通过第三方服务商来实现盈利，但第三方的开发成本和营销推广的成本太高，这对于一些个体微商来说还是一个不小的门槛。

5. 多元化

微商基数的扩大也意味着微商们售卖的产品将越来越多元化。“小而美”的产品会逐渐崛起，带有独特风格和差异化的产品会越来越受欢迎。根据微信购物的调查报告显示，个性淘货仅次于精明消费，约占到整个消费的五分之一。与此同时，用户对非标产品的购买率也正在不断增加。比如非大众化的品类，像食品、珠宝、首饰、美妆、母婴以及跨境类商品等都在微商平台上大卖。

6. 渠道多维化

虽然微信又有移动社交流量第一入口的“宝座”，但在 2015 年里，移动互联发展越来越强大，对于除微信外的其他社交平台的营销推广，微商仍然不可忽视。对于微商们来说流量入口永远是排在第一位的，通过多个平台渠道，将各种社交入口的流量汇聚到一起，QQ 空间、陌陌、易信、来往、微博、博客等都是比较好的通道，将分散的流量整合到一起输送给商家，虽然这是一个很大的工程，但是对微商们来说意义非凡。

7. 政策柔性化

政策的柔性化主要表现在以下两个方面。

➢ 国家层面：在某些方面微商营销已经濒临传销的边缘，甚至有的通过不断发展下线已经算得上是在线传销了，如果任由其发展，最后势必会造成严重恶果。

➢ 微信官方方面：面对恶意营销，暴力刷屏破坏用户体验的行为，微信方面一定会大力整顿、惩治。

在微商政策制定层面，编者认为国家和微信团队还是会表现出比较柔性的一面。毕竟微商是一种新型的商业体，微信朋友圈活跃用户很大一部分群体来源于这些微商，而根据中国信息经济学会发布的《微信社会经济影响力研究报告》称，微信带动的就业数量已达到约 1007 万人，所以有理由相信微商会迎来大发展。

2015 年的微商。把握风向是微商最应该做的。虽然如今微商能否成为可持续发展的另一种盈利模式还有太多不确定性因素，但是可以确定的是，2015 年的微商，一定有更多的发展及成长的机遇和空间。

◎ 1.2.2 微商林立，成为创业者的舞台

微商，作为时下最流行一种新兴职业，正在吸引着各种各样的人加入其中。无论是利用闲暇时间，用来做兼职的大学生、妈妈团、白领，还是全身心投入的微商人员，这个行业无疑已经成为了他们的创业舞台。微商发展到现阶段，已经有许多之前的电商从业人员也加入到这个行业，并且越来越多的微商不仅只是一

个人，而是一个公司或者一个团队，正是因为这些群体的加入，也加剧了微商的发展。专业的知识，更加专业的团队，所以会在原有的基础上去进行创新，从而来带动行业的发展，让行业能够朝更好的方向发展。

当创业者们纷至沓来，微商的营销模式也逐渐扩大。区别于一开始只用微信做载体来进行交易的模式，越来越多的“微店”APP 也被开发出来。零成本、零风险、低库存、高收益等让人心动的基础条件，加之简单快捷的操作方法，在这些 APP 上开店也成为了众多微商的首选，为众多的创业者们提供了一个新的营销途径。当微商们不再执着于微信平台，将营销的目光放到多个社交平台上，进行多处撒网，得到的收获才会更大。

◎ 1.2.3　发展下线让商圈慢慢扩大

一些人做微商，是为了卖自己喜欢的东西，做自己喜欢的事。而还有一部分微商，则被一些外界偏激地认为是“传销模式”。主要表现在他们以不断地发展下线，通过层层代理来获取利润。许多号称“月赚百万”的微商虽然听起来让人难以置信，但确实他们都轻松地赚到了钱。不同的是他们赚的并非产品的钱，而是层层代理的钱。虽然这样的营销方式被外界褒贬不一，但不可否认的是，做代理微商，对于一些已经拥有一份长期工作，但又想靠闲暇时间来赚外快的人群，是较好的选择。如今有不少的微商，从最开始一个小小的下线代理，慢慢地发展壮大，通过人脉关系将商圈越扩越大，到最后成为了品牌的区域代理，变身为最大的赢家。编者认为，无论你是做哪一行的微商，是选择自己卖货还是成为代理，只要努力去做，用心与别人交流，用自己的真心感染你的客户，不售卖假冒伪劣产品，成功就是指日可待的。

第2章

微商营销改革，微博坐稳头把交椅

2011年，微博火了。当微博出现在人们生活中的那一刻开始，就迅速以其便捷、快速和及时互动等特点而被人们所追捧。随着近年来微博功能的不断优化，加之京东、好乐买等电商纷纷在微博上开展“微卖场”，微博与电商结合，微博营销也成为了微商们渐渐重视的途径之一。

2.1　微商获利，看微博影响力

有数据显示，我国微博平台上的网民渗透率高达 60.4%。人们通过微博发布信息，交流思想，影响他人，更建立起了一个又一个的交友圈，成为生活中不可缺少的一部分。拥有如此多的粘性用户，让微博获得了巨大的影响力。

◎ 2.1.1　建个微博，草根一秒做微商

微博上曾经流行过这么一个段子："一个外国人问，你们中国的手机具有检测病毒的功能吗？答曰：没有啊！外国人又问，那为什么中国人吃饭之前总是喜欢用手机在食物上照一下才吃呢？"

这则幽默笑话点出了如今微博控们潜在的生活变化，这也是现代人的一种全新生活状态。微博的诞生在无形中改变了人们的生活习惯。据最新数据统计显示，新浪微博的注册用户在 2014 年已经超过了 5 亿，每天产生的微博内容接近 2 亿条。

人在哪里，哪里就能成为微商营销的战场，所以微博营销也已成为时下最热门的微商营销方式之一。

国内著名的天使投资人"@蔡文胜"公开称自己手里的微博已经日进斗金，扬州女企业家坐拥上百微博账号价值千万，越来越多的商家将做生意的目光投到微博平台。微博水军来袭，广告铺天盖地，营销无处不在，在经意或者不经意间，草根微博世界已自成"江湖"。微博已经逐渐融入了我们的生活，在微博上赚钱也已经不再是传说。越来越多的草根们都选择加入微博营销的阵营，成为新时代的微商。

草根们只要轻松地建立一个微博，就能够摇身变微商，轻松做生意。在微博里能够建立微商和用户的平等互动关系，而不是微商生硬地向用户推销。能够非常好地帮助微商维护用户关系、提升企业形象，甚至促销产品，更可以帮助草根微商们成为财富场上的传奇。对于草根们来说，微博可以做到真正的白手起家。没有市场资源，微博里找；没有客户，微博里找；没有效益，微博里找！只要你用心运营，抓准机遇，看到别人看不到的市场，第一桶金就能够属于你！

◎ 2.1.2　微博的微商"钱途"

随着社会化营销的发展，微博这样一个自媒体的营销平台，以其快速、精准、及时、开放、互动诸多特点赢得微商们的重视。但是很多微商在没有认清其价值，弄清自身需求时，就匆忙上马，结果铩羽而归。在营销之前，应该先清楚微博所具有的价值，才能开展有效可靠的营销方案，微博平台的"钱途"主要体现在以下几个方面。

1. 提供价值

移动互联网之所以会有如此多的平台拥有大量的用户基数，最根本的原因还是在于其满足了用户的需求。如果说网民们都是住在一个村庄里的居民，那么微博就是这个村庄里的喇叭，喇叭里的广播不仅仅播新闻、播天气，还会播笑话、人生小妙招和一切能够与居民息息相关的信息。这就是微博的价值所在，你不仅仅能够用来打磨碎片化时间，更可以从中找到有价值的信息。

在微博平台上，有许多来自各个领域的大号。例如，编者一位做广告设计的朋友，在微博上关注了一位“@无创意不广告”的大号，他经常会翻其微博寻找创作灵感，或者设计的素材。在这个微博大号中，不仅仅给许多用户提供了很多专业性的设计知识，还会提供一些设计时需要用到的素材，更有丰富的设计成品供用户欣赏，这就是满足了用户需求。这个大号把粉丝定位为广大普通设计师们，为其提供真正有价值的东西，以此赢来众多的粉丝。

2. 广告宣传

以前的企业和商家们想做广告，要不花大价钱在电视台的黄金时段插播那么几秒钟的广告，要不就是在公交站台、商场外围、报纸版面上花钱选位置来“贴”广告，再不然就在某个用户量较多的网站上设置窗口广告，这也同样要花钱，要想不花钱或者花小钱又能打广告的地方实在难找。但是微博诞生了，这为众多的企业、个人微商们打开了一个低成本广告的大门。

3. 树立品牌形象

这一点对于企业微商来说尤为重要。品牌是一个企业的中心，也是企业所有战略和策略的中心点，企业的一切行为最终是为了塑造品牌。所以一个品牌树立的成功与否，会直接关系到这个企业营销的成功与否。而微博作为网民用户最为集中的平台之一，正是企业树立品牌的好渠道。微博缩短了用户与企业的距离，让企业走进用户，参与用户讨论，聆听用户声音。当用户发布微博评价过企业之后，这条微博可以迅速被其他人看到或转发传播，这些来自用户的声音更容易让其他用户认同。

企业还可以通过对微博整体的设计包装，把品牌精神、品牌内涵等信息元素传递给目标受众，利用微博塑造及强化品牌形象，展现品牌魅力。

4. 产品销售

在微博上宣传品牌和广告，都是在引导用户们做同一个动作——购买产品，赚钱是微商们的最终目的。在微博上卖东西也已经不是什么新鲜事，如今在许多微商的置顶微博上，或是资料中都能够看到购买商品的链接地址。例如，一家名叫“快书包”的企业还能允许用户通过微博私信下单，此企业约 40% 的销售来源于微博。特别是在阿里巴巴与新浪合作之后，新浪微博更是成为众多中小卖家获取流量、最终实现产品销售的一条新渠道。

5. 客户服务

消费者永远是选择最方便的渠道来与企业沟通，以前可能是通过邮件、电话。当微博成为常用工具后，他们更愿意通过微博来进行咨询与投诉，所以服务性行业的微商应该特别重视微博上用户的咨询建议。

6. 互动沟通

微博的魅力在于互动。拥有一群不说话的粉丝是很危险的，因为他们慢慢会变成不看你内容的粉丝，最后更可能是离开。微商们在微博上要善于查看并回复微博上粉丝的评论，被关注的同时也去关注粉丝的动态。既然是互动，那就得相互动起来，有来才会有往。如果你的微博想获取更多评论，就要用积极的态度去对待评论，回复评论也是对粉丝的一种尊重。

7. 公关处理

互联网注定不是一对一的传播模式，而是一对多的模式，特别是在微博上。企业商家们开展网络公关就是希望在网民中树立自己的形象和口碑，与网友们搞好关系，从而争取让他们进行主动传播。企业好的消息要在第一时间内传播出去，不好的消息也要在第一时间内澄清，并予以解释。这两种情况都要在最短时间内让尽可能多的人看到，那么目前除了微博以外恐怕没有其他平台可以做到。微博上聚集了中国约 **50%** 的网民，加之其易传播性和几何式传播特性，所以它是企业开展公关不可或缺的工具。

◎ 2.1.3　口碑营销的强工具

口碑营销，也是一种病毒式营销。与传统营销相比，口碑营销具有成本低、可信度高以及可控性差这几个特点。口碑营销主要以人为基础，利用人们对产品相关信息的认知与评价在公众之间传播的一种舆论营销方式，而微博的最大特点就是传播迅速，可以说微博是最适合口碑营销的平台。那么在微博上要如何开展口碑营销呢?

口碑营销的特点就是以小博大，所以需要一个可以造势的“爆点”，品牌和产品需要有话题附着力，这样才能流行开来。

首先，产品质量要有保证，如果连最基本的质量都无法过关，广告推广做得再好也是无济于事。口碑营销不单单是口口相传，而是要有精心策划才能实施的。

其次，要对自己的品牌及产品进行分析，找出自己的核心竞争力。要从用户的角度去分析，知道他们为什么会选择你的产品，这样才能找出宣传点。找到了这些可以传播的点之后，就得想办法将这些信息用一个可以煽动人的爆点传播出去。可以选择在微博上制造出一个能引起大众谈论传播的话题，这个话题并不一定要是产品宣传。它可以是一句经典的广告词，也可以是当天的热门话题中的一个，还可以是一个令人心动的抽奖活动。总之，一个有影响力的话题才会有利于微博的传播。当营销者创造出了一个成功的话题后，一定在后面推波助澜维护这个话题，让其一直保持自身的新鲜感，这样才会慢慢积攒一个好的口碑。

最后，微博内容的质量往往是决定自身微博营销成功的关键要素之一。微博内容必须要经过精心的思考和形象的表达，才能带动粉丝活跃氛围。经常回复粉丝和在名人微博上留言，充分利用微博里面的 @ 标签，尽量做到与粉丝充分互动，最后就组织好自己的粉丝。对于微博 140 个字内容的编写技巧，在下一节中会有详细的说明。

商家和企业在进行口碑营销时要辅以广告、公关等多种整合的营销方式来取长补短，才能将传播的效果最大化。对于微博公关危机的管理，在后面的章节中，编者会有具体的介绍。当然，除了口碑营销以外，在微博营销中，还有情感营销、互动营销等多种营销方法可以供营销者们去深度挖掘并使用。

◎ 2.1.4　140 字中的大学问

前面我们已经提到，用微博做营销，内容可谓是重中之重，那么对于只能发表 140 个字的微博来说，以这么少的字数，要如何才能达到营销的目的?

首先我们要清楚，这 140 个字你要用来干嘛? 用来展示文采的吗? 用来陈述生活小事的吗? 还是用来相片展示? 以上这些都是普通人的微博。要做微博营销，你的微博内容就不能仅此而已！做营销最重要的就是赢得转发量，如果都是大家日常生活中发的微博内容，没人会来转发。只有做到与别人不一样，将创意和真诚体现到微博中吸引到别人的目光，才能给你带来转发量。其实在微博内容的写作上，只要把握好以下几个原则，就可以做到“微”力无边。

1. 简练文字

微博只有 140 个字的容量，因此越精炼越好。很多高度精炼的一句话微博，转发量很高。原因是，简单的一句话背后，给广大粉丝留下广阔的讨论空间。正如一些语录和警句，之所以流传广泛，也是因为内容的高度概括性和语言的精炼。微博上如今有许多像“@ 微杂志”一样的自媒体号，每天整理一些名言名句（如图 2-1 所示）同样可以迎来过百万的粉丝，可见其重要性。

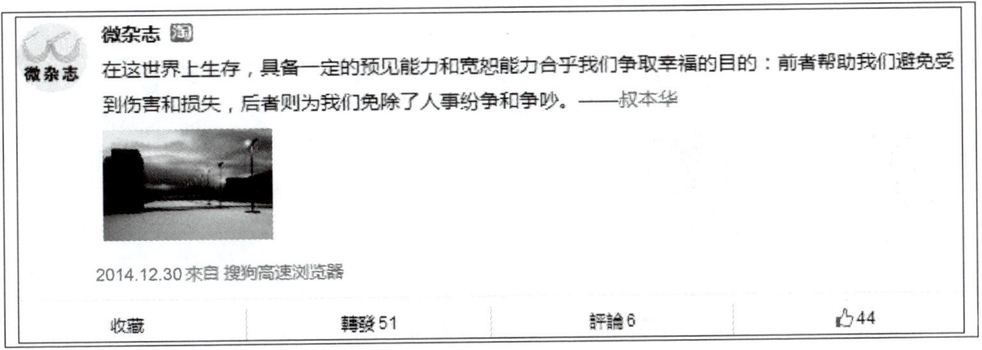

图 2-1　微杂志微博

2. 通俗语言

语言风格一定要跟草根文化血脉相通，对“屌丝”“吐槽”“高富帅”等微博热词要烂熟于胸、驾轻就熟。尽量不用传统媒体那种“新华体”的方式写微博，在微博上尽量少说官话、套话，只有说接地气的“人话”，才能赢得粉丝的追捧和关注。图 2-2 所示中“@ 绝味鸭脖”在 2014 年 10 月 23 日的置顶微博，结合了时下阿里巴巴上市的热门事件，以及“成就马云的是背后千万个败家女”的热门评论，用“绝小鸭”的拟人角色的口吻来发布微博，语言风格够接地气，并运用了微博表情，完全没有一点官微的架子，更显亲切。

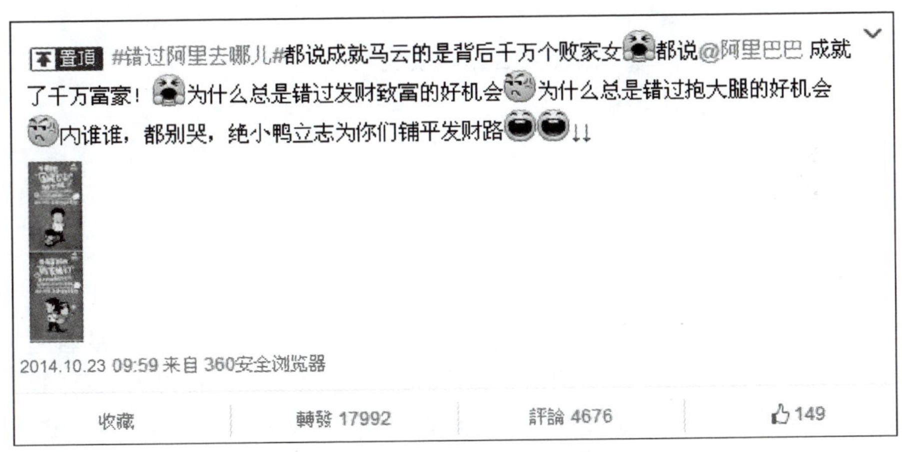

图 2-2　绝味官微置顶微博

3. 情感真挚

微博是一个几乎透明的平台，写微博时一定要投入最大限度的真诚。你的微博只有感动了自己，说得真真切切是自己内心的感受，才能够打动更多的人。图 2-3 所示为一位网友发的留学感悟的微博，因其情感真挚，引发众多海外留学生的共鸣，最终引起“为什么留学”的话题讨论。

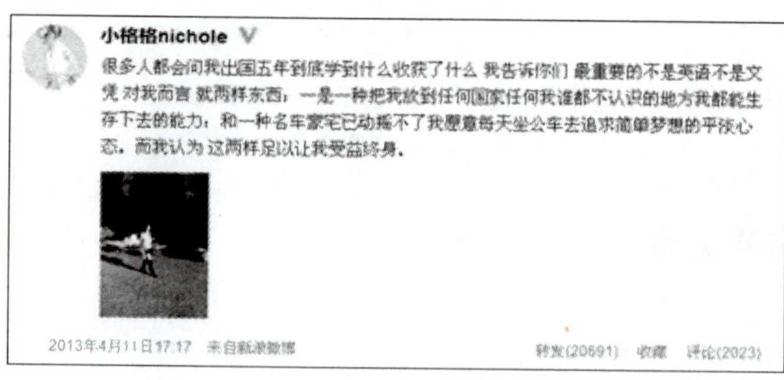

图 2-3 网友“@ 小格格 nichole”微博

4. 自嘲精神

在微博上，遭遇质疑和攻击是司空见惯的事情。这时候一定不要去攻击和谩骂，要有宽阔的胸怀和娱乐精神，化解别人对自己的质疑。例如“@ 谢娜”曾因为主持金鹰节，被网友批主持功底太差应该多读书，并登上了热门话题。面对众多网友的质疑，谢娜采取了自嘲的方式，顺水推舟自黑回应，并晒出自己的畅销书《娜么快乐》回击，如图 2-4 所示。从而化解了危机，也为整个争议事件画上了句号，还顺势营销了一把自己的畅销书。

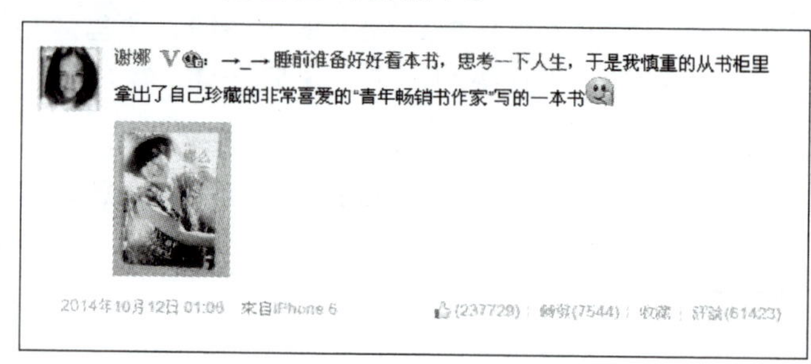

图 2-4 “ @ 谢娜” 微博

5. 善讲故事

写微博，跟说相声一样，要善于抖包袱，在 140 个字中最好能写出跌宕起伏来，把悬念和笑料留在最后，甚至在读完微博以后，还留下想象和讨论的空间。如今微博上有许多的草根大号在这方面做得非常出色，能够化平庸为笑料。下面的“@ 所长别开枪是我”的微博，把去健身房锻炼身体这么一件普通的事情，描述得生动幽默，瞬间就变成了笑料，如图 2-5 所示。

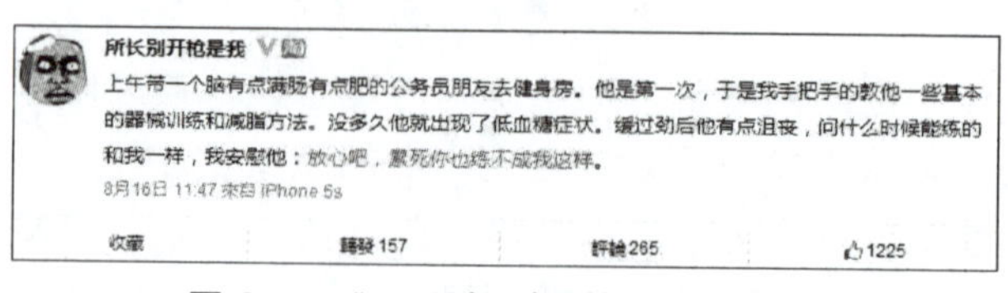

图 2-5 “@ 所长别开枪是我”微博

6. 结合热点

在微博上，几乎每天都会涌现热点话题、各种微博体。作为个人微博和官微如果适时地与热点结合，借助热点的“热度”，可以提高自己的曝光率和关注度。但是切忌用微博做一些低俗、恶意的炒作，如某店借长春婴儿失踪事件进行营销，发微博推广自家品牌，更是惹得网友群情激奋、怒骂不止。一旦是超越底线的炒作，必定会被网友所唾弃，进而让自己的品牌陷入危机。

某游戏商家就是利用了微博上当时的蓝翔技校惹出的热门话题——“挖掘机技术哪家强”，而改编的仿造体“XX 技术哪家强”对自己的手游进行推广，从而获得了广泛的传播，如图 2-6 所示。

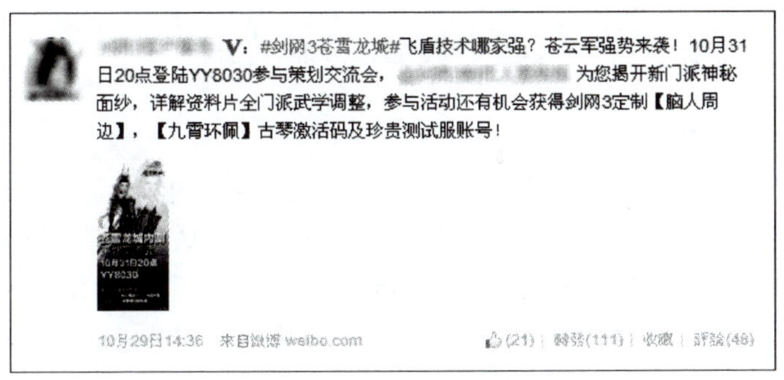

图 2-6　某手游官微微博

7. 用疑问句

微博是个可以发起热门话题，引发讨论的地方，因此用疑问句式来发微博，可以把空间留给粉丝，激发粉丝的转发和讨论。在有限的文字里，用一些疑问句比长篇大论更容易引发网友的讨论。一些大 V 都善于在微博中使用疑问句，特别是在写一些敏感话题时，通过使用疑问句，既引发了网友的讨论，又让自己置身话题之外，远离舆论漩涡。图 2-7 所示的热门话题，疑问句引发的讨论让它们都登上了热门话题，成为众网友津津乐道的话题。

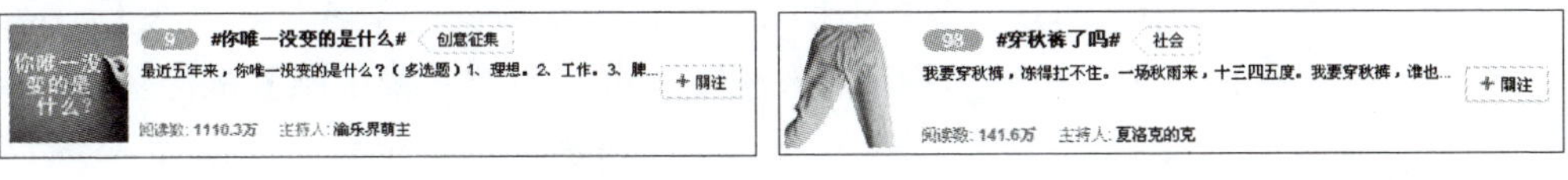

图 2-7　微博热门话题

8. 善用图片

有时候一张图片，胜过千言万语。很多以图片为主的微博，只需要配上适当的文字，就可以很抓人。一些草根大号及摄影爱好者的微博，就非常善于利用图片，转发量也都很惊人。如穷游达人“@ 貓力 molly”就常在微博上发布自己的旅行摄影照片，引来众多的转发，如图 2-8 所示。

图 2-8 “@ 貓力 molly”微博

9. 善用长微博

有时候，微博 140 字的容量的确表达不了很深度的内容，因此出现了长微博、图片微博等工具，“@ 韩寒”“@ 天才小熊猫”等大 V 都非常善于用长微博，如图 2-9 所示。相比较在微博中加入文章链接，应用长微博和图片微博最大的好处是，不用离开微博页面，就能够看完全文，方便了用户。另外，用户一旦离开微博页面，转发的概率将大大降低，使用长微博相比加入链接，微博的传播效率会更高。

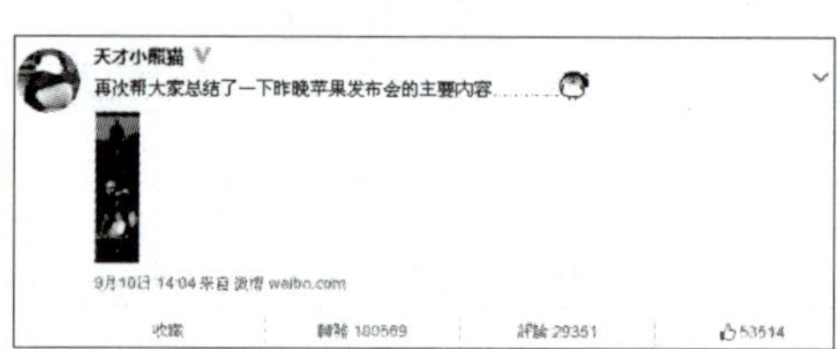

图 2-9 “@ 天才小熊猫”微博

◎ 2.1.5 开启微商的微博营销之路

如今用微博来做微商的成功案例比比皆是，在众多案例中我们不难发现，每一个成功营销案例的背后都有其规律，这些规律也是使微博营销制胜的原因所在。

1. 目标定位，塑造形象

既然选择微博，你就得清楚，无论你如何努力，总有人不喜欢你，所以想清楚自己的微博定位，吸引自己想要寻找的人，才是最可行的策略。要想吸引别人，就要帮助别人清晰了解你微博的定位，所谓“物以类聚，人以群分”，好的微博定位要具体、清晰，并且有生活感，以及自己的独特“气质”，才能引起同类人群的共鸣。

如今的微博平台区别了官方和个人的注册主体，也说明两者为实现微博营销的功能定位是不同的。下面编者就官方微博和个人微博谈谈如何定位。

① 官方营销微博定位

企业官方微博，代表的当然就是企业。所以说的话一定要严肃和正式，并且要仔细斟酌每一个字，最好像发新闻那样。如果没那么做，那么很抱歉，你的微博营销已经输在了起跑线上。

在微博发展的初期，就已经有了“品牌微博人格化”这一观点，从众多的微博营销成功的案例中都能够发现，大多数为网民所熟知的企业官微都让用户感觉到它们如同一个鲜活的“人”，而不是一个账号或工具。企业通过将微博“幻化成人”来与用户沟通，才更容易消除距离感，让品牌深入人心。

企业既然要用微博塑造一个“活生生的人”，那么保持个性是非常重要的一点，这个方面最成功的例子当属杜蕾斯官方微博。杜蕾斯的官方微博也被人称为“小杜杜”。作为一个国际化的品牌，杜蕾斯并没有像其他品牌一样走常规的传统型路线，其别具一格、带有几分小清新且又不失亲切的形象塑造，使其在众多企业微博中脱颖而出。在微博用户眼中，“小杜杜”的微博形象可以很性感、幽默，也可以很雷人、亲民，更可以很妩媚、高雅。现在打开“@ 杜蕾斯官方微博”，你能看到的绝非是品牌的广告，而是一些好玩又稀奇的微博段子，或者实用技巧分享。微博上的企业微商们一定要记住，作为官方微博，有了官方的头衔后就得放下官方的架子，只有将位置拉到与普通用户同一水平线上，才能跟用户有效互动沟通，带用户认识品牌、走进品牌，成为忠实消费者。

② 建立微博矩阵

除了在微博上要注意放下身段，亲近用户之外，企业微博还能建立起自己的微博矩阵，如今有很多企业的官方微博不止一个。对于一些规模较大的企业来说，如果微博营销只用一个账号就想全部搞定，未免也太简单了。众所周知，康师傅是“做方便面出身”的。但是随着市场的扩大，其方便面的品种越做越多，并且不仅仅只生产方便面，饮料也成为它的发展市场，口味各有千秋，拥有的粉丝特征也各有不同。在新浪微博上搜索“康师傅”就会看到其品牌下许多不同产品的微博账号，它们各司其职又为同一个“康师傅老板”服务，形成了自己的微博矩阵，如图 2-10 所示。

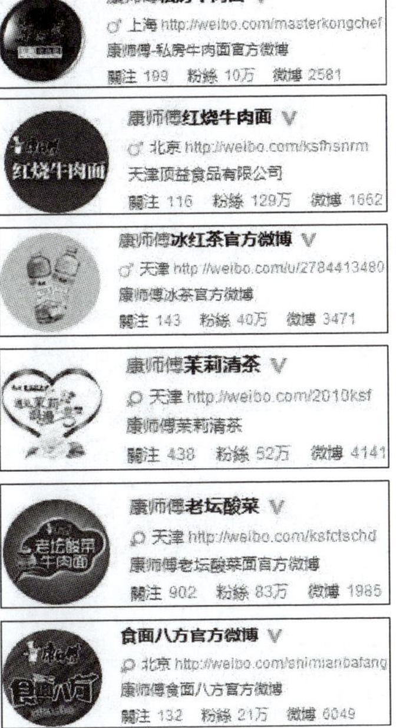

图 2-10　康师傅微博矩阵

真正的企业微博营销开通的账号之间必须各自有明确的定位，然后协同作战。因此，做企业的微博营销就非常有必要建立企业微博矩阵。做企业的微博矩阵有以下这么几个问题要注意。

❍ 矩阵中的每一个账号都要各司其职，有明确的定位

每一个账号都应该各司其职，定位清晰明确。有的账号负责企业的新闻发布，有的账号负责促销信息，有的账号作为个体商家负责草根小号，甚至还需要作为马甲来与其他官微进行互动。

❍ 各个账号间互推，为同一品牌服务

微博矩阵并不是说开设各种矩阵账号，然后在微博上各自为战，这样是很难产生合力的。账号之间要有互动，并且在无形中都强化同一个品牌形象，让不同类别的消费者都加深该品牌印象。

微博矩阵中各个微博既相对独立又彼此关联，特别是铺开式的微博矩阵，都要围绕主账号展开，保持产品信息的协调一致。相对独立是指它们各司其职、各有侧重、定位明确；彼此关联是指各账号相互协调，按公司广告战略和广告目标开展运营，在政策、制度、服务上要保持统一。

❍ 个人营销微博定位

个人微商开营销微博，虽然可心省去一部分企业微博上各种精心研究的形象规划、微博矩阵，但因为个人微博面对的粉丝数量范围较小，也比较固定，所以在定位上就必须更有针对性，力争做到把每一位粉丝都转化为自己的真实客户。

个人微博有个先天的优势，就是相比起官微更容易让人亲近，以及让人产生信任，这也是微博上有那么多粉丝数量爆棚的草根微博大号产生的原因。个人微博首先要注重个人，其次再注重营销。既然这是你自己运营的微博，那么微博中不止要做生意，更要记录自己的生活点滴。在个人营销微博中，偶尔写心情日记，写生活感悟都是很正常的事情。这样才能体现自身的真实感，更容易获得粉丝信任。但毕竟是营销微博，不可避免会带有广告性质或者曝光性质的微博，这时就会体现出你的微博定位是否准确。如果定位不准确，导致的情况就是发状态微博的时候太平淡，发广告微博的时候又太随意，这样的微博就过于普通从而体现不出价值感，更不可能留住粉丝。

所以作为个人微商，要清楚你的微博是个什么性质的微博？目的是什么？而这个微博针对的又是哪个群体？如何让这个群体关注自己？这个群体喜欢什么样的话题？这些问题都要有一个清晰的了解，再给自己的微博打下特有的标签。

例如，一个卖淘宝女装的微博，其店铺的服装多为森系风格，面向的粉丝也大多为18~25岁的小清新姑娘们。在其微博上时常能看到卖家自己拍的小清新式的着装照片，而照片中的衣服就是自家的商品，如图2-11所示。该微博还会发一些小清新式的衣服搭配图集，供粉丝们欣赏和收藏；店铺在有上新和优惠活动时，都会在微博上通知粉丝，如图2-12所示。对于热卖的物品，卖家还会在

微博上发布链接，方便粉丝们点击购买，如图 2-13 所示。同时，该微博上还能看到许多的“买家秀”，这也是在给其店铺形成了一定程度的口碑营销。

图 2-11　小清新图片微博

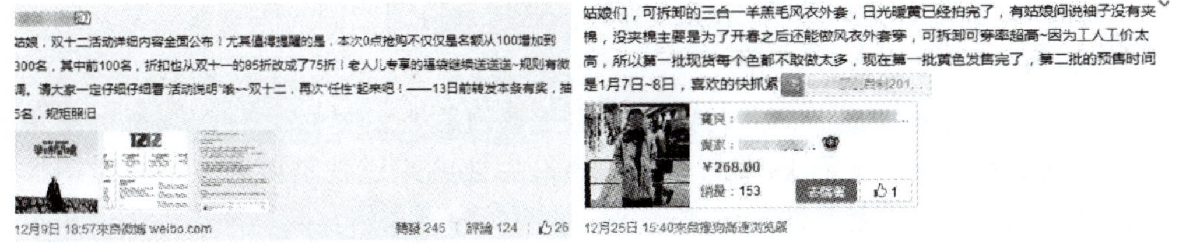

图 2-12　店铺活动通知微博

图 2-13　热卖商品微博

2. 赢真爱粉，抵制僵尸

不论是小的个人微商，还是大的企业微商，拥有大量的粉丝数永远是一个微博账号营销的前提。只有拥有了粉丝，微博营销才能真正发挥其作用。但这也导致许多的微商们一味地追求粉丝数量忽略了质量。而如今淘宝上出售的“僵尸粉”更是迷惑了许多微商的眼睛，僵尸粉会增加你的粉丝数量却无法提高你的粉丝质量，这样的微博就是个空壳，完全无法转换成购买力。要知道，只有真实的粉丝才能成为你的潜在消费者；只有真实的粉丝才能帮助你的产品进行二次传播，从而越推越广；只有真实的粉丝才能给你带来最终的效益，实现真正的微博营销。

普通微商们，要吸引真实粉丝，首先就要从自己的账号设置开始做起。要保证账号的一切信息都是真实可信的而不是虚假夸张的，真实的信息不仅仅有利于粉丝更好地了解你，最重要的是这是增加粉丝信任感的第一扇门，具体要做到如下几点。

➢ 微博昵称使用实名，人们对于实名微博信任度更高，也更愿意关注。

➢ 要有精彩的、个性的个人介绍和标签。标签很重要，个性标签可以让和你有相同兴趣的人搜到你，也会把你推荐给志趣相投的人。

➢ 使用自己的照片做头像，尽量用真实头像。

➢ 多关注别人，先要走出去才能吸进来。

当设置完账号之后，紧接着就是设计微博的内容，这是吸引真实粉丝的重要手段，微博内容写得出彩，有真正的“货”提供给粉丝，才是真爱粉们最愿意看到的，要知道如果微博不存在某种价值，那么是不会有真爱粉出现的，而好内容的提供就是一种最珍贵的价值。需要注意如下几点。

➢ 勤奋，多发精彩的原创段子，对于感兴趣的内容积极进行评论和转发。

➢ 形成自己的微博风格非常重要，可以吸引有相同想法和兴趣的人关注。

➢ 根据本地的一些热点话题，多发一些本地内容微博，可吸引本地博友。

➢ 积极参与当前热点话题的讨论。

➢ 读图时代，多发或者转发有趣的图片和视频。

➢ 不做话痨，不刷屏，很多人会因为你发的微博条数太多而取消关注。

➢ 趣味性很重要，用胡扯的口吻说正经事情是至高境界。

➢ 发微博时可以多 @ 几个相关的人，这样会得到他们的回复或转发，间接地增加微博被更多人看到的机率 。

在注重优质内容提供的同时，互动也是赢真爱粉的妙招之一，微博上不免有许多爱交朋友的人，而朋友之间的沟通最主要的渠道就是微博了，在微博上无论是有奖转发，或者是热门话题、热门微博的评论及转发区，都可以吸引来大量博友们的积极互动，也是结交真爱粉的好地方。因此作为微博主可以做到如下几点。

➢ 在微博发起相关线上线下活动，如有奖征集、秒杀等。

➢ 新浪微博上有个“随便看看”功能，没事的时候也可以去那看看。因为那里有大家更新的最新微博，我们可以挑自己有兴趣的内容进行评论。在微博里，用户可以看见不同账号发的评论信息，并且信息底下都有时间显示。这时可以挑一些时间短的信息进行回复，如几分钟前评论的，这样说明对方同时是处于“在线”状态的，对方也能够及时回复你，当大家产生共鸣时，自然也就关注你了。

➢ 对那些评论或者转发过你微博的人说谢谢。

➢ 别人关注你了，你也要主动关注别人，不然时间一长你的粉丝发现你没关注他，就会立马对你取消关注了。特别是在回应粉丝的时候，要善用表情符号及艺术字体。让单纯的文字往来变成立体的，才能感受到语气和笑容的沟通，这并不是一件很难做到的事情。类似于“感谢你的关注、感谢你对我们的关注！”

这样的话语，只需要用一个可爱的文字表情就可以做到。

当你的微博资料已经完善，也开始与博友做互动了之后，就应该把眼光放在微博以外的地方。能够赢真爱粉的地方并不止微博，还可以来自其他的社交平台，而除了微博以外，相信大多数人使用最多的就是微信和 QQ 了，所以作为微博主要有推广意识，多在 QQ 群或其他地方宣传自己的微博，把你的微博地址添加到：电子邮件、QQ 签名、网络名片，或者你正在使用的其他社交网络平台的资料上，如人人网、豆瓣。也可以多向身边人介绍微博，邀请他们开微博。

3. 有效推广，长期运营

微博运营者要开通一个营销微博，不要把其当做一件心血来潮的事情，不是微博开通后积累了一些粉丝，发布了一些相关信息后就完事了。微博不只是作为信息发布的渠道，单一推送信息，然后让用户被动接受，这不是微博的功能体现，更不是有效营销的长久之计。一个强大的微博账号要靠“养”，先有运营和推广，才有营销和收益。

就拿“@ 快书包”和“@ 黄太吉”这两个微商账号来说。它们每天做的事情，就是一如既往、乐此不疲地与用户做互动，这就是微博运营。微博运营，最大的好处是，在不停的互动和对话过程中，与用户建立情感联系，时间长了就会汇聚一部分“铁粉”，这才是微商们最大的价值。要运营微博，就得做到如下几点。

① 微博内容要适度更新

从开通微博之后开始，要成为活跃的微博账号就要坚持每天登陆与更新，但是千万不要刷屏，否则粉丝会取消对你的关注。另外，注意你所发表的微博必须是“行话”，不能一会儿说说娱乐八卦，一会又儿发几个无厘头的笑话。

② 多参加话题的讨论

进入广播大厅，看看大家都在讨论什么，或者看看圈内的一些热门话题，加入其中，发表你的观点。因为很多人进入微博之后，会搜他们感兴趣的话题，这样下来就缩小了别人搜索你的范围，受关注率会加大。

③ 持续评论转发

关注了同行之后，不能只看不说。切记多评论，多转发，这种持续关注其实会得到对方的回应，尤其你要是跟圈内比较有名望的人士在微博上多互动几次后，其他的博友会对你的印象加分，潜在地增加你的人气。

④ 给微博账号进行加“V”认证

在互联网的世界里，最重要的事情就是真实，网友们自然会多关注资料齐全身份可信的人。为什么那些明星都要给自己加个“V”？其实就是为了吸引粉丝。如果你要开通营销微博，就想办法申请身份认证。身份认证之前需要积累你的关注人数、粉丝数量和微博文章数，具体来说就是积累经验。如果你通过了身份认证之后，你在圈中的地位自然会更加稳固。因此你所发表的话题也会有一定的分量，在这个基础上做推广，显然会更加顺利。

⑤ 推广突出专业性

微博推广要有专业性。微博推广意义下的做微博不同于生活中玩微博，要突出你的专业性。若要将微博作为你的推广工具，就不能像普通的个人微博一样没有任何规划。营销微博中你所关注的对象，就应该是与自身行业相关的微博。如果你是做书籍推广的，那么关注的也要是这方面的微博；如果你是做旅游推广的，那么自然要关注旅游官网和同行，这样做是有很大好处的。

➢ 当你对自己有了明确的定位之后，那么你的粉丝大部分肯定是同行，这在某种程度上会确定你在这个圈子的地位。

➢ 你可以从他们的微博动态中得知最近行业内新闻、动态，学习别人的经验心得。

➢ 你关注了别人，别人也可能会关注你。这就增加了你与同行的交流机会，扩展了人脉，为以后的发展也奠定一部分基础。

⑥ 适当的微博发布时间

微博的发布时间也是运营者要注意的内容，微博更新频率最好每天 5 ~ 10 条，且不要在 1 个小时内连续发布多条。最科学合理的发布时间应该是：上午 8:00 ~ 10:00、下午 5:00 ~ 7:00，以及晚上 8 时后，因为这些时间段往往是用户们上微博的高峰时间。

在微博的运营推广过程中，其实都存在着有很多方面的技巧和方法，要不断进行总结和学习，微博的高人气是需要长期培养的。一旦当你的营销微博的“粉丝阵营”像雪球一样越滚越大，之后无论做传播，还是做营销，都可以无往不利。

4. 微博活动，策划实行

在微博上吸引粉丝，除了长期有效的运营，更少不了一些奖励来“诱惑”粉丝。往往用活动来吸引粉丝的方法更加快速高效，这也是如今众多的企业及商家微博逢年过节就会推出活动的原因。

目前国内的四大微博平台都有各式各样的微博活动，目前常见的微博活动主要有两种：一是自发活动，例如同城活动、线上活动、投票等；二是有奖合作活动，如大转盘、砸金蛋、抢红包、有奖关注、有奖转发、有奖问答等。当然有奖合作活动是企业微博营销最常用也是最好用的活动形式。从活动热度和效果来看，有奖合作活动的表现最好，体现在“利益”刺激下驱动粉丝的转化。具体方式如图 2-14 所示。

图 2-14　有奖转发活动微博

综合来说，营销者开展微博活动主要基于以下三个方面的目的：第一，增加粉丝数量；第二，品牌推广宣传；第三，产品宣传促成消费。所以营销者要明确想要达到何种目的从而有针对地做前期的活动策划，再到后期的活动开展。

① 活动文案的策划

首先，策划让用户心动参与的活动，标题是关键。要抓住有些用户“贪小便宜”的心理，在标题中就得用“0 元赢取”“免费”等字眼吸引用户，并在标题中出现活动的具体奖品实物，如 iPad、iPhone、项链、手表、相机等流行度高的产品更能抓人眼球。

其次，活动主题要明确，如周年庆典、用户回馈、新店开张等主题，活动参与规则也越简单越好。

再次，活动需紧扣时尚热点和新闻热点。尽量贴近用户关注高的话题，植入活动传播的主题内容，成为粉丝的热点话题。

最后，在用户关注度高的节假日开展微博活动，如国庆、情人节、元旦节、圣诞节。也可以选一些特定人群的节日，如母亲节、父亲节、光棍节等。

② 活动奖品准备

对于微博活动来说，活动奖品不同带来的效果也不同。因此做微博活动时奖品的选择对活动的整体效果也是至关重要的，那么对于营销者来说要如何选择活动奖品呢?

- 如果营销者有自身品牌产品，可以将其设置为奖品，以此来增加品牌宣传，但前提是要能引来粉丝的兴趣。
- 活动预算高的话，可以考虑如iPhone、iPad之类流行度高的数码电子产品。虽然如今 iPad、iPhone 之类的产品已泛滥于微博活动中，但从目前的实际效果来看，这样的产品受用户关注依旧居高不下，而许多营销商家或企业的微博活动也屡试不爽。
- 预算低的企业可以从数码电子产品的周边产品入手，如 iPhone 充电器、

iPhone 手机套、ipad 键盘等。

➢ 实用、通用、选择余地多的产品，比如笔记本包包、靠垫、水杯等。

➢ 如今的“追星族”在微博上是极其庞大的一个群体，如果企业资金足够，奖品可考虑某明星的签名照或者演唱会门票，以这样的方式能引来比较可观的转发量。

➢ 选择符合微博活动主题的礼品。

➢ 美食优惠券、美食折扣等与食物相关的优惠信息。

③ 活动预热

任何的活动都需要有个预热期，用来为活动渲染造势。这就对营销者微博的内容文案水准有一定的考验。因为如何在 140 字范围内，把活动的内容和规则很好地描述出来不是一件非常简单的事。营销者除了要对微博粉丝的特点、活动规则、活动目的等方面都要有很好的把握之外，还要在内容中配以图片或是视频，从而提高内容的直观性和可读性。

活动内容的出彩与否，直接影响着传播的效果好坏与否。如今，微博上转发活动的泛滥已经逐渐让用户们产生了一定的抵触心态，如果只是单纯地利用奖品想要达到引起用户大量转发变为了一件很难办到的事。所以想要达到可观的传播效果，重要的还是要靠你的微博内容。

微博活动内容最好采用文字、图片、视频、音频、链接、表情等多种信息语言相结合的方式，这样在突出有奖活动的同时，还能为自己的品牌形象做宣传。也可在微博中加“##”选用时下的热门话题或者制造一个热门话题。如图 2-15 所示为乐视网的官方微博发布的一个有奖转发送乐视盒子的活动。其微博内容采用了“# 青春不老，我们一起来忆童年 #”的方式打造了一个热门话题，这个话题结合了正值临近的六一儿童节，并配上了时下网络热语的图片，引来了广大用户的转发。这样充满趣味性转发的活动既能引发用户们的好奇心及趣味心，还能达到广泛又有价值的传播效果。

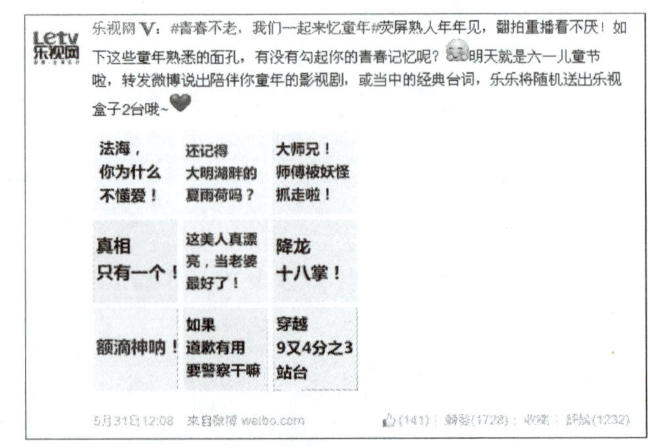

图 2-15 “@ 乐视网 " 儿童节话题活动

④ 活动推广

各项准备工作做好了以后就是微博的推广了。让更多的粉丝参与到这项活动中是活动的最直接目的，在微博上发布相关的活动预告，通知粉丝是最主要的推广方式，如图 2-16 所示。其次可以借助那些粉丝量大的微博大 V 去转发宣传，当然也可以跟官方合作。例如，在新浪微博上就有专门的“新浪微博推广”项，选择与新浪官方合作，让其在用户刷微博时能够把微博强制推广到用户正在刷新的微博页面上，如图 2-17 所示，虽然这样的方式会引起一些用户的反感，但也不失为一个增加曝光的好方式。

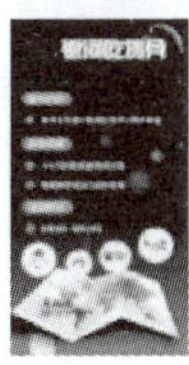

图 2-16　微博有奖转发活动

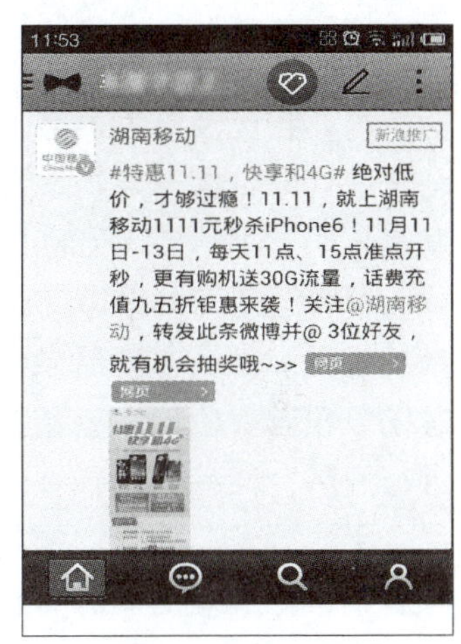

图 2-17　新浪官方推广活动

除了微博本身的推广外，还可以利用其他的社交平台，扩大活动影响范围，主要方法有如下几个。

❍ 社交网站的分享

推广信息可以在博客、论坛、人人网、豆瓣等社交网站上分享，利用其对微博活动进行推广，能让微博的推广信息得到迅速传播。

❍ 通信工具推广

活动开始后，通过 QQ、微信、陌陌、旺旺等即时通信工具为微博活动助推。

❍ 百度产品推广

在短期内去做站内的活动 SEO，这种效果并不明显，可以通过百度产品（如百科知道、百度论坛、百度博客）增加活动内容的搜索引擎的排名。

❍ 官方网站站内用户 EDM 传播

通过企业自身的站内做微博活动的 EDM 宣传和预告。

⑤ 活动结束跟进

很多微商在微博发布以后就不再理会，这样只会使微博活动效果大打折扣。互动是增加粉丝粘性的一个重要的方法，保持与转发者和评论者的互动能够极大地增加粉丝的好感，也许他们就会发生超过预期的行为。而与获奖者保持沟通联系，使其在收到奖品后以发微博的形式晒奖品图，从而达到二次传播效果。这样会加大此次微博活动的深度，获得更好的效果。

⑥ 效果统计

这是非常重要的一个环节，也是最容易被忽视的一个环节。在活动的过程中要适时监测转发、评论和粉丝增长等情况，以便及时改善。在活动结束后，也要对数据进行分析，总结好微博活动的效果。

适时监测转发情况、评论数据、粉丝增长，做好数据分析。一般在活动最后两天内，粉丝及转发的数量都会猛涨到一个峰值，在此期间做好站外的助推，有利于让活动持续升温。在活动结束后，继续跟进获奖粉丝及活动参与粉丝，通过发奖与粉丝进行二次互动。

微博活动无疑是微商进行微博营销的一把利器，它的优劣直接影响到微博营销的效果。微商在开展微博活动时，一定要多站在粉丝的角度，在营销的同时不忘给予粉丝有价值、有新意的回馈。对于不同的目的选择适当的方式有针对性地进行开展；奖品的选择要价值适当且实用性高，并要严格把控活动程序，保证获奖公平、公开、公正；要积极地参与粉丝互动，及时进行数据分析和效果统计。只有牢牢把握好活动的每一个环节，才能做好微博活动以及微博营销。

5. 舆情监测，危机管理

微博是一把“双刃剑”，在为企业微商提供塑造口碑有效渠道的同时，也成为了新闻危机爆发的集中地。从近几年的家乐福被指价格欺诈、双汇瘦肉精危机、蓝月亮荧光增白剂等公关危机事件中，我们可以看出，企业危机爆发呈现出“自媒曝光——微博扩散——行业牵连——社会联动”的新形态，并在新媒体与网络媒体的推动下，每次的企业危机最终都会扩散至大江南北，成为各大媒体疯狂报道的主题，最终给企业造成重大损失。所以企业在应用微博服务时，应注重企业舆情监测和危机公关维护。

微博的信息流动、即时互动和基于平等的使用环境使其具备了过去传统媒体所不具备的功能属性，通过与传统媒体相结合，有利于为企业寻找全面的营销新路径，使企业的营销效果更广泛、更有效。同样其也为企业实施危机公关提供了全新手段。因此，企业如若在微博上出现公关危机时，要保持以下重要原则。

① 及时响应

处理危机如救火，耽误一秒钟火势就不可阻挡。尤其是在微博上，每个人随时随地都可以发布和转发文字图片等负面信息，信息依托人与人之间的关系链传播起来非常快，覆盖面也广。尤其是在投诉得不到解决的情况下，消费者往往会将压抑的愤怒释放到网上，四处主动传播，加速危机发展。所以企业一旦发现苗头就要立刻重视、响应，尽可能把危机控制在萌芽期。

② 态度诚恳

用户是上帝也是魔鬼，这就取决于企业的态度。很多时候，事情本身的对与错不是首要问题，而在于承担责任的人是否坦诚。如果秉承处理问题的心态，并提出合理的解决方案，往往更容易获得公众的谅解。

③ 公开透明

危机被引爆，往往是因为公众不知道企业究竟是什么样的态度，做了些什么事情，下一步准备干什么。此时企业如果不主动出面向公众汇报自己的动向，就会引发公众猜忌，危机也会朝着不利于企业的方向发展。如果步步透明公开，公众可以清晰地知道企业要做什么事情，心里感到有底，态度也会缓和很多。

④ 勇于担责

企业不要害怕承担责任，如果企业错了，就应该承认。常言道，做企业犹如做人，做人哪有不犯错的呢？企业对于没有调查清楚的事情可以先表示等到调查清楚后再给予结论，而对于已经摆在面前的事实要勇于承担，争取日后完善改进。如果只是一味地遮掩逃避，反而会激起公众的愤怒，对企业更加不信任。

2.2　微博实战案例分析

当掌握了微博营销的核心方法后，将其如何以创新的方式结合自身品牌，运用到社会化营销中去，产生强大的效应也是众微商需要下工夫的地方，接下来编者为大家介绍一些微博营销案例以供参考分析。

◎ 2.2.1　百万亚瑟王，手游推广

伴随着手游市场的爆发，手游产品的营销模式也从早期的推送、发媒体广告

的“单纯”模式发展为现在涵盖影视、媒体、线下、明星、跨界合作等方面的“端游”模式。而“百万亚瑟王”此次的营销就是典型的“端游式营销”。

2013 年 7 月，手机游戏“百万亚瑟王”正式上线公测，作为盛大公司重磅推出的手游，其借助微博平台上的多方力量来进行推广营销，成为了 2013 年最成功的微博营销案例之一。

“百万亚瑟王”通过利用明星、“宅男女神”的微博传播，在微博上营造“超萌卡牌游戏，女神明星都在玩”的氛围，并尽可能覆盖微博上的移动人群，吸引目标用户下载试玩。其营销执行阶段如下。

“百万亚瑟王”首先在官方微博发布公测启动消息，并邀请段子手“@ 使徒子”、漫画家“@ 小矛”原创漫画即时跟上宣传，如图 2-18 所示。与此同时，还启用 16 个段子手和漫画家，如“@ 叫兽易小星”“@ 尸姐”“@ 李铁根”“@ 天才小熊猫”等高人气的草根大 V 做意见领袖进行话题扩散，如图 2-19 所示。覆盖影响了约 1700 万粉丝，使其在 3 小时内就进入热门微博排行榜。

图 2-18 “@ 使徒子”“@ 小矛”微博植入漫画

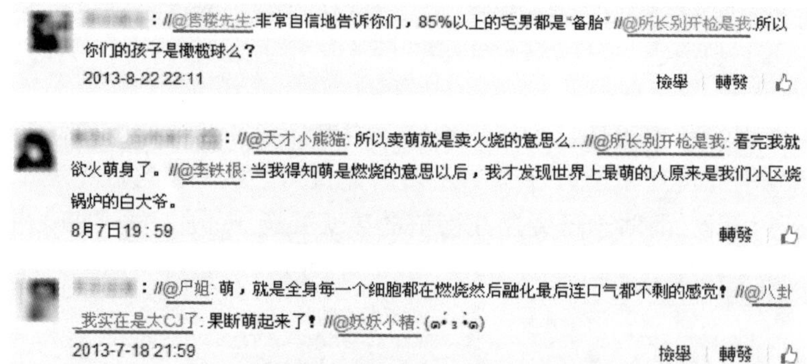

图 2-19 新浪微博各草根大 V 转发

除了草根大 V 的造势，“百万亚瑟王”还启动了明星女神在微博上 show 照片、卡牌，发布特定邀请码及下载链接。共邀请了“@ 谢娜”“@ 波多野结衣”“@ 唐嫣”“@ 赵奕欢”“@ 刘忻”等 5 位女明星进行发布，如图 2-20 所示。并即时跟进与游戏相关的草根大号进行扩散，共覆盖约 17500 万粉丝。在短短几个小时内，“@ 波多野结衣”的微博更是进入热门微博排行榜美女榜 TOP1，其他女性进入热词热议微博 TOP3。

图 2-20　女明星微博发游戏卡牌

当“微博女神们”都发声后，紧接着“百万亚瑟王”追加快乐家族的全团微博参与发布邀请码及下载链接，并即时跟进 178 个游戏相关草根微博大号扩散传播，覆盖约 18700 万粉丝。

微博上已然形成“百万亚瑟王，明星女神都在玩”的舆论氛围，各大新闻网站也自发跟进报道。而“# 百万亚瑟王公测 #”话题也顺利进入热门话题排行榜 34 位。

当一系列的营销活动都开展后，“百万亚瑟王”成功地以百度指数 96800 震撼了整个中国游戏圈，并横扫了 Appstore 中国区双榜前三。

案例分析

盛大公司作为国内数一数二的游戏公司，自然不差钱。在此次“百万亚瑟王”的营销战略中，公司“砸钱”请来各种大 V 造势，促成大范围推广。

对于一些资金足够的大企业来说，像这样“砸钱”的推广策略自然可以实行，但前提是一定要在进行详细策划后才会引起广泛的推广，不然花了钱却起不到效果就只会“赔了夫人又折兵”。

在“百万亚瑟王”之前，也有其他的手游在微博上找大 V 转发，不过仍以游戏业内大号转发和部分明星的自发转发为主，没有形成亚瑟王这样猛烈密集的名人效应。在这一次的游戏营销推广中，亚瑟王的广告看似漫天撒网，其实精准地投向了三个群体：宅男、二次元（泛指动漫迷）和 90 后。

➢ 击中宅男：通过宅男女星“@ 唐嫣”“@ 波多野结衣”“@ 赵奕欢”等“女神”的微博发布，让游戏信息在第一时间进入众多宅男的视线中。

➢ 击中 90 后：通过一大波湖南卫视主持人的微博发布。作为 90 后人群最喜爱收看的电视台，湖南卫视的主持人能够准确覆盖这些对新事物接受能力强的用户群体。

➢ 击中二次元：通过“@ 小矛”“@ 使徒子”等微博人气漫画家发布。“百万亚瑟王”定位的用户群和这些漫画大 V 的粉丝人群高度重叠，而这部分用户的付费习惯良好，又爱传播，是非常完美的早期用户。

可见在微博营销推广中，营销者只有确定了自己的潜在用户群，进行精确推广，才是真正把钱花到了点上。

◎ 2.2.2 哈尔滨啤酒，尽情世界杯

在 2014 年的夏季，对中国的亿万球迷来说，毫无例外是一个充斥无数个不眠夜的夏天。四年一届的世界杯再次打响，毫无例外成为了整个夏季的热点，在社交平台上，几乎每天都可以看到世界杯相关的热门话题。备受瞩目的世界杯足球赛正式打响，除了足球场上的“战争”外，场外的大小商家也是硝烟一片。作为世界杯中的必备品——啤酒，各大啤酒品牌也纷纷投入到“营销战场”中来，而这其中“哈尔滨啤酒”（简称“哈啤”）凭借着独特的营销点，精准地抓住消费者们的注意力，再火了一把，再赚了一回。

营销要有针对性，而受众的准确定位可谓至关重要。要说世界杯的主力，“球迷看球团”当仁不让。于是哈啤选择了与“@ 黄健翔深度”合作。如今的“@ 黄健翔”虽然已不是当年的解说大叔，但却成为众多球迷足球精神的象征之一。通过其微博发出的“# 尽情世界杯 #”话题，在众多球迷的转发下，2 小时内就荣登热门话题榜第二名，如图 2-21 所示。

图 2-21　# 尽情世界杯 # 热门话题

除了球迷作为主要受众之外，哈啤还策划了一个活动，由《爸爸去哪儿》里拥有众多人气的明星爸爸“@ 王岳伦”发起，其向老婆“@ 李湘”请世界杯“看球假”，让众多像他一样的“奶爸”网友们感同身受。而李湘随后大方批假，更是将网友们调侃、凑热闹的热情推向顶点，如图 2-22 所示。这次互动贴合热点，温情而巧妙地传达了每个人的释放宣言。虽然放假之言未必成真，但也表明，每个人都可以通过微博渠道释放自己的世界杯宣言。

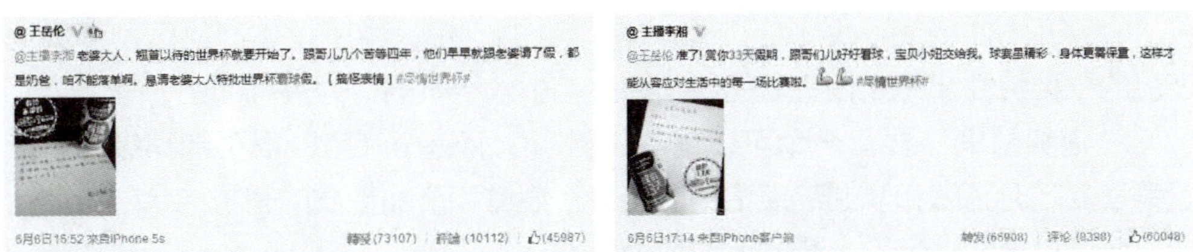

图 2-22　“@ 王岳伦”“@ 李湘”夫妻微博上互动

当世界杯成为球迷们、男人们的狂欢时，作为不爱看球的女性朋友，或者一大部分的文艺青年要怎么办呢？哈啤请来了“@ 孔连顺”“@ 李亚有鸭梨”等微博草根大号参与到话题的讨论中来，为众多不爱看球的朋友创造了一个吐槽的机会和创作的机会，如图 2-23 所示。用“# 尽情世界杯 #”打造出了真正的全民狂欢，将球迷以外的受众也囊括其中，更进一步扩大了品牌的宣传力度。

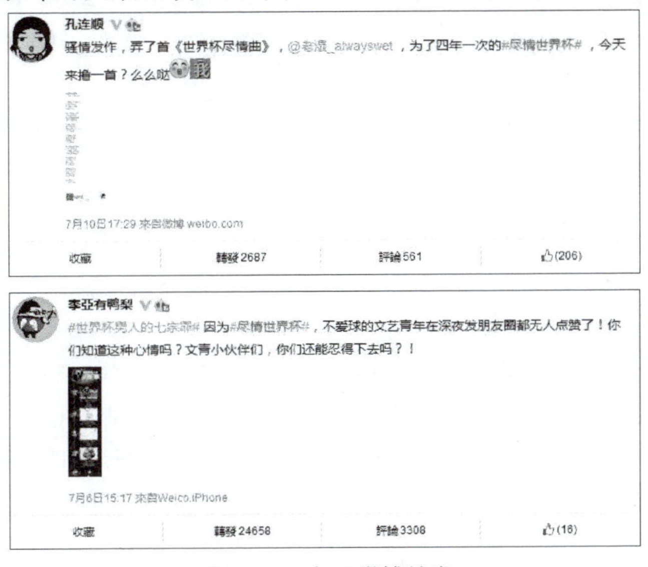

图 2-23　大 V 微博转发

此次的微博活动，在短短几天内就带来了 20 万的话题讨论，28 万的转发，1.5 亿人次的品牌曝光。这不仅将哈尔滨啤酒是“世界杯赞助商”这一印象牢牢植入其粉丝心中，更使哈尔滨啤酒这个原先较为区域性的品牌，在社交网络上被重新认知，提升了品牌知名度。

案例分析

此次哈尔滨啤酒的“借势营销”从最狂热的球迷用户“下手”，根据不同的微博意见领袖覆盖到不同的消费人群，将“尽情世界杯”的话题深入到所有的用户群当中。随着微博、微信等社交平台的普及，品牌的官方微博成为标配，在社交媒体中“借势营销”几乎成了社交平台运营是否有“亮点”的重要考量。

通过以上案例的学习，编者为大家总结了如下几个要点以供参考。

➤ 了解你的产品，给你的产品一个精准的定位，也就是本产品区别于其他产品的一种特性。比如杜蕾斯的薄和弹性，小米手机的“为发烧而生”等。

➤ 借势营销，要有一个可以借的“势”，而这个“势”很可能稍纵即逝。营销者要随时了解和掌握热点话题的走势，通过和产品性质的有机结合，精准定位，快速挖掘能够借得上势的话题和大事件。

➤ 话题出现了，也知道能够借得上势，但如何制造话题，抓住大家的眼球，才是借势营销最重要的一环。

◎ 2.2.3 《致青春》，病毒式传播

2013年，明星赵薇的导演处女作《致青春》火了，有不少粉丝看了还想再看，一是因为电影的题材吸引人，二是赵薇的号召力，三是为了缅怀自己逝去的青春。许多的观众还推荐身边的人去看，形成了大范围的口碑传播，从而掀起了一场《致青春》热。

这部制作成本只有6000万，但在上映12天后票房就突破5亿的电影，创造了一次令人意外的票房奇迹。这个奇迹正是源自社交网络，特别是赵薇依靠圈内人脉和明星大V助阵，在微博上掀起一股强劲的“致青春”讨论热潮，将“怀念青春”的话题快速引爆，成为通过微博平台进行电影营销的成功范例。

1. 官微发声，开始造势

在电影开机之时，《致青春》就开通了电影的官方微博。在电影开机、制作、上线的全过程中，都通过微博主动与粉丝分享互动，经过约一年零两个月的营运，积累了约18万的粉丝。而这18万粉丝，也成为电影爆发的18万个火种。

2. 创意取胜，形成口碑传播力

在电影的宣传过程中，导演赵薇与黄晓明还录制了以“怀念青春”为主题的电视节目，节目播出后，“#有一种感情叫赵薇黄晓明#”的话题再次引起了疯狂转发，如图2-24所示。而电影上映前，天后王菲主唱的《致青春》MV在微博上转发超6万，也引起了大家对电影的持续关注，微博上产生了大量转发，好评一片，形成了又一次的口碑传播。

图2-24 “#有一种感情叫赵薇黄晓明#”话题被疯狂转发

3. 电影上映，大V发起话题

电影《致青春》在正式上映后，其通过多个品牌官微、名人微博和热门的草根微博进行集群作战，提供多元化信息。导演“@赵薇”的圈内好友纷纷前来

助阵不足为奇，但让大家始料不及的是连商业圈的“@ 史玉柱”、草根圈的“@ 天才小熊猫”、文化界的“@ 张小娴”、宗教界的“@ 延参法师”都加入到了传播阵营中。总共 24 个大 V 账号参与了转发，粉丝总数已经接近 3.7 亿。众多的微博用户通过评论与转发参与其中，营造出了集体狂欢气氛，形成了显著的扩散效应，使得“# 致青春 #”多次成为当月的热门话题。

4. 权威媒体发声，深度传播

电影《致青春》同时还获得了官方大众传媒的一致好评，“人民日报”和“央视新闻”等影响力巨大的权威媒体的官微也正面报道了此部电影，如图 2-25 所示。

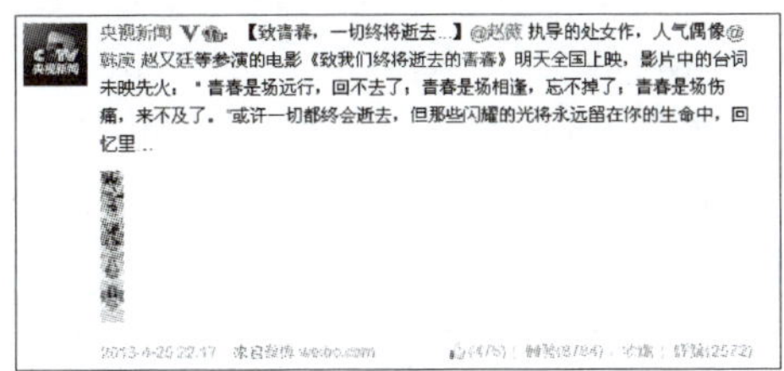

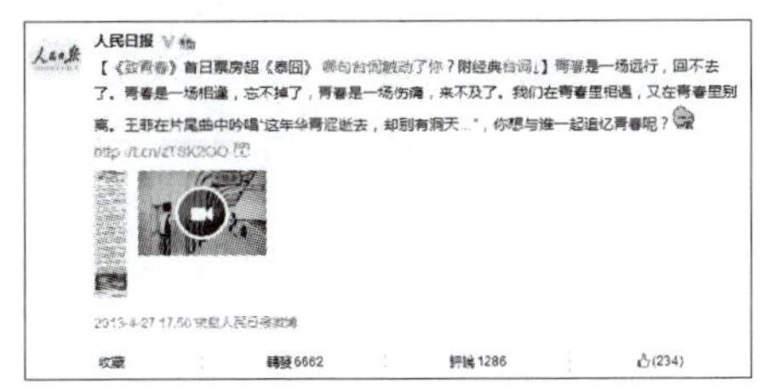

图 2-25　权威媒体官微推荐

5. 实时监控，强化传播效果

微博的即时性和搜索功能可以让我们快速追踪某个话题、事件在网民中的评价好坏，从而调整、改进下一步宣传的策略。电影《致青春》改编自同名网络小说，而看过原著和电影的观众，对电影的评价褒贬不一。为了遏制这种不利苗头，电影上映后，小说原作者的正面意见在恰当的时候传达了出来，并迅速在社交网络上得到推动，让负面情绪被极大弱化和掩盖。

案例分析

在电影《致青春》的微博营销中，电影团队做到了宣传口径高度一致。在整个宣传期内，各个演员与导演的访谈、活动，各种曝光都围绕“青春”与“怀旧”这一主题展开。除了多个媒介融合、线上线下多平台合作推广、微博集群整合传播等手段外，微博营销对时间节奏的把握与整合也值得借鉴。通过电影上映前后时间节点上的周密布局，让网民无处可逃，潜移默化地消化着影片信息，并在接收过程中从被动到主动地评论、转发，成为参与者，并最终步入电影院去消费前期激发出的“青春怀旧”情绪。

电影的社交营销，应采取“先紧后松”的策略。在电影上映前的前期铺垫才是关键所在，微博不是唯一的营销平台，但对于《致青春》而言，无疑是最好的选择，只有当优质的内容与社交媒体有效融合在一起，才能满足观众的需求，并时常给予观众一些新鲜的事物，让他们为之惊喜，再设法将这些惊喜维持下去，直到影片发行，票房自然也就不成问题了。

微博凭借其庞大的粉丝基础、极强的传播能力及完善的商业产品体系，已经成为电影宣传推广最重要的平台之一，推广方式也在不断创新。有了《致青春》的大胆尝试，关于电影“立项 - 筹备 - 拍摄 - 制作 - 宣传 - 上映 - 售票”的全程微博推广模式有望成为常态。随着微博各种新功能在不断推出，未来基于微博平台的电影营销将呈现出更加丰富的玩法。

◎ 2.2.4　Roseonly，看花店如何玩转微博

如何把 3 支玫瑰卖出 520 元？“给它一个故事，让买花人做主角。”这是高端花店 Roseonly 给出的答案。上线 10 个月，月销售额过千万，则是市场给出的回应。

Roseonly 专爱花店是一家网络花店，其定位为中国高端品牌花店，面向于高端消费人群。而其花店主打的皇家矜贵玫瑰“一生只送一人”的购买规则和“信者得爱，爱是唯一”的品牌理念更是为该品牌提升了高端的格调。在 Roseonly 买花送人，一辈子只能绑定一个送花对象，没办法更换，经由 Roseonly 的浪漫概念理所当然地成为“真爱、专一”的教父。试想一下，哪个女人不想自己的爱人送自己一束高价的玫瑰来表达对自己专一的爱呢？理所当然，这成了女人最渴望得到的礼物！高端的价格和美好的爱情誓言口号已经为这个品牌注入了能使消费者趋之如鹜的血液，而这么一个 2013 年初才推出的花店品牌，在短短一年的时间内，就成功夺得了消费者的欢心，其最主要的营销平台就是微博。

1. 情人节名人微博营销

2013 年的情人节前夕，“@Houson 猴姆”的草根大号发起了一条外国帅哥开 MINI 送鲜花引发全办公室尖叫的微博，引来众多网友的转发，Roseonly 花店的品牌名声也因此逐渐散播开来，如图 2-26 所示。而随后许多草根微博大号、微博红人相继发布了含有“一生只得一位佳人”“信者得爱”“天价玫瑰”等字眼的预热微博，吸引了大量用户关注，打响了主打高端浪漫风的花店 Roseonly 在情人节营销中的第一弹。

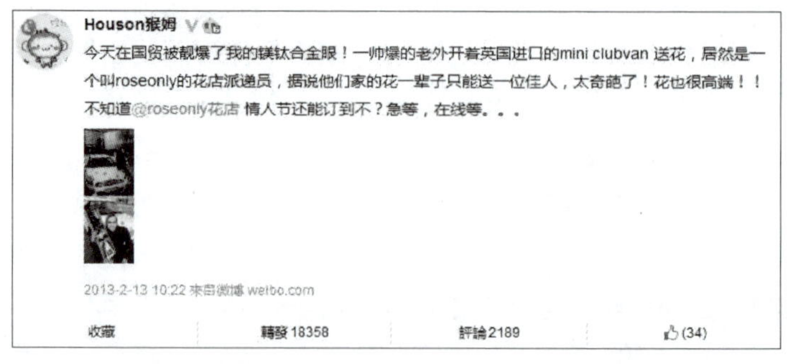

图 2-26　微博草根大 V 发布植入品牌的微博，广告

2 月 14 日情人节当天，著名演员李小璐在自己的微博“@ 李小璐 Super 璐”上晒出了一张抱着 Roseonly 玫瑰的照片，如图 2-27 所示。硕大的玫瑰、显眼的品牌 LOGO，还有微博中显示的“@roseonly”的官方微博，充分说明了这是一次营销行为，即便如此，此条微博在当天的转发量也超过了 3 万，并连续两天登上了热门转发榜榜首。而在几个月后此条微博共吸引了 7 万多个粉丝的转发，同时也为“Roseonly 花店”官方微博带来了多达 7 万多的粉丝增长，各类媒体人、互联网人竞相评论，情人节的微博和微信都被讨论 Roseonly 的内容而刷屏，其店内情人节限量特供的 999 元玫瑰则早已销售一空。

图 2-27　著名演员李小璐微博

而在同年的圣诞节中，Roseonly 更是借助《爸爸去哪儿》中大红的张亮父子来为其微博代言，又激起了微博上的一层热浪。

圣诞期间，刚好是《爸爸去哪儿》第一季热播结束，而节目中拥有超高人气的张亮父子在节目播出后微博的粉丝数大涨，Roseonly 利用父子俩的粉丝效应，不仅在圣诞期间将玫瑰一售而空，更是为自己又赢来了一大批的新粉丝。

2. 《小时代》电影植入，引微博热议

要么有名、要么有钱，这是 Roseonly 最典型的两类顾客。而其店铺里最有名的顾客当属李小璐、林志颖、李云迪、冯绍峰、杨幂、何炅等娱乐圈明星。除了担当口碑营销中的意见领袖，这批用户本身就是 Roseonly 的重点目标顾客，与此类似的还有知名企业家、电视制片人、时尚媒体主编等。

在这类用户之外，还有一批不出名，但有财力的年轻用户：年龄在 20~35 岁，生活在一二线城市，最典型的是海归人群，就像是电影《小时代》里的所演绎的富二代人群一样。而在 2014 年的七夕之际，伴随着《小时代 3》的上映，Roseonly 在剧中的多次出现也被许多的观众发现，在微博上引起了热议。图 2-28 所示中的微博就被粉丝们疯狂转发。

@电影世界

你真的看懂小时代3了么？顾源在床上的电话的暗语其实是"一生送一人"，林萧和顾里告诉我们，相亲相爱的人就是连撕逼也要"你是唯一"，感觉@roseonly专爱花店 下了好大的一盘棋，你以为小时代是一个MV，错！你以为小时代是一个PPT，错！你以为小时代是广告集锦，错！这明明就是roseonly的广告片。

7月24日11:50 來自微博 weibo.com　　轉發(37303) | 評論(4316) | 👍(1274)

图 2-28　《小时代 3》剧照微博

而《小时代 3》创下的 5 亿高票房，也让 Roseonly 成功地进入了 5 亿观众的视线中，随着电影的热播，微博上的热议，更多的人知晓了这个品牌，使其在七夕期间粉丝数再涨了 30 多万。

案例分析

现在人们的生活越来越富裕，越来越追求品质和个性化。首先，Roseonly 抓住高端定制鲜花这个市场空白点，就占据了一定的优势。

其次在微博上利用明星效应和电影中的植入，引发大范围的口碑营销，也很有讲究。微博上的名人微博一直是一块漂亮却有毒的蛋糕，数目庞大、粘性极佳的明星粉丝群体是如此的让人眼馋，但又十分敏感且不好控制。粉丝们大多一眼看过广告后便不再记起，品牌通过明星们的微博散播到了很多粉丝的眼中，却吸引不住粉丝们的目光。花了钱但又不讨好，这是最可悲的。

而 Roseonly 对明星的选择是通过多方面因素的筛选过后才确定的，名人微博营销成功的关键点还在于"如何让粉丝相信"，自然接受这些营销信息。就像它们选择的李小璐，李小璐与贾乃亮高调恋爱、高调结婚，每一个节日都能看到两人在微博上高调秀恩爱的内容，而她的粉丝们也已经习惯于接受她的高调，并且十分乐于送上祝福。这使得情人节里送出"唯一的爱"看起来如此顺理成章，而她亲自手捧 Roseonly 玫瑰的图片和充满了"璐式"甜腻的文案也让 Roseonly 和李小璐衔接得天衣无缝——如此无缝衔接明星生活且自然而不做作的策划，很难引起粉丝反感。

而电影《小时代》从第一部开始就一直被贴上“炫富”“拜金”的标签，电影的许多镜头都表现出奢华、高雅的场景，而 Roseonly 的出现正是符合了电影氛围。其植入得恰到好处，不仅不会引起用户的反感，反而还被电影中华丽的玫瑰场景深深吸引，从而导致在微博上的热议。

综上所述，Roseonly 的微博营销，其主要做到了以下几点。

- 精准选择：除了通过名人履历判断其是否符合品牌调性外，其微博内容、微博兴趣、常见互动对象等数据也值得关注，只有符合名人微博习惯的信息才能不被其粉丝所质疑。
- 有效预热：在时间点上，2014 年的情人节同时也是春节假期的大年初四，传统节日里微博的活跃度稍差，因此配合草根微博营销信息预热，为主角名人微博登场提前铺路。
- 舆论引导：在推广节奏上，考虑到新创品牌知名度不高，配合名人引爆再由权威第三方引导舆论会带来更好的效果。

◎ 2.2.5　麦当劳，处理危机公关

麦当劳作为全球领先的快餐企业之一，曾经创造过无数的广告创意，都令许多营销人折服。在移动互联网的环境下，麦当劳同样不甘示弱，将营销的眼光放到了微博平台上。但不同于其他企业的是，麦当劳的出色之处并不在于营销推广手段，而在于其利用微博处理危机公关的方法上。麦当劳作为食品行业，常常受到来自各界食品安全的质疑，而微博就成为了其聚光灯下的主要“发言台”，麦当劳成也微博、败也微博，为广大的企业们上了多堂危机公关处理的示范课。

1. 3·15 危机公关经典案例

2012 年 3 月 15 日，央视“3·15”晚会现场抛出麦当劳加工出售超保存期食品、家乐福将过期食品进行重新包装销售等重磅舆情。晚会开播三个小时，被曝光的品牌中，麦当劳第一个站出来回应，然后是家乐福。这两个品牌的官方微博声明被微博和互联网媒体广泛转发，至少从回应速度和态度上，已经获得媒体的响应。这也给了他们一个最大范围免费扩散反映和弱化负面影响的机会。至少，之后各大传统媒体不会是一边倒的负面曝光声音，还会给他们一个回应空间，这就是社交媒体时代的危机管理。

以麦当劳为例，其在问题（定义为问题而非危机，原因在于并非致命伤，同时远没到危机程度）被曝光后，于一个小时快速在新浪微博的官方微博上做出了第一个回应，如图 2-29 所示。

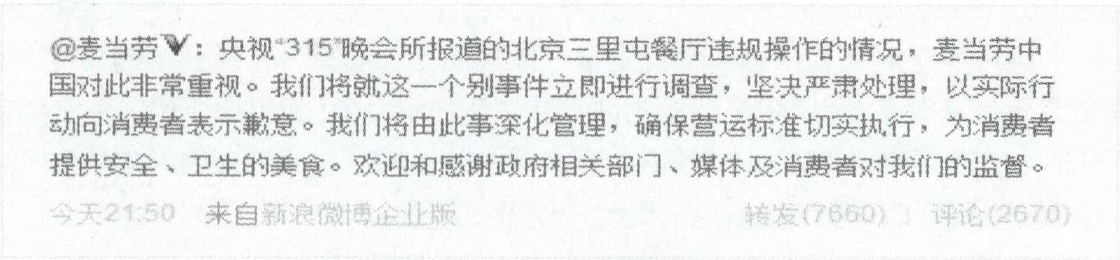

@麦当劳V：央视"315"晚会所报道的北京三里屯餐厅违规操作的情况，麦当劳中国对此非常重视。我们将就这一个别事件立即进行调查，坚决严肃处理，以实际行动向消费者表示歉意。我们将由此事深化管理，确保营运标准切实执行，为消费者提供安全、卫生的美食。欢迎和感谢政府相关部门、媒体及消费者对我们的监督。

今天21:50　来自新浪微博企业版　　转发(7660) | 评论(2670)

图 2-29　麦当劳发布微博回应公关危机

之后在“@新浪财经”等众多媒体的带动下，“@麦当劳”官方微博这条信息获得了 7600 多次的转发量，直接一次转发覆盖的人数超过 1000 万。获得了在社交媒体时代的最大程度的信息传递速度和效率。也就是说，向 1000 万人传递了麦当劳对于问题的回应姿态。

由此，我们可以看到麦当劳这次危机处理具有如下几个特点：

① 官方微博的快速回应

与其他企业官方微博需要层层申报，然后叠加到微博操作员再进行发布这种流程不同。麦当劳的官博回应可谓快，甚至抢占了最快这一关键姿态。这个冠之以“最快的”回应，给麦当劳这次的危机处理带来了最大面积的效应。更大的效应在于次日的传统媒体曝光，几乎所有的报道都会带上这个积极的反应，以及回应全文。让麦当劳的官方微博，以及麦当劳的态度同步传递。

② 微博回应内容到位

麦当劳的官方微博回应，可谓微博时代最经典的微博回应之一。说其经典，是因为其措辞的精心准备，以及背后传递的多层意思，精准、老练、沉着，以及富有公关技巧。不出意外，这将成为各大公司官方微博回应问题和公关的标准体。以后估计其他的官微都会学习麦当劳，出现危机和问题的时候把这个体例进行套用并发布。

企业透过对麦当劳“3·15”危机处理显示出来的公关技巧和处理方式进行分析，找到这个时代危机蔓延的特点，以及回应的技巧和方法，作为借鉴。

2.“福喜事件”失败处理

将时间跳转至 2014 年的 7 月 20 日，东方卫视曝光了一则“福喜上海工厂的工人将过期的鸡肉和牛肉重新包装并销售”的新闻。尽管这样的食品安全丑闻在国内时有发生，但这一次情况却有所不同：作为供应商的美资企业福喜，其客户均为麦当劳、百胜集团这类国际餐饮品牌。而时隔两年之久，麦当劳再一次陷入了危机公关之中，但这一次麦当劳对于危机的处理，相比起两年前的 3·15 事件显得差强人意。图 2-30 所示为本次福喜事件发生后，麦当劳发出的一份声明。

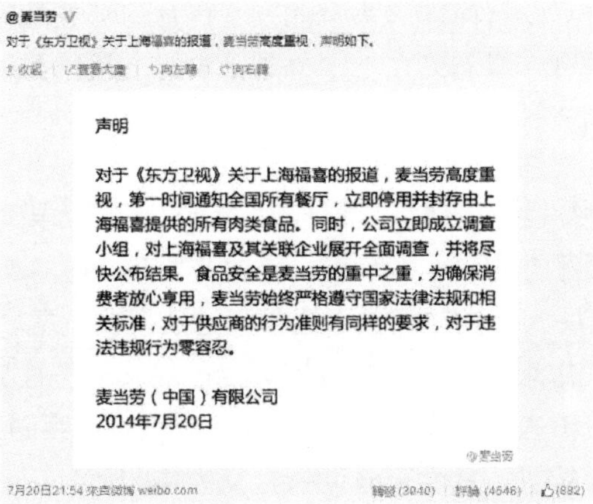

@麦当劳

对于《东方卫视》关于上海福喜的报道，麦当劳高度重视，声明如下。

声明

对于《东方卫视》关于上海福喜的报道，麦当劳高度重视，第一时间通知全国所有餐厅，立即停用并封存由上海福喜提供的所有肉类食品。同时，公司立即成立调查小组，对上海福喜及其关联企业展开全面调查，并将尽快公布结果。食品安全是麦当劳的重中之重，为确保消费者放心享用，麦当劳始终严格遵守国家法律法规和相关标准，对于供应商的行为准则有同样的要求，对于违法违规行为零容忍。

麦当劳（中国）有限公司
2014年7月20日

7月20日21:54 来自微博 weibo.com　转发(2040)｜评论(4646)｜(882)

图 2-30　麦当劳“福喜事件”回应微博

首发声明，从基调上表现出麦当劳“对于违法违规行为零容忍”的坚决态度，行动上则用“立即停用并封存由上海福喜提供的所有肉类食品”，表明麦当劳“食品安全是麦当劳的重中之重”的一贯立场。然而，这篇声明却没有提及政府、媒体和消费者这三大极其重要的公关对象。既没有提及配合政府调查来将自己的损失降到最低，也没有表明品牌对于媒体监督的开放态度，甚至对自己最大的公关对象群体——消费者，没有半句道歉；对食用过问题肉的消费者的赔偿如何解决的问题，只字未提。

而在事件发生后的 4 天，麦当劳再次发出声明，如图 2-31 所示，这次的声明更是成为本次危机公关中最大的败笔。

声明

在获悉上海福喜事件后，我们无比震惊。食品安全及其标准的严格执行一直是麦当劳全力捍卫的核心价值，然而报道中提及的食品安全违法行为不仅令人愤慨，更与我们坚守的核心价值背道而驰。

今天，上海福喜的母公司——福喜集团的全球主席兼首席执行官Sheldon Lavin先生向中国所有的顾客致以歉意，并承诺类似事件绝不再发生。相关声明：http://www.osigroup.com.cn/

基于Lavin先生的承诺，麦当劳中国决定终止与上海福喜的业务合作，并逐步将我们的供应来源调整为福喜集团旗下的河南福喜。期间，我们将继续向河北福喜采购部分产品。与此同时，我们也欣慰地看到，Lavin先生已承诺将向河南福喜派出其集团内最优秀的领导团队，参与管理和运营。河南福喜于2013年10月投产，其配备了福喜集团目前最新和最先进的生产设施。

此次事件对麦当劳是惨痛的教训。我们正在重新审核并评估公司在中国的供应商质量管理体系。前事不忘，后事之师。我们直面问题，绝不回避，用心为顾客提供优质、安全的食品——正如你我所期待。

麦当劳（中国）有限公司
2014年7月24日

图 2-31　麦当劳“福喜事件”回应微博

本段声明中，麦当劳“基于 Lavin 先生的承诺”决定将上海福喜换成河南福喜，把消费者们看得晕头转向“明明就是福喜出了问题，同样都是福喜公司会有什么不同？”不仅消费者看不明白，而且惹怒了政府：难道上海监管不好一家食品企业，河南就会做得更好？无意间的一个“失误”，一定不会给企业带来任何的好处。而事实证明，这样的处理方式只会惹来更大的争议，最终麦当劳还是终止了与福喜公司的合作，真正做到了与其“一刀两断”。

公关的本质是对话舆论，为品牌获取同大众沟通交流的话语权。然而，麦当劳关于此次事件的这几篇声明却由于缺乏自身鲜明的立场和责任感，在一定程度上丧失了对品牌重新树立责任的先机。

发生在麦当劳身上的这两起有关食品安全的危机公关让我们既看到了一个企业优秀化解危机的案例，又看到了一个处理不当将危机深化的案例。

案例分析

微博的出现，使得社交媒体以前所未有的方式走向历史前台，成为众多时间的见证者。企业必须考虑的是，不单单只是建个官方微博，发个声音，进行传播。更重要的是，把握与每一个利益相关者直接沟通的机会，充分利用自媒体的媒体，充分表达自我立场，化问题为转机，并提高自己品牌的“社交魅力值”，这才是社交媒体时代企业应该去“拥抱”的变化。也就是说，数字时代的品牌，必须“拥抱”变化，把握变革契机，从而充分迎接社交媒体时代。

对于餐饮行业来说，食品安全问题引发的公关危机可谓是频率最高的，如果企业没有很好地利用社交媒体平台，就会错过很多问题回应和与利益相关群体沟通的机会。有些时候，不是百口莫辩，而是善用回应时机，让百口莫辩变成积极回应。这就是公关的魅力所在，就像是外交。小到个人，中到企业，大到国家和政府，皆是如此。

第3章

搭建微商城，微信公众号来搞定

如果要做微商，还需要通过层层审核开个淘宝店再苦心运营吗？如果想自己开店，还需要精心挑选好地理位置，花费人力财力去费力宣传吗？当你使用了微信后，会发现这些全都可以在微信上搞定！

从2011年1月微信正式上线到2014年初，微信用户已经超过6亿，其中活跃用户超过2.7亿。现在说到微信营销，无人不知无人不晓。一大堆的创业者以及企业家们都开始扎堆于微信营销，其中赚足了口袋的人确实不少，这些都显示出微信作为营销工具的强大性。

3.1 微信公众平台的赚钱优势

微信官方显示，截止到 2014 年的 7 月，微信的公众号数量已超 580 万，并且每天仍然以超过 1.5 万的数量在增长。微信公众号的信息传播能力与话题策划能力，让其具备了强大的营销基础。自公众号推出以来，不少名人、企业、商家纷纷依附于这一平台，都开始借助公众平台做起了微商，希望能在微信生态圈中找到适合自身的营销价值。

然而在微信公众平台应用这一块，企业微商会比个人微商更适合发展。微信如今一直在变换服务号和订阅号的申请规则，为了规范公众号、减少垃圾号，在 2015 年开始，微信公众号要申请认证必须拥有公司资质，所以个人（除了名人之外）开通微信公众号无法完成认证，也就无法拥有微信公众平台的完整功能，所以在接下来的内容中，编者会主要以企业微商的角度来分析公众平台的营销法则。

◎ 3.1.1 CRM 最佳工具

微信天然具备 CRM（客户关系管理）管理的属性，是非常好的客户管理工具，公众账号可以作为微商和消费者沟通的桥梁，实现移动客服的功能。目前很多的企业微信公众号，如“小米手机”就配有专人负责微信客服，每天回答消费者的在线提问。

CRM 的核心是对微商的市场营销、销售和客户资源管理提供有效的支持，微信公众平台可以沉淀用户数据，与潜在用户建立连接，利于二次营销。比如对潜在用户通过关注送礼的有奖方式即可收集用户信息，这相比以往线下填写表格等方式更便捷有效。除此之外，也可以将营销活动、新品上市等信息第一时间推送出去。还可以连接打通微商的官方微博，让 CRM 系统实现真正的 SCRM（社会化客户关系管理）管理。

但是许多使用微信 CRM 的微商，却对如何做微信 CRM 存在很大的迷惑，不知道如何下手，而实质却是对微信 CRM 的本质和原理缺乏认识。

1. 原理探究

传统的客户销售，首先通过展会、用户登记、购买客户资料等方式取得客户线索，然后通过电话、邮件、上门拜访等方式推进客户下单。传统的 CRM 就在于维护和关怀这些已消费的客户，促成其“二次消费”。

在这些传统客户销售方式里，会存在“口碑传播”的情况。例如一个客户认为该产品质量与服务都非常好，推荐了另一位客户也来购买。但口碑传播带来的成交率，在不同的情况下，体现也完全不同。

而微信作为一款即时通信移动 APP，本身就具有了“口碑传播”的天然优势。在微信上发现一个好的商品或者一篇好文章，微信用户就会不自觉地转发给有需要的朋友。这样的传播本质也会是“病毒效应”，如核裂变一般为商家带来客户

量。而这就是微信作为客户营销手段，与传统客户销售方式相比的突破性转变。因此，快捷的口碑传播，是微信 CRM 优越性的最本质原理。

基于这样的本质特点，这就需要微商公众平台的客户数据库也要有所变化。最基本地区分哪些客户是“二次消费”，哪些客户是新来客户，而新来的客户中又是由哪些客户推荐来的。这样的一些分析，将能制定不同的客户维护与返利策略。而不同的区分，又能反映到营销等市场活动中，然后开始一个良性的循环，直到产品或服务生命周期结束。

2. 营销工具的整合

传统的营销手法，往往通过短信、电子邮件、直投等方式，而且需要花费一定的成本，例如短信费、派发传单人员费等。但微信具备整合推送工具公众平台的优势，商品信息可以快捷地推送到客户的个人微信端，这种信息推送的最大特点是便捷和低廉，这使得其他推送方式相形见绌。

目前已有不少类似的品牌网店只通过微信推送商品图文，就能得到超过 10% 下单的惊人转化率。现在也已经有很多商家将自己的运营管理系统与微信开放接口相连，以实现无缝推送。例如，南航都将乘客值机服务搬到了微信上。这样便捷的服务手段的提升也能很好地促进客户满意度的提升。这些都是微信 CRM 的成功应用。

3. 微信 CRM 应用实例

如今很多企业已经在自己的微信公众平台上进行了自定义接口功能，这个接口可以接入任何公司的 CRM 系统，公众账号背后的企业将能够通过这个接口为用户提供更个性化的服务。

公众平台上一些比较优秀的功能，也被许多微商在个性化方面进行了深入的开发，比如“蚂蜂窝旅游攻略”这个账号。当用户在微信中把自己当前的地理位置发送到其公众平台之后，“蚂蜂窝”会回复一条信息，告诉用户附近有哪些酒店可以预订，并提供订房的费用和电话号码，而且还可以实现订房和退房的功能，如图 3-1 所示。

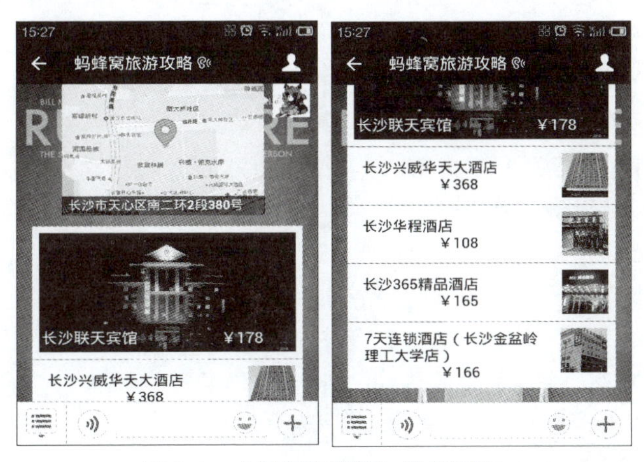

图 3-1 “蚂蜂窝旅游”微信界面

再例如“逛”的公众平台账号，用户向其账号发送“鞋子”等商品信息，“逛”会自动回复三条图文并茂的鞋子信息给用户，点击后可直接进入“逛”的移动版页面，如图 3-2 所示。对于用户，这样的体验极其方便。

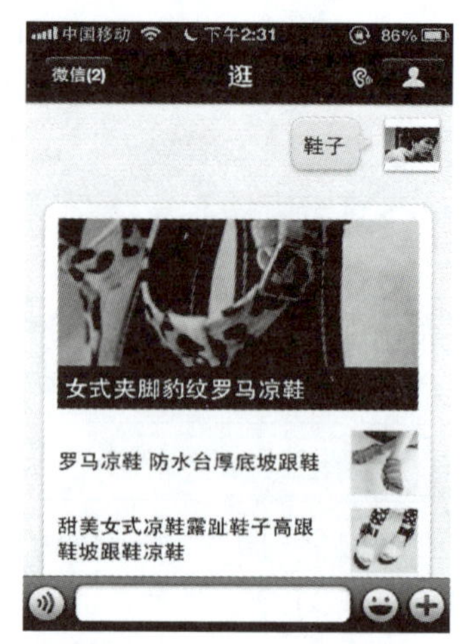

图 3-2 “逛”微信界面

更有保险公司的公众账号已经可以让用户直接通过微信报险了。如“平安车险”用户可在事发当时直接拍下车辆刮擦现场，附上地理位置信息，发送给官方公众平台，即可快速完成保险流程。

在大多数的公众账号中，一些用户对微商推送的图文消息并不感冒，他们更希望能够体验到个性化的服务。而利用公众平台上的接口，微商就能够满足用户的个性化需求，以上三个是比较典型的例子。

◎ 3.1.2 微信支付完善 O2O

O2O（Online To Offline）模式，是指线上营销线上购买带动线下经营和线下消费。O2O 营销就是把线上的消费者带到现实的商店中去：在线支付线下商品、服务，再到线下去享受服务。通过打折、提供信息、服务等方式，把线下商店的消息推送给互联网用户，从而将他们转换为自己的线下客户。这样线下服务就可以用线上来揽客，消费者可以用线上来筛选服务，还有成交可以在线结算，很快达到规模。比如餐饮、健身、电影和演出、美容美发、摄影及百货商店等。伴随着二维码的出现，O2O 也可以变为 Offline To Online 了。

如今在微信上购物早已不是什么稀奇事，越来越多的微商都选择在微信上开通公众平台，方便用户们下单购物。微信从推出公众平台之后，就一直奔着 O2O 的道路走去，无论是早先的“微信会员卡”还是 2014 年上线的“微信小店”，这些动作无不证明着微信要打造 O2O 平台的念头。

在 2014 年的 10 月，微信更新到 6.0 版本，更新后的“微信卡包”功能可以把优惠券、会员卡、机票、电影票等放到微信卡包里，方便用户使用。而早在这之前，微信在其“钱包”模块中就加入了超便捷的“刷卡”功能，微信正在一步步地削弱你手中实体钱包的存在感。

微信想要为客户和商户提供一套现有线下商铺运营的替代方案，用微信客户端取代顾客手中的现金、银行卡和卡券，用公众平台和服务号取代商户的营销、CRM 和收单等一整套营业流程。加之以公众平台作为商户的后台基础，利用二维码与用户手中的微信客户端建立联系，再通过服务号作为连接方式管理客户资源和开展营销活动，致力于“连接”线下商户。

而微信要实现 O2O 的闭环，就必须实现微信支付这一关键步骤。在 2014 年 8 月微信支付正式公布“微信智慧生活”全行业解决方案，O2O 的思路日益清晰——即以“微信公众号 + 微信支付”为基础，帮助传统行业将原有商业模式“移植”到微信平台。微信公众账号做 O2O 需要掌握如下 3 点。

1. 顺应用户需求，削弱营销意识

微信公众账号和个人用户之间的关系，其实是弱关系，所以在引导个人用户关注微信公众账号的时候，这个临界点一定要是弱关系的点，才能获得用户的关注。因此不要刻意去强调营销的产品或内容，而是告诉用户这个号能够给其提供怎样的价值与帮助，他所需要做的仅仅只是“点击关注”的动作而已。比如某个培训学校的微信公众账号，是致力于 O2O 培训的，如果要吸引用户关注，那其公众平台的介绍上这样说会更能吸引用户——100 篇 O2O 实操“干货”免费分享;但如果其强调，O2O 培训现在打五折。可想而知，用户的关注量就会低很多。

把用户的需求放在第一位才能圈住客户，把营销放在其后，让更多的流量进入到你的 CRM 系统是 O2O 营销致胜的关键所在。

2. 提升服务，转化用户

微信公众平台上单纯的内容并不能形成核心竞争力，内容只是吸引用户关注该微信公众账号的要点之一，并不会因为这个账号发了很多文章，就可以把这些用户变成付费用户。要实现转化，就需要和用户进行深度沟通，这是一种人工服务。但光靠运营者与平台那端的用户进行简单对话，做不了真正的营销，还需要通过一系列的微信服务和用户进一步加强关系。

继续拿 O2O 培训学校举例，用户关注微信公众账号以后，他们的心态基本是坐等博主群发干货，这时候用户的状态是一种“订阅状态”。如果微信平台上的运营人员在这时主动发起对话，与用户进行互动，解决用户当前遇到的一些问题，就能快速建立相互之间的基础信任感。这是第一种微信服务。

通过交流挖掘用户的需求点以后，再借用微信公众平台的 API 接口，智能地去推送给用户相关的精准信息，这是第二种微信服务。

给用户推荐提供一些免费的在线听课名额，或者企业诊断服务，提供部分“干货”材料等，进一步强化用户和微信公众账号之间的粘性，这是第三种服务，也是最为深入的一种服务，经过这三轮服务，用户和微信公众账号之间的信任度可以到达一个更高的深度。

3. 引用技术

通过付费的引流手段，微信公众账号的关注量会非常大，因此微信服务工作也会很大，这时候就需要借助微信技术，去承担一些重复性高的工作。比如用户关注以后的开场白，再比如用户经常问到的常规性问题，还比如上一段提到的智能推送文章等，这些都需要通过微信技术去解决的。

除了利用技术手段去解决一些重复性的工作以外，微信技术还需要承担一项更为重要的责任，借用微信公众号的二次开发能力，去策划一些刚性产品。前面也提到，微信内容并不能作为微信公众账号的核心竞争力，所以提供给用户刚性的产品功能，也是让用户保持粘性的重要手段之一。

3.2 搭建微商城的五大工具

如今的消费者对手机极度的依赖，任何交易操作都是通过手机来完成的，有时连电话都不愿意打。所以他们也更青睐和那些有微商城的微商们进行交易。因此，微商们要在微信公众平台上招揽生意，在微平台上搭建一个属于自己的商城是必不可少的。基于微信公众平台来说，搭建微商城可以运用要微信小店、微信商城、微信卡券、微信支付、微社区五大工具。

但值得注意的是，无论以上的哪一种工具，都需要微信公众号开通认证。所以在搭建微商城之前，微商们最好给自己的微信公众号申请认证，认证费用为300/ 次。

◎ 3.2.1 微店小店

2014 年 5 月 29 日，微信公众平台宣布正式推出“微信小店”，将形形色色的小店搬进微信里。登录微信上的服务号，即可获得轻松开店、管理货架、维护客户的简便模板。

“微信小店”是基于微信公众平台打造的原生电商模式，包括添加商品、商品管理、订单管理、货架管理、维权等功能，开发者可使用接口批量添加商品，快速开店。“微信小店”的上线，意味着微信公众平台上真正实现了技术“零门槛”的电商接入模式。

微商若要开通“微信小店”，必须是已微信认证、已接入微信支付的服务号，才可在服务中心申请开通微信小店功能。“微信小店”基于微信支付来通过公众账号售卖商品，也可为用户提供商品详情体验，货架也更简洁。微商登录微信公众平台网页版，在“功能”版块中点击“添加功能插件”即可看到“微信小店”的入口，如图 3-3 所示，按照操作提示即可申请开通。

此前微信公众平台已经对外开放了支付功能，在“微信小店”诞生之前，如果要在公众平台上实现电商功能，可能需要有很强的技术开发能力，有了“微信小店”之后，微商即使没有任何技术开发能力，也可以开启电商模式，对商品进行分类、分区陈列，真正实现“零成本”开店。同时，针对部分有开发能力的微商，也可以通过 API 接口的方式自行开发商铺系统，批量添加商品，自行实现商

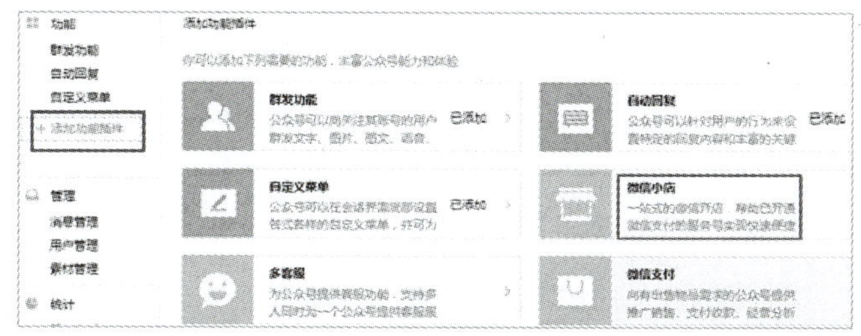

图 3-3　公众平台界面

铺功能，通过相关的接口权限更方便地管理商品数据等内容，实现更多功能。

作为公众号的订阅用户，也将在开通了“微信小店”的平台上获得更加丰富、更加原生态、更流畅的购物体验，比如可以多途径、多入口体验，例如自定义菜单，查看商品消息等。区别于外部第三方利用微信公众平台已开放的接口能力提供的服务，全新版本支持商品详情体验，货架更简洁规范，体验更流畅和完善的服务。

下面编者为大家介绍开通了“微信小店”后的微信公众号可以拥有的权限。

① 开发者可以将自己的微信公众号页面作为微信小店的货架，能在自己的页面上，通过 JS API 调起预先上传好的商品，主要可以进行如下操作。

商品管理接口	库存管理接口	邮费模板管理接口	分组管理接口	货架管理接口	订单管理接口	功能接口
开发者可通过商品管理接口，来增加商品、删除商品、修改商品信息、查询已有商品，并可通过接口对商品进行上下架等操作管理	开发者可通过库存管理接口，来为已有商品增加和减少库存，包括进行与自身系统或其他平台的库存同步	对于部分邮费计算复杂的商品，开发者可通过邮费模板管理接口，来生成、修改、删除和查询支持复杂邮费计算的邮费模板	对已有商品，开发者可通过分组管理接口，来对商品进行分组管理。接口包括增加、删除、修改和查询分组	微信商户除了可以在公众平台网站中自定义货架外，也可通过接口来增加、删除、修改和查询货架。货架也是通过控件来组成的。开发者甚至可以将自己的页面作为货架，通过 JS API 来调起商品详情页	开发者可按订单状态和时间来获取订单，并对订单进行发货	目前功能接口暂时只支持上传图片接口一项。微信商户开发接口中所有需要用到图片的地方，都需先使用上传图片接口来预先获得图片的 URL

② 允许自定义商品的属性和规格

在添加商品或编辑未上架商品时，可以自定义商品的属性项和属性值，以及规格项和规格值。

③ 已上架商品和货架支持下载二维码

每个货架和已上架商品都具有不同尺寸的二维码提供下载。客户端扫描二维码可以进入相应的货架或商品详情页面。

④ 支持订单下载

在订单管理页面可以将筛选出的订单列表下载成表格到本地，方便商家管理订单。

⑤ 更多细节优化为商家提供便捷的体验

系统会记住商家上一次新增商品时所选的类目和商品所在地；图片库一次可以上传多图片。

案例 好药师的微信小店

好药师是一家在线医药服务平台，其在京东、1 号店、天猫商城等国内的主流电商平台都已入驻。在“微信小店”开通后，好药师的微信商城也正式上线，成为国内第一家微信医药健康产品商城。如今用户只需关注“好药师”的微信公众号，就能进入菜单中的微信小店，实现逛好药师商城、海外医药馆、领取优惠券等操作，如图 3-4 所示。这些都为用户带来了更加便捷、流畅的购物体验。

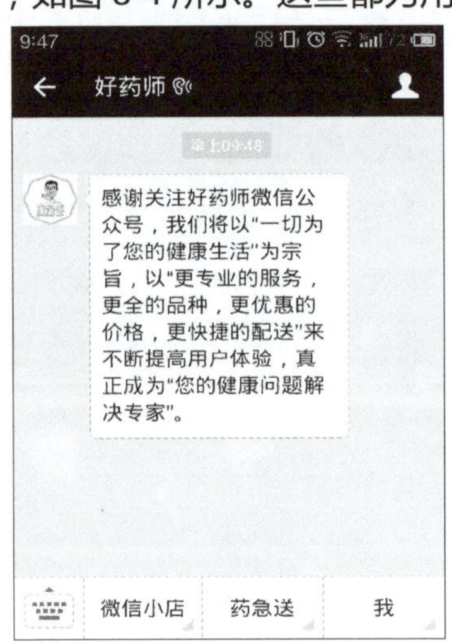

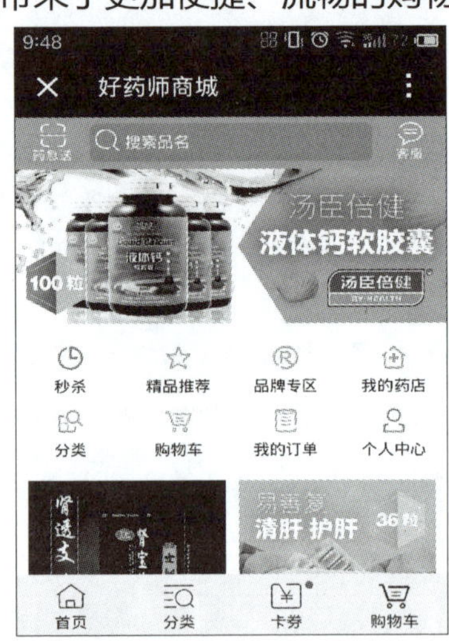

图 3-4 “好药师”微信小店

◎ 3.2.2 微信商城

微信在 2014 年初就已达 6 亿用户，这样的惊人数据吸引着无数商家的眼球，庞大的人群后面隐含着巨大的商机。微信第三方平台顺势而发，推出微信电商服务产品“微信商城”，助力企业开启微营销，抢占 6 亿微信市场制高点。

前面已经说到了“微信小店”，那么这个“微信商城”又是什么呢？微信小店是腾讯微信亲自研发的，所有的开店操作、开发人员都可以在微信公众平台上完成；而“微信商城”则不同，要在公众平台上开通“微信商城”就得首先选择一个第三方商城系统，如“微盟”“口袋通”“微铺子”等，将微信公众平台授权于这些第三开系统，才能免费搭建商城。

目前第三方平台很多，不同的第三方平台在功能和要求上可能存在很大差异。以国内商家用得最多的“微盟”平台为例，它的门槛相对“微信小店”就偏低，“微信小店”无法满足所有微商在移动电商运营上的需求，比如在客户关系管理、市场推广、运营活动、O2O 落地执行等方面。但在“微盟”上搭建“微信商城”就能提供比“微信小店”更丰富多元的解决方案。因此，尽管存在“微信小店”，但是像微盟这类做得较好的第三方平台仍有很大的市场需求。

编者下面就以“微盟”第三方系统为例，介绍开通微信商城的方法。

Step1　进入微盟官方网站 http://www.weimob.com 注册并登录账号，如图 3-5 所示。

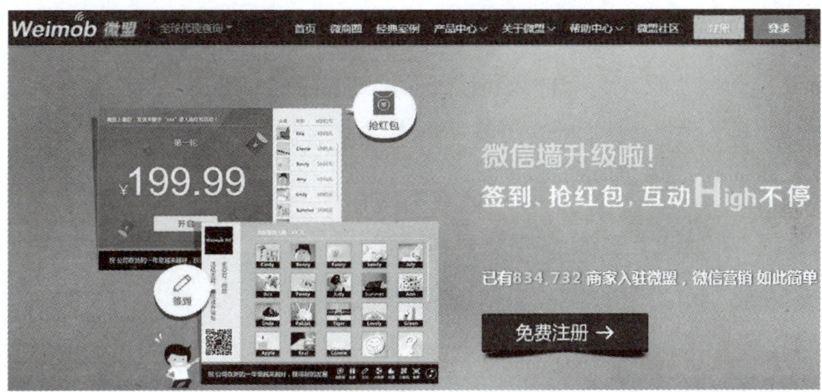

图 3-5　“微盟”官网页面

Step2　注册成功后登录账号，在“管理平台”版块下点击“添加公众账号”选项，在微盟上填入相关信息，绑定自己的微信公众账号，如图 3-6 所示。

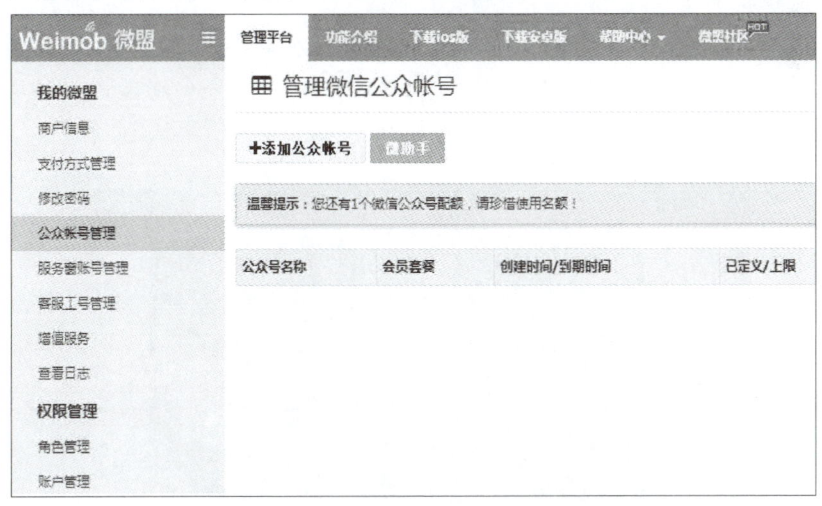

图 3-6　“微盟”绑定微信公众号页面

Step3　当绑定完成后，微盟页面会生成一个 URL 和 token 号，如图 3-7 所示。

图 3-7　获取 URL 和 token 号

Step4　在网页 https://mp.weixin.qq.com 登录自己的微信公众号，在“开发者中心”版块下的“服务配置”功能中，填入以上的 URL 和 token 号即可完成绑定，如图 3-8 所示。如果没有服务配置这一功能的公众号，则是还没有成为开发者。首先要成为开发者，才能开启开发模式，接入第三方的绑定。

图 3-8　微信公众号页面填入

当绑定完成后，开发者一旦在公众平台启用服务器配置，即可在“微盟”第三方平台中搭建微信公众平台上的商城，如若开发者想要在“微盟”上获得更多的接口权限，则需要支付一定的费用。“微盟”上可开发多个功能，每个功能中都有使用指南，开发者根据介绍进行操作即可，如图 3-9 所示。

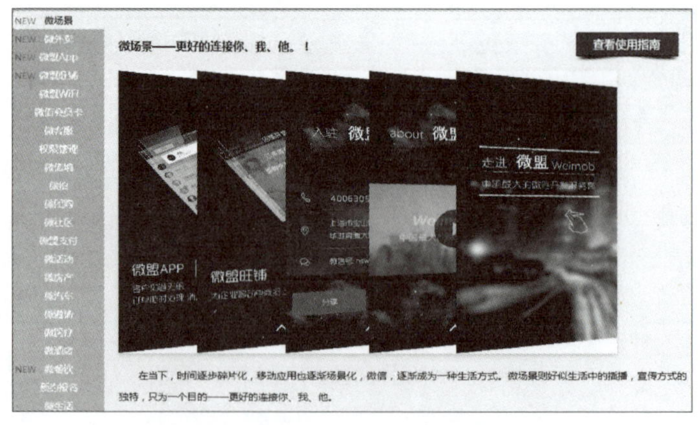

图 3-9　“微盟”上支持开发多个功能

微商借助第三方系统开通微信商城后，即可使公众平台增加如下的功能。

- 会员系统：完善的会员管理系统，具备自动保存密码、会员等级、积分管理，积分兑换、导入导出等功能。
- 支付功能：支持微信支付、支付宝、财付通、快钱、银联、货到付款等多种支付方式，解决了商家因单一支付方式给消费者带来的不便。
- 购物车 / 订单 / 结算功能：完善的购物车和订单生成系统，在线结算方便快捷。
- 自定义菜单：拥有商品分类、资讯中心、新品促销等版块，分类清晰明了，除了微信自定义菜单还扩展到内页中自定义菜单。
- 产品管理系统：强大的产品管理系统，具备自定义参数、导入导出数据等完善功能。
- 促销功能：多种促销规则、积分赠送、会员优惠等让商城具备超强营销力。
- 抽奖功能 / 投票功能：微信商城可以同时进行多种即时抽奖活动，也可以发起多种图文和柱状的投票活动。
- 分佣系统：充分利用微信的社会化人际关系特点，以流量、推荐会员、购买抽佣的形式为营销工具。

案例　“俏十岁”微信官方商城

对于很多企业微商来说，开通微信公众平台多会选择订阅号，而相比之下服务号就偏少。所以在搭建微商城时，相对于“微信小店“，“微信商城”才是大多数微商的选择。作为新生的面膜品牌，“俏十岁“也是如此。

“俏十岁”通过与第三方系统“微盟”的合作，搭建了自己的微信官方商城，在微信商城上，所有在天猫或者官网能看到的消息，这里也都能看到，并且还会为用户提供更多的优惠福利，以及在微信上召集“微客”让用户从中赚取佣金，如图 3-10 所示。“俏十岁”的微信不仅仅成为了供用户的购买产品的平台，更成为了发展下线的最佳途径。

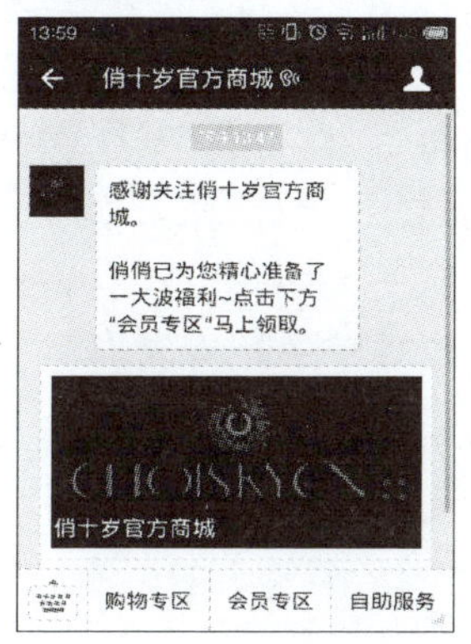

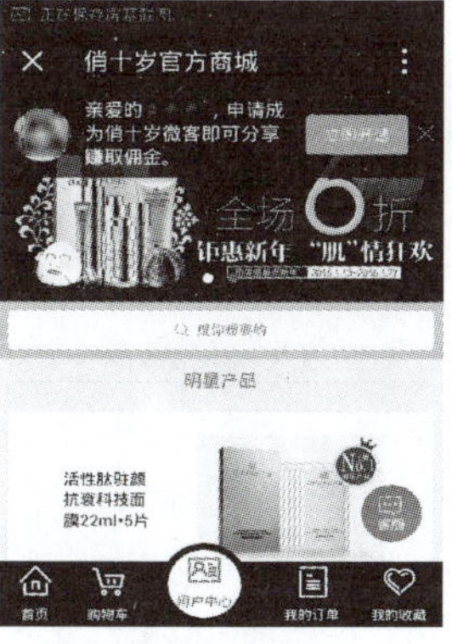

图 3-10　“俏十岁”微信商城界面

◎ 3.2.3 微信卡券

微商们要搭建微商城，不可能只是搭建一个没有任何优惠活动、折扣信息的商城。既然是线上商城，那就要求对消费者具有足够的吸引力。这个吸引力除了体现在搭建后商城微信页面的美观、便捷程度之外，更重要的还是你的商城价格是否够实惠，是否会发放优惠券让消费者以更便宜的价格得到贴心的产品与服务，而如今在微商城上发放优惠券也成为了众多微商的必要营销手段之一。

2014 年 9 月 30 日，随着微信 6.0 版本的更新，其公众平台也新增了“微信卡券”功能，这是公众平台向有投放卡券需求的公众号提供的推广、经营分析的整套解决方案，也是“微信卡包”的重要组成部分，还是连接商户与消费者的新渠道。通过资质审核的商户，拥有卡券制作、管理、投放和数据分析的整套能力。目前支持的卡券类型有代金券、折扣券、礼品券、团购券、优惠券等。

在微信用户“我”的页面中单独有一个“卡包”入口。用户在“卡包”里可以查看领取过的优惠券、优惠卡、折扣卡等信息，如图 3-11 所示。

图 3-11　微信“卡包”入口

微商只要在自己的微信公众号运营后台自助申请通过后，即可通过微信公众平台或开放接口使用此功能。至此，传统代金券、折扣券、团购券、礼品券、优惠券、机票、电影票、门票、会员卡和红包……可以统统收入微信中进行统一管理。用户不用再担心卡太多、太乱、太杂不方便管理，以致过期了都还没用；商家也不用担心给用户派发完优惠券，就与用户失去了联系。

微商在公众平台申请开通“卡券功能”的前提也是必须通过微信认证，订阅号、服务号都可。具体开通步骤如下。

Step1　登录公众平台，点击左侧“功能”菜单下的“添加功能插件”选项，即可看到“卡券功能”选项，如图 3-12 所示。

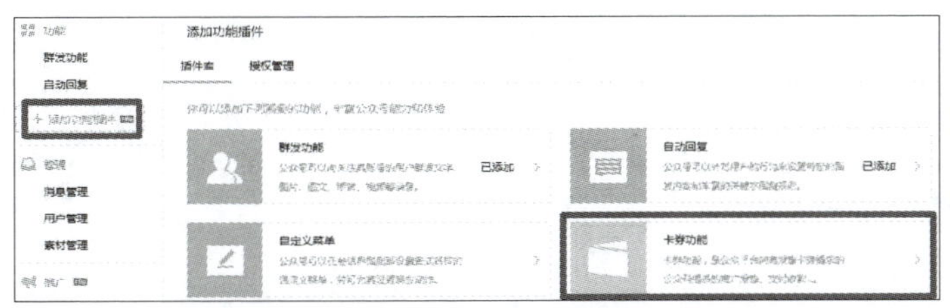

图 3-12　公众平台开通“卡券”功能界面

Step2　点击申请后，填写相关信息，点击提交即可，如图 3-13 所示。之后等待审核，审核通过后即可使用。

图 3-13　公众平台开通“卡券”功能界面

前面也说到，微商们发放各种代金卡、优惠券等卡券的目的，是为了吸引更多的用户进行消费。而微信卡券体系提供的多种能力，不仅打破了用户和微商对传统卡券消费的局限，让人们的消费方式更简单便捷，还为微商带来了更高的转化率和更多的客流量。

微信卡券也为用户带来了极大的便利。用户不仅拥有了一个统一管理各种卡、券的工具，而且不用再担心券还没用就过期，也不用担心卡、券太多不方便携带，或容易丢失。基于微信社交基因和即时通信属性的微信卡券体系，会在卡券快到期时，发送提醒，用户可以随时查看适用门店、随时使用，还能随时把票券微信转赠好友。

在社交网络的年代，信息的分享已成为一种趋势和习惯，利用这种习惯，颠覆一种消费传统，不是没有可能。所以庞大的网络社交资源，吸引的不仅是暂时的用户增长，更多的是为未来通过个性化服务，创造更多更长久的消费动力。而国美通过与微信卡券的合作、布局移动购物正是这个时代的有益探索之一。

案例 国美派发微信卡券

国美电器在微信推出卡券功能后，立即开通了卡券功能，并推出了价值为100和200的代金券。国美代金券领取途径包括国美微信公众号、扫描国美的卡券二维码，而最快捷好玩的方式是直接向微信好友索要，这引发了微信用户中不小的“骚动”，许多用户都纷纷添加国美公众账号或者扫描二维码来领取卡券，进而送给自己身边的好友。

凭借微信卡券，国美可以直接利用微信完成卡券的生成、查看详情、编辑、删除和投放，也可以通过公众平台实现数据分析、多方式核销等支撑服务。例如，可以获取完整的卡券运营数据报表；通过手机核销和网页核销等多种核销方式，实现数据存储，与用户建立紧密联系。在这个基础上，国美能够更加有效地完成卡券运营，进而更好地了解和满足用户需求。

◎ 3.2.4 微信支付

“微信支付”是在微信客户端的支付功能，用户可以通过手机完成快速的支付流程。微信支付向用户提供安全、快捷、高效的支付服务，以绑定银行卡的快捷支付为基础。至今为止，“微信支付”支持的支付场景有：微信公众平台支付、APP（第三方应用商城）支付、二维码扫描支付。

微信支付，作为微商们搭建微商城最重要的工具，不仅仅是构成消费的重要环节，也是优化消费者购物体验的重要功能。通过快捷的支付过程，才能构成更加优质的购物体验。而能满足消费者们这一点的，就是微信平台的“微信支付”了。对于微商来说，开通或利用好微信支付是必不可少的。

如今，只要是通过微信认证的服务号（限“企业 / 网店商户 / 媒体类”服务号）均可在公众平台申请开通“微信支付”。要申请微信支付，需要填写商户基本资料、业务基本资料、财务审核资料。通过审核的商户才能进入开发流程，通过开发接口文档的指引，完成开发。此后签订合同并缴纳保证金后，可申请全网发布，即可开通微信支付能力，具体步骤如图 3-14 所示。除了微信支付接口外，微信还为服务号的微商提供了一套完整的移动购物解决方案，包括商品推广、购买支付、售后服务三大部分，申请流程也非常简单。

一些微商们当前已在微信上把生意做得风生水起，因为有了社交情感营销的基础，双方的信任已经完全可以脱离第三方了，微商和客户们不用再依赖第三方支付方式，直接就可以在微信中完成，这也是完成实现微商的商业闭环。

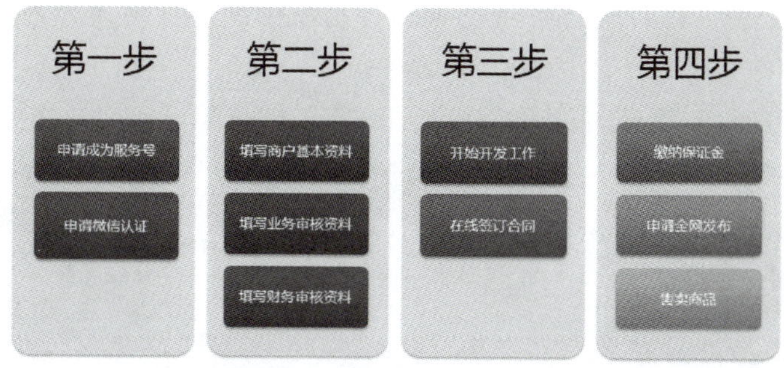

图 3-14　开通微信支付步骤图

对于个人微商来说，微信上的支付功能也可以充分利用，给自己的客户打造不一样的付款体验。例如微信中的“转账”“AA收款”“发红包”功能，都是很好的微商们向客户“收款”的工具。

① 转账

“转账”功能可谓是微商们能利用的最简单的一种“收款”方式。微商们只要与客户在微信的对话界面中，点击最下方输入框旁的“+”键，即可看到转账功能，如图 3-15 所示。点击并输入金额，即可完成。

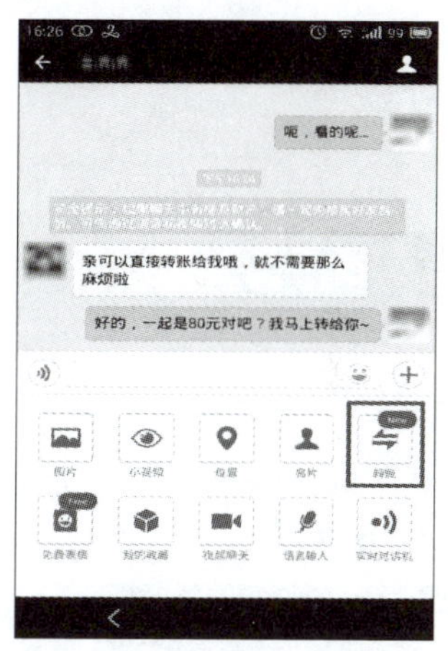

图 3-15　“转账功能”入口

② AA 收款

相比简单的“转账”功能，“AA 收款”则更有趣味性。当客户需要付款时，微商在微信“我”界面中进入“钱包”版块，点击“AA 收款”功能，即可通过多种方式发起收款。如果有多位客户均购买了相同价钱的商品时，都需要付同样金额的情况下，微商就可以使用“AA 收款”功能，将收款信息一次性发送到客户微信上，就不需要一个个单独发送，既方便省时又增加了趣味性。具体的“AA 收款操作”如下所示。

Step1　在“我”界面中进入“钱包”版块，点击“AA 收款”选项，如图 3-16 所示。

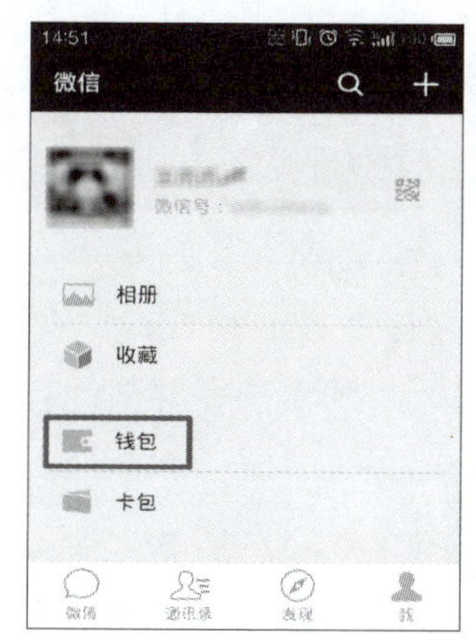

图 3-16　“AA 收款”入口

Step2　选择一种收款方式，编者建议微商们选择“普通收款”，因为这种收款方式是不包括你本人在内的，更清晰明了。填入“主题”“人均金额”，也可以给你的客户写句提示性的话，点击“确定”按钮即可完成，如图 3-17 所示。

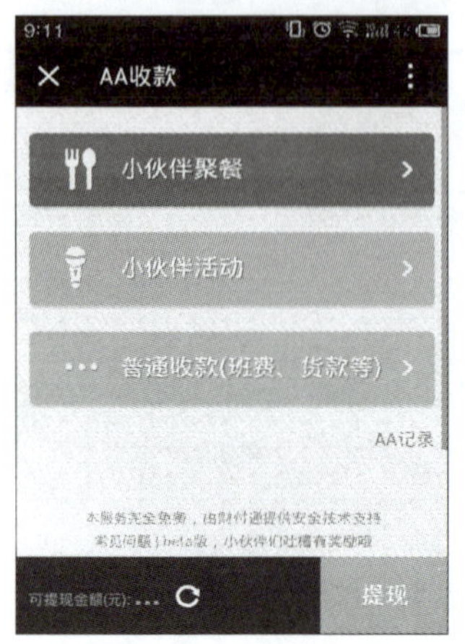

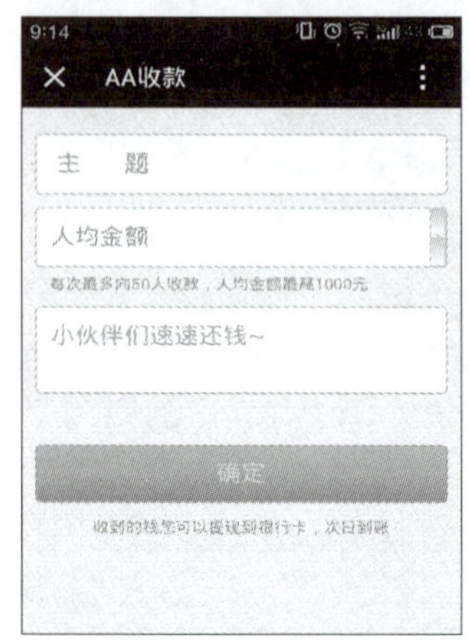

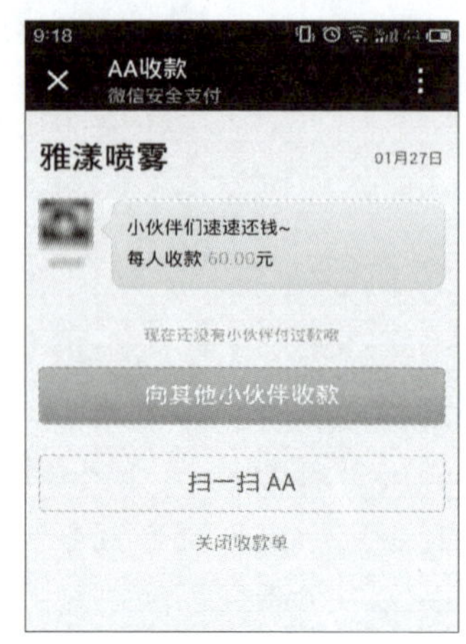

图 3-17　“AA 收款”填写步骤

Step3　完成后，可点击“向其他小伙伴收款”，直接发送给需要付款的客户或微信群，也可“扫一扫 AA”生成二维码，将二维码发送给客户或微信群，如图 3-18 所示。

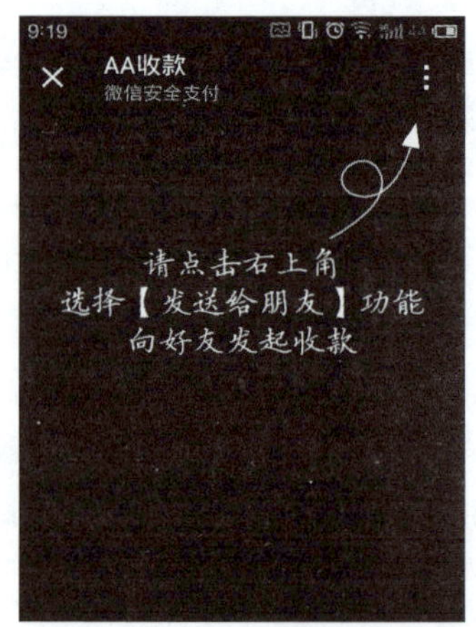

图 3-18　“AA 收款”发送步骤

以上步骤完成后，微商就可以坐等“收款”了，一旦有好友付了款，“AA 收款”则会马上发消息通知发起收款的用户，并自动存入微信钱包，用户可自行完成提现，无须任何手续费。

③ 微信红包

还有一种付款方式就是微信红包，微商们虽然不能主动发起，但是可以由客户发起。例如你的一位客户需要付款 60 元，那么就可以单独给你发送一个 60

元的红包，以“封红包”的付款方式想必是再好玩不过了。除此之外，微商们还可以在“抢红包”上大做文章。“抢”字意味着竞争，竞争的机制就会促使人气的增加，微商们通过开展一些“抢红包”的活动来获得大家的关注，增加粉丝。微信红包的做法，一个是让大家“抢”，另外采用了随机算法。红包中的金额有多有少，能拉开档次，会让每一次红包的发放都能有炫耀、有懊恼、有话题，这样才会激发用户主动地进行分享和传播。但这里要注意一点：要限量、限时。只有限量的东西才能够吊起粉丝的“胃口”，满足他们之间的好胜心，从而引发更多关注。

发送微信红包的操作也非常简单，用户只要在与好友的微信对话界面中，点击最下方输入框旁的“+”键，即可看到“红包”功能，如图 3-19 所示。也可以在“我”界面中进入“钱包”版块，点击“微信红包”选项，如图 3-20 所示。

图 3-19　“微信红包”入口 1

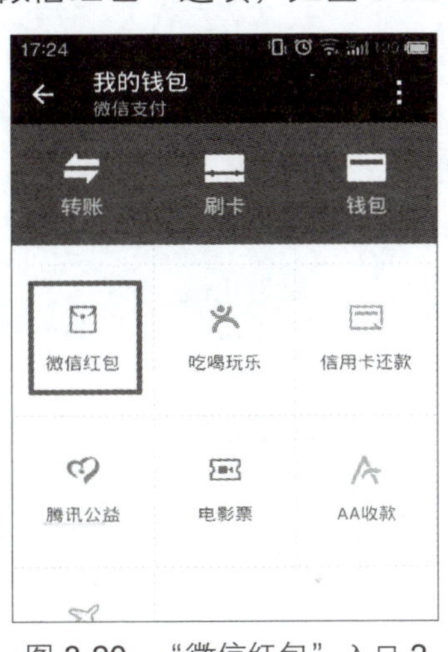

图 3-20　“微信红包”入口 2

◎ 3.2.5　微社区

微商们除了在微信上搭建购物商城外，还可以搭建一个与粉丝的交流区。虽然微信上与粉丝一对一的交流非常有利，但是如果你面对的是一大群粉丝，即使可以利用微信公众平台的个性化回复功能，但是数量一旦过大，就算有很完善的系统也无法达到与粉丝的有效交流。所以这时搭建一个微社区，对微商们来说会是更好的选择。在这个微社区上，相互之间不仅能更好的交流，还可以发表文章，更可以举行活动。

目前微社区对接了微信公众平台与手机 QQ，也意味着有了最大的用户资源池，并且微社区的使用、体验都非常便捷，用户无需注册，通过 QQ 和微信即可立即使用。微商们如若选择微社区来做生意，可以说在一定程度上降低了用户获取门槛和用户获取成本。

广告变现是一种最粗浅的盈利方式，而营销又会破坏用户体验，是各大平台所严厉打击的，只有真正做好用户服务、做深做精才最重要。从服务下手，而不是一上来就从营销下手；营销是骚扰用户，服务是巩固用户，给用户提供服务，为用户创造价值，这也是微信平台一直倡导的价值观。提供的服务多了，赚钱的机会也就相应多了。

要做好服务，并且做深做扎实，就得采取地方加垂直的模式——丢掉大而全，主做小而精。尽量不要做全国性质的社区，就算全国性质的也要做垂直领域的，不要贪大。传统社区站长和创业者打的是游击战，不是阵地战，要选择一个足够小的阵地，自己守得住，也有一定资源优势的。因为我们生活在当地，对细分行业更了解，而大巨头是做不到这么精细化的。

普通用户微社区的具体搭建方法如下。

Step1　用户登录“微社区”官方网站 http://mp.wsq.qq.com，直接用 QQ 号就可以登录，如图 3-21 所示。

图 3-21　登录“微社区”

Step2　登录后，签订用户协议，点击“下一步”按钮后进入下一步，如图 3-22 所示。

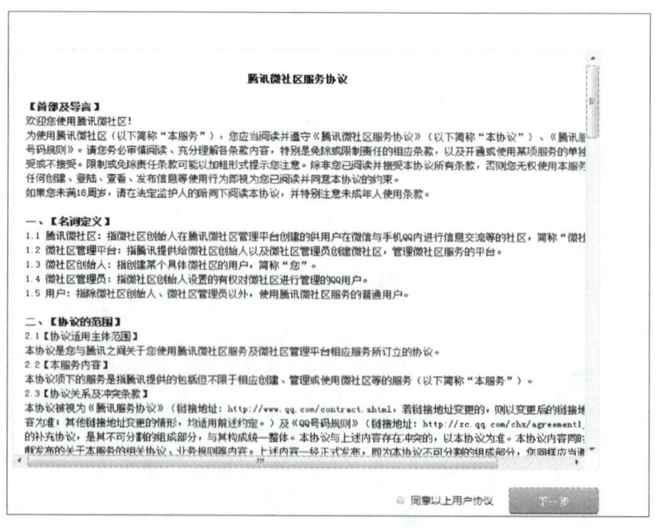

腾讯微社区服务协议

【首部及导言】
欢迎您使用腾讯微社区！
为使用腾讯微社区（以下简称“本服务”），您应当阅读并遵守《腾讯微社区服务协议》（以下简称“本协议”）、《腾讯肜
号码规则》。请您务必审慎阅读、充分理解各条款内容，特别是免除或限制责任的相应条款，以及开通或使用某项服务的单独
受或不接受。限制或免除责任条款可能以加粗形式提示您注意。除非您已阅读并接受本协议所有条款，否则您无权使用本服务
任何创建、登陆、查看、发布信息等使用行为即视为您已阅读并同意本协议的约束。
如果您未满18周岁，请在法定监护人的陪同下阅读本协议，并特别注意未成年人使用条款。

一、【名词定义】
1.1 腾讯微社区：指微社区创始人在腾讯微社区管理平台创建的供用户在微信与手机QQ内进行信息交流等的社区，简称“微社
1.2 微社区管理平台：指腾讯提供给微社区创始人以及微社区管理员创建微社区，管理微社区服务的平台。
1.3 微社区创始人：指创建某个具体微社区的用户，简称“您”。
1.4 微社区管理员：指微社区创始人设置的有权对微社区进行管理的QQ用户。
1.5 用户：指除微社区创始人、微社区管理员以外，使用腾讯微社区服务的普通用户。

二、【协议的范围】
2.1【协议适用主体范围】
本协议是您与腾讯之间关于您使用腾讯微社区服务及微社区管理平台相应服务所订立的协议。
2.2【本服务内容】
本协议项下的服务是指腾讯提供的包括但不限于相应创建、管理或使用微社区等的服务（以下简称“本服务”）。
2.3【协议关系及冲突条款】
本协议被视为《腾讯服务协议》（链接地址：http://www.qq.com/contract.shtml，若链接地址变更的，则以变更后的链接地
容为准；其他链接地址变更的情形，均适用前述约定。）及《QQ号码规则》（链接地址：http://zc.qq.com/chs/agreement1_
的补充协议，是其不可分割的组成部分，与其构成统一整体。本协议与上述内容存在冲突的，以本协议为准。本协议内容同时
断发布的关于本服务的相关协议、业务规则等内容。上述内容一经正式发布，即为本协议不可分割的组成部分，您同样应当遵

同意以上用户协议

图 3-22　签订“微社区”协议

Step3　填写完基本信息与社区信息后，点击“提交”按钮，即可完成，如图 3-23 所示。等待审核通过，即可管理自己的微社区。

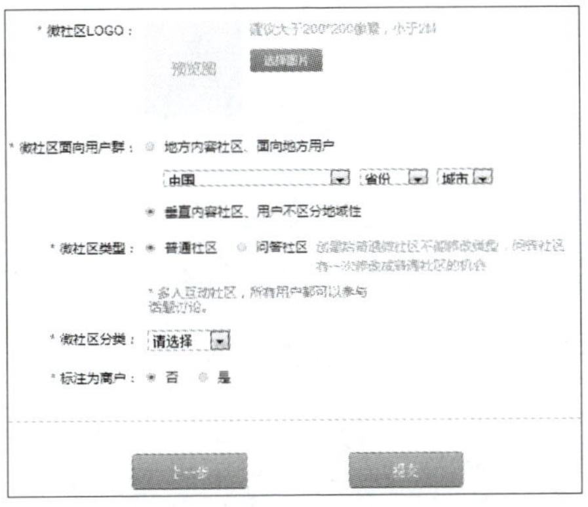

图 3-23　完成“微社区”搭建

案例　“梦想海贼王”游戏，微社区引千万流量

在微社区刚刚推出之时，一个叫“梦想海贼王”的游戏团队为了进行更好的游戏推广，选择了在微社区平台上搭建属于自己的游戏社区，除了结合微信公众号和微博上的推广引流之外，他们常常会在微社区上做各种各样的活动，因为他们总结出——不定期做活动绝对是运营的润滑剂。图 3-24 所示为其中反响最好的两个社区活动。

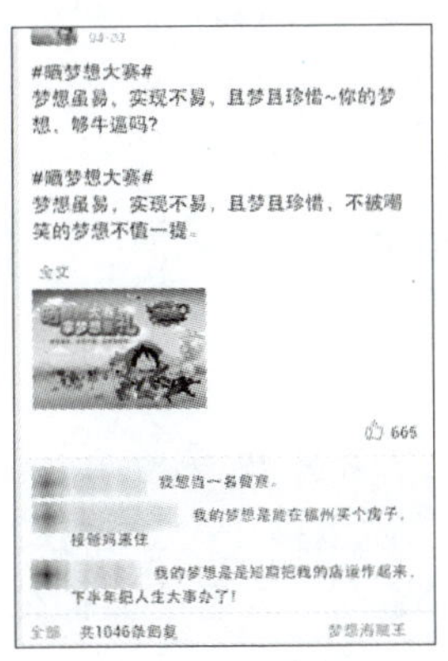

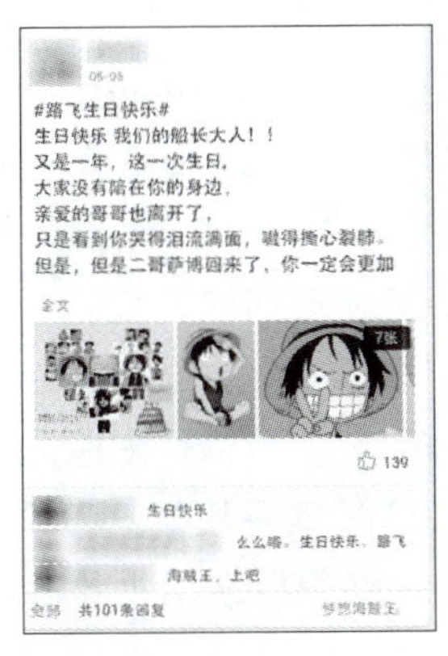

图 3-24　“微社区”活动页面

活动一：晒梦想大赛。因为其社区名字叫“梦想海贼王”，所以他们策划的活动也与账号有较高的匹配度，让用户一看就知道这个活动是干嘛的。“晒梦想”这个主题无疑最能引起许多 90 后的共鸣，配合其精心写好的开场文案，引来了大量用户的参与和围观。“晒梦想大赛”活动当天日 PV 最高 10 万，参与人数高达五千。

活动二：路飞生日快乐。游戏团队与时俱进，挖掘了当下最热门的话题和内容，用来做成活动。通过当时的热门话题“路飞生日”，作为他们的活动内容，引来了大量的动漫迷的参与和讨论。

3.3 公众平台赚钱八大法则

微商用公众平台来赚钱，并不是无章法可循。在众多的微信营销案例中，成功的很多，但失败的也不少，所以要用微信实现赚钱，就得掌握其中的要诀。

◎ 3.3.1 提高搜索排名来引流

当拥有了一个微信公众平台账号后，怎样快速地吸引粉丝，增加自己的公众账号曝光率就是微商们首先要做的事，只有让更多的人看到你的账号，知晓你的账号，才是加粉的根本所在。所以这时通过提高微信 SEO（搜索引擎优化）显得极其重要。

有搜索的地方，就会有 SEO。如果微商提高了自己微信公众号 SEO 导致在搜索结果中排名提高了，那么当用户在微信上查找公众号，搜索关键词时，第一个能看到的就是你的账号，随之订阅率也就会跟着提高。那么有哪些因素影响着微信公众号排名？

➢ 注册时间：这个跟网页域名一样，越早注册越好。

➢ 微信认证情况：微信公众平台认证以后排名靠前，可信度更高。

➢ 微信名称：标题对 SEO 的排名重要性，微信名称一般采用关键词 + 品牌名称。现在很多细分行业关键词并没人注册，就算现在用不上，先抢个位置也不错。

➢ 微信功能介绍：这个就相当于微信公众号的标签，在此不止要介绍到你的微信号主题，最好还要有特别的描述信息。

➢ 微信头像：有头像的比无头像的排名靠前，也是影响用户点击关键之一。

在 PC 端的网页上，微信的 SEO 优化也非常重要。如今在搜狗的搜索引擎中已经添加了“微信”这一栏目。搜狗的“微信搜索”支持搜索微信公众号和微信文章，可以通过关键词搜索相关的微信公众号，或者是微信公众号推送的文章。不仅仅在 PC 端，搜狗的移动搜索客户端同样会进行相关的微信公众号推荐。

当用户搜索某个关键词时，搜狗会在搜索结果中列出一系列与该关键词相关的公众号和文章内容，这些公众号的排名次序并非随机，而是遵循一套严格的权重规则。也就是说，谁的“权重”高，谁就能排在前面，这就为 SEO 创造了施展拳脚的机会。

在这些搜索结果中，公众号和推送文章也具有如下排名规则：公众号的排名与认证状态、账号名称、功能介绍息息相关；但与粉丝数量、账号活跃度、文章阅读量等指标关系不大。

首先，认证状态非常重要。花 300 元进行微信认证的公号权重（加 V）> 没有花钱进行微博认证的公号权重（加 V）> 目前还没有进行认证的公号权重。

其次，建议微商将关键词添加到账号名称中。例如，你做的是一个跟互联网相关的公众号，建议写成“互联网 ×××”或“××× 互联网”等类似的名称。其中，搜索“互联网”这个关键词时，在相同认证状态下，“互联网 ×××”的排名高于“××× 互联网”。

除此之外，还要注意，微信功能介绍中的关键词也会在搜索排名中起到重要作用，因此不容忽视。

◎ 3.3.2　平台定位必须明确

如今有许多微商都不知道自己的微信公众账号能帮助其完善什么，得到什么，提升什么？还过多停留在“别人有公众号，我也要有”的传统危机观念上，所以做出来的公众账号不但不能赢来粉丝并留住粉丝，反而会让自己的形象受损。

所以微商们既然要用微信做营销，就应该从公众账号的定位开始。如果当初对微信公众账号的定位出现错误的话，那么接下来你做的微信里的动作都是徒劳无功的，因为没有主心骨，不知道要从公众账号上获取什么，所以总是乱打乱撞。下面编者就来跟大家分析企业微信公众账号到底如何定位。

① 营销目标

无论做任何事情都得有方向，微信营销也是一样，需要先确定好目标是什么，是维护现有客户，还是提升品牌形象等。其实现在大部分企业公众账号多以资讯媒体为主，目的是吸引新用户，扩大企业品牌影响力。

② 公众号类型选择

如果你的微信营销需要使用到微信公众账号，那么你在注册公众账号时，是选择订阅号、服务号还是企业号，这是非常值得思考的。订阅号与服务号在微信公众平台诞生之初便已存在，而企业号是在 2014 年 9 月才推出的新公众号类型。图 3-25 所示为微信官方给出的三种类型公众号的区别。

企业号与服务号、订阅号的区别

	企业号	服务号	订阅号
面向人群	面向企业，政府、事业单位和非政府组织，实现生产管理、协作运营的移动化。	面向企业，政府或组织，用以对用户进行服务。	面向媒体和个人提供一种信息传播方式。
消息显示方式	出现在好友会话列表首层。	出现在好友会话列表首层。	折叠在订阅号目录中。
消息次数限制	最高每分钟可群发200次。	每月主动发送消息不超过4条。	每天群发一条。
验证关注者身份	通讯录成员可关注。	任何微信用户扫码即可关注。	任何微信用户扫码即可关注。
消息保密	消息可转发、分享，支持保密消息，防成员转发。	消息可转发、分享。	消息可转发、分享。
高级接口权限	支持	支持	不支持
定制应用	可根据需要定制应用，多个应用聚合成一个企业号	不支持，新增服务号需要重新关注。	不支持，新增服务号需要重新关注。

图 3-25　企业号与服务号、订阅号的区别

服务号主要用于建立客户服务体系，提供便捷的客户服务为主要目的；订阅号主要起到优质资源推送作用；企业号则适合企业内部员工的交流，企业各种会议、交流、分享、讨论随时随地在微信的企业号上搞定，移动办公变得更轻而易举。所以微商们在做微信公众平台时，要基于自己的用户判断来进行选择是服务号还是订阅号，当然也可以选择每个类型都开，但最终都要做到让移动端的用户满意。

例如一个医院的微信平台，就适合做如下两个类型的微信平台。

建立订阅号，可以提供免费的、专业的医疗资料分享，让用户学习到一些医疗常识。这个也是吸引用户关注的关键所在。在订阅号上通过人工客服的形式为用户提供帮助，并维护好与粉丝间的关系，从互动中塑造一个全新的医院形象等，都是订阅号的优势所在。

建立服务号，可以提供给用户一个自动服务终端。就相当于银行的 ATM 机，可以自动提供用户的服务。例如医疗就是通过这块建立自动回复挂号、联系专家，以及设置自定义菜单等服务功能。如同网站设置导航菜单一样提供给用户服务。而建立这样的体系就需要通过订阅号的一个引导。同样要通过客服角度去思考用户为什么要来选择你的服务。

③ 人群定位

人群定位需要考虑你的公众账号面对的人群是哪些。例如你是卖化妆品的，那么你所面对的消费者人群肯定多为女性；你是做家居业的，那么你面对的消费者人群多为 30 岁以上的已婚人士。根据自己的所处行业找准自己的消费者人群，并了解消费者的属性，这样才能做到投其所好。

④ 内容定位

在人群定位后，需要考虑这类人群喜欢什么样的推送内容，平台就相应推送这些内容信息。每天什么时候推送，这些都是需要提前规划好的。对于如何确定用户喜欢的内容，在后面的章节会有详细的讲解，此处便不再赘述。

除了公众账号之外，个人微信号也可以作为微商的营销平台，但是一些个人微商并不想让自己的账号显示太强的营销意味，只想让其成为与顾客、朋友们随心所欲交流的一个渠道，那么完全可以使用个人微信号来与客户交流，而不需要专门建立一个公众账号。

只有方向对了，努力才有价值。微信公众平台的定位一定要结合微商自身发展的实际情况，做互动、做服务、还是做业务都不是一成不变的，符合自己的才是最好的，不要盲目跟风。

◎ 3.3.3 平台运营要精耕细作

微商在公众平台上实现营销，没有长期的运营是不可能实现的。“放长线钓大鱼”就是公众平台的典型营销模式。一天两天是积累不了多少粉丝的，一篇两篇的信息推送也赢不来粉丝的欢心，换不来有粘性的客户，只有坚持长期的、规范的、有特色的运营才能“钓到”最终的“大鱼”。

微信和微博常常被人相提并论，也导致一些人认为它们的运营模式也肯定相像，其实不然。在微信上要做到长期运营，就得满足如下几个条件。

➢ 必须保证专一。如果说微博各类营销大号还可以没事转转热门微博靠博眼球来赚钱的话，那么在微信上这样是不可行的。这是一个垂直化细耕的土地，一个萝卜一个坑，用户出于某个细分点的关注才会关注你，如果不够专一，显然失去了这个细分点的诱惑力，到头来就只会“泯然众人”了。

➢ 必须保证内容有源源不断的更新能力。微博在经历了初期的爆炸式增长后，内容明显出现了“炒旧饭”的现象。各类营销大号没有源源不断的内容更新能力，只能频繁地炒旧饭或者游走规则的边缘去抄袭别人的内容。这种情况如果说在微博上还可以容忍的话，那么在微信上绝对是“零容忍”。因为微信是一个主动推送的过程，没有人喜欢被无意义、无营养、甚至老套的陈年旧饭一直骚扰。本身被动的获取已经是一件敏感的事情，如果内容无法保证新鲜，那么长期经营是绝对谈不上的。

➢ 必须保证能形成独特“用户依赖”的东西。这就要求公众号保持每天定时推送内容的频率，当你每天都在同一个时间点向用户推送消息，一旦时间久了，就会培养出用户的“依赖性”，以至于哪天你要是不发了，用户可能都还不习惯。如果把微信账号的推送时间或者内容和用户某种即成的心理依赖挂钩，那么一定会利于长期经营。

➢ 形成口碑效应。这就是要求运营者利用多个平台来推广自己的公众号，让你的公众号形成口碑，而不是人见人嫌的垃圾账号。而其他平台的推广主要有以下几种方式。

❍ 依靠媒介资源

所谓媒介资源，通常是粉丝关注行业的软文形式，在软文中带入公司的二维码或者公众号，再发布，会吸引相关用户的阅读。运营者可以在各大博客、论坛中上投放。有实力的更可以投稿到一些权威网站上，并留下公众号。

❍ 利用好视频资源

文字有时候会太缺乏感染力，而视频则会弥补这一点，让内容变得更加生动。营销者想获取更多的粉丝，可以制作一个有趣的宣传片或者微视频，并在视频的结尾处放上公众号的二维码，上传至腾讯、优酷等网站上。

❍ 社交平台的资源

除了微信外，把微博、人人网、豆瓣、贴吧等社交平台上的资源都利用起来。营销者可以将微博的背景图改成公众号的二维码，也可以在贴吧论坛的留言处附上自己的二维码，将多个社交平台的资源整合利用，才能形成快速推广。

❍ 营销 QQ 的资源

相信很多企业或商家都会有专用的营销 QQ 号码，或者是客户的 QQ 号码。在 QQ 上一次群发信息给客户，那么所有的用户都知道了。那么，将这些信息直接导入到订阅号中，如果粉丝都是活跃的，那么他们是潜在用户，也是精准用户。

◎ 3.3.4 平台活动吸粉快

与微博一样，吸引粉丝快速高效的活动方式同样适用于微信，但因平台不同，所以在活动的策划执行上也不一样。

① 线上活动刺激参与

在活动规划前，营销者要了解微信粉丝的属性，进行市场调研后策划并进行全方位预热推广，再通过微博、线下广告、官网等多方面对活动进行宣传。活动的策划多结合节日与热门事件会更加有效，例如许多企业的官方微信都会在圣诞节推出"送祝福即领取圣诞礼物"的活动，往往更容易吸引用户参与。

活动中要注意互动的便利性，操作尽量简单不可复杂，而在活动期间需要有专门的客服在后台记录和解答问题，引导用户积极参与活动，并通过自定义回复接口不断推送活动参与说明，利于关注的用户快速参与。

微信做活动最大的好处就是，其公众平台上开放了接口，支持技术应用。营销者可以基于公众平台的自定义接口开发例如"转转乐""有奖问答"等活动板块，并根据自身微信公众号的定位来植入活动规则及相关的问题。

② 线下活动调动积极性

线下活动也是聚粉最快的一个方式，但这样的方式更适合有线下企业型的微商。直接让用户亲身体验和参与实际性的活动能拉来很多精准客户。通常的方式有如下三种。

- 微商自己举办线下活动，邀请用户参与。
- 微商参加相关性的各种展会。
- 做促销活动。

这些方式都有同一个要求——公众号二维码出现在活动现场，活动上扫码送礼，获取新用户资源。

③ 小游戏更抓粉丝

除了有奖活动之外，玩游戏也可以作为参与形式之一。游戏往往是广大用户群体最喜欢的一种方式。想抓取精准的粉丝，就应该调动用户的意向。可以在公众号后台开发一个小游戏，作为活动的参与方式，将玩游戏分享朋友圈作为活动的参与要求，这样不仅仅能吸引粉丝参加，更扩大了活动的传播。

◎ 3.3.5　讲究内容才更有针对性

内容为王这一道理人人都知道，但却也是最难做到的。现在微信公众号的内容同质化很严重，今天你发，明天他发，有的只是改改标题就重新包装出现了。因此在内容方面，微商们要尽力做到有前瞻性和深入性，质量为上，追求新颖和启发性。

① 发布意图决定发布内容

作为微信公众平台的订阅号，虽然每天只能向粉丝们推送一次消息，但是却可以包含多条图文信息，所以要根据推送意图来确定推送条数。例如，公众号在昨天做了有奖活动，今天公布获奖名单，要单独一条；今天要配合公司或其他推广方式推出了某个活动，要单独一条；今天发生了某某热点新闻，并且有独家的资讯和分析发布，要单独一条等。把这些当天必须要发布的内容列出来，然后进行二次筛选，原则是越精简越好，并且区别每条信息的重要性，用户们最关注的放头条图文，但最好不要超过三条。

② 能少发的尽量少发，不该发的内容坚决不发

通常来讲每条图文的打开率会根据排列的先后顺序大幅度递减，同样的内容，头条的阅读量会高很多。所以与其推送好几条内容没人看，还不如将全部精力都放到头条上。根据如今大多数公众号的内容推送来看，正常情况下每天推送两条图文信息是多数平台的选择。

③ 价值内容

多图文的黄金位置只有第一个，从受众的体验来讲，对他们有价值的优质内容肯定是更受欢迎的。所以建议把精致的、对受众有价值的内容放在第一位，这样不仅可以保证较高的打开率和传播率，也会让用户觉得这是一个有质感、有价值的账号。

④ 率先表态

在遇到突发事件或社会发生重大危机事件时，企业的官方微信平台应最好发布相关情况表明态度和立场。企业不仅仅是谋取自身利益最大化的经济体，作为社会的组成部分，社会责任也是评判好坏的一项重要标准。从受众角度来讲也会觉得企业并不是冷冰冰的钢板一块，而是有血有肉有感情的个体。

⑤ 视觉处理

运营者将推送内容在公众平台上编辑完成之后，一定要先预览后再保存。

将内容发送到各种版本的手机上，看看最终呈现的效果，确保标题和首图都能发挥出最大的功效。一些微商的公众号通常会忽略同一个问题——头条的图片经常会将人拦腰截断或者只见身子不见头。这样不完整的图片会立马大大降低用户的阅读感观。要记住微信头条的图片以公众平台给出的建议尺寸为佳，比例失调或过大或小都会造成图片上传的时候被压缩变形，只有预览发布到手机上并且根据预览效果不断修改才能避免出现这样的问题。除了头条的图片要处理好之外，推送内容的排版也要符合用户的阅读感受，段落与段落之间的间距、首行是否进行缩进等问题，都会影响着用户的阅读感受。如果在显示效果上没有处理好，就算内容再佳，用户同样也没心情看了。

⑥ 优化内容

底部的品牌推广信息，和引导分享是一条信息的组成部分，一个设计良好并且极具创意的引导分享设计是能够加分的。但一些公众号底部关于企业或品牌的介绍和分享内容所占篇幅过大，有的甚至达到了几屏的内容，这样反而适得其反。应该是能精简则精简，同时考虑到受众大致是什么样的群体，在设计的时候突出重点，根据内容的不同进行合理分布。

⑦ 内容推送时间

许多微信号的发送时间都不同，因为都是根据其公众号粉丝的属性来确定的发布时间。一旦确定后，就得保证每天都在这一时间发布，同一时间发送有利于培养关注者的阅读习惯。但有一点需要注意，很多人认为周末的时候不需要发布重要内容，基本都是推送一些娱乐性较强的文章。但当大家都有这种想法的时候，你就需要坚持你的风格和质量，在大家不重视周末的时候，你的内容恰恰会受到关注者重视。

◎ 3.3.6　加入视频更生动有趣

在公众平台，能推送的不止是图文消息，更可以推送语音和视频。而在这么一个浅阅读、快节奏的时代里，人们对于长篇大论的文章早就已经提不起兴趣，相比之下，动态的视频内容更加能引起人们的注意，也会使得公众平台上推送的内容更加有趣。那么怎样在公众平台中发布视频呢？具体操作如下。

登录你的微信公众平台，进入到“管理”模块中的“素材管理”板块，点击“视频”，进入上传视频页面，如图 3-26 所示。

在视频界面中，有“微视”和“本地上传”两个选项，如图 3-27 所示。用户可以上传自己在腾讯“微视”APP 里拍摄好的作品，也可以上传自己手机中的本地视频，大小不超过 20MB。

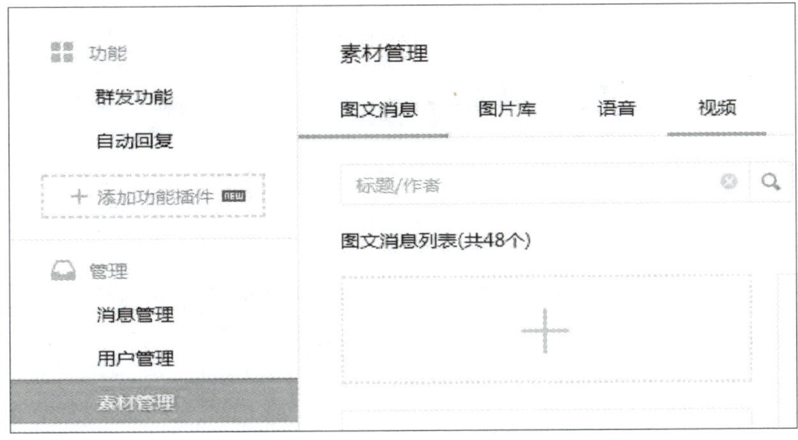

图 3-26　公众平台上传视频步骤 1

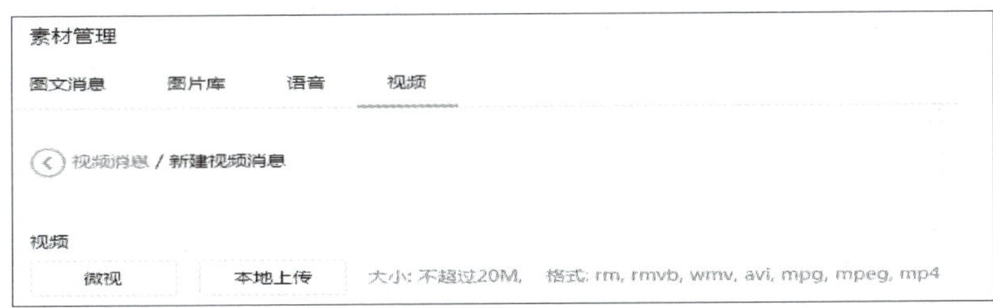

图 3-27　公众平台上传视频步骤 2

上传“微视”APP 中视频的方法如下。

Step1　点击“微视”按钮后会出现一个填写视频网址的窗口。之后用户需要在 PC 端进入微视的官方网站 www.weishi.com，如图 3-28 所示。在网站右上方搜索自己的微视账号名称，再点击你需要上传的视频，让其单独出现在一个页面中，复制页面的链接，如图 3-29 所示。

图 3-28　微视官方网站首页

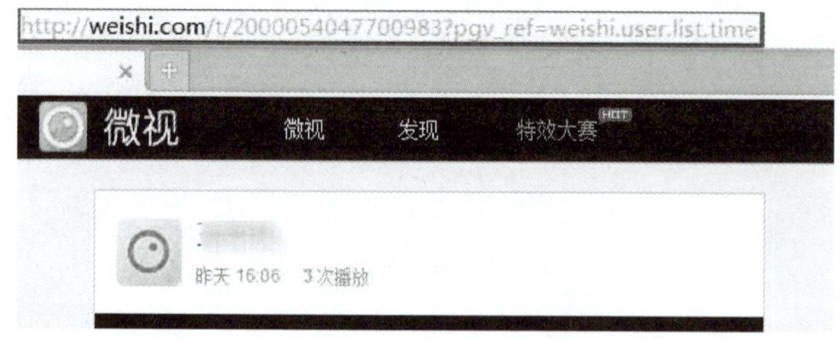

图 3-29　用户视频界面

Step2　将复制的链接粘贴到公众平台的“视频网址”框内，点击“确定”按钮即可完成上传，如图 3-30 所示。

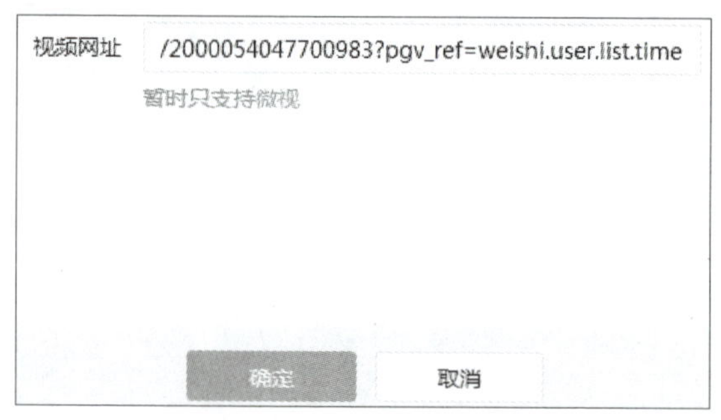

图 3-30　公众平台填入链接

上传本地视频的方法：点击“本地上传”按钮后，在 PC 端选择好本地视频文件开始上传，自动转码即完成上传，如图 3-31 所示。

图 3-31　上传本地视频

无论是“微视”还是“本地视频”，在上传后都需要编辑消息标题和简介，而该视频是否能吸引用户点开观看，决定性的因素也是标题与简介。因此填写的内容一定要够出彩，够能引起用户的注意。但要注意的是简介最多不能超过 120 个字。编辑完成后，可以发到手机上预览一下，查看是否出错，确认没问题后再保存，如图 3-32 所示。

图 3-32　微信端预览界面

保存后，在“群发功能”消息中，选择“视频”选项，勾选刚刚编辑好的那条消息进行群发。推送时编者建议大家勾选右下角的“同步群发到腾讯微博”复选框，如图 3-33 所示， 从而增加视频的曝光率，引来更多的流量。

图 3-33　同步发送界面

完成以上步骤后，你的粉丝就能够欣赏到推送的微视频了。

◎ 3.3.7　用平台客服赢得用户回头率

微信一对一的互动交流方式具有良好的互动性，精准推送信息的同时更能形成一种朋友关系。基于微信的种种优势，借助微信平台开展客户服务营销也成为继微博之后的又一新兴且稳定的营销渠道。

之前我们在谈微信 CRM 时就已经将微信公众平台的客服效果讲解清楚了，在此便不再阐述。但编者在此要说的是，微商要做好客服，赢得平台上的“回头客”，光靠在公众平台上设置好一些快捷回复是远远不够的。这样的沟通方式不完善，没有针对性，并不利于用户体验。只有增加人工客服才能满足人们的需要，体会到人与人之间真正交流的乐趣和温暖。

所以对于粉丝量较大、粉丝活跃度较高的微商公众平台来说，设立专门的人员进行人工客服是很有必要的。例如“小米手机”的微信公众号后台就设置了专门的人工客服人员，每天都会给平台粉丝答疑解惑。而对于粉丝量并不大的微商来说，也不能忽视这一块的运营，就算只有一个粉丝跟你提问，都要用心解答，不要企图用快捷回复来随便应付。记住，好的客户服务才能赢得“回头客”，让你的生意越做越大。

◎ 3.3.8　观察大数据下的用户反馈

在微信公众平台上，有相关的用户反馈数据。登录微信公众平台，微商即可查看公众账号下的用户统计数据并进行管理，其相对于微博来说更具 CRM 管理优势，最大的原因就在于此。

以订阅号为例，登录你的公众平台，在功能菜单的“统计”栏中，有三项内容：用户分析、图文分析、消息分析。如果你的订阅号成为开发者，还能和服务号一样，多出一项“接口分析”。

① 用户分析

通过统计中的“用户分析”功能，我们就能很清楚地看到用户的状态，关注有多少人、取消有多少人、净增多少人等数字分析。此项功能的开通，其实为许多微商在衡量账号运营效果时省了很大一部分力，有了数据的统计，就能更清楚地判断粉丝的属性及增长趋势，也能查看哪一类的微信内容推送阅读率高，从而判断受众所喜欢的内容方向。这些都是对于微商进行营销非常有利的数据。

微信公众平台在不断更新中，还在“用户分析”加入了“增长来源”此项功能，可以查看你的新增粉丝来源。分别有搜索公众号名称、搜索微信号、图文消息右上角菜单、名片分享、扫二维码及其他五种来源方式可供查看，通过这些来源数据，可以有效引导运营者如何掌握正确的涨粉方法，如图 3-34 所示。例如你的粉丝多来源于二维码的扫描，说明你的二维码展示非常有效，无论是线下的还是线上的都应该加大展示推广力度；或者你的粉丝多来源于图文消息右上角菜单，说明你的微信推文转发的次数较高，较为受欢迎也受关注，所以更用心地去做微信内容是你如今最好的选择。

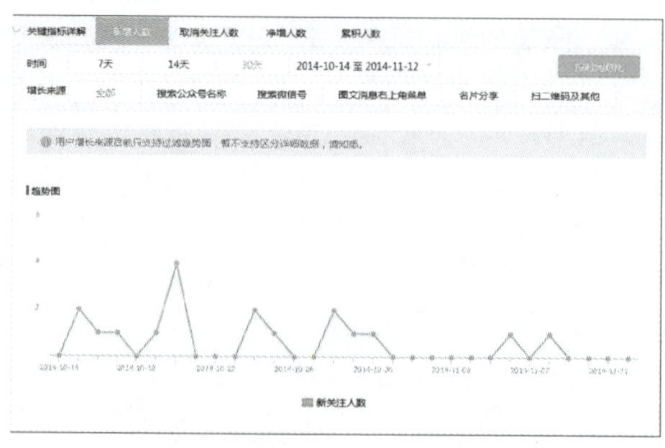

图 3-34　公众平台粉丝人数变化数据

除了查看用户增长统计之外，还能看到用户属性，用户的性别分布、语言分布、地区分布，用户的移动终端分布以及手机机型分析，这些数据都能让公众账号对用户产生更清晰的认知，如图 3-35 所示。

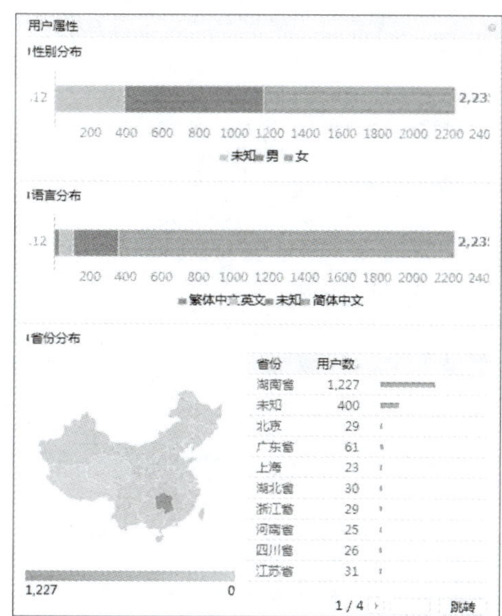

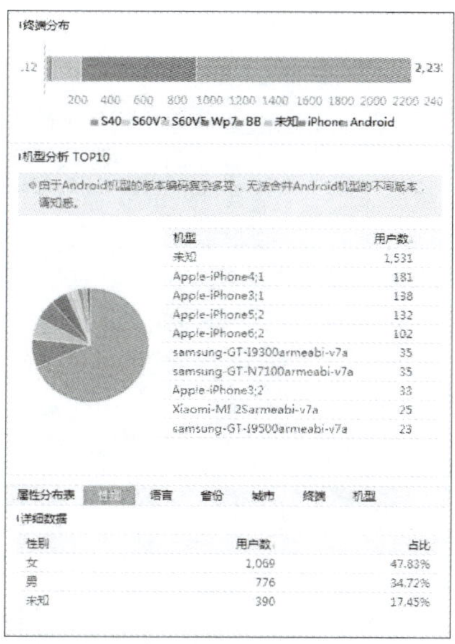

图 3-35　公众平台用户属性显示

② 图文分析

在“图文分析”的“图文群发”中，可查看任意时间段内图文消息群发效果的统计，并可以利用“图文详解”和“图文对比”具体分析不同类型的微信内容所产生的阅读数据，更有利于运营者归纳出哪一类型的内容更受用户的青睐，点击率更高，如图 3-36 所示。

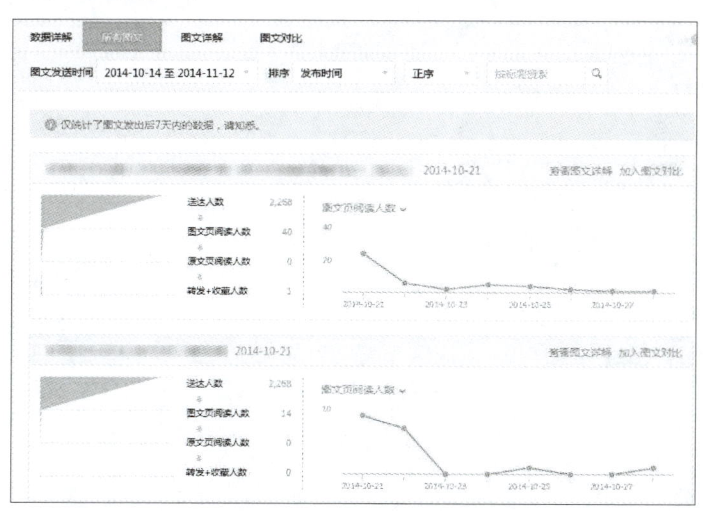

图 3-36　公众平台图文分析数据

在“图文分析”的“图文统计”中，可查看图文页面的阅读次数、分享转发次数、收藏人数。在“图文页阅读”的趋势图中，还可以分渠道查看阅读数据，分别有会话、好友转发、朋友圈、腾讯微博、历史消息页几个渠道选项，如图 3-37 所示。

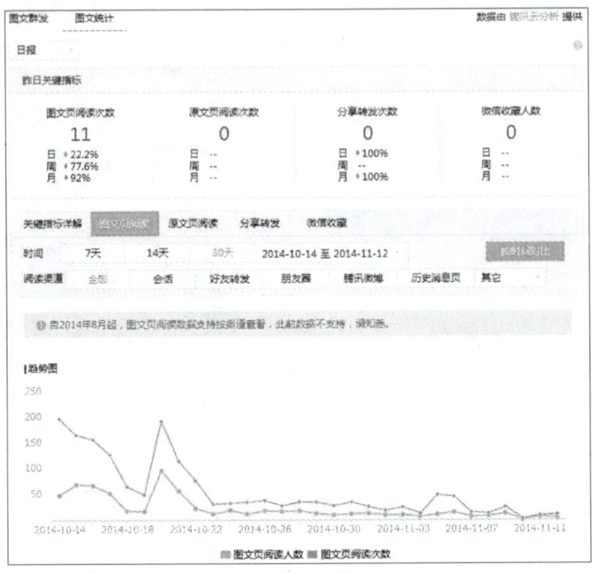

图 3-37　公众平台图文统计

③ 消息分析

在统计中的“消息分析”里可查看针对用户发送的消息的统计，如图 3-38 所示。使用户通过公众账号更清楚地了解消息发送的次数、消息发送人数等，对消息的推送了如指掌。

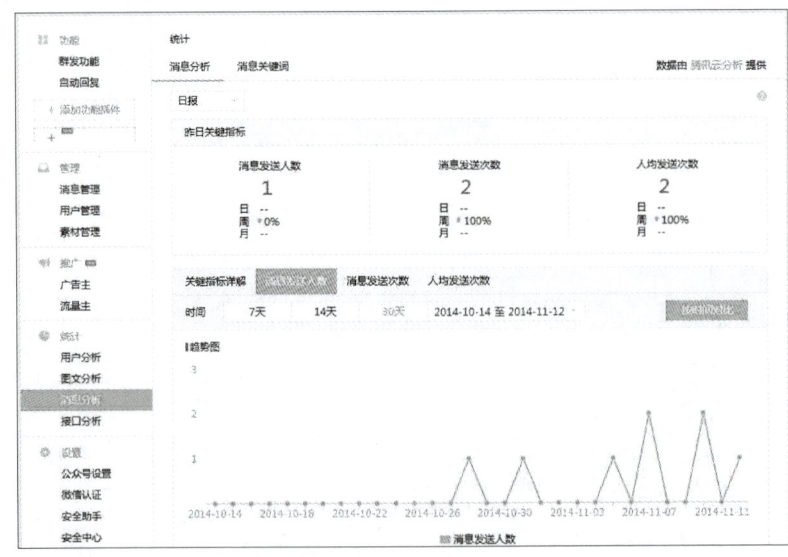

图 3-38　公众平台消息分析

统计中的“接口分析”，此项功能成为开发者模式的公众账号方可享有。通过此功能，我们能了解到接口的调用情况，有多少是没有调用成功的，每次调用耗时多长等。

以上公众平台上提供的这些数据，都是运营者们分析用户，制定接下去更好的营销策略的重要保证。只有有了数据的分析，才会有清晰的用户定位和营销思路。

3.4　微信实战案例分析

在众多企业微商对公众平台的探索运用中，也产生了很多经典的营销策略与多种出其不意的新玩法，下面编者就为大家介绍来自微信的营销案例。

◎ 3.4.1　上品折扣，打造微信实体店

2014 年 4 月底，微信 O2O 概念店“上品折扣”在杭州的下沙开业，如图 3-12 所示。“上品折扣”是国内经营名牌折扣商品的零售百货企业，而杭州这家店是“上品折扣”在全国范围内的第一家微信体验店。其系统性地提升了线下零售百货业的玩法和商业模式，致力于把这家店打造成“未来商店”，让顾客享受到完全不同以往的购物体验，并且把这种模式推广到全国。

1. 出门不用带钱包，另类的购物体验

把购货的时间和空间全部打开，这是“上品折扣”所理解的 O2O 真正含义。通过全渠道跟客户更加贴近，以及微信 CRM 系统对手机消费者行为数据的分析，提供更精准的服务。

传统百货商场的经营模式一般是，顾客选好商品找导购开小票，然后经过一个又一个柜台，确定所有要买的商品后再来到总收银台结帐。交完钱，再从头到尾走一遍，拿上所有购买的东西，并且在这期间，消费者还要确认尺码和质量是否准确。

但在“上品折扣”的微信体验店内购物，顾客能随意在柜台间来回穿梭。看中某一商品后，导购在平板电脑上直接生成一个二维码，顾客用微信扫描二维码即可结账。顾客也可以把看中的物品添加到微信购物车中，不断添加，直到逛完整个店面为止再统一付款，如图 3-39 所示。

图 3-39　购导员手中下单的平板电脑

除了可以在导购的移动终端上下单外，顾客还可以实现自助购物，只需关注“上品折扣杭州”的微信公众账号后，就可以获得

商场里的商品信息，从而在微信上完成查询、下单、支付、提货、发货、物流和退换货等所有购物流程环节并得到相应的消息反馈，如图 3-40 所示。

图 3-40　微信公众平台自助购物

除了普通的微信端购物方式外，在“上品折扣”的商场里，还可以看到如下几个微信支付的活动。

➢ 微信闪购区。这里摆放着限时三天销售的特价商品。消费者扫描商品上附带的二维码后用微信支付就能直接提货。

➢ 微信整点秒杀区。“上品折扣”会在商场的电视屏幕上显示秒杀商品的微信支付二维码。每到整点向消费者开放，谁先扫描并完成支付，谁就能以极低的价格拿走商品。

➢ 微信酷跑大赛。消费者利用微信账号登录大屏幕上的跑步比赛界面。手机摇得越快，代表消费者本人的虚拟形象在屏幕上就跑得越快，冠军可赢得大奖。

以上这些商场内的营销活动都是“上品折扣”在完善顾客们的购物体验，如果只是简单逛逛商场最终再使用移动端付款，这样的购物模式除了支付方式的改变外，并没有让顾客能体验到微信购物的乐趣所在。而举行一些折扣与比赛活动，就是在用新奇有趣的方式刺激顾客参与到其中，不仅仅让顾客能通过微信享受到最实际的优惠，还提升了其购物体验，一举两得。

当顾客完成支付后，在准备离店的过程中，可选择自己到柜台将商品拿走，或者到收银台等导购把货品取来后再离开商场；如果不想自己动手的顾客，可以选择快递上门，商场会把商品寄到顾客的指定地点，极为方便。

在“上品折扣”微信体验店的橱窗里，还有一面永不打烊的“虚拟购物墙”，24 小时地展示着上品的精选商品和相应的二维码。顾客任何时候路过这里，只要拿出手机扫一扫，就算没有导购人员也可以直接下单购买。

当完成以上所有的购买环节之后，顾客还可以选择分享按钮，把购物信息分享到微信朋友圈，其他的朋友看到链接就可以直接选择尺码、颜色。线上下单、线下拿货、线下试衣，真正实现了 O2O 完美结合。“上品折扣”借助微信满足了以上 O2O 的所有流程，考虑到一部分消费者还不习惯使用微信，因此也提供手机、现金和银行卡结账渠道。

这样的购物方式不仅能够为消费者提供便利的消费体验，也对商场的经营起到了重要改变。在普通的“上品折扣”商场中，每个楼层至少设两个收银台。在其北京的五棵松店中心款台，同时要站五到六位收银员，小的款台也要能站两到三位收银员。而使用微信收款大大减少了收银人员的设置，整个店里甚至没有一个收银台，只有开放式的服务台。在服务台前顾客可以通过互动屏幕，进行各种自助查询和购买。另外一项节约则是纸张使用，导购过程无纸化，低价又环保。

2. 微信 CRM 数据，进一步了解客户

“上品折扣”的执行总裁沈慧峰就曾表示：“微信对上品来说并不是一个利器，不是说用上微信，销售额就会倍增或者是强悍无比，利用微信达到 O2O 更重要在于精细客户关系管理。”

也许顾客是因为新奇的体验，才来商场购物。对消费者理解更深刻，与消费者交流互动，更加顺畅、精准，这才是微信的真正价值。

微信体验店和实体店的最大区别就是——微信可以记录顾客购买过程中的所有行为，对顾客进行分析，所记录的消息非常全面。微信结账和收银台结帐完全不同，顾客只需通过几步点击就能完成结算。在此过程中，顾客的来签次数和时间，购买了什么样的商品，消费数额等信息就会形成很多数据的接入，这种接入非常精准地服务顾客，成为一个很好的一个 CRM 工具。真正用微信最多的是在粉丝和会员方面，结合游戏、秒杀等活动，深度耦合会员信息。

“上品折扣”因属于社区型百货，所以加深对周边顾客的了解，可以更加快速地匹配消费者需求。其优势就在于每个月都可以进行品牌替换，一个店里面的品牌每月甚至能替换出去 10%。比如在一家店面的设计中，本来预期户外产品是这个区域中消费者最喜欢的，但通过微信 CRM 上的成交数据分析，实际上并不是；或者在某一个区域中，大多数的年轻人在结婚生子后，购买行为和购买习惯统一发生了变化，这些情况都需要快速进行应对调整。由于上品的标准货架是可以来回移动的，因此这个细节也为布局品牌带来了一定优势。

“快变”是“上品折扣”的核心理念，能以最快的速度和消费者达成一致，当这个区域里消费者的购买行为发生变化，一样还能用最快的速度匹配起来。

案例分析

在移动终端普及的今天，消费者的购物方式早已发生了变化，喜欢网购和宅在家收快递是很多年轻消费者的习惯，但是网购的商品看不到实物，没办法确定商品的尺寸大小和质量好坏，等快递所消耗的时间也会感觉有点久，这些都成为

了许多消费者苦恼的原因。而杭州的这家“上品折扣”，抓住了大众消费习惯的改变，顺应消费者的需求方式，让消费者利用手机下单付款，不用自提货物，快递送货上门，正好为消费者解决了这一问题。

在理论上，像这样的购物场景还可以扩展到很多地方。除了实体店之外，地铁广告、公交站牌、自行车亭、周边学校企业的食堂餐桌和海报等，任何可以扫码的地方，都有可能成为“上品折扣”的虚拟商店，顾客可以直接通过微信购买对应的商品。

当微信的接口被开发得越来越多，微信 O2O 就越来越完善，而对于许多中小企业的微商而言，微信 O2O 也逐渐成为其发展的方向。

◎ 3.4.2 绝味鸭脖，世界杯竞猜

当大部分的传统企业还在为如何进行互联网营销，打通线上线下的渠道而伤神时，作为新媒体领域的一匹黑马，绝味（即“绝味鸭脖”）已经把握到了其中的窍门。

借助着 2014 年巴西世界杯的热潮，在世界杯期间，绝味利用轻便的移动终端，推出声势浩大的微信刮刮乐扫码活动——“鲜香麻辣刮刮乐，绝味好礼送不停”。活动分为两波，活动时间横跨了整个世界杯赛程。

用户只需关注绝味官方微信，并在主页点击参与手机刮奖活动，即可免费获得代金券，如图 3-41 所示。活动期间天天可以刮奖，并且拥有百分百的中奖率，活动中获得的代金券在全国门店均可兑奖。

活动中并没有多么丰厚的奖品，也没有通过其他渠道大肆宣传，却获得了非常可观的传播效果，为线下门店带来了可观的人流。据绝味官方透露，截止到 7 月 14 日世界杯结束时，已有约 66 万人参与刮奖，超过 11 万人在绝味全国门店兑奖。

图 3-41 微信刮奖活动

在世界杯赛程中，许多球迷关注的焦点都纷纷从球技的讨论转向了赛事竞猜。甚至有球迷认为，看球的唯一动力就是竞猜。而“绝味鸭脖”也看到了球迷们的心声，在世界杯开启时抢鲜一步推出世界杯竞猜活动。

“绝味鸭脖”与世界杯同步推出“谁是世界杯预言家”微信竞猜游戏。用户只需通过微信参加到游戏当中，猜每场比赛的比分就能有获奖机会。长期参加还能与朋友进行积分排名，排名前三即可获得苹果笔记本电脑、Ipad mini2、小米手机 3 以及绝味超值礼盒等超级大奖，如图 3-42 所示。

活动中每天都会更新比赛的队伍，比赛结束后后台第一时间刷新比赛分数，简洁明快的操作方式和及时的信息更新，让不少粉丝将其作为世界杯的赛程参考

表。轻松互动的机制也引发了粉丝的谈论热潮，堪称巴西世界杯最激烈的竞猜活动之一。活动中出现了不少“预言家”“未来哥”“竞猜王”，都为粉丝带来了更具趣味性的世界杯。

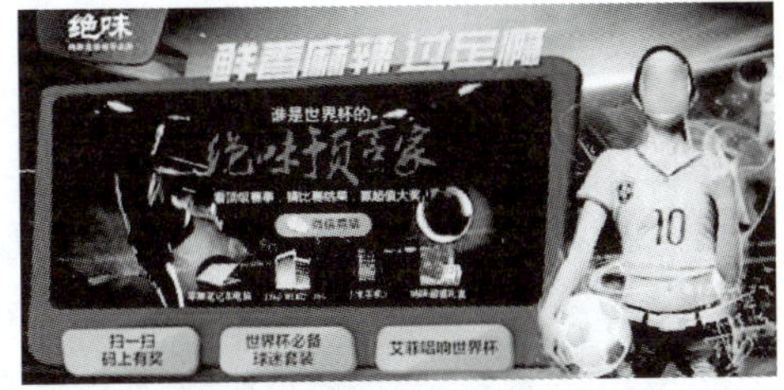

图 3-42　“绝味预言家”微信活动

案例分析

绝味此次的营销成功主要有以下两点。

❍ 零门槛、高让利、重复购买

活动的参与方式非常简单，消费者只需要关注“绝味官方微信”这一个步骤，就能参与刮奖，真正做到了零门槛。

活动的中奖几率为百分百。“100% 中奖”作为商家常用的传播噱头，似乎很常见，但大部分都在玩“文字游戏”，能真正让利消费者的屈指可数，而绝味做到了。消费者每天可以在活动中刮出不同面值的代金券，而这些代金券可用于购买世界杯球迷套装。如此，将活动与产品直接关联在一起，打通了销售的通道。

消费者获得优惠，自然会重复购买，巴西世界杯多达六十几场的赛事，大家可想而知这些“高重复购买率”会带来怎样庞大的销售数据？

❍ 打造 O2O 营销闭环

要成功打造完善的 O2O 营销体系，并不是一件易事。关键点其实并不在于线上这个 O，而是在于线下的这个 O。“绝味”利用线上刮奖、线下兑奖的方式把消费者往门店引流，轻松实现了 O2O 营销的闭环。

想必很多做微商的企业都有线下门店，如何利用微信平台吸引用户参与从而引客到店消费是这些线下门店最应重视的地方，“绝味”的以上做法就非常值得借鉴。

◎ 3.4.3　欧莱雅，微信打通 O2O

欧莱雅小美盒（MyBeautyBox）是一个专注于顶级护肤品试用的私人礼盒，于 2012 年 8 月首发。与欧莱雅集团旗下的大众化产品有所不同，欧莱雅小美盒销售产品采用“私人定制”的模式，每月推出一个“主题小美盒”。当月的“主题小美盒”仅限在本月订购，超过这个时间商品就会下架，这给了消费者“过期不候”的限量版体验。

每一期的小美盒都会有不同主题的盒子，里面装着数种这群高端品牌的中型尺寸商品，例如 HR 赫莲娜、LANCOME 兰蔻、Kiehl’s 科颜氏、BIOTHERM 碧欧泉、shu uemura 植村秀等国际一线大牌。价格则因内容及主题不同而有所变化，从 200 元、250 元到 300 元不等。对于年轻的消费族群而言，能够使用这个模式先行接触到这些高端的品牌，无疑是个极佳的入口。这也是市面上唯一一个将不同品牌的高端正品汇集在一个盒子里的产品，就出身名门而言，已经具有极大诱惑了。

欧莱雅集团旗下"欧莱雅集团小美盒"的微信服务号也在 2014 年悄然上线。从"欧莱雅集团小美盒"上线伊始，立即引起业界关注，移动电商领域的专业人士敏感地意识到，这个能够在线购买定制化化妆品套餐的服务号并非简单的客服端口，而是结合产品策划、营销、客服、在线支付以及供应链为一体的综合解决方案，在其背后暴露出欧莱雅发力移动电商的决心。新媒体时代下，一场数字化革命在欧莱雅集团全面铺开。欧莱雅中国提出了"SOLOMOCO"的目标，即更加社交化（social）、本土化（local）、移动化（mobile）和电子商务（commercial）。而微信支付功能的开通使得上述 SOLOMOCO 构想成为了现实。

欧莱雅小美盒的微信平台主要有以下几个亮点。

1. 可爱的插画风格

不同于一般微信平台制式的风格，小美盒有着独特的画面感，插画是其一大亮点，如图 3-43 所示。插画风格的界面美化了用户的视觉感观。而以 HTML5 为基准制作的动画效果，让插画不只是呈现出平面视觉，还有了动态的立体感，这样的界面感受让用户能产生深刻的印象。而在用户的每个动作切换之间，也运用了不同插画风格的过场效果，在一般的微信平台中较为少见。

图 3-43 "小美盒"微信界面

2. 变化多端的微信活动

除了插画风格独特外，小美盒不定期的微信活动，也引起了讨论。例如在白色情人节时，曾以当红韩剧《来自星星的你》的都教授及千颂伊为主要参考，做出 4 款互动微信贺卡，让消费者可以自由选择模版，并编辑自己与收件人间的对话，由于贺卡可爱的插画风格及正确的应时性，在微信圈内造就一阵分享风潮。而因为小美盒的插画风格大受欢迎，另一波微信互动活动则是请小美盒的专属插画师为参与者作画。结合原始图片的插画，趣味横生，又一次让朋友圈沸腾。

3. 直接借由微信转化销售

很多人都以为在微信公众平台里，如果要连接销售，就必须使用到微信支付。但小美盒就是一个标准的创新案例：对于还未完成微信支付的申请，可以选择使用货到付款的模式，将移动端的购买流程完整体现。

有各种不同主题的小美盒可以直接点击购买，完成订单后，微信公众平台账

号会直接给消费者发送订单完成的通知。之后，消费者可随时上微信了解自己定制的商品何时可以取得，如图 3-44 所示。

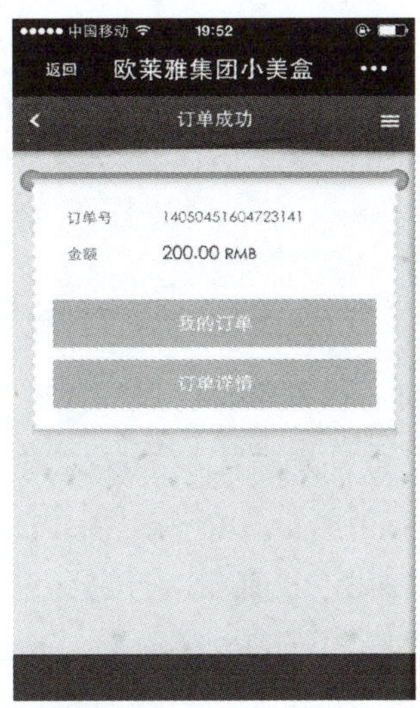

图 3-44 “小美盒”微信下单界面

使用微信平台做消息通知的模式，远比一般天猫或淘宝卖家发短信的手法要来得清楚许多。消息模版的通知方式，可以完整记录消费者购买的商品内容及查询目前订单状态，清晰且便捷。

4. 整合多平台会员

许多做电商的品牌商有一个共同的难题，就是整合会员的问题。一些品牌商为了扩大市场份额，在天猫、京东以及淘宝上都开设了商城。但如何将这些来自不同系统、平台的会员整合起来，是品牌商最头疼的问题。微信公众号的推出则解决了这一难题。

以欧莱雅小美盒为例，它的作法是，建立自己的 CRM 系统，将来自不同平台的会员信息保存到 CRM 系统数据库，然后将自己的 CRM 与微信公众号进行 IT 层面的对接。这样做就相当于将所有的会员掌握在自己手中，即便哪天有了新的平台或者技术革命，也可以将信息嫁接过去，对品牌而言，客户流失并不大。

5. 形成 O2O 闭环

“欧莱雅小美盒”通过其微信服务号打造了一个“关注账户——选择商品——在线下单——网上支付（或者货到付款）——验收商品”的购物闭环。在这一条看起来简单清晰的逻辑链条背后是复杂的信息流及物流处理过程。

首先，客户关注欧莱雅小美盒服务号之时，欧莱雅的 CRM 系统已经启动，系统自动分析，这位客户是老客户，还是新客户。如果是老客户，还会深入分析其购买频率有多大，她的会员积分如何，是不是忠诚客户等。

其次，当消费者通过微信服务号订购一款商品时，系统利用微信服务号提供的“获取用户地理位置接口”，自动获取消费者信息，从而提供可选择的送货地址。

与此同时，欧莱雅会启动供应链管理系统。系统根据用户的收货地址选择离他最近的配送中心准备商品，并且协调第三方物流公司进行发货准备。当货物处于配送途中，微信平台上还会将物流信息实时通报给消费者。

案例分析

对于一些一线的化妆品牌，使用低价折扣来促销的形式通常不多。昂贵的价格对于普通的消费者来说也是极大的一道心理障碍。而欧莱雅通过“小美盒”的产品形式，将多款高端化妆品牌整合为一体，通过微信端来促销。既没有丢失品牌“高大上”的特性，又符合年轻用户群体口味，打破了价格上的心理防线，给用户一种“赚到了”的感觉，并且实现在微信上的O2O闭环，方便用户随时下单，也更有利于收集用户的反馈信息。一些用户喜欢在各自朋友圈“晒单”的习惯，也更容易引起“小美盒”产品的推广传播，从而赢得更多的消费者。

◎ 3.4.4 吉野家，微信优惠券新玩法

创新是当今社会企业发展中最被提倡的一种精神，而在营销里面，创意营销是营销策划人员通过思考、总结并执行一套完整的借力发挥的营销方案。创意营销根据不同时期，有不同的话题，企业如何利用发生的事情引出与众不同的内涵呢？下面我们来看看快餐店“吉野家”是怎么利用O2O来进行创意营销的。

“即兴消费”是快餐行业消费的一大特点，快餐行业的目标受众以年轻白领和学生为主，消费者对于快餐品牌的选择有一部分是既定习惯、具有比较明确的偏好，但更多的是短决策：一个临时简单的念头就足以决定结果。吉野家结合当代年轻人爱自拍、打游戏的特点，并利用当时“白衬衣帅哥”这一社会热门话题，打造品牌营销：通过创意微信优惠券APP+明星效应+线下引导（京津冀所有门店餐桌桌角广告宣传推广）+口碑传播（白衬衣帅锅日——帅哥换帅锅）的方式，使用微信订阅号进行O2O营销；与传统营销手段相比，有效增加了目标消费群的认知度、好感度和参与度，提高了新品促销优惠券的到达率和使用率。

1. “凭脸吃我”——凭自拍照获得优惠券

2013年8月至9月期间，吉野家推出新品“吉味米堡”。为配合宣传，吉野家发起“凭脸吃我”自拍折扣消费活动，用户只需拍一张自拍照发送至“吉野家”的微信公众号，就可以获得新品“吉味米堡”的微信优惠券，如图3-45所示。其抓住目标受众群爱“自拍”的特点，将此转化为个性化的微信优惠券，趣味性强且非常接地气，并且易于操作，容易引起消费者的兴趣、关注和参与。

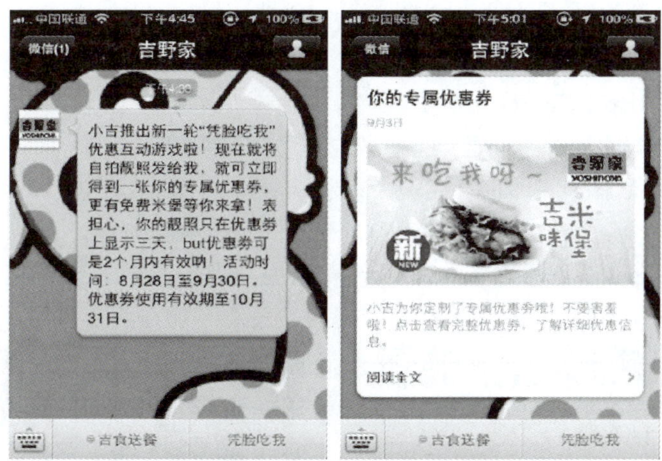

图 3-45　“凭脸吃我”微信活动

2. “帅哥换帅锅”——“凭帅哥”换取优惠

为了在市场上琳琅满目的石锅拌饭中产生辨识度，“吉野家”为自家的石锅拌饭取名叫“大帅锅”，之后推出“帅哥换帅锅”系列活动，其中包括“疯狂帅锅”“白衬衣帅哥日”“任重表情包”等活动，将“大帅锅”=“吉野家石锅拌饭”这个认知让消费者记住。

○ 活动一：微信互动游戏

在微信上开发了关于“吉野家”石锅饭的互动游戏，用户只需其通过微信公众号主页即可点击参与。在游戏中，“吉野家”以制作石锅饭的食材作为游戏道具，不仅能让用户在参与后获得优惠券，还能对“吉野家”的某一类菜品食材产生深层次的认知，如图 3-46 所示。

图 3-46　“吉野家”微信互动游戏

❍ 活动二："帅哥换帅锅"之"吉野家白衬衣帅哥日"

"吉野家"石锅拌饭上市促销阶段（2013 年 10 月 13 日至 11 月 8 日）策划了一个"白衬衣帅哥日"活动，每到周四，北京的一家吉野家门店就可为前 100 位穿白衬衣到店消费的男士免费赠送一份石锅拌饭。

❍ 活动三：疯狂表情——吉野家限量版"任重表情包"

为进一步调动"吉野家"代言人"任重"的粉丝群力量，"吉野家"特意在微信上制作了五款"任重表情"的聊天表情包，用户通过"吉野家"的微信主页即可下载，如图 3-47 所示。这无形中增加"任重"粉丝与吉野家的粘稠度。

图 3-47　微信"任重表情包"

此次营销活动在线上线下都取得了良好的反响和互动，包括微博和微信 APP 均取得了不错的效果，其官方微信在活动期间粉丝增长超过 2 万。

案例分析

餐饮企业利用微信创造适合线上线下互动的 O2O 营销，对于新品推广和客户积累都极具价值。对于本次吉野家的创意微信活动及优惠券推广，有以下几个重点。

① O2O 门店推广，实用性强，直接转化为购买力

只有把线上和线下有机结合，才能使微信营销的效果最大化。"吉野家"在活动参与地区所有门店都进行了活动宣传，从线下反推到线上再导入线下。消费者到店扫描二维码玩"凭脸吃我"或"疯狂帅锅"，立即获得优惠券，可立即使用，直接刺激消费，转化为购买力。

② 微信朋友圈分享，进行口碑传播

无论是"凭脸吃我"还是"疯狂帅锅"，活动中的优惠券都是以二维码的形

式存在，可重复扫描使用。“吉野家”鼓励消费者将自己的优惠券分享到朋友圈，与朋友一起分享这份优惠，并通过朋友圈这个网络上信赖度最强的口碑传播平台，形成与友同乐的感觉，引导更多消费者的参与。

“疯狂帅锅”将分享做到更好，在游戏结束后会产生分数排行榜，网友可以跟朋友、家人一起比赛，看谁的分数更高，以这样游戏的方式更进一步地促进了活动的传播。

对于餐饮业的微商来说，要像“吉野家”一样在微信上制造出创意微信优惠券，除了社交平台的选择，传播内容也非常重要。营销者需要精准定位自己的目标用户、了解当下最火热的社会热点、准确抓住目标消费者当下的兴趣点和关注点，才能将整个传播渠道打通。

◎ 3.4.5　广厦集团，微信登山送房

自从微信营销兴起后，房产业的春天似乎也来了。各大房产商都借着这个火热的势头，开启了自己的微信营销。

广厦集团的“广厦·杭州国际登山节”登山送房微信活动，无疑是 2014 年房地产企业品牌推广的一个典型案例， 2014 广厦·中国杭州国际登山节活动从 4 月 28 日启动，微信报名人数就达到 120 万人，微信关注人数则是 1500 万人，微信页面访问平均深度达到 4 分 33 秒，同时在线人数最多达到 9 万人。

此次活动人人均可参与，活动中最重要的“登山助力小游戏”也并不复杂，在一个简单的蓝天背景下印有一座山峰，自下而上的一条小路上共标有 5 个点，依次分别为西溪谷、大清谷、外桐坞、白龙潭，如意尖（均为杭州当地名山），一个小人站在“起点”西溪谷上，玩家需要让这个小人不断往上走。而让小人向上的办法，就是邀请自己的微信好友输入真实姓名、联系号码等资料，好友越多，小人就走得越高。

1. 奖品充满噱头，大奖小奖齐助阵

一个大型的策划，需要一个很好的噱头，这个噱头可以是奖品也可以是其他，这次活动广厦集团结合企业 30 周年庆，提供丰厚的奖品，除了 198 平米的豪宅这个充满爆炸性和话题性的奖品外，其他奖品也非常吸引人。这就很好地调动了参与者的积极性，如图 3-48 所示。

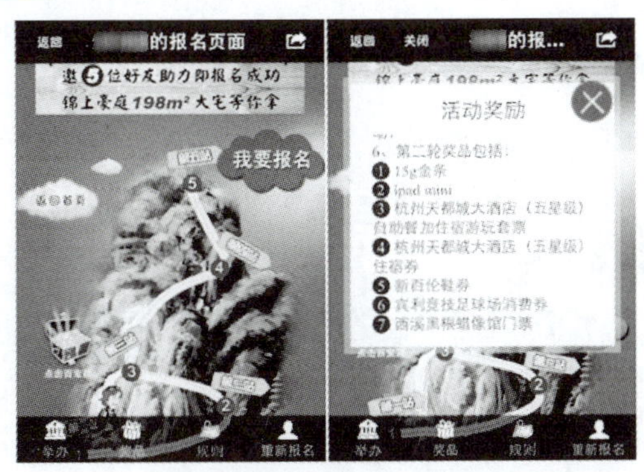

图 3-48　微信活动奖励

2. 结合媒体，大造声势

结合纸媒、网媒、本地论坛广告轰炸，比如在当地主流报纸媒体大浙网，以及新浪网等各大网络媒体投放广告，开启全网报名入口。活动开启时，除了在杭州当地主流纸媒发布该活动，还在各大网络媒体中也同样投放了大量广告，此外，在本地舆论效应较强的论坛中也投放了广告，共同构建了活动报名入口，这为活动争取到了第一批参与者，很好地开启了活动。

3. 微信报名入口，定制微信游戏

定制微信报名入口，将登山节活动用微信游戏的方式呈现，参与者填写姓名电话即可生成专属活动页面，将该页面分享给朋友，只要朋友参与即可增加参与者的助力数，凭该助力数取得抽奖的资格，并且助力数最多的 50 人将在页面上呈现，旁边就是参与者的助力数以及好友助力名单，如图 3-49 所示。丰厚的奖品 + 有趣的游戏，使得该活动的微信朋友圈引起病毒传播，仅 8 天时间就吸引了约 30 万人参与。

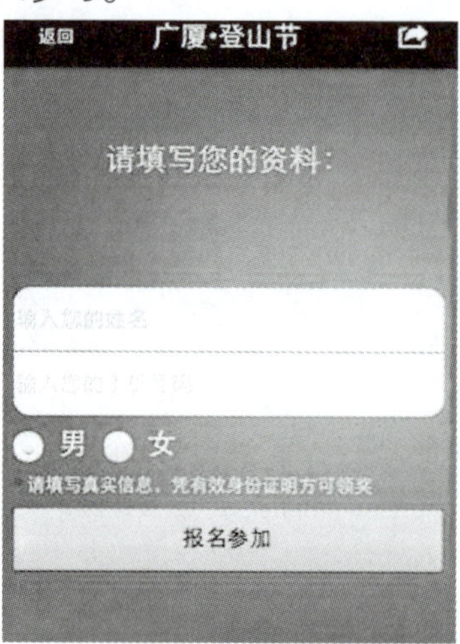

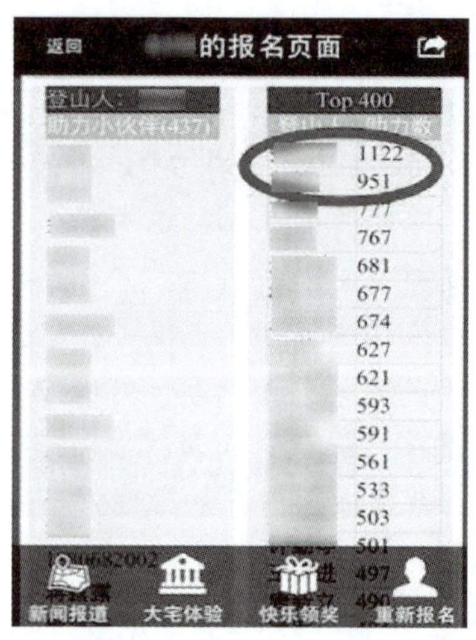

图 3-49　微信报名界面

案例分析

微信的及时性、互动性，可以更好地实现推广与互动，通过扫描二维码链接线上和线下，它比互联网受的限制更小，功能更强大，对于房地产的发展会有更大的影响。

房产微信平台的开启颠覆了原有的房地产行业固有产品模式，不仅使用户多了一个实时互动、了解楼盘的窗口，同时也让众多楼盘多了一个与网友和业内互动的新平台，这是其他的媒体无法效仿、复制的，像“广厦集团”与即时通信产品相结合的营销模式，是为房产行业的大势所趋。

◎ 3.4.6　微信卖保险，打开社交模式

移动互联网大潮推动传统金融企业自我革新，最近一年来不断有国内保险公司推出基于微信平台进行服务以及投保的保险产品，不过除了方便人们通过手机购买保险以外，各大保险公司推出的微信投保产品有哪些实惠或亮点，主推的产品有无特定类别和方向，更注重新客户的占据还是旧客户的转化保有，客户对产品的反响如何，理赔流程又是否跟普通保险一样呢？下面将为读者逐一解读。

1. 太平人寿，微信投保简单易懂

2014 年 8 月 14 日，“太平人寿”推出了首款微信专属产品“太平爱微笑齿科医疗保险”，这款产品完全通过微信平台进行销售，客户只需微信扫描二维码，并根据后续提示完成购买，即可获得“护牙 + 意外”的双重防护。而该款产品与传统保险产品不同点在于，这是一款人人可以体验的保险产品，客户不是必须在发生疾病、残疾、身故等重大风险后才能享受保险带来的保障，购买后即可体验。

要在微信上“卖保险”，没有指定的销售人员在客户身边作介绍，所以在没有旁人指导的情况下，一分钟内看不懂的产品是没人会投保的。因此通过微信推出的产品必须很容易理解，保险责任明晰，一看就明白，所以其在微信推出的产品以旅行意外险、重大疾病险为主，而带有收益性质的复杂产品则不会在微信上进行推广、投保。在微信平台上，客户是自由自主的，相应的保险产品必须格外注重客户体验。例如，在太平人寿的微信公众平台的菜单上，有一个“一张图读产品”系列，在这里可以清晰直观地了解到保险产品的作用、释义及好处，购买条件与相关价格等，如图 3-50 所示。

图 3-50　“太平人寿：一张图读产品”微信界面

移动端的客户群体具有年轻化、乐享受、乐分享的特点，因此移动互联网上的保险产品必须具有社交互动性、强调客户体验，而不是简单地将传统产品移植到线上，必须在产品设计、运营系统、客户服务上进行整合和创新。

除此之外，“太平人寿”还开发了微信上的互动游戏，让用户来获取优惠，这也成为了其微信投保产品的一个创新推广手段。“太平人寿”在微信上推出了

刷牙游戏，让客户轻松赢取投保优惠。每位客户在购买产品的同时，只需完成游戏，即可获得不同程度的奖励，并且可重复游戏多次。该产品的便捷性、实用性和趣味性，都进一步提升了客户在保险消费及服务方面的直观体验。

2. 泰康人寿微信投保，优惠又方便

通过微信新渠道，各大保险公司希望能够针对互联网和移动互联的使用群体，吸引都市白领和职场年轻人，并且在注重新客户开发的同时，也希望能够通过提高客户体验的微信增值服务，保持并加强原有客户的沟通联系。不过为了加速移动互联网客户的培养，保险公司纷纷采取了有力的优惠推广手段。

如“泰康人寿”为了抓住微信端的客户群，打破了以往交通意外险的传统投保方式，通过与微信合作，推出了首款保险行业中的微信保险与微信红包组合。客户只需用微信扫描一下二维码，即可进入“飞铁保”购买界面，填写个人投保信息，提交订单微信支付 20 元，投保成功后，即可收到公司派发的 19 元微信红包。这就相当于，只花 1 元钱便能同时享受到“泰康人寿”50 万的高铁意外险和 100 万航空意外险，有效期 1 年，全年不限次。以此种方式推广“泰康人寿”的“飞铁保”投保产品，半年内全国投保单数达 500 万件。

保险公司们除了用微信推出更多的优惠活动之外，微信也让保险公司理赔流程更加便捷。与一般保险理赔流程相比，不用客户亲自去服务网点提交纸质资料。小型的擦碰案件，可直接通过微信拍照上传现场照片至微信后台进行查堪定损，不仅节约了时间，理赔效率也明显提升。

之前提到的“太平人寿”的“爱微笑齿科医疗保险”也为了解除客户对理赔难的担忧，在保险责任范围内，理赔采用直付模式，客户不用先支付医疗费用再申请理赔，而是由太平人寿直接与齿科结算。同样“泰康人寿”的微信投保产品也实现了手机理赔、微信理赔，理赔方便亦成了微信投保产品的一大卖点。

3. 发起微信活动，开启社交化互动

2014 年 2 月 28 日，“泰康人寿”推出的“社交保险”上线，成为保险业内先行尝试通过“微信互助”方式售卖产品的案例。泰康人寿试图以这款产品突破传统保险的收费和承保方式，通过微信朋友圈扩散传播。

“泰康人寿”对一款新的保险产品通过微信朋友圈发起了“求关爱”的互动活动，让“1 元钱为朋友买保险”成为了一种新的保险售卖方式。“求关爱”实际上是由一款一年期的癌症疾病保险包装而成，其玩法十分简单。用户只需关注“泰康在线”微信公众账号，支付 1 元加入微互助计划，即可获得一份保额为 1000 元的癌症保障。将支付成功后生成的“求关爱”页面分享至微信朋友圈，如图 3-51 所示，微信社交网络的朋友来协助增加保额，好友为其每增加支付 1 元，其保单保额就会增加 1000 元，直至达到 10 万元上限。该产品的

图 3-51　“求关爱”微信分享界面

投保期限为 30 天，也就是说，在 30 天“求关爱”期内，用户在自己购买的 1000 元保障基础上，最多可以获得 99 位朋友的帮助，最终以 100 元的保费享受保额为 10 万元的一年期防癌保障。

“泰康人寿”开始对保险产品社交化进行尝试，其中最值得借鉴的创新之处在于“求关爱”的社交意义——社交“圈子”内的朋友每支付 1 元，就可以帮助投保好友提升 1000 元的投保额。

“求关爱”的最大特点在于贴近了移动互联时代保险产品的社交化属性后，是根据微信这一平台“量身定制”而成的，能够带动保险回归到互助的本质。

如今社交传播成为保险公司产品销售新选项的趋势已经开始显现，泰康人寿也只是开始。与此前的互联网渠道销售产品的宣传重点不同，“求关爱”附加的社交属性，是吸引消费者注意力的关键。

案例分析

移动互联网的爆发极大地冲击了原有的保险运营模式。如太平人寿的“一张图读产品”系列，通过微信用户就可以充分了解到保险产品的具体情况，也可以以更优惠的价格享受到适合自己的保险产品。而正如微信开发者自己反复强调的，微信不是营销工具，而是一个互动沟通的平台。因此，对于保险公司而言，从产品设计开始就应当开发强互动、易分享的产品，建立场景化的销售模式，以内容营销的方式打动客户，最终通过主动的、个性化的服务使双方达到情感上的共鸣。

如泰康人寿的“求关爱”之所以能够在微信朋友圈传播开来，主要是它最大限度地贴近了移动互联时代保险产品的社交化属性。只需要花费 1 元，就有可能获得一份 10 万元的防癌保障。首先在产品上就给了大众足够的吸引力。而“求关爱”的包装主题，也完全符合微信“熟人”圈的定位。微信好友可以在分享过程中，以撒娇、要求、卖萌等各种方式邀请其他好友为自己购买，而出于“礼尚往来”的人际交往规则，自发地将这种互动不断循环扩散。

保险公司们纷纷选择在微信端开启营销的新阵地，这也代表着保险行业的转型已经迫在眉睫，如何让普通消费者在这一过程中享受到更加方便、快捷的“掌上服务”是众多的保险公司们应该苦下“功夫”的地方。

◎ 3.4.7 比亚迪新车上市，互动营销

当下，很多企业都懂得在社交媒体开展营销，微信圈一时变为了“游戏圈”“点赞圈”“卖货圈”，微信圈的玩法同质化严重，用户开始出现审美疲劳，营销效果也渐渐遇到瓶颈。在此种情况下，商家及企业如何突出重围，再度激起粉丝的热情，是社交营销的一大难题。

比亚迪 G5 是一款基于互联网思维打造的全新车型。为配合新车上市，比亚迪的营销团队开展了一次微信互动营销。策划与执行过程中，团队选择了“极致化迎合粉丝需求”的思路，集中精力优化项目细节，完美达成了营销目标。

采取微信营销小游戏 + 红包的组合互动营销策略，不是一味地强调创新玩法，而是通过社会化的数据挖掘，细致化研究粉丝的互动分享行为，将过程做到极致化，以结果为导向来进行营销。

比亚迪营销团队经过数据调研，发现时下热度最高的是休闲益智类游戏。其中的连线消除类游戏十分适合 G5 互联网概念的植入。于是其在微信上发了一个“G 智一起 Line，十万微信红包等你拿”的游戏，主页、loading 条以及奖品页都植入了品牌，而游戏过程中更多强调融入比亚迪 G5 的卖点元素，尽量少干扰粉丝互动娱乐，避免引起粉丝反感，如图 3-52 所示。

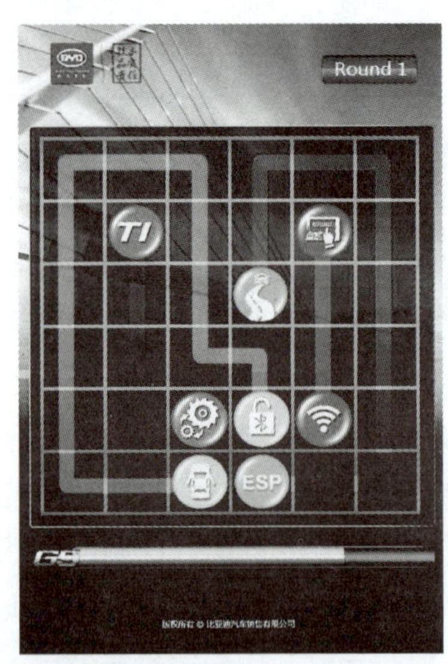

图 3-52 比亚迪微信游戏界面

如今单一的大奖已经很难吸引用户参与，而让粉丝通过少许的努力就能获得一个具有直观价值的小奖反而大受欢迎。因此，比亚迪营销团队利用“微信红包”的功能，用户只需关注比亚迪微信公众号就可以领取现金红包。其通过直接发放现金红包，简化了获奖流程，迎合粉丝追求简单直接的心理，从奖励机制上调动用户的互动分享积极性，如图 3-53 所示。

图 3-53　用户领取红包并分享到朋友圈

在微信游戏中，比亚迪还巧妙设计了排行榜机制，用户通过游戏闯关会获得不同大小的红包，依照红包金额的多少来进行游戏排行，但凡跌出 250 名榜外的玩家，将无法获奖，如图 3-54 所示。这样的机制激励了用户天天玩游戏，保持游戏热度，并激发了上榜玩家主动将游戏分享至自己朋友圈的热情。

图 3-54　微信游戏排行界面

比亚迪此次的微信游戏“G 智一起 Line，十万微信红包等你拿”在正式上线的当日提交成绩人次超过四万，这使得比亚迪的微信公众号粉丝暴增。此后期间，游戏持续发酵，每日提交成绩人次 4~5 万，日平均分享人次过万，最高分享率达到 39%。这些数据无一不表明着此次营销活动的成功。

案例分析

在此次的比亚迪微信游戏活动中，主要有以下几个创意亮点。

➢ 改造奖品机制，迎合粉丝简单直接的心理，比一般发奖方式更能吸引人们的兴趣。

➢ 巧设排行榜，跌出 250 名榜外的玩家将失去奖品，激发人们天天刷新成绩，避免了社交游戏常见的 1~2 天内失去热度的问题，同时也激发了用户的分享行为。

➢ 利用微信用户习惯在朋友圈“晒红包”“晒排名”的分享属性，快速扩大比亚迪品牌以及新车 G5 的口碑传播。

如今数字时代已经到来，从汽车行业来看，各大品牌商已经逐渐从“以产品为中心”的模式转为“以客户为中心”的模式。汽车品牌商要了解客户需求，采用互动营销的形式，让消费者主动参与到汽车品牌的营销活动当中。

在本次营销活动中，比亚迪依靠极致化运营，突破常规营销瓶颈，在游戏玩法、奖励机制和推广运营等方面都进行了深入探究。充分体现了比亚迪在微信营销界的丰富经验以及精益求精的精神，也为日渐同质化的微信互动营销带来了不少启发。

◎ 3.4.8　土豪承包农场，微信游戏惹火

在 2014 年中，许多类似于“围住神经猫”“看你有多色”的小游戏凭借极简的规则和创新的主题引爆了朋友圈。充分利用用户的碎片化时间以及社交平台分享的刺激，微信小游戏也成为品牌主们争相琢磨的课题。

“姐妹厨房”作为“大成食品”公司旗下新生的鸡肉食品品牌，其以一款名为“土豪承包农场”的简单微信网页游戏上演了一出“四两拨千斤”的营销好戏：将近 70 万人次的 PV（访问量）和超过 13 万人次的 UV（独立访客），超过 9 万用户的游戏授权，4 万多的游戏参与用户及 5 万多人次的品牌微信粉丝增长等。这些成绩都让初试社会化媒体营销的“大成姐妹厨房”品牌坚定了信心。

1. 产品包装上“暗藏玄机”

因为“姐妹厨房”是“大成食品”的新品牌，所以许多消费者对此并不熟悉，也没有深厚的品牌认知。但“大成食品”坚信产品是最好的载体。因此在其不同产品的包装上对应着不同的二维码，消费者只需扫描二维码就能直接体验品牌独特的从饲料、养殖、初加工到深加工每个环节的实名溯源体系。

2. 借势四两拨千斤，简易是王道

在游戏推出期间，铺天盖地的“霸道总裁承包鱼塘”热议段子早为这个游戏

里的“承包”二字累计了足够的用户认知，“土豪承包农场”游戏还需要做到的就是微信页面游戏应有的“足够简单”：整体画面设计为蜡笔画的清新画风，显得朴实有趣，从参与到分享只需要 3 次点击，号召好友帮忙的“众筹”式参与机制在微信营销模式上也已有一定用户认知，让大家玩起来更得心应手，如图 3-55 所示。好友打工的概念更是让不少 80 后都回想起在开心网盛行时期的农场游戏，引发主流消费者共鸣。在细节设计上，如首席鲜肉官的如花形象也能博得众人一笑。

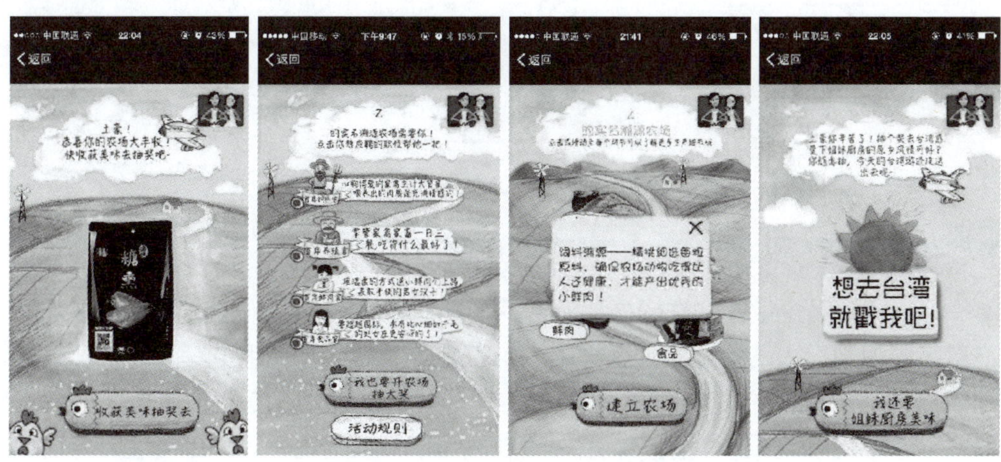

图 3-55 “土豪承包农场”微信游戏

3. 游戏即品牌，使形象深入人心

“土豪承包农场”游戏从背景和机制设计到好友互动机制都紧扣品牌“实名溯源”的核心属性，每个开设溯源农场的用户都需要 4 个自己的真实好友来承担实名溯源生产流程的各个环节，每次成功的用户参与都意味着作为品牌信息最佳宣传载体的产品得以深入用户的实际社交圈内，形成二次传播。

游戏完成后所直接“产出”的虚拟农场作物直接对应品牌的实体旗舰产品，更有充满品牌地域基因的台湾地区游抽奖机会，让用户在游戏参与和分享中全面传播品牌信息。

4. 有的放矢精准定位的微信推广

在游戏的主战场微信层面，“姐妹厨房”根据其精准的目标受众和游戏利益点，选取了具有关键性影响力的公众账号进行流量引导传播，不同角度和定位的内容送达的用户人数超过 600 万人次，不仅获得了超过 40 万人次的真实阅读量，引发众多真实意见领袖参与游戏分享朋友圈，如图 3-56 所示，更造就了“土豪承包农场”游戏的流量持续高峰。

图 3-56 微信多位意见领袖推广

案例分析

传统的食品企业往往选择样品派送的形式来吸引消费者，但样品派送往往面临着区域限制、人员耗费高、派样用户信息追踪及后续利用困难等问题，那么如何以最有性价比的方式将产品送达消费者手中，并最大限度完整地表达品牌信息？微信平台以地域覆盖性广，用户精准性强，关系链具有天然传播性等特性成为不二之选。

在微信上要进行样品派发，如何让消费者乐于参与并填写真实有效的地址是关键。在“土豪承包农场”的游戏中，用户自愿参加并完成游戏获得奖励后才邀请填写地址，自然强制性大大降低。而将派样转化为“完成游戏 100% 中奖”的设定能增加用户信心和好感，而后附送抽奖机会，奖上加奖，提升用户体验感受。

第4章

微商赚钱法则，朋友圈后来居上

如今我们打开微信朋友圈，除了可以看到好友们发的心情、照片等生活信息之外，更有许多来自不同微商的产品图片与广告文字。可见，在继QQ和微博后，微信朋友圈已成为个人微商们的新营销阵地。熟人生意好做，靠微信做买卖的群体迅速扩张，朋友圈也变成了“生意圈”。但是在朋友圈微商竞争如此激烈的环境下，如何突破重围，做一个真正赚钱的微商呢？编者在本章将为大家逐一分析。

4.1 巧用微信号，赚钱来得快

在做朋友圈生意之前，拥有一个自己专门做生意的微信号，是每一个微商都必不可少的。该微信号就得区别于普通的好友微信号，让自己的微信号冠上“生意人”的头衔。一个出色的微信账号，往往是微商营销得胜的前提。

◎ 4.1.1 打造出色的微信账号是先决条件

很多人认为既然是做生意的微信账号，那么就得突出自己的商业性质。但是不要忘了微信的本质就是一个促进好友之间沟通交流的通信工具，为一种“强关系”的社交媒体。这就代表着，在微信上，好友与好友之间的关系是非常紧密的。在微信上不管发什么内容都能让对方看到，如果是好的内容当然会很受欢迎。但如果发的内容是对方不喜欢的，且经常发布对方不喜欢的内容时，会影响到对方的心情，最终导致被删除，取消好友关系。

试想一下，如果你的微商账号过于商业化，账号信息上显示的全是销售广告，换谁都不愿意成天被铺天盖地的广告信息包围，这样的账号谁愿意加好友，谁愿意关注你呢？做微商，打造一个定位明确，专门用来做生意但又不至于让人反感的出色微信账号，是开展营销前的先决条件。因此，如下几点必须引起注意。

1. 名称与头像

相信很多人在加入微商这个行业之前，就已经有了自己的微信账号，并且都已经加了许多生活中的好友，积累了一定的用户资源。如果这时要转做微商，千万不要过多改变账号之前所设置的内容，不能因为要开始做营销就突然“改头换面”让你原来的好友都不认识你。因此，对于许多“半路出家”的微商们，编者建议就用最初的账号名称及头像，这样一是不会丢失掉账号原本就拥有的“生活感”，也不会招来用户的反感；二是不会导致许多好友开始与你产生距离，做得好反而还更容易引起他们的关注。

也有一些微商会选择重新创建一个微信号，以用来做“生意专用号”。如若是新开通的账号，就得在取名称及选头像上注意了。微信名称建议简单、直接、明了一点，比如用自己的名字、品牌名、产品名、公司名都可以，最好是用品牌名 / 行业 + 名字，这是最好的一种，如“农味网阿文”“小舒厨房”等名称，既可以突出你的品牌或行业，又可以让人记住你的名字，感觉很真实。例如，编者一位朋友是一位养蜂人，并且自己也卖蜂蜜。他刚刚开始做微商时用的名字便是“小温养蜂卖蜜”，但广告意味很浓。于是他后来改名为“蜂农小温”，名字中既给自己贴了一个标签，也让别人一看就知道这是一个叫做小温的养蜂人。显然后一个名字比之前的更平易近人，也更受用户的喜欢。

对于头像，编者建议最好使用本人的头像。这样既能让认识你的好友快速识别该账号，也能增加陌生好友的信任感。如果不想使用本人头像，也可以用其他的图片，但都必须清晰，无水印，无不良内容。切记不能风马牛不相及，头像不能和你的产品，或者和你本人没有太多的关联。好的名字和头像，除了可以让别人快速记住你之外，还可以对你产生一种信任。

2. 易记的微信号

很多人会将微信号与微信名称混淆，要知道，微信名称是可以随便更改的，但是微信号一旦确定了便无法更改。当好友在查找一个微信时，需要输入对方微信号才能查找成功。所以一个容易记住的微信号能带来更多的粉丝，而一个难记的微信号，很难引起人们关注的欲望和想法。因此取一个简洁、易懂、易记的微信号名称，对微商来说十分重要。命名一个易记微信号的要领主要有如下几点。

- 要容易让人记住，可以是你名字的拼音，也可以是数字，总之越容易记住越好。
- 要最大限度地便于输入。
- 微信号要尽量短。
- 尽量不要使用特殊符号。

3. 鲜明的个性签名

微信账号的个性签名处，是在加好友时进一步了解这个微信主人的地方。拥有一个美观又向上的签名，才能让对方产生好的印象，做出“确认添加”这个动作。因此，鲜明的个性签名也是增加微商粉丝的助手之一。那么微商们如何编写自己的个性签名呢？编者建议不要在此处就透露出浓浓的商业气息，这样只会在第一时间招人反感，具体要求如下。

- 尽量写一些名人名句等“正能量”的话语。
- 如果有自己的产品或者品牌，也可以提及，但最好用生活化的语言来编写，切忌过于商业化。
- 写上加了你能得到什么好处，或者是给自己打上标签，吸引志同道合的朋友。例如，编者一个朋友就是卖美妆产品的，她的个性签名就是——“一个爱美的 90 后 MM，最爱做的事就是分享自己的彩妆心得”。
- 要控制字数，言简意赅又要有所表示。

编者个人建议微信号名字不要太商业化，包括头像、个性签名、朋友圈。大多数微商的微信号名字都是“产品名 + 招代理”，签名也是“产品名 + 招代理”，朋友圈满满的广告。现在微商广告各个角落都是，大家很厌烦。名字简单个性一点，头像高大上一点，个性签名温暖一点或者励志一点，朋友圈日常生活状态多一点，可以偶尔有个广告。要低调地做微商，“微而不商”才是微商的最高境界。

◎ 4.1.2 多加入微信群混熟圈子

有人的地方，就会有江湖。有江湖的地方，就会有圈子。在互联网的行业中，出来“混”没有圈子是不行的，作为微商更是如此。

如今，每个拥有微信的人都会自然而然地拥有一个属于自己的朋友圈，这个天然形成的圈子更多的是生活圈，而非社交圈。从某种程度上讲，只有当你加进了几个微信群，尤其是上百人的大群，你才会深深发现什么才是真正的社交圈子。

无论从各方面来讲，微信群的信息量、影响力以及活跃程度都远超于微信其他各大板块。现实的社交圈子已经被完全复制到了微信群中，倘若加入几个上百人的微信群，恐怕手机一天都会叫个不停，惹人烦心。因此，微商们在加群时一定要审时度势，谨慎挑选后再加进优质而高效的微信群。

现实中，并不是所有微商都能拥有优质的群资源，但是却可以自己创造。一些刚起步的微商更是可以自己建立并经营微信群。

很多人认为，经营微信群无非就是维持群的活跃度，永无止境地去制造话题与噱头，激发群成员的参与积极性。其实一个优质而高效的微信群应该是有生命、有温度的。它不仅应该是一个消除冷漠与孤寂的社交平台，还应该是一个传播正能量、激发思想碰撞的舞台。所谓“无规矩不成方圆”，如果微商建立了自己的微信群，并且要想真正运营成一个优质高效的微信群，就必须将原本松散、无序的自由结合，打造成为一个具有精细管理、精心运营的“活”的组织，因此要做到以下几点。

1. 多功能结合

微信在不停的更新版本中，都加入了许多好玩又有趣的功能，并且在微信中还有除了群之外的其他功能版块，如语音位置、朋友圈交流等，这些都是可以利用在群里增加互动、交流的有效途径。只有将群与各大功能及微信其他版块紧密结合，才能使群之间各好友的关系更为亲密。

2. 做群里的“煽动者”

一个群在刚建之初，群成员在相互认识不深入的情况下，肯定是熟络不起来的。这时就需要群里有“煽动者”来调动氛围。其实说白了就是要没话找话说，但是一定要是大家都熟悉的话题。例如，时下的一些热点事件、新闻、话题等，也可以讨论共同关注的一些问题，或者善用“微信红包”等功能发起一些活动。总之要想尽一切办法将气氛调动起来，让群成员之间产生不自觉的互动。

3. 保持“四度”原则

运营好微信群还必须借助“四度”原则——温度、态度、频度、鲜度，具体解释如下。

➢ 温度：是人存在的一个重要标志，表现在对群成员的关注和责任感投入上，要“将心比心”。

➢ 态度：即价值观或情怀。一个群就是一个小团体，要有态度、有观点、能充满正能量。

➢ 频度：即保持一定规律的频度，形成行为训练、养成习惯。

➢ 鲜度：即时效性强，反应快速。相比于公众平台和朋友圈，微信群最大的特点就是实时互动，这就要求反应快速、紧贴时事。

当你加入或者运营出了一个优质群后，群里的成员不仅仅能够成为你的客户资源，还可以一一将他们添加为好友。从而通过不同好友之间加入到其他的优质群，一个接一个地扩散，慢慢扩大自己的社交圈与人脉，这才是最大的优势。当然，微信只是一个工具，你可以把微信群当成建立、维护、发展圈子的一个很重要的场所，但不能把它当做唯一的途径，必须多渠道结合。

◎ 4.1.3　不得不知的加好友绝招

任何一个微商，都要先有粉丝，才能真正打开门做生意。微信的好友越多，你的覆盖面就越宽广，受众群体就越大，咨询成单的机会自然就越多。而好友越精准，转化为销售的可能性就越大。因此在微信上加大量的好友，是微商在做生意之前一定要进行的步骤。但是许多人也为此懊恼，身边的朋友就这么多，怎样才能拥有大量的好友资源？如何能在短时间内加大量好友？接下来编者就为大家介绍几种找好友、圈粉的有效方法。

1. 大片“撒网”，主动加好友

微商们可以利用微信自带的“手动添加”“导入 QQ 功能”“导入手机通讯录”“摇一摇”“附近的人”“漂流瓶”等功能主动去加别人为好友。“摇一摇”“附近的人”“手动添加好友”，都需要通过用户手动操作来添加好友，但由于目前微信对每天添加好友的次数是有限制的，所以如果有大量空余时间的微商可以选择这些方式。

通过导入 QQ 和手机通讯录来添加好友，这块微信暂时是没有限制的，可以随意自由操作。导入 QQ 现有好友到微信，就必须先添加 QQ 好友，然后导入 QQ 列表的现有好友。在导入前，QQ 上就应该有足够多的好友才能导入更多，因此微商们首先需要在 QQ 上加大量好友。

① QQ 群加好友

首先通过搜索相关的 QQ 群，之后加群好友，这是效率较快的方式之一。我们首先需要明确自己的客户是哪些人，集中在哪里，他们的共同爱好在哪里，那么就去相关“鱼塘群”里抓潜在用户。例如，买化妆品的女孩子多为爱美的年轻

女性。那么她们除了需要化妆品还会需要衣服、提包、鞋子等物品，然后我们就可以进这些群，一个个添加她们为好友，再导入微信中。

其次，可以使用多个小号加群。例如，一个小号每天添加 50 人，10 个小号就是 500 人。然后使用会员克隆好友功能，将其好友克隆过来即可。或者使用微信解绑 QQ 的功能，一个个号不停地导入。以上是加 QQ 群的一个方式。

当然，如果你身边就有同行愿意给你提供好友资源的话，那么可以直接克隆他的 QQ 好友，再导入微信中就行，这也是非常快的方式之一。

② QQ 空间加好友

下面讲一下如何通过空间找到并添加精准的粉丝。首先我们在 QQ 空间搜索框中搜索“祛痘”（假设为销售护肤品的微商）这个关键词汇，当我们搜索之后，会发现很多相关的文章，然后选择一批转发量很大的文章，进入到他那篇日志里面。进入那篇日志后，我们在日志最底部打开互动，就会发现很多人的阅览信息。那么阅览这些文章的，都是有这方面的需求，而且是很精准的客户。我们就可以根据那些人留下的线索，点击进入她们的空间，在空间主页直接添加她们为好友，然后再将其导入微信中。

2. 利用站外流量，被别人加

被别人加就是等别人主动来加你，这样得来的好友资源无疑是最靠谱的。能够主动来加你的好友，很大一部分都是有需求而来，也就是你的潜在客户。要吸引来这样的精准好友，微商就必须利用站外资源到处“留线索”，在各种社交平台上留下你的微信号及二维码，让别人看到你。

微博、人人网、豆瓣网这些高流量的社交分享平台都是微商们可以“留线索”的地方。而在像天涯论坛、百度贴吧这些高权重的平台上“留线索”就得讲究一定的技巧，因为一旦过于“广告”就会面临被删帖的风险，所付出的努力也就白费了。

在大论坛里面“留线索”，最好将自己伪装起来，不能直接发帖号召别人来加你。学会写软文，或者发每日热门话题、时事的相关帖，用大家都关注的事情来引起注意，再将广告植入帖中。也可以使用连载的方式，将广告留在第二页，或者是使用水印头像和签名档发广告，当然账号昵称也能作为广告宣传。

还有一种见效非常快的方式，那就是加微信群。添加群没有限制，我们可以在群里面疯狂添加好友，这是一种很快就见效的模式。找微信群的方式有很多，可以到百度上去找大把的微信群进行添加。

此处要注意，微信好友并不是想加多少就有多少，微信官方对于不同方法的加友数量都是有限制的，具体细节规定如下。

- 查找加好友每天只能加 20 个左右，加多了会提示“查找失败”。

➤ 手机联系人如果是批量导入号码到通讯录，不显示“添加”按钮，只显示“邀请”按钮。

➤ QQ 每天只能发送 30~50 次添加好友的邀请，所以用 QQ 导入添加好友也是被限制了的。

➤ 雷达加好友每次只显示 10 人，并且添加数量也是有限制的。

➤ 被别人添加，每天也不会超过 500 次。

4.2　微商制胜，朋友圈六步走

朋友圈，作为帮助微商转化销量的主要阵地，是每个微商们必须苦下工夫之处。因此有计划、有技巧地运营自己的朋友圈，才是微商致胜的关键所在。

◎ 4.2.1　积累信任是微商营销的核心

在微信上卖东西，和淘宝有着本质的区别。淘宝更多的是重视商品的描述、店铺的装修、店铺好评度以及客服服务好与坏等，在交易中还有淘宝保证金作为保障，顾客购物时更加放心。但微信却不一样，本身并不是特别完善的购物体系让许多消费者心存芥蒂，不知道对方是不是值得信任，产品质量是否有保障等。所以在微信上卖货，让好友对你产生信任是营销的关键。

在微信朋友圈里，微商的商品描述不能做到淘宝那么全面和详细，也没有所谓店铺装修，更没有什么评价体系，也没有保证金，如何让人对你产生信任，购买你的产品。一些成功微商的客户往往都是先付款，再发货。这样的行为就是顾客基于对微商的信任。

俗话说：“当两个人赤裸裸在一起的时候，这时的信任感是最强的。”编者并不是要求大家一定要把自己的家底都告诉别人，但是一定要赤诚相待，向众多好友展示真实的自己。信任体现在方方面面，例如账号的设置是否具有真实感，产品照片是自己拍摄的还是从别处复制过来的，产品质量是否可靠，是否与好友们有互动等。因为在微信里，一些好友并没有见过你，他们都是通过你的朋友圈信息来了解你。因此，让大家看到一个真实又不“装”的你，才能让你的好友衍生好感，产生信任。

首先，微商们一定要在朋友圈里多露脸。做生意，总得让别人知道你长什么样子才会开始信任你吧！例如编者一个朋友常常在朋友圈里发自己与产品的合照，或者时不时发一些自己使用产品时的自拍照。让别人知道，自己是亲自去拿货，把自己当做“实验品”，更能说明其做好了质量把关，因此让大家来放心购买，这就是赢取信任的最佳方法。

其次，要懂得借助外力提升自己 。微信里有很多各行各业的“大佬”，他们都在某个领域有一定的知名度和权威性，你必须要想办法与这些“大佬”联系并得到他们的支持和帮助。例如可以加入一些“大佬”比较多的群，尽量吸引这些“大佬”的关注，多和他们交流、沟通和分享，多参加一些行业的论坛交流会，多向他们请教，做朋友。只有与这些“大佬”成为朋友之后，才能得到他们在微信、公众号上为你宣传和推广的机会。这是一个非常好的品牌宣传策略，可以马上让大家产生一个很强的信任感，就好像有一个人为你作担保一样。这里必须强调一点，你的人品必须够好，够诚实和真实，否则会得罪“大佬”和好友两方的人群。

因为微信是社交化平台，区别于传统的生意模式，微商们经营的是关系营销，是个人品牌的营销，所以在微信上要以人为本，步步为营。只要得到了好友的信任，一切自然会水到渠成。

◎ 4.2.2 塑造品牌，让客户认准你

有的微商平均月收入只有几千元，但也有月入过百万元，甚至过千万级别的微商。为何他们之间有着如此巨大的差别？原因在于是否拥有一个极具“魅力”的个人品牌。

朋友圈作为一个私密的社交圈子，不仅仅是社交平台，也是打造个人品牌的直接战场。在朋友圈塑造自己的品牌，不仅仅能进一步赢取用户的信任。“金字招牌”还能引起口碑传播，让那些并没有接触到你的用户也开始关注你。一旦微商缔造了品牌，当有人产生这方面需求的时候，第一个能够想起的就是你。那微商如何才能打造出属于个人的品牌呢？

1. 做哪行就成为哪行的专家

如果你是卖水果的，就要在朋友圈发一些“不同季节适合吃什么样的水果”“不同水果的营养成分，适合什么体质的人吃”之类的内容，让自己成为水果营养专家。如果你是卖护肤品的，就要根据不同客户皮肤的类型，推荐不同的护肤品，发布一些不同季节皮肤保养的常识等，让自己成为护肤专家。你做哪行就让自己成为哪行的专家，这不仅仅是建立与客户的信任，更是让自己成为品牌的保障，用专业实力来建立自己的品牌效应。

2. 保持鲜明的个性

有的人的朋友圈个性特征是自恋；有的是可爱；有的是自嘲；有的是励志。找准自己的个性特征以后，朋友圈发布就可以围绕自己的特征展开，这种特征是通过朋友圈不断加强得到的别人对你的印象和标签，从而打造出带有自己风格的朋友圈，这个朋友圈就是你专属和独一无二的。

3. 多传递正能量

我们应该要明确这一点，传递正能量是树立个人品牌形象的一个方面，那么

怎样才是传递正能量呢？在生活中的点点滴滴的小事，通过心得分享，给人一种积极的心态，这就是传递正能量。像编者的一位微商朋友很热爱运动，常常在朋友圈分享自己的健身心得。而他发表的心得总让人充满激情，这种激情就是正能量的传递。通过个人生活来传递正能量，也会使个人品牌得到提升。

4. 独特的内容宣传

俗话说“言之无文，行而不远”，有内容的宣传才能走得更远，有内容的东西才能备受关注。微商在朋友圈里进行独特的内容宣传，才会受到更多的关注，从而提高自己在朋友圈的认同度，当得到朋友圈的认同时，无形中个人品牌也会得到提升。

这个内容可以是任何形式的，比如文字、照片、视频、音频等，关键是能让这个内容带有特质，打上你自己的印记。例如下面这位叫“好恰鬼”的微商，他在朋友圈里卖自己手工做的麻辣肉。同时他也是一位摄影爱好者，喜欢给自己的食物拍一些好看的照片，并在每张照片上都会配上名字，如图 4-1 所示。在他的朋友圈中，几乎所有的照片都是图片中的风格，客户们一看到图片就马上知道这是他家的产品。用独特的内容展示自己的产品，让客户产生独一无二的印象，这就是塑造个人品牌的核心所在。

图 4-1　微商“好恰鬼”朋友圈产品图片

5. 互动是打造个人品牌的基石

互动是感情培养的前提，只有经常互动交流才能让你和好友之间建立一种感情。而这种感情是保持个人品牌的基石，在这种情况下，朋友圈的交流互动能让别人很好地了解你，这种了解能间接地打造个人品牌。朋友圈的互动可以包括很多方面，点赞或者评论一下，让朋友知道你在关注他，帮朋友解决一些问题，让朋友从内心支持你。具体方法将在下面的章节中介绍。

利用朋友圈这样的一个社交平台打造个人品牌需要长时间坚持。哲学中，量变产生质变，个人品牌的打造只有坚持，才会有质的突破。

微商时代，以你为主体造就一个品牌，你的个性、你的言行、你提供给受众的产品和服务都会获得不同程度的关注。真诚对待每一位粉丝，就像朋友一样，然后分享有价值的内容，多互动交流。在微信朋友圈可以举办一些互动游戏等活动，你与朋友如何相处，对待自己的顾客粉丝就要用同样的方法。

有句话说得很对“你以什么样的心态对待别人，别人就会以什么样的心态回报你”。

◎ 4.2.3 “笼络人心”增加好友粘性

之前已经提到，微商要塑造个人品牌，就得增加与客户的互动。在朋友圈，更要做好朋友间的情感营销，经常点赞或评论客户发表的动态信息，以此来“笼络人心”提升彼此之间的关系，真正的朋友圈营销是做到“交流—交心—交易—交情”。

现实是，很多微商在朋友圈很少与客户产生互动，每次发完微信，评论、甚至点赞数量都非常少，久而久之也就丢失掉了玩朋友圈的乐趣和激情。由此可见，如何才能提高微商朋友圈的互动频率，“笼络”住客户好友的心是微商进行营销的当务之急。要一步一步打造你的朋友圈互动，就得做到以下几点。

1. 拥有互动的习惯

好友和大家互动的前提是什么？很关键的一点就是，你自己有没有和他们互动过？俗话说，礼尚往来。就像日常生活中我们交朋友一样，你从来都不跟对方打招呼，不主动联系对方，对方找你你也爱理不理，最后没有人会愿意和你成为朋友。所以微商在玩微信的时候，要有一种交朋友的心态，放低自己的位置，试着去和每一个客户、好友交流。在重要的节日里，可以利用微信通用功能中的“群发助手”给每一位好友们发一些问候、祝福信息，并附上自己的名字，让大家感受到你的用心，如图 4-2 所示。

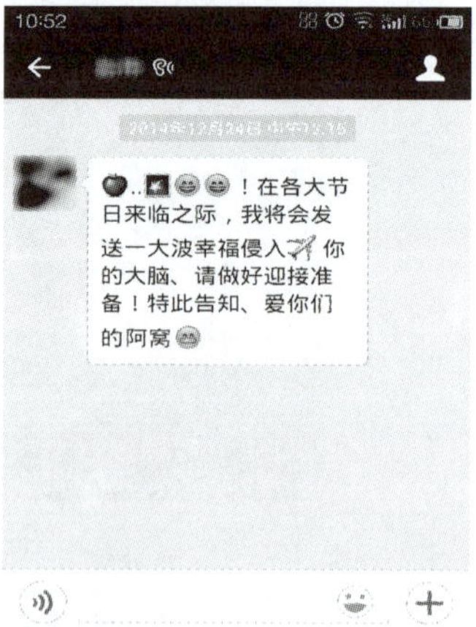

图 4-2　微信上的问候信息

2. 用账号来增加亲切感

玩微信，参与感很重要，当参与的人越多，微商和大家在互动的时候就更容易形成强关系。在微信里你不可能做到和每个人私聊，但可以在朋友圈和客户先认识先熟悉，所谓“一回生，二回熟”。当在朋友圈与客户多次互动、交流之后，再和他们私聊，亲切感则更强。根据编者以微商身份进行微信营销的经验，发现参与度高的微信账号往往具备以下几个特点。

① 点赞党

点赞党，顾名思义就是处处给别人点赞的人。其实这就是在日常生活中接近客户的好方式之一，当你的客户在朋友圈发布动态时，常常给他们点个赞，并时不时进行一些评论，让自己常常出现在客户的“视线”里，这其实就是在熟络关系。当你时常与其在朋友圈互动后，就比一般人更具备亲近感，也就更容易转化销售。

② 集智党

当你在遇到一个问题时，需要征求大家的意见、建议，或者需要帮助时，通常这种微信都是以问答的方式结束。如在朋友圈发布：“我计划 5 月份去旅行，大家觉得哪里好玩呢？”这个就是一条采集大家建议的微信，一些经常去旅游的客户有可能就会给你建议，这其实就是增加交流的好机会。

③ 自黑党

自黑，就是需要你亲自撕下自己的面子，被众人当做靶子，胡乱开玩笑。因此，这一点其实是很难做到的。但是自黑为什么能够吸引旁人关注呢？这也是人的一种本性，因为每个人都喜欢看别人的笑话，都喜欢在别人身上找到一点乐趣。当我们在自黑的时候，一般都是以长相、财富、身高等来做笑点，这也是为什么很多人都会以“屌丝”自居。

例如，一位微商在朋友圈发了一条“晒厨艺”的微信，立即就引来了大家的评论，有很多朋友都在批评他的菜没有卖相、刀功不好。这个时候他就配合了大家，一时自夸，一时自黑，实时和大家互动，提起了大家的兴致。

④ 娱乐党

既然大家都是在玩微信，那么就要突出“玩”的效果。微商在朋友圈常常发一些笑料或是搞笑图片，增强自己的娱乐性，也能让看到的人开怀一笑。特别是如果能结合一些当下最流行的娱乐新闻、观点等去制造话题，会引来更多互动。

3. 阶段性的发送内容

要增加粉丝黏性，除了在推送的内容质量上下工夫之外，在内容的推送上也得花一点小心思。如果你发现自己写某类型的文章受到的关注和点赞量都特别高，粉丝们都比较喜欢看，那么就应该考虑是否可以把这部分的文章整合成一个完整的、有级别的系列。例如，你写保养皮肤的方法，就可以按照不同类型的女性肌肤分为干性篇、中性篇、油性篇、混合性篇。不同的篇章可以分不同时间段发布，这其实就是给粉丝们“吊胃口”了，要知道好的东西大家都是愿意等待的，只要写的心得足够好并足够吸引人，再加上一些“吊胃口” 的推送手法，无形之中就是增加了粉丝的黏性。但是值得注意的是，在你推送每一篇文章的时候，都要在最后提醒大家下一篇要推送的文章类型及时间，或者在一开始就制定一个时间段用来推送文章，而不是让粉丝们不知时间去苦苦等待，这样只会慢慢磨掉他们的耐性。

一些微商可能认为，发送推文这个举动是有了公众平台的微信号才会做的事，其实朋友圈也可以，只是系统不会推送到微信的二级菜单中，而是显示在朋友圈的页面当中。

◎ 4.2.4 有效占领好友碎片化时间

毫无疑问，现在很多人都患上了“手机依赖症”，特别是微信的出现更加剧了这一现象。大家吃饭的时候玩手机，坐公交的时候玩手机，走路的时候玩手机，就连睡觉前都要有手机的陪伴才能入睡。但大多数的“手机依赖症”患者如此迷恋手机都是源于一个原因——无聊。在坐公交、上厕所、休息这些闲散的碎片化时间里，手机是打发无聊的最好工具。正是这些碎片化时间，养成了大家随时随地会掏出手机刷微信朋友圈的习惯，并且很难改掉，而这正是微商们进行朋友圈营销的最好机会。

当我们认真观察周围环境时，会发现人人都讨厌广告，更别说在朋友圈这样的私密空间里强行植入的广告了。既然要做生意，就必须得有广告，但人人讨厌广告的现象也成为了微商宣传的难题。因此，如果微商找不到好的切入点，那么所谓的朋友圈营销也就只是惹人嫌的广告而已，不能带来效益，还会拉低形象。那么要如何才能有效占领好友们的碎片化时间?

最简单的方法其实就是微商利用有效的时间在朋友圈发布消息，用精彩的内容吸引客户与你互动。让客户在评论中与你产生交流，你就成功地占领了他们的碎片化时间。在发布时间上，微商们要注意以下几个重要的时间节点。

- 早上 7 点到 9 点的上班高峰期
- 中午 12 点到 14 点的午餐时间
- 下午 17 点到 19 点的下班高峰期
- 晚上 21 点到 23 点的睡前时间

在这些时间段里多发布不同的消息，从而于其中夹杂自己的广告。例如，在上班高峰期可以发一些充满正能量的话语，迎合客户“开启新的一天”的情绪；午餐时间可以发一些与商品相关的内容，打开客户的胃口；下班后可以发一些搞笑的段子“洗刷”客户一天的疲惫；睡前时间可以发一些感人故事，帮助睡眠。在每一个时间节点上，都可以发布一条自己的广告内容，当客户保持在“美丽心情”的环境下时，是很容易接受广告的。因此，首先把客户给哄高兴了，再来进行你要做的事情，才容易事半功倍。

当你在碎片化时间里都陪伴着客户时，时间久了，这就会转变为一种充满感情的、持久的信任关系。一旦微商与客户之间建立了这样的关系，转化销售就成了自然而然的事情，也让竞争者毫无机会下手。微商们只要牢牢抓住客户的碎片化时间这一宝贵的入口，真正走进客户的心里，才是营销取胜的绝密武器。

◎ 4.2.5　朋友圈当然也要有活动

许多企业在微信营销时，都会利用公众平台做有奖活动来扩大品牌传播范围。在朋友圈里，虽然不具备像公众平台那样强大而完善的活动功能，但是凭着微商的一己之力，发起活动，调动起朋友圈氛围也不是不可能的事。就算是个人微商，在朋友圈里，也可以玩游戏、送奖品、自己发起活动来引爆关注。

如果你平时就不爱与客户互动，就别想能在朋友圈做到一个成功的互动活动，更别谈引爆朋友圈了，这是前提条件。在具备这一条件下，引爆朋友圈的细节如下。

1. 活动预热

微商在朋友圈开展活动前，最好能提前在朋友圈预热，这是一个很关键的步骤。例如，你可以提前 1~3 天在朋友圈预告，将大概的活动时间、内容以及参与方式告知客户，建议预先公布最具吸引力的奖品，吊起客户的胃口。在活动的前一天才透露具体的规则，在开展前的一小时，最好再次在朋友圈进行预告，以达到一个好的宣传效果。

在活动预热时，微商们要积极地与好友进行互动，让他们对你这个活动产生更强烈的兴趣。互动时要保持一定的神秘感。当然，活动预告除了在朋友圈推广之外，还可以在微信群、QQ 群、微博、QQ 空间等渠道去推广，以便达到最好的效果。

2. 活动开展

在活动开展的细则上，微商要注意以下几个方面。

① 主题要鲜明：每个活动都会有一个主题，如评论有奖活动、圣诞节专场等，让人家一看就知道是什么活动，以及有什么好处，这样才能够吸引他们关注你的微信，因此主题极其重要。

② 内容要简洁：在微信上发布活动，字数不要太多，内容言简意赅，字数最好控制在 150 字以内，这样就能够完整地显示在朋友圈中。

③ 流程要简单：在朋友圈上开展活动，规则不能太复杂，尽量简单化。因为玩微信的人都是利用碎片化时间，多是抱着“随便玩玩”的心态，复杂的活动只会打消掉他们的兴致。

④ 文案要劲爆：很多人的活动参与人数不多，这和他们的文案很有关系。如果把文字尽量写得吸引人的眼球，自然会引人注目。例如，下面同样一个活动，用不同的文字表达，效果将截然相反。

➢ 文案1：我今天很开心，想送一些礼品给大家，请大家给我点赞吧，我会选出五位朋友送出哦！

➢ 文案2：今天真是人品爆发，心情超好，本宫想给大家赏赐一份神秘礼物，谁能说出我美在哪里的，能够打动我的都有机会哦！！本宫会抽选五位朋友。

文案1就很死板，生搬硬套，没有娱乐和笑点，不够吸引眼球；文案2明显相反，娱乐性、互动性高出很多，好友的参与度自然也会跟着提高。

3. 活动监测

活动开始后，我们随时关注大家的参与情况、反馈意见、是否有什么问题，如流程是否顺畅，参与度是否很高，我们要根据实时情况进行调整和应对。所以在活动开展前，最好要制定出几套应对方案，以备出现意外情况，可以及时调整和应对，让活动开展的效果更好。

4. 礼品选择

选择礼品也是一个非常关键的因素，礼品选择得好不好，直接影响着活动的效果。编者认为应该从实用性、符合主题、价值适中、符合人群这四个方面考虑奖品的选择。

① 实用性：这个奖品一定要符合大家的需求，如送移动电源和送一个同等价值的手机套，可能效果相差很大。

② 符合主题：比如说在做父亲节活动时，送出去的礼品就应该与父亲有关联。

③ 价值适中：送东西有时候也会适得其反，原因在于这个奖品没选好。没选好的原因是价值是否适中，当然微商自己卖的产品肯定是首选。奖品的价值和活动的大小、重要程度都有关，只有这样大家才会感觉超值。

④ 符合人群：活动针对女性就送女性用品，针对男性就送男性用品。

案例 柴公子的朋友圈活动

因为在微信上卖板鸭而出名的微商“柴公子”，在2014年的三八妇女节期间，就在自己的朋友圈发起了“柴公子三八节回馈女粉丝”活动，不仅引来了多家活动赞助商提供奖品赞助，更有大量粉丝积极参与，大范围地引爆了朋友圈。

活动在3月7日就开始进行预热，引起了粉丝们的注意。紧接着在3月8日凌晨一过，便开始了反馈活动，一天内共进行了九次活动，分别由不同的赞助商提供奖品，涉及面膜、红枣、枸杞、丝巾、厨具等产品，都是符合女性需求，并且深受女性欢迎的奖品，如图 4-3 所示。

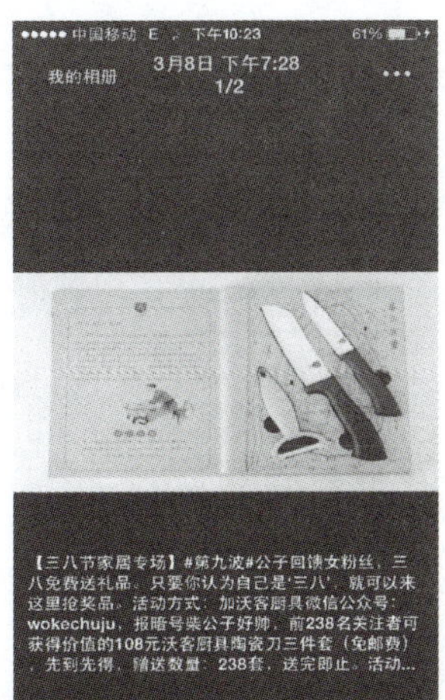

图 4-3 “柴公子”朋友圈“妇女节”活动

粉丝只需添加赞助商家的微信，即可免费获得商家提供的礼品。许多抢到礼品的粉丝，之后还在朋友圈晒单并 @ 柴公子及商家微信，引起二次传播。活动当天，所有的赞助商家总共送出 800 多份礼品，超过 1500 多人参与，其中很多礼品在瞬间被抢掉，非常火爆。

不管是商家，还是粉丝，他们都是有收获的。例如其中一位面膜赞助商通过这次活动，招募到了很多分销商，并让产品在微信上也提升了很大的知名度。

❍ 活动总结如下。

➢ 活动策略很重要：3 月 7 日做活动的预告，3 月 8 日是三八节，玩微信和喜欢“占小便宜”是女孩子的天性，所以参与度特别高。

➢ 活动流程简单：只要关注就有奖品，谁快谁中奖，又带有一点娱乐性。

➢ 奖品有吸引力：此次选的奖品价值都很高，全部是女孩子喜欢的产品，实用性也很高。

➢ 注重客户体验：众多活动中的赞助商家都非常注重客户的体验，如赞助丝巾的微商就逐个询问了中奖者喜欢什么样的颜色款式再发货，客服体验极佳，所以在微信朋友圈晒单的人也很多，这一点做得确实不错。还有厨具赞助商“菜刀哥”制作了晒单卡及售后卡，当客户收到之后，就可以立刻到朋友圈晒图了。

◎ 4.2.6　管理好友才是长久之计

无论微商的微信好友数量有多少，真正能够产生交易，发生消费关系的只会是部分人群，这种有消费者也会有观望者。如何让我们的社交关系里的人脉在有限的空间里发挥最大的效用呢？对微信中的好友进行分组，管理自己的人际关系，对微商来说就显得非常重要了。

当好友达到一定的数量后，可能会往往分不清谁是谁，如果想利用这个好友去影响身边的人，那就必须给每个好友添加标记或备注。微商的好友里除了有新加的陌生人，肯定也有部分自己生活中的好友、同学、亲人等。这些都是需要分好标记的，将亲近的与不亲近的、已有购买记录的和才加入的新客户、同地域的与不同地域的区分开来，并给自己认识的好友都备注真实姓名或外号，只有分清了销售对象，才利于长期的营销。

微信官方规定了每个个人账号加好友的上限为 5000 个，一旦你的微信里加的好友满了 5000 人就无法再添加了。虽然 5000 这个数量已经很多，但对于一些做得较大的微商来说，这还只是一个保险的数字。尽管你用尽各种办法，最后成功加到了好友，但是一些好友在发现你是微商或者自己没有购买需求的情况下，就把你删掉了。在这种情况下，你的账号以及任何的信息都不会出现在对方的微信里，但是对方的微信号还是会存留在你的好友列表里。也就是说，对方删了你，你根本不知道，反而还占用了一个你的微信好友数额。因此，微商定期清理自己的好友，是非常必要的。可是毕竟加了这么多的好友，逐个查询会非常费功夫，所以编者为大家介绍一种快速批量清理的方法。

Step1 点击微信主页面右上角的加号，选择“发起群聊”，选择一组你要测试的好友，如图 4-4 所示。

图 4-4 微信发起群聊界面

Step2 在大多数情况下，你选择的好友里，有的删掉了你，有的没有，那么建立群聊之后的效果就是这样，蓝色字体显示的人就是已经将你删除的人，如图 4-5 所示。此方法仅限建 40 人群才有效，也就是建一次群最多能够验证 39 人，所以如果有上千好友的微商想试的话就得花点功夫了。如果在你新建群时，有提示说对方拒绝加入群聊，这样的情况就是对方已经将你拉黑了，如图 4-6 所示。

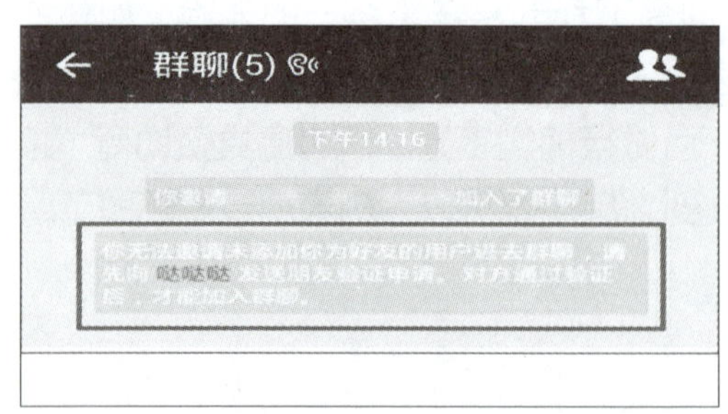

图 4-5 微信群聊界面

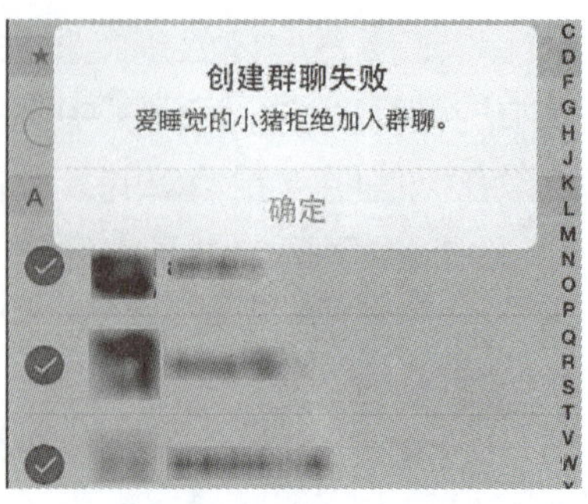

图 4-6 微信群聊失败界面

Step3 在测试出了以上蓝色字体中将你删除了的好友后，手机截图记录下来。之后悄悄退出这个群，点击右上角的“双人”图标，拖到界面最下方，点击“删除并退出”选项即可，如图 4-7 所示。

Step4 最后，将之前测试时已经记下的那些好友，在自己的列表里删除掉就可以了。

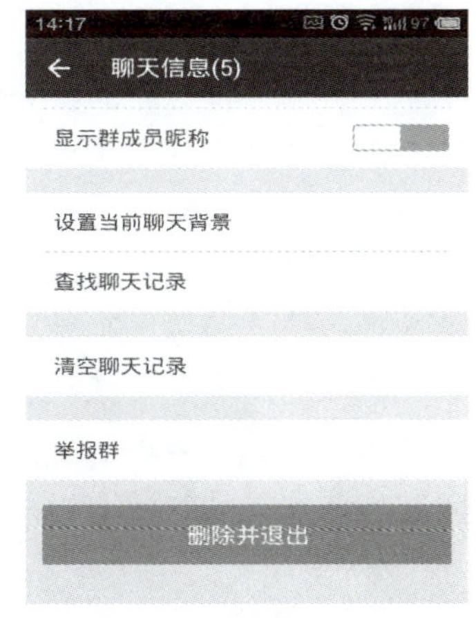

图 4-7　微信退出群聊界面

4.3　销量翻倍，发布广告有四招

在介绍了朋友圈的营销策略后，接下来就是脚踏实地地售卖产品，赢取销量了。但是人人都不想做“广告狗”，微商们要如何巧妙地发布广告，不讨人嫌呢？本节将为大家介绍微商发布广告的技巧和注意事项。

◎ 4.3.1　朋友圈撰写文案有技巧

做微商，如何在朋友圈撰写出有价值的文案一直是个重中之重的话题。既然是卖产品做营销，那么发广告不可避免，但如何使发出来的广告让人赏心悦目，产生兴趣，就看你在广告文案上下的功夫深不深了。一个好的朋友圈文案，直接影响着潜在客户能否直接浮出水面，是提高微商销量的重要法宝。

在写文案之前，不能忘了微信的本质——起于微、立于信，代表着各个好友之间是从微小的关系到建立起的信任。那么落实到文案上也是如此，不管你写的是什么内容，最终目的都是要走进客户的内心世界，让客户产生共鸣与触动。所以一篇好的文案要言简意赅，吸引客户眼球，最好能打动客户的心。因为每个人的朋友圈不同，每个人的个性也不同，文案特点也会有区别。

纵观如今的朋友圈，大多数的微商们发布的内容，明显是从其他的地方原封不动照搬过来，甚至不做任何修改，不管图片有没有美感，不管自己的客户喜不喜欢，就只是不停在刷屏发送。可想而知，这样的结果，只会被客户屏蔽或者拉黑。因此，当微商在朋友圈发布文案之前，请务必把自己当作客户看上几遍，检查是否有出错或者哪里需要补充，检查无误后再发送，这也是对客户的负责。

有了以上的策划思路后，具体的文案应该怎样撰写呢？

① 与生活息息相关

在朋友圈写与产品相关的生活内容，一是可以增加你的真实感，二是将产品融入生活中，也削弱了产品的广告性质，还能针对性地突出产品功能。

例如一位微商在朋友圈发的文案："今天出门太久，回来用过修复面膜和激活液后，皮肤立刻就舒缓了！"然后配产品自拍图。以这样的图文方式重点突出了该产品的"舒缓"功效，岂不是更能吸引刚好有同样需求的客户的关注？如果你发出来的内容是，该产品有补水、美白、祛痘、改善肤色等多种功能，客户的注意力一下就被分散了，也就不能形成关注了。营销有一句话说得好，你不需要向客户展现产品的所有优点，你只要展现客户所需要的那个优点即可。

② 与产品相关的专业知识

除了在介绍产品的同时，微商还可以介绍与产品相关的专业知识。例如一个卖护肤品的微商文案："昨天一个小姐妹跟我说最近长了许多的小豆豆，今天我就来说一说豆豆的位置和身体的关系吧！"再加上配图，这样的文案内容可以帮助其在朋友圈树立皮肤保养的专业形象，为日后其成为客户的美容顾问做了铺垫。

③ 真实的销售生活

发你真实的打包发货照片和客户咨询反馈截图。真实的打包发货照片代表着你对客户的不倦怠，一旦有单便及时发货，不让客户久等。让客户在还没有收到货之前就能感受到你的关爱，体会到你的用心经营。

将客户的反馈作为客户见证。与其放上自吹自擂的广告，不如放上客户的真实使用效果，这才是最具有杀伤力的，此内容在之后的章节里会有详细介绍。

④ 突出忙碌状态

在朋友圈中不要体现出"我很闲"的状态，而是要让自己在别人眼中看起来很忙碌。这其实也是在制造一种"热销"的假象，让客户认为你每天都有成交量，生意做得比较好，这样能促使客户产生一种"既然这么多人都在你这买，我为什么不买呢？"的心理，时不时写一些库存紧张，或是促销活动还有多长时间就截止之类的内容，刺激客户的购买欲望，但是要记住，这样的方法不宜多用。

⑤ 通过炫富来招揽生意

虽然如今"炫富"被冠上了"可耻"的头衔，但是作为生意人，将自己的收入公之于众却是招揽生意，或者是发展线下的途径之一。这个方法其实与前面"突出忙碌"这一点的作用是一样的，突出自己卖得好，赚了不少钱。但微商们要知道，过于明目张胆并且经常性地"炫富"是会遭来鄙视的，所以"炫富"也要"炫"得"低调"、"炫"得不经意。图 4-8 所示为非常"隐藏"式的"炫富"方式，但这样的方法也不宜常用。

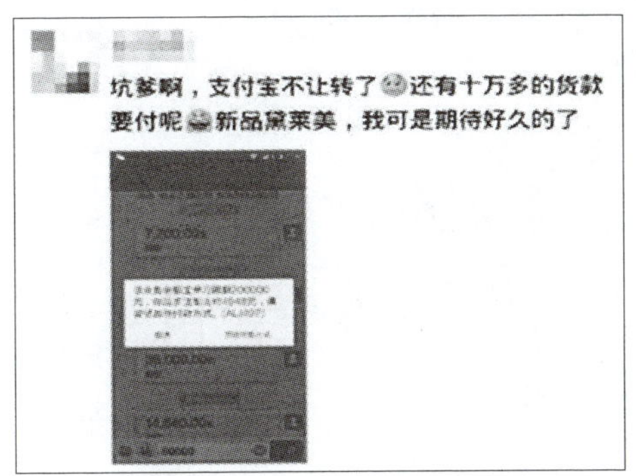

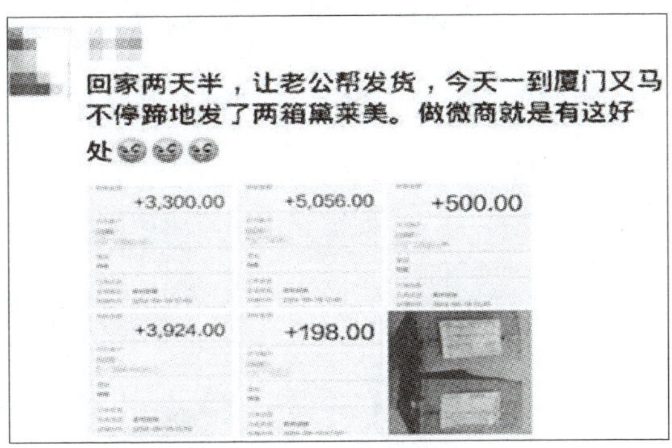

图 4-8　微商在朋友圈发“炫富”状态

⑥ 借力提升影响力

在朋友圈发一些自己与某名人的合影，或是某名人穿戴以及使用了自己正在售卖产品的照片，借助他们发挥意见领袖的效应，更容易打动客户。同样和上面介绍的两种方法一样，这样的方法也不宜多用，用得多了便会显得很假。

◎ 4.3.2　通过晒好评来攒口碑

在淘宝上，淘宝卖家都特别注重买家的好评。想尽各种办法讨好买家，就为了赢得那一个小小的好评动作。一个淘宝卖家赢得的好评越多，其店铺的好评率就越高，升级就越快，而作为消费者，往往最注重的就是这一点——这个店主的好评率高不高，信誉好不好。

虽然在微信上，没有像淘宝一样的评价体系，但是消费者看重的这个点是没有变的。就算是在微信上购物，客户也会容易被好评打动。当买家和卖家的目光都聚集到了“好评”上面的时候，至于产品是否真的那么好用，是否真正满足了人们的需求，似乎就变得无关紧要，因为真正的焦点已经被转移了。

因此，微商在朋友圈发广告卖产品时，“晒好评”无疑是最有价值的广告形式之一。淘宝上的好评人人可见，但微信是个人的私密空间，客户给了你好评，其他的人没有办法知晓。这时就需要你主动将其“晒”到朋友圈，让其他的客户也看到。

例如，图 4-9 所示为一位卖男装的微商发送在自己朋友圈的好评图片，其中以卖家与买家的对话为内容，这位客户提到的网购商品中最重要的“好质量”和“快物流”这两点，无疑是在给这位微商加分。更有一些买家“秀”出了实物照片，以便让其他的客户看到了更为真实的商品图片，打消了“有色差”“与实物不符”的疑虑，这些都很容易影响到其他客户的购买决策。

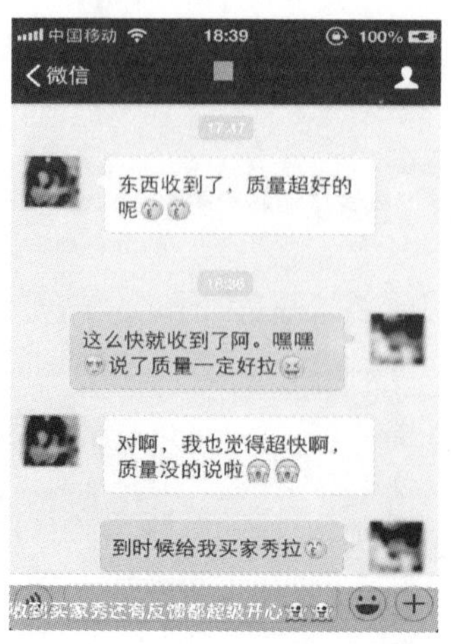

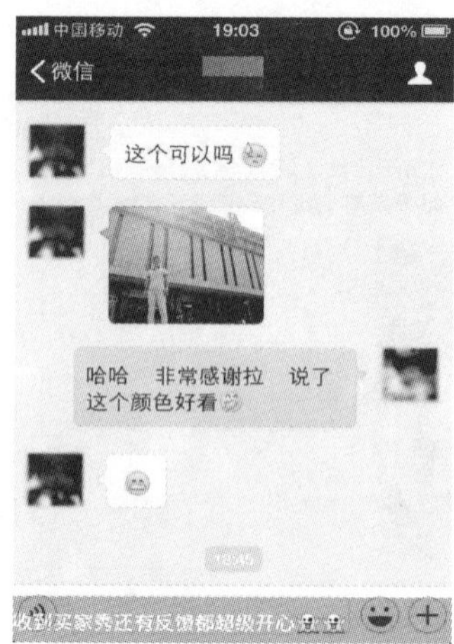

图 4-9 微商在朋友圈晒买家秀

除了这种直接的好评，微商们还可以晒客户购买后的一些细节，包括询问、使用、验证是否为正品等内容，都可以截屏在朋友圈展示出来，如图 4-10 所示。

这样的晒单，尽管没有直接好坏的评价，但客户的购买就是一种天然的好评，而且能真实地展示跟客户的对话内容，显得十分可信。

还有一种晒好评的方法就是直接把客户在朋友圈发布的卖家秀截屏过来发布，如图 4-11 所示。客户的好评会影响到他们自己的一批微信好友，这样就有机会让更多的人喜欢上你。

图 4-10 微商晒好评

图 4-11 买家朋友圈截图

要知道晒好评并不是简单的“王婆卖瓜自卖自夸”，而是借助别人的嘴来夸自己的好。在通过自己的朋友圈炫耀出去后，一旦夸你的是具有一定社会影响力的人，那么一个简单的好评就能够带来巨大的价值，收获到意想不到的效果。但评价不是每位客户都会有的，所以微商可以通过一些打折或送礼物等优惠方式，鼓励自己的客户在购物后将自己的使用体验或好评发送给你，或者写在自己的朋友圈，这样晒好评的几率也就大大增加了。

◎ 4.3.3 善用表情符号来发文字

微商在朋友圈发广告，如果只是打文字的话，是没有字数限制的，如果文字过多就不会全部显示，而是显示开头一小部分，剩下的文字要点击“全文”才能够看见，就如图 4-12 所示的一样。这样的方式不仅没有吸引力，而且一堆文字的排版效果非常不好，会引起读者的阅读不适。所以微商们在发布内容时，一定要注重排版，将自己的内容界面变得美观、好看，而不是通篇的文字，让人没有往下看的欲望。

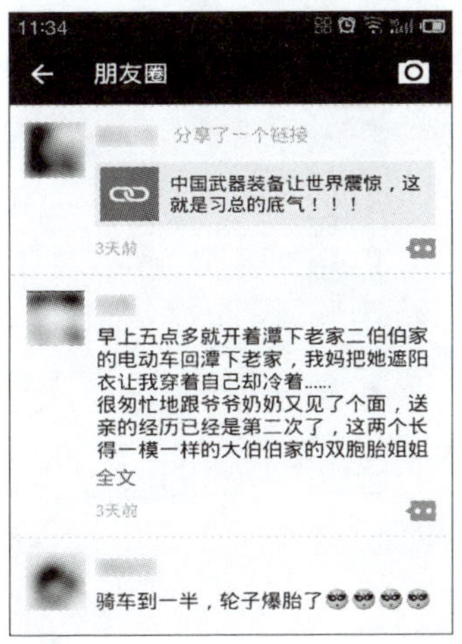

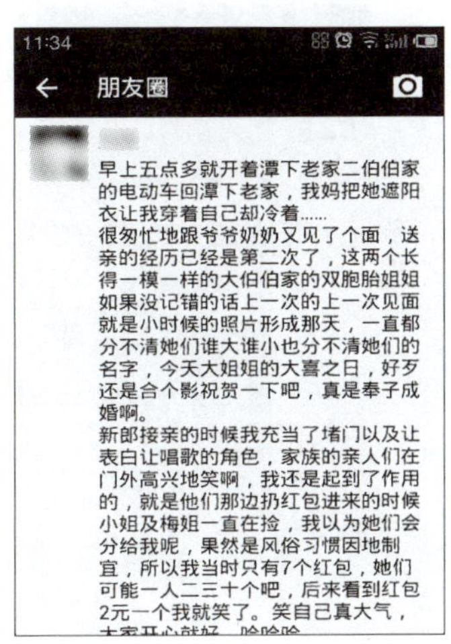

图 4-12　朋友圈截图

微商们就算是发单纯的文字广告，也不能只是将文字一股脑打上去，要讲究美感，这时就需要用到微信里的表情和符号，让你发出来的文字广告也可以给人赏心悦目的感觉。图 4-13 所示的广告是这位微商事先写在记事本上，然后通过图片的形式发布的，虽然这是一个非常明显的硬广告，但是图中所使用的符号和表情，还有一些风格轻快的网络用语，都让人有看完这则广告的欲望。微信上给用户提供了许多的表情和符号，如果微商用的是苹果手机，则还能拥有更多的符合使用权。这些都是微商们可以利用起来的优势之处，将广告变得好玩有趣，更是增加个人魅力的途径之一。

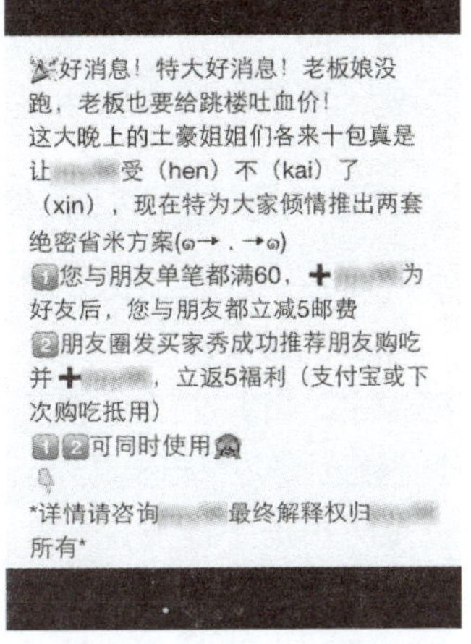

图 4-13　排版后的广告文字

◎ 4.3.4 统一风格，独立一派

拥有自己的风格，让别人一看到你的朋友圈状态就知道这是你发的，让别人一看到图片就知道这是你的产品，成为众多朋友圈状态中最独特的、辨识度最高的那一个。有了自己的风格，独立一派后才更容易惹人关注，这也是促进销量的重要原因，如今的年轻顾客们，很多人并不是冲着你的产品质量如何好，如何实用而买单，而是冲着你的个性买单。在这种情况下，独特的风格，就能成为微商事业的催长剂。图 4-14 所示为一个卖女装的微商在自己朋友圈里发布的宝贝图片，一路“刷”下来，你会发现几乎所有的商品拍摄都是保持着同一个视角、色调，既突出了产品，又提升了格调，更形成了这位微商独特的内容风格。

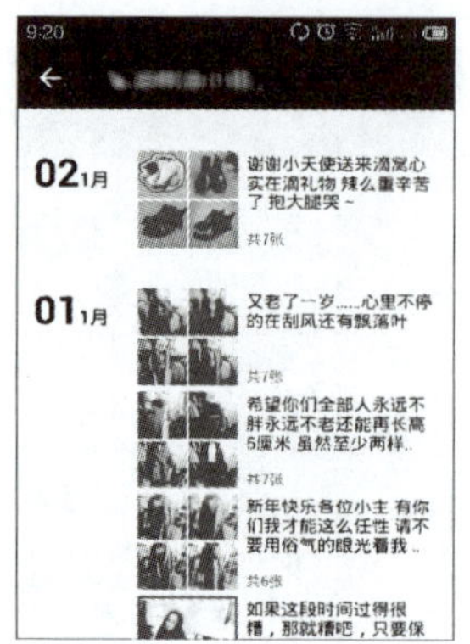

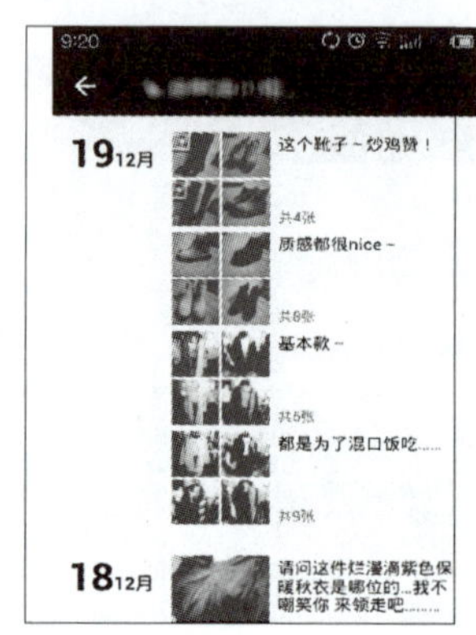

图 4-14 风格统一的朋友圈商品图片

4.4 五大禁止，不做“讨人嫌”

朋友圈营销虽然门槛低、易操作，几乎人人都可以加入，但是却有很多微商对这个营销方式还是存在着许多误解，这些误解往往导致其踏入“雷区”，成为营销战场上的“炮灰”。要做一个成功的微商，就不仅仅要掌握好方法，更要树立好形象，下面就为大家讲解如何在朋友圈不做“讨人嫌”。

◎ 4.4.1 禁止不停地刷屏

众所周知，现在的微商在朋友圈赚钱的主要方式是依靠刷屏，刷屏是对商业秩序赤裸裸的破坏。这种急功近利、简单粗暴赚快钱的推销方式久而久之必遭淘汰。要知道，客户们上朋友圈都是为了沟通感情，了解彼此的生活的。而你的刷屏行为已经让别人把你屏蔽了，更有甚者会被删除或拉黑。

做微商不是不能发广告，而是如何有技巧地、不惹人烦地发广告。不是不可以刷屏，而是应该分清时间段，有节奏有频率地刷屏。首先要将客户的体验放在最前头，要让自己的行为不会影响到他们的日常习惯，给他们的朋友圈制造“混

乱”。除此之外，微商们发广告，不要抱着销售的心态，而是应该抱着分享的心态，不能强行灌输自己的广告给客户，而是要换一种缓和的方式分享给他们。

在微商的朋友圈中，不能够只发与产品相关的状态，除了宣传自己的产品外，没有其他的朋友圈内容也是很大的忌讳。

内容空洞，一天要发布很多款产品微信，就没有时间去用心地编辑每条信息，也就成了一个简单的发布。如衣服的广告就是图片、尺码、颜色的介绍，没有其他的内容了，非常死板。只有用心去编辑每条微信，推出不同的花样、不同的形式，朋友们才会觉得有意思、有趣，也就不会枯燥无味，甚至认为关注你的微信很有意思和价值，可以学到很多东西。

微商主要的推广渠道是基于目前的微信朋友圈推广，而朋友圈是社交平台，更是一个私人圈子，大多数人上朋友圈是为了利用碎片化的时间了解朋友的最新动态，拉近朋友间的距离，看看新奇特的事物，或者利用碎片化的时间去学习与分享。发布一两次产品，大家可能会觉得新鲜，但简单粗暴地反复刷屏，则会引起朋友们的反感，进而屏蔽甚至删除其朋友圈关系。这就好比，电话是用来达成人与人之间沟通的，但很多企业却用电话营销这种手段推销产品，编者本人几乎每天都会接到 1 ~ 3 个推销电话，接到这样的电话，基本都会在 1 ~ 3 秒种之内非常不礼貌地直接挂掉电话。关于微商从业人员如何做好微商，既能拓新、又能维旧，是一个系统性的工作，会在后续篇幅中介绍一些合理的、不让人反感的做好微商之法。

◎ 4.4.2　禁止发布三无产品

在朋友圈中，一些不法商家，没有资本、研发和生产实力，利用微商渠道的隐蔽性、不易监管、市场混乱等特点，生产、销售主流市场明令禁止的产品。利用效果好、价格低等噱头，不断圈钱、跑路，然后再换品牌重新圈钱。另外，一些微商从业者缺失法律法规常识，贪图效果好、利润高的产品等，也在一定程度上导致了朋友圈三无产品的流入。而这些三无产品往往伪造质检文件，以明显的效果快速占有市场，而当消费者身体出现不适，媒体曝光后，却找不到生产厂商。例如“泰国童颜神器”，在媒体曝光其“扒皮膏”铅汞超标一万倍后，国家监管部门却找不到其生产厂家。

面对如此混乱的市场，国家监管部门在还没有实施整体整顿，没有明文、权威的出台规定的情况下，微商人员自己就得先要学会辨别、抵制三无产品，避免三无产品给自己及身边人带来危害，进而营造良好微商环境。

要做好微商，从业者必须要做到自律。严格遵守国家有关消费者权益、产品质量、价格、竞争等相关法律法规和行业规范。不以任何方式排除或限制消费者合法权益，杜绝交易中的价格欺诈和虚假广告宣传，保证各类商品、服务信息的真实性，不误导、欺骗消费者，确保公平交易，抵制以分销之名、行传销之实的违法行为。

◎ 4.4.3 禁止把营销当传销

对于传销，通常的解释为组织者或者经营者通过对被发展人员以其直接或者间接发展的人员数量或者销售业绩为依据计算和给付报酬，要求被发展人员以交纳一定费用为条件取得加入资格。在编者看来，简单理解就是通过上线拉下线不断增加人数，并使用入会费的方式来牟取暴利。

据编者观察，传销主要有三个特性：首先是上线拉下线，发展层级代理，以亲朋好友为发展对象，让你从一个消费者变成投资者；其次，以推销商品服务为名要求参加者缴纳费用获得加入资格；第三，像滚雪球一样，通过直销和加盟的形式使这一组织不断壮大。因此，禁止把营销当成传销去运作。

◎ 4.4.4 禁止只加粉不互动

前面已经提到，如今的市场经济是粉丝经济，因此许多微商们都“视粉如命”这也是可以理解的。但一些微商正是被数量蒙蔽了双眼，一味地注重数量而不在乎质量，只为了加粉而不去互粉。他们把精力全部用在如何快速加粉上，甚至不惜通过一些歪门邪道来增加粉丝，这是朋友圈营销中的一个严重误区。特别是有些人热衷于通过技术手段，破解微信的软件协议，用机器人来触发好友添加，加完之后，再用机器人做微信群发，这样的做法一旦被官方查出会面临封号的危险，还破坏了用户体验。

添加微信好友只是朋友圈营销中的一个必要条件，并不是充分条件，微商们更重要的是要跟微信好友进行互动，增进了解增加信任，让更多的围观者成为自己的目标客户。感情和信任都是通过互动才能培养出来的，需要微商拥有极大的耐心。相比之下，添加好友虽然简单，但互动则需要耗费时间和精力，也更加复杂和烦琐。所以很多人都想要去寻找别的捷径，投机取巧。殊不知营销是没有捷径的，只有真诚的互动才能打动人，才能更好地挖掘客户价值。

◎ 4.4.5 禁止宰熟杀熟

朋友圈营销本就是一种熟人经济，很多微商的朋友圈里基本上不是亲人、同学、同事就是好友，换句话说，不是一级人脉就是二级人脉。而正是因为熟人的钱好赚，让一些微商“走火入魔”，将“宰人”的目光放在了亲近的人身上，故意抬高产品价格销售给他们以谋取更多的暴利。这种做法是最为危险的，俗话说“常在河边走，哪有不湿鞋”。如今淘宝上的商品信息如此强大，只要对方稍微动手查询一下，就知道你是不是在“宰”他了。这样不仅仅给自己带来了坏的口碑，还损失掉了一个曾经关系亲密的好友，对于任何一个微商来说，这都是不能触碰的底线。

4.5　朋友圈营销实战案例分析

靠朋友圈发家的案例虽然比比皆是，但每个微商在这其中运用的技巧却各有千秋，这也是他们为什么能成为“人中人”的原因，下面我们就来分析一些微商们在朋友圈的营销案例。

◎ 4.5.1　土曼科技，10 条微信引爆朋友圈

没有广告，没有软文，也没有自媒体账号推送；没有功能介绍，没有配置参数，只有 3 张设计图。

土曼科技凭借着朋友圈发送的 10 条微信，导致近 100 个微信群讨论，3 千多人转发，11 小时预订售出 18698 只土曼 T-Watch 智能手表，订单金额破 900 万元！

2013 年 9 月 5 日，土曼 T-Watch 智能手表以 499 元超低价预售，引发微信朋友圈巨大轰动不经意之间，土曼联合创始人王峰创下了微信朋友圈卖货的纪录。新兴的土曼科技公司，不但借势三星公司发布智能手表的热点上位，更成功完成接近 2 万名种子客户的积累和品牌势能！这就是社会化媒体的威力，也是国内首次“热门产品 + 封测价格 + 微信朋友圈传播”的微营销。

引发这场微信狂欢的就是其创始人王峰的 10 条朋友圈微信，下面我们就来看看这 10 条朋友圈内容有何特点。

第一条，挑战权威，吐槽三星。9 月 5 日，正值三星的智能手表 Galaxy Gear 的发布日，王峰在看了发布会后忍不住在朋友圈吐槽，开始拿自家产品土曼 T-Watch 比拼，如图 4-15 所示，引起了好友们的好奇心。

第二条，首发晒设计图。紧接着王峰晒出了土曼 T-Watch 的四张设计图，并公开放言这是迄今为止最薄的智能手表，如图 4-16 所示。发出后，便有好友开始向其询问上市时间，表明了有购买意向。

图 4-15　朋友圈状态 1

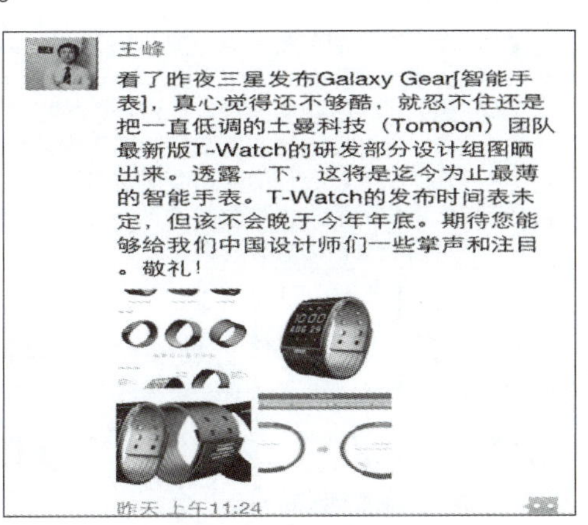

图 4-16　朋友圈状态 2

第三条，正式开放预售。看着好友们接二连三地询问，王峰趁热开始发出预售消息。封测价 499 元，并且仅限在微信朋友圈，仅限当日。下单者还可以得到创始团队签名，发布会到场请柬，也可能还有更大的惊喜，如图 4-17 所示。超低的价格和如此重磅的“随赠品”让好友们纷纷下单，也开始引爆了朋友圈。

第四条，刺激好友转发。在王峰向好友汇报预售突破 5 千部的信息后，为了更迅速地扩散信息，开始一面通报喜讯，一面号召朋友帮忙转发。

第五条，加入网站链接。群众的力量开始发动后，许多微信大号也纷纷加入转发队伍，引来了更多的定单，在微信上已经无法完成订单的登记。于是王峰马上在微信加上了网站地址，把微信的手机流量导入 PC 网站后台，更加利于操作，如图 4-18 所示。

王峰

我不是教你诈！土曼科技（Tomoon）的第一款智能手表，欲图打造最薄最酷，力挑国际巨头和国内巨头们。在你没有看见真机、没有任何科技媒体评测的情况下，你相信吗？预定价499元人民币。得创始开发团队签名，得发布会到场请柬，也可能还有更杀手的惊喜。请注明：颜色、姓名、群名、联系方式 地址。（注：该价格仅今天有效。24点前作数。我明天再详细和预定者确认。）现在开始，要的举手。

图 4-17　朋友圈状态 3

王峰

终于有购买地址了。你能想到国人极客团队设计出来的智能手表竟然比三星和索尼的都好很多吗？ 土曼百达团队拿出了T-Watch的惊艳作品，今天在线预订享受特价（不需要预付费），499元/台，今晚12点截止，绝无仅有的价格，点击链接提交预定信息吧：http://t.cn/z8x5UEF，请转发给你的亲朋好友。

图 4-18　朋友圈状态 4

第六条，愈演愈烈，趁机招人。此刻许多科技、投资、媒体微信群开始传播预售抢购消息，朋友圈不断被刷屏。由于许多人第一次听说土曼，王峰立马抓住机会，再发微信一面加紧预售，一面借热潮招募人才，如图 4-19 所示。

第七条，截止时间在即，刺激需求。王峰在微信中提出用户们可以订三种不同颜色各一只，分别送给家人的建议，进一步撬动购买热情，并提醒预售只剩 3 小时结束，刺激好友们抓紧时间购买，如图 4-20 所示。

王峰

今天微信朋友圈至少多加了1000人。都为了土曼T-Watch，三星Gear被忘到一边去了，根本原因是设计秒杀，价格秒杀。这么多人喜欢要我们智能手表。手都酸掉了。我们的网站会很快跟进。有人喜欢我们，也欢迎加入Tomoon设计、运营和营销团队。奇迹再现。

图 4-19　朋友圈状态 5

王峰

土曼科技的一个天使投资人在微信群里说，今天他的朋友中很多一口气预订了买了三块不同颜色的T-Watch手表。为何？他说红色活泼要送给太太，黑色庄重应送给先生，蓝色嘛，就是代表未来，就该送给年轻人和孩子。今天24点前，499元有效。还有三小时。预订地址：http://preangel.wufoo.com/forms/cetwatchee/

图 4-20　朋友圈状态 6

第八条，产品售价说明。当 T-Watch 被众多好友转发刷屏后，一些微信群里也开始讨论 T-Watch 的做工与用料。于是王峰再次发微信回应，一面将 T-Watch 的屏幕、电池用料、成本价、市场零售价公之于众，另一面开始诠释土曼的品牌远景，突出品牌形象。

第九条，时间截止，喜报战果。王峰发出微信喜报，十四小时预售 18698 只，大大超出了团队的预计，在微信中，王峰感谢了所有支持的朋友。

第十条，满足众望，追加预售。面对许多第二天才看到微信，没能抢到预售价好友的“强烈控诉”，王峰决定，再次推出朋友圈预售 4 小时的活动，进一步地增加了订单量。

在朋友圈发布完以上的信息后，王峰并没有就此消声，而是乘胜追击，利用粉丝经济，发起了土曼粉丝名称的投票，如图 4-21 所示。再次将粉丝们的热情调动了起来，形成粉丝效应。

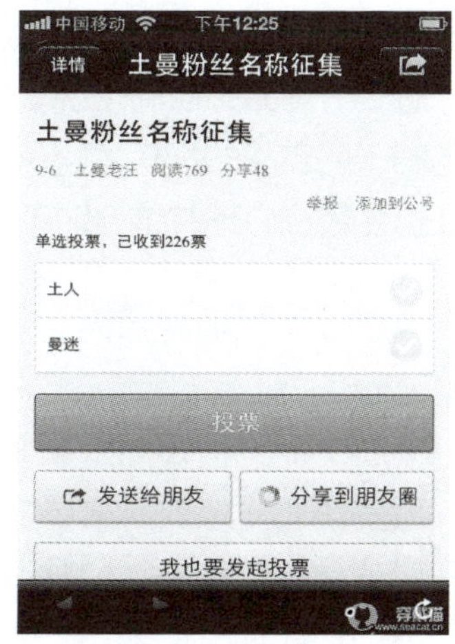

图 4-21　征集粉丝名

案例分析

此次土曼科技的营销案例可以真正算得上是“前无古人”，其团队的这一次微营销，主要依靠如下几个关键点，才能获得如此巨大的成功。

○ 借助热点，上位营销

在大众对于三星智能手表 Galaxy Gear 新品发布充满期待时，“土曼科技”选择在朋友圈吐槽的方式，挑战权威，引来大众的目光。对于“土曼科技”来说，他们的目标群体与三星的消费群体是重合的，因此其利用此热点上位营销，发布 T-Watch 的产品优势，抢占了 Galaxy Gear 的一些市场，博得了更高的关注度。

○ 抓住客户心理，低价促销

“土曼科技”抓住了大众“爱占便宜”的心理。人们追求“高端大气上档次”的另一面就是“求真务实占便宜”。大热的智能手表，价格又是成本价 499 元，时间又是 12 小时生死时速。一般人无法不动心。

○ 发动好友力量

“土曼科技”选择相信朋友的力量。其之所以会成功也是依靠了朋友支持和信任的力量。做微商，你的社交关系链，其实也是你的传播链，更是你的生意链。

○ 内容出彩，保持重复

纵观十条朋友圈状态，每一条都阐述着不同的意义。虽然 10 条都在说同一个产品，但却是从不同的角度出发，不会让人产生厌烦感。同时，多条状态都保持重复，在紧凑的发布频率下，带上了产品照片和预售地址等信息，让好友一打开朋友圈就能看到。

○ 单一渠道做到极致

“土曼科技”此次的营销，不去微博喊话，不通过媒体发稿，不去打广告，

不去买搜索引擎，就是专注做微信朋友圈，把朋友圈的力量做到极致。

对于一些品牌微商来说，大多都是将微信公众平台来作为主要的推广渠道，往往忽略了朋友圈的推广营销价值。其实朋友圈营销不单适合个人微商，企业微商只要在抓住客户心理并结合时下热点的情况下，同样可以做一次完美的营销活动。

◎ 4.5.2 健身哥，靠感情营销卖咸鸭蛋

在 2014 年的 6 月，一个叫“健身哥”的人火了，原因就是在短短一个月内，“健身哥”通过微信朋友圈卖出了接近有 400 盒咸鸭蛋，月赚 2 万。

大多数人一想到用微信卖咸鸭蛋这个方式时，可能多是利用传统思维去写一些鸭蛋的营养价值，认为只有突出咸鸭蛋的营养价值，以及无添加剂等卖点才是其最大的商品优势。如果打破传统思维去做这个计划，效果则更不一样。健身哥就不走寻常路，用情感营销引导用户来讲一个故事。于是他在朋友圈里发了这样一条微信“还记得我们小时候端午节吃过的咸鸭蛋吗？还记得那熟悉的味道吗？喜欢的朋友请留言，免费送十份咸鸭蛋！”

就这么一条微信引来了 300 多位朋友评论和 200 多个赞，他们纷纷说出他们的咸鸭蛋的故事，有关乎爱情的，也有亲情的，很多故事都感人至深，特别是一些 70、80 后的朋友，更是回忆起了许多童年的趣事。这一条微信挖掘了很多感人的故事，很多人不仅仅是评论，更开始截图转发分享，也使得活动的效果超出了预期，可以说，用咸鸭蛋来进行感情营销这一仗是打得非常漂亮的。活动最后送出了 10 盒咸鸭蛋给留言的十位朋友，他们收到咸鸭蛋后都积极在朋友圈分享，更达到了一个宣传的作用。

健身哥此次微信营销如此成功，正是因为其把握了如下的一些细节问题。

1. 开展活动，用奖品来造势

健身哥首先在朋友圈推出了 10 份免费的产品，这种类似我们传统营销的促销手段，利用人们都爱占便宜的心理。如果这要是放在商城中有 10 份免费的咸鸭蛋可以领，效果就大打折扣了。因为，他们领走了以后也不会给你免费宣传，形成不了口碑营销。但是在微信中的情况就不同了。拿人家的手软，领了免费的东西，一般人都会因为心里过意不去，而选择在朋友圈赞扬一下，这就是形成口碑的重要因素。

2. 引导朋友留言评论，帮助推广

在评论中说出你与咸鸭蛋的故事，这个方式其实是利用互动式营销制造气氛，当大家看到这种情况的时候，都会主动说下自己小时候吃过的咸鸭蛋的那种味道，便会引起众多人的共鸣，纷纷都写上自己的故事。有些还主动分享到了自己的朋友圈，这种免费让他们都主动当了自己的推广员。

3. 兵马未动，粮草先行

卖家在开始销售之前，就先预热造势，比如说出预售的字眼，这让大家觉得是不是货比较少，是不是只在微信能预购？基于这样的心理，也就都争着跑过去了。再者，健身哥还让卖鸭蛋的主人主动联系自己的朋友，让他们帮自己宣传，其实这也是造势的手段之一。

在朋友圈卖东西，预热很重要，要造成一种神秘感，这样才能吸引大家的关注，还有先在朋友圈发布预售，等过几天才发货，这些都是造势。但是造势是非常有讲究的，造势的前提是之前和你的微信好友有没有一定的粘度和信任度，这个是非常重要的。如果你和微信好友之前很少联系和互动，人家不信任你，这根本没有任何效果。

4. 满足客户的需求，建立信任感

在卖咸鸭蛋的过程中，卖家碰到一个客户，他不会用支付宝、银行支付和微信红包等支付方法，就问卖家能不能以充话费的形式来支付？卖家欣然同意，这位客户买了两盒咸鸭蛋，一共是 116 元，一次性充了 150 元，还多了 34 元，然后卖家又反给他充了 30 元。一来一去，他们还建立一种很好的关系，达到一种强关系。这一过程展示了顾客与老板之间相互信任的态度，微信圈卖东西都是先付钱再发货的。如果大家都对老板人品怀疑的话，那么谁还会去买你的东西呢？

最后卖家为了方便大家，可以让客户采用多种支付方式，如 AA 付款、银行卡转账、微信红包、支付宝，甚至电话费都可以。在微信上接单，卖家尽量满足了客户的需求，把每个微信好友当作你的好朋友，从而认真服务、耐心解答，只有这样，人家在收到你的产品时，才会很乐意帮你在朋友圈去宣传。

案例分析

从案例中我们可以看到，要做朋友圈营销并不是空穴来风，而是要有想法有策划，再配上适当的推广手段，才能达到最终的盈利效果。既然是朋友圈营销，那么情感就应该摆在第一位，不能一味以强硬的商业目的来推广你的产品，这样做会流失掉好友对你的信任度，也不是营销获利的好方法。在任何时候请注意细节，不管你卖东西也好，买东西也罢，做产品也好，做服务也罢，细节上的加分是最能让客户认可你的。一个细节可能成就了你，但也可能毁掉了你。

◎ 4.5.3　西少爷肉夹馍，微信的创业秘诀

在北京五道口有一家生意非常火的小店——“西少爷”肉夹馍。每天下午店门口都会排起百人长队，如图 4-22 所示，无论普通的消费者还是大企业的管理

者们都会被这家小店所吸引。在当前传统老字号都面临困境的大背景之下，这个“西少爷”肉夹馍用独特的互联网思维走红了。

图 4-22 “西少爷”肉夹馍热销场景

1. 用创业故事打造知名度

可以说，“西少爷”肉夹馍从默默无闻到成功打造自己的品牌，只做了一件事——在微信上发了一篇创业文章《我为什么要辞职去卖肉夹馍》，并引来了朋友圈的疯转。

为什么仅仅凭微信的一篇创业文章就可以引来无数的转发量和火热的生意呢？其中的秘诀就在于这个故事的营销性质。

要想一篇文章获得关注，首先就得与读者产生共鸣。要让读者在故事里能读到自己，也是获得大量转发的原因所在。《我为什么要辞职去卖肉夹馍》是把“西少爷”四位创始人的经历和感受糅合在一起写出来的创业故事。四位创始人在之前均为百度、腾讯等公司的员工，这些看似风光无限的大公司员工，其实都承受着巨大的工作压力。他们有很多的个人理想无法实现，每天要和上百万人共挤地铁。文章中的很多感慨让许多身处一些大企业的 IT 界员工都感同身受，引起了共鸣，也就促发了其主动分享到朋友圈的动机。当“百度前员工开肉夹馍店”的消息一时间传遍了 IT 界后，得到了北京许多百度公司员工的大力支持。北京百度公司的跑步协会还组织了一次长跑，从百度大厦跑步 8 公里到五道口“西少爷”肉夹馍的店中，排队买馍支持前员工创业。

一篇好的文章，除了能让读者产生共鸣，还要具有冲突和戏剧性。IT 公司的高级白领跟卖肉夹馍的竞争，新奇的人物角色和极富冲突的故事情节启动了人们心中好奇的按钮。很多人都想看看这家店到底长什么样子，这肉夹馍味道如何？

2. 利用好关系链营销

有了好故事，下一步就是传播。最快、最省的方式就是关系链，最简单的工具就是微信。因为我们每个人都是圈子与圈子连接的节点。生活在这些圈子里的人们都有一个共性，就是乐于分享新闻，特别是和自己有关的八卦新闻。一传十、十传百，各种消息就能通过微信平台不断地传播。

在“西少爷”肉夹馍开业第一天，选择对外送 1200 个肉夹馍，并且只送给网易、搜狐、百度、腾讯、阿里巴巴员工，而“西少爷”之所以只对 IT 员工们开放“免费送馍”的通道也是有营销策略在其中的。

首先，确定受众人群使得传播路径更加精准。由于 IT 界员工与“西少爷”的创始人们是原来的同行，因此同行之间本就存在着亲切感，并且这其中还有不少创始人们的朋友。通过自己的同行朋友进行转发速度最快，传播路径更为精准。

其次，鼓励了同行的转发和评价。自己圈子里的人，肉夹馍也还不错，肯定要到朋友圈转发或点赞评价了，并且还可以再免单，何乐而不为呢?

3. 饥渴营销，制造热销真相

一个产品好不好，不仅要靠“销售话术”，其实人们更相信事实。在开业第一天，“西少爷”们就开始打造热销景象。

“西少爷”第一天早上送出的 1200 个肉夹馍是有一定限制条件的。第一，领这些肉夹馍的人必须是网易、搜狐、谷歌、百度、腾讯、阿里的员工，这个促销条件决定了用 1200 个肉夹馍所换来的用户质量，因为只有这些公司的白领才是在周边工作的，才有重复消费的可能。第二，每个人只送一个，这就决定了用肉夹馍所换来用户的数量，由于每个人只能免费领一个，1200 个肉夹馍一定能买到 1200 个客户。在窗口显著位置张贴着“每人限购 2 个”制造了唬人的热销现场。这样的场景在外人看来，对于这家店的印象无疑是加分的。

案例分析

“西少爷”不同于餐饮业其他门店的创业经历，不是靠外卖来创业，更不是靠开发微信平台技术，而是通过一篇文章就打响了自己的品牌。这样的创业模式不是不能模仿，但要通过这样的方式“一炮而红”需要有前期足够的人脉积攒，就像“西少爷”的创业者们原本就是国内顶尖 IT 公司的员工，结识了许多的优秀且有效的人脉，这对于其后期加速推广起到了关键作用。而除此之外，还要会利用这股传播的“东风”，将其紧紧结合线下店铺的活动推广，让自己的店铺引来更大范围的“围观”，制造出更高的营销热潮。

在互联网的环境里，粉丝热度来得快，退的得快。如何保持消费者这股狂热，想让顾客永远“粉”你，除了不断有声音在市场上出现，更加重要的就是硬功夫——如何保持产品品质。无论是 IT 技术还是肉夹馍，巧妙地运用微信这样的平台，进而打造让人“尖叫”的产品才是成功塑造品牌的关键。

第5章

APP微商机，小乾坤里的大世界

如今众多APP已经成为人们手机里必不可少的软件，人们已经不再只通过一个浏览器来作为查看消息的入口，也不会只装载一个手机APP来消磨碎片化时间。越来越多不同功能的APP被开发出来，为用户的日常生活带来了更便捷的体验与无限的乐趣。但在玩乐的同时，很多人没想到的是，这些手机里看似平常的APP其实都蕴藏着巨大的商机，就等你发现它、挖掘它。本章将为大家逐一讲解微商们如何使用手机里的APP进行营销的相关方法和技巧。

5.1　微店，让微商零门槛开店

“网购”如今已经成为一种热门趋势，马云所创立的淘宝帝国彻底将人们引上了线上购物消费时代。正当人们认为目前国内电子商务已经发展至顶峰的时候，口袋购物的“微店”悄然兴起并以前所未有的速度一举成为目前国内最大的手机线上购物平台，这也进一步刺激了微商的发展，如今其用户注册数量也是以每天 3 万家微店的数量激增，越来越多的普通人都开始投身于微商行业中。如果你嫌开淘宝店麻烦，或者竞价排名成本高，不妨试试开微店。

◎ 5.1.1　微店为何如此火热?

微店究竟具有何种特色，能够一夜间获得大众青睐，关注度飚增呢? 对此，编者大概总结了微店以下三点优势，是助其迅速在电商时代站稳脚跟的原因。

1. 拥有良好的客源，经营便捷

微店是以腾讯微信为主要载体所推出的一种虚拟店铺，微商们能够通过微店发布自己的店铺产品。微信使用方便，如今越来越多的朋友都是通过微信交流，微商有时仅利用朋友圈发布自己的产品，就往往能够获得出其不意的效果。

想要开一家微店，只需要店主的身份证、手机号、银行卡这三项，全程注册只需要短短的几分钟，省略了复杂的流程，十分便捷高效，这一点让广大的微商颇为满意。“微店不微”，别看微店操作简单、手机掌控，但是其巨大的市场前景却是不可限量的。

2. 操作系统简单易学，随时掌握

在很多人的潜意识中，开一家店铺是十分烦琐的。但是微店具有“免费、方便、高效、丰富、安全”等特色，界面简洁明了，没有复杂的操作流程，有利于每一位新微商上手学习。微商随时可以通过手机端轻松与客户进行在线交流、管理订单。

3. 无需额外费用，真正是一家免费的店铺

开一家微店店铺，不需要任何的注册费用、开店费用。甚至连货源都不需要自己找，微店上就有许多的货源供应商可供微商联系，如果客户下单购买，更不需要自己发快递，供应商可代替微商直接发货、处理物流，包括售后客服也可以由供应商来完成。根本不需要微商自己拿货、囤货，真正做到了零成本开店，可以说是人人都可以开得起的店铺。

目前有不少已经拥有实体店铺的店主也选择了开一家微店，将自己的产品放到微店上，实现线上线下两个店铺同时经营。这样一来，极大地拓宽了自己的销路，从而收到全国各地的微信用户所下的订单。有的微信用户使用过产品后觉得

不错，便会在朋友圈宣传，这无疑是又免费为微店做了广告，一来二去客源也会变得丰富起来。

总结微店三大优势特色，我们可以看到微店能够形成如今的庞大规模是不无道理的。更有一些电商企业家预言，以目前的发展趋势来看，微店势必将会在未来三至五年，成为国内最大的线上交易平台。

◎ 5.1.2 开启微商的个人小店

如果你想要开“微店”，首先得在自己的手机上安装“微店”的APP，如今市面上叫做“微店”APP的产品林林总总，如果在网页上搜索“微店”关键字，出来的也是广告居多。因此在众多的“微店”APP中，编者以口袋购物的“微店”为例，为大家讲解“微店”的使用方法及推广流程。

口袋购物的“微店”标志是一个红色图标(如图5-1所示)，里面写了一个大大的“店”字，“店”字为白色。在下载时，认准“官方版”，也可以查看“软件详情”，其中注明的是“北京口袋时尚科技有限公司”“微店是帮助卖家在手机上免费开店的软件”。

图5-1 口袋购物“微店”LOGO

1. 下载“微店”APP

在手机上下载微店的方法主要有如下三种。

① 登录口袋购物微店的官方网站进行下载并安装，官网地址为：http://www.vdian.com。

② 到各大正规的手机应用市场（例如：安卓市场、iTunes、豌豆荚等）搜索并下载“微店”。

③ 在移动终端（例如手机、平板电脑）上用扫码软件扫描二维码进行下载，如图5-2所示。

图5-2 “微店”APP二维码

2. 了解微店功能

当下载APP并注册完成后，微商可以用填写的手机号码及密码登录微店，也可以在微店的网页版（www.vdian.com）进行登录。

成功登录微店之后，会进入功能块界面。如今的微店分为了10大功能块，分别为：微信收款、我的微店、订单管理、销售管理、客户管理、我的收入、促销管理、我要推广、卖家市场、入驻市场。左下角喇叭图标为“消息中心”，右下角的齿轮图标为“设置”功能，如图5-3所示。

图 5-3　微店功能界面

当微商拥有了自己的微店后，下面要做的便是开始添加商品，装扮自己的店铺了。但在这之前，新用户还需要熟悉微店界面的各个功能，才能更好地对店铺进行管理。下面编者来一一为大家介绍这 10 大功能。

① 微信收款

使用微信收款能够不用事先添加商品，和买家谈妥价钱后，即可快速向买家发起收款，促成交易。

这里的微信收款并不是用微信支付，而是通过微信向好友收款，卖家与买家可在微信上事先谈好价钱，再使用“微信收款”填好支付金额，会自动生成一个付款链接，可以把这个链接发给微信好友，或者通过手机短信的方式发送，买家则可以通过这个链接向卖家支付。

② 我的微店

“我的微店”能帮助卖家打造和整理微店，这是卖家们常会用到的功能。在微店里，店铺的信息是能够随时编辑更换的，所以对于刚刚接触微店的新手来说，就算一开始没有想好店铺名称，不知道如何设置也没有关系，以后完全可以随时更换。

③ 订单管理

店主在“订单管理”这个页面中可以查看订单详情：新订单 Push 推送、短信通知、扫描条形码输入快递单号，这些都可以助你管理订单事半功倍，也是卖家需常用到的功能。

④ 销售管理

在“销售管理”功能中，有“成交订单”“成交金额”“每日访客”三项数据显示，卖家可以点击每个图表版块查看数据详情。

⑤ 客户管理

在“客户管理”中，微商可以查看客户的收货信息、历史购买数据等，来分析客户喜好，从而有针对性地进行推广。也可以在其中查询与买家的聊天记录，以及下了订单的客户资料。

⑥ 我的收入

在“我的收入”中，微商可以查看每一笔收入和提现记录，包括交易成功的货款，账户余额和累计收入等信息，让你对账目清清楚楚。在此处还能绑定银行卡，在微商开通了担保支付的情况下，可查看正在提现或暂时冻结的金额。

⑦ 促销管理

卖家可以通过此项功能设置一些私密优惠活动来吸引买家，只有收到活动链接的买家才可以享受相应的优惠。例如店主可以在此设置一个全场 8.5 折的优惠活动，并规定活动开始及结束时间，之后可通过微博、微信、QQ 空间等渠道分享给朋友。

⑧ 我要推广

在“我要推广”中有“友情店铺”“分成推广”“口袋直通车”三种推广方法，都主要用于在微店中推广自己的店铺信息，引来客流。具体操作在下一节中会有详细介绍。

⑨ 卖家市场

在“卖家市场”中有三个模块，分别是“批发市场”“转发分成”“附近微店”。店主可以在“批发市场”寻找供货商，也可以在“转发分成”中查看代理商品，选择自己做代理或是做供货商去寻找产品代理，还可以在“附近微店”中查看附近地区的其他微店。

⑩ 入驻市场

在此项功能中，微商可以选择入驻“口袋购物”“代购现场”“今日半价”市场。入驻后，不仅仅能在微店 APP 中拥有店铺，在以上三个平台上也可以查找到店铺，增加了曝光率。但入驻需要一定的条件，微商只有满足了条件才拥有入驻资格。

除了这 10 大功能之外，界面中的“分销市场”与“买家版来啦”属于微店的活动展示区，如“分销市场”活动主要是为微店中做“代理”的分销商展开的一次促销活动，如果你是一名代理，点击该板块即可参加；“买家版来啦”更是通知用户们微店的“买家版”正式上线，点击板块即可下载。在不同的时间里，这两处板块会时常进行更新。

◎ 5.1.3 简易的推广方式

一家刚刚开始经营的小店，要通过推广来打造知名度，对很多人来说都会有些不知所措。但“微店”在推广功能上却具有天生的优势，在其“我要推广”的功能中，就为用户打造了一个简易操作的推广板块。就算你是新手，也不用担心找不到方法和渠道来推广你的微店。在微店中的推广方式如下。

点击微店中的“我要推广”功能键，可以看到三项功能：友情店铺、分成推广、口袋直通车，如图 5-4 所示。

图 5-4　“我要推广”界面

1. 友情店铺

这是微商们使用得最多的一种推广方式，不仅仅是因为它是免费的，还因为其不需要任何条件，哪怕是才刚刚开通还没有销量的微店也能加入。友情店铺其实相当于友情链接，当你与另一位店主成为友情店铺后，在双方的店铺最底端会出现所添加的友情店铺的链接，这在一定程度上可以起到引流作用。

目前微店中一个店铺最多可以和 10 个店铺交流友情链接，作为微店主，在友情店铺上一定要好好选择，并不能对友情店铺“来者不拒”。如果你加到的友情店铺一件宝贝都没有，这样是对你没有用的。我们加友情店铺的目的是要让他的店铺给我们带来流量，因此，那些一件宝贝都没有的店铺没有必要互换友情链接。

怎么找到好的友情店铺呢？

首先你在选择的时候要点进对方的店铺，看其是不是用心在做微店，宝贝数量、店铺介绍、店招、店铺 LOGO 等是否清晰美观。再看看其店铺中的销售量如何，如果拥有一定的销售额，那么说明其店铺是存在真实客流量的。

其次，看看其主要售卖什么产品，编者不建议大家选择同行。因为同行本就处于竞争状态，谁也不会希望把自己的客人引到别家同行店铺中去。但可以选择经营互补产品、拥有同一客户群的行业。例如你是卖女装的，那么你面对的消费群肯定是女性。女性消费者除了会经常逛衣服店铺外，还会经常逛护肤品店、化妆品店。选择在一些美妆产品的微店下放你的友情链接，也许当消费者在逛其店铺的时候，看到你的女装店招，就会点进去看看是否有自己喜欢的衣服；再如你是卖婴儿用品的，那么就可以在一些母婴食品店做友情推广，买婴儿食品的消费者肯定也会使用到婴儿用具，当看到你的店铺时，自然而然地就会点击进去。

当你选择好了友情店铺之后，还可以对其后续的引流量做观察，在“友情店铺”

的统计中就可查看各个友情店铺给你带来的流量情况，如图 5-5 所示。如果发现一些店铺根本没有给你带来流量，那么可以取消与其的“友情关系”重新进行选择。

图 5-5　友情店铺推流量统计

2. 分成推广

微店分成推广是别人通过分享你的店铺到其他社交平台促成购买获得佣金的方法，分成推广只对微信有效，只有从微信进入你的店铺才能看到你设置的分成推广。

要想让别人帮你推广，当然得告知别人该店铺设置了分成推广，他可以通过帮你推广获得收入。

但是编者是不建议大家使用这种推广方式的，一是因为要花费财力支付佣金，二是这样的推广方法有种变相传销的嫌疑，口碑并不是特别好。与其开通分成推广，还不如直接让商品降价。

3. 口袋直通车

目前，要开通口袋直通车（如图 5-6 所示）有一定的限制，需要满足以下条件才能开通。

① 开通担保交易

② 在售商品数不少于 5 件

③ 最近 30 天成交笔数不少于 5 笔

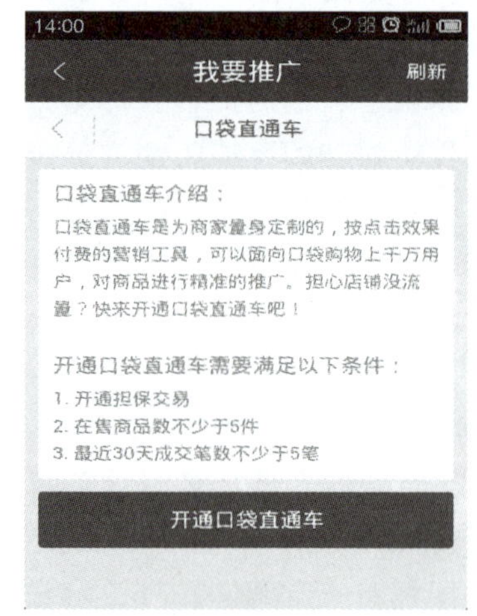

图 5-6　口袋直通车推广界面

如若满足以上的条件，则需要在 PC 端访问口袋购物商家营销平台 sell.koudai.com 登录网页版的微店来开通此推广方式。不过，开通口袋直通车以后想要达到好的推广效果，就得支付一定的费用，对于一些资金有限的微商来说，编者不推荐使用这种推广方式。

口袋直通车推广方式的条件一直在改变当中，所以不确保在一段时间过后会不会减少条件限制，让更多的微商拥有此权限。

4. 社交平台推广

除了微店本身具有的推广方式外，店铺的推广更需要在其他的社交平台上进行。在微店上已经支持将店铺信息分享到“微信”“微博”“QQ 空间”这些社交平台。而其中微信可以说是微店推广最主要的阵地，一是因为微信的用户基数大，二是在熟人朋友圈分享微店转化率高，店主可以准备好文案在朋友圈分享。

另外，像论坛、贴吧、豆瓣、问答网站这些也都是推广的好平台，但其都有一个前提，那就是店主一定要清楚自己的客户群，以及他们经常会使用到的社交平台，如果你的用户都是 90 后，那么显然你在论坛、贴吧或是问答平台上推广都是白费力气的，他们更多的会使用到豆瓣、微博这些平台。但如果你的用户是一些习惯于用博客等平台的，那么你的推广则应在这些平台上下功夫。做营销，就一定要有针对性，只有做到对症下药了，才能见营销成效。

◎ 5.1.4　掌握微店营销秘诀

虽然开微店容易，推广渠道也已经存在，但是要长期做一个微商却并不简单。微店看上去模式简单，要从中赚钱其实还是有许多要掌握的运营技巧的。

1. 店铺要有形象

微商的店铺账号往往代表着顾客眼中的“第一印象”，这个印象如果树立得好，那么你的店铺也就在顾客心中有了一定的品牌形象，当形象一旦出现，顾客们才有可能成为你的忠实消费者，所以店铺的账号设置对微商来说至关重要。

① 店铺名称

编者建议微商们在店铺的名称上加入自己的名字，当然不一定是自己的全名或真名，可以是小名，也可以是朋友常对你的称呼，因为在微店的推广中我们是一定会使用到微信的，而微信上的好友们大多都是你现实生活中的朋友，取一个与自己相关的店铺名，在微信中推广，你的朋友们一看到店铺名称就能马上知道这就是你开的店，自然会多加关注。

除了能够加入自己的名字在其中之外，最好还能在店铺名称中显示出自己的行业，让别人看到名称就能知道你是卖什么的，这样才能第一时间抓住你的潜在顾客。例如你是卖女装的，但是你取了个特别不搭调，与女装行业毫无关系的名称，当你在推广时，那些真正对女装有兴趣的顾客看见你的店铺名便会一扫而过，因为她们会觉得这不是她们想要找的店铺。

如果你是已经开了淘宝店铺或者线下实体店铺的微商，那么你的店铺名称就得保持一致。已经开过店铺的微商想必是已经积累了一定数量的顾客，也就说明你的店铺已经有品牌形象了，这个品牌形象就是你的店铺名，所以必须使用相同的店铺名称，让你的“品牌形象”进一步在你的顾客心中根深蒂固。

② 店铺头像

设置店铺头像的思路策略与上面的店铺名称其实很相像，可以使用本人的头像，这样更能提升微店的信任值，或者使用与自己行业相关的图片，特别是已经有了网店的微商，微店头像最好能与其保持一致。

值得注意的是，店铺头像一定要清晰，美观。切忌使用一些模糊不清，或是各种着装暴露的美女来做头像，这样只会让人觉得不真实。

③ 店铺介绍

店铺介绍，就是向消费者们展示店铺的基本信息，可以写得中规中矩，也可以写得很有新意，但主旨要明确，让人看后能一目了然，知道你的店铺卖什么，对其有什么作用，与其他的店铺又有哪些不同。一些店主也可以在此写上一些正能量的话语，塑造一个积极向上的形象。如果想要快速吸引消费者，还可以在此处写上如“全场限时优惠，满 XX 元包邮”这类的优惠信息，当这样的信息出现时，能更快地引起消费者们的注意。

切忌为了标新立异，就写一些普通大众看不懂的语言，例如过于网络化的词语，或者一些“火星文字”，更不能是传递负能量，显示低级趣味的介绍。

2. 利用好微信强工具

微信作为微店的载体，具有许多无可替代的作用，在推广上有公众账号与朋友圈两个平台，在交易上更有“微信支付”这一便捷功能让买家与卖家实现交易，因此在微信上不仅仅要注重店铺的宣传，更要注重用户的培养。

① 把微信群好友变粉丝

微信在刚刚诞生时，就已经具有导入 QQ 好友及手机通讯录好友的功能，但是如果想要得到更高的好友量，仅仅靠导入功能来实现是不行的，除了要主动导入好友之外，还要通过微信群里的资源，增加你的好友，并让他从普通的好友转化为你的粉丝，这样才能创造店铺效益。

其实用微信来做生意有没有效果，主要是看你怎么与好友互动，以及维护你的好友。想要微信好友加你，那么就一定要有个理由，他才会同意加你。除非他是开通免审核的，但是这样加的好友，如果不主动去联系，以后你就找不到了，最终成为对方的陌生人了。所以如果是加了开通免审核的好友，记得要向他问个好，出现在他的微信好友对话列表里，不要让对方找不到你。

物以类聚，人以群分。你是什么样的人，吸引的就是什么样的人。你是学生，你身边都是一群学生。你是做销售的，你身边也多是一帮做销售的，而这样的关系特别会体现在微信群里面。因此微信群里的好友资源一定要牢牢把握，发挥它的功能。

用微信群加好友，首先你需要有微信群。如果你没有加入任何的微信群，那么你完全可以自己建群，再将你的目标客户吸引到群里。你可以把自己的微信群二维码放到目标群体出现的地方。比如你是卖母婴产品的，可以把二维码放在“宝宝树”这样的社区网站里；如果是卖家居产品的，可以把二维码放到类似于家居类的贴吧或论坛上。资源要学会自己去创造，只有这样吸引到的才是你的精准客户。

当你有了一部分群资源之后，还可以找与你关系较好的朋友交换群资源。虽然每个人的圈子不一样，但也不排除他人圈子里面有你的潜在客户，不过这样做的前提是你必须有足够的话语权。

当你掌握了群资源后，首先要在群里说话。以朋友的身份跟大家聊天，让大家能认识到你，对你产生印象。如果你只是把人拉近群里，一句话也不说就开始加好友，可别人根本就不认识你，这样的通过率是非常低的。一般要在群里与大家当交流了一段时间后，再逐个添加好友，通过率才会高。

在加好友过程中，不要一直请求，添加几十个以后稍微休息下。如果对方通过了你的请求，就得立即与对方友好沟通，例如打个招呼介绍一下自己。不要加完好友就以为完事了，紧接着就是给他们轰炸广告，这样只会让人马上拉黑你。要记住，微信里面的朋友是要靠维护的，不是靠广告推广得出来的。

② 开通公众平台，持久运营

微信公众平台的好处，在前面的微信章节中，已经有过详细讲述，在此便不再赘述。开通一个和自己店铺同名的公众账号，既能培养更多的粉丝，还可以更好地服务客户，打造品牌效应。

公众平台就是一个慢慢培养粉丝的平台，不可急于求成。作为微店主，想要长期运营自己的微店，除了依靠公众平台的管理之外，还必须对每天推送的内容，对粉丝的问候语都要做好规划。如果是有能力的微店主，还可以通过第三方公众平台改变接口，搭建一个“微信版”的微店。“经典绘本”的公众平台菜单中，就有“哈爸微店”的入口，直接点击进入即可下单，如图 5-7 所示。

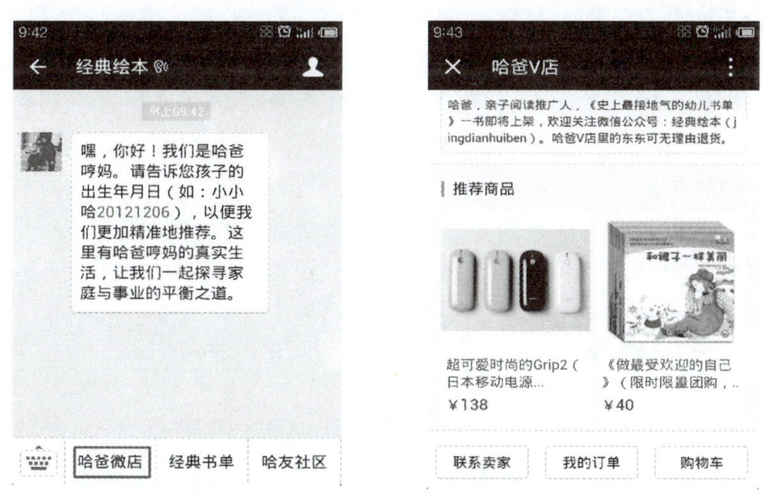

图 5-7　“经典绘本”公众平台微店入口

③ 微信沟通做客服

虽然很多微店都是刚起步的小店，店铺里面卖的东西也并非什么知名品牌，但这并不能成为众微商们不能像那些大品牌一样做客户服务的借口。现在做电商的人不少，淘宝店家就已经过千万，各行各业的卖家都有，所以作为刚起步的微商们更要在服务上下功夫。

微信就是一个很好的客服工具，当顾客在店铺内购物之后，可以通过微信来通知其发货信息及物流信息，还可以在顾客收到货物之后询问是否满意，或者告知产品使用方法和技巧。这些都是打造一个良好微商形象的有效手段，让顾客感受到被重视和尊重永远都是造就良好用户体验的重要因素。当顾客感受到了你对他的关爱，自然会在自己的朋友圈帮你多加宣传，并且自己也会成为你的忠实顾客。

3. 多渠道分享

除了微信之外，微博、QQ 空间也是微商们强有力的营销阵营，想要把微店做大，那么一直靠熟人生意来维持注定是不行的，当你的微店在熟人圈中有了一定的名气与销量后，就应该把目标转移到那些陌生买家的身上了，这时微博就是一个招揽新买家的好平台。

从这两年来看，微博的影响力虽已不如从前，但其拥有的用户数量仍然是一个庞大的数字，而这正是微商们发展客户的新阵地之一，对于微博的推广营销技巧，在之前的章节中已有详细讲解，在此便不再赘述。而对于 QQ 空间的营销策略，在后面的章节中会有详细介绍。

◎ 5.1.5 玩转你的熟人圈营销

因为微店做的就是熟人生意，所以对于熟人圈的营销，微信无疑是最佳阵地。微信的公众账号虽然是微店推广的有力平台，但从公众账号的运营到粉丝的培养，都需要花费较长的时间与精力，所以这种方式适合“持久战”，短期内并不会有太大的效果。但相比起公众平台，朋友圈却是一个无论“持久战”还是“速决战”都适合微商们的阵地。

对于朋友圈的营销方法及策略在前面的章节都有详细的讲解，在此便不再赘述。但微商们要记住的是你做的是熟人生意，就算买卖不在，情义也要在。不能因为卖产品就每天刷屏发硬广告，而给你的朋友们带来生活上的干扰，更不能只想着赚钱就把不合格的产品卖给你的朋友们。朋友的交情在先，交易才在后，只有这样的微商，生意才能够越做越大。

◎ 5.1.6 【案例】“哈爸”微店日进 3 万 3 的秘密

从 2013 年开始，利用微信公众账号和朋友圈做起生意的人们屡见不鲜，越来越多的人都开始加入到“微商”这一行业中来。但卖货的人多、真正卖出去的却少，想赚钱的人多，但真正赚到钱的人少。而刚升级做奶爸的余春林（人称“哈爸”）就开通了专卖儿童读物的微店，利用其公众账号卖书，在一天的时间里最高销售额曾突破了 3 万 3。

“哈爸”运营着一个名叫“经典绘本”的微信公众账号，他常常在公众平台上推荐一些儿童读物，以及一些亲子教育的相关内容。这使其受到了众多家长用户的欢迎，并在公众号运营了一年的时间里积累了 3 万多的粉丝。越来越多的人也开始向他咨询哪里可以买到推荐的书，这让他开始有了自己开店卖书念头。

考虑到在淘宝上开书店，除了复杂的开店程序不说，还需要经营许可证。正值此时他想到了“微店”APP，可以直接手机开店，操作简单。不仅减少了运营成本，而且使得用户下单极为方便。当他在微信公众号上发布自己的微店地址后，大量的粉丝都变成了他的消费者，为他日销 3 万 3 做出了“贡献”。

然而达到这样的销量成绩并不是“哈爸”一日之内就创造出来的，而是其通过一年时间的努力运营微信公众平台，将积累了 3 万多高粘性粉丝引流到微店里才产生的。那么他是如何做到的呢?

1. 通过内容发展用户

“哈爸”经常在微信公众账号上发布绘本、育儿的微信内容，不仅有原创的“干货”，更有对用户们有价值的内容。

首先，内容要是“干货”，要对用户们有价值。“哈爸”最初发展微信公众号用户的办法很笨拙，就是收集大量对家长们有用的绘本资料放到他的百度云上，然后到目标群体常使用的论坛、QQ 群等平台发布，而发布的内容里就有其微信号。

其次，内容要与微信公众号的定位相符。内容的定位应该是一个过程，一开始“哈爸”的内容是绘本动画视频，但很多用户反映孩子在手机上看视频怕损害眼睛。于是他就换成了图文绘本，再后来还增添了绘本音频。除此之外，“哈爸”还会分享一些关于亲子教育和家庭婚姻的文章。

其之所以还分享文章，主要出于两个考虑：一是如果只分享绘本，被分享转发的次数就相对较少，如果有好的文章想配合，会有更多分享转发的机会，用户发展就比较快；二是出于“经典绘本”建立的目的，致力于家庭关系建立。“哈爸”希望借着亲子共读绘本培养好的亲子关系，更希望借助这些文章有助于建立好的家庭关系。

2. 与用户建立关系

其实“哈爸”不仅仅在微信上开通了订阅号平台，还在腾讯媒体建立了开放平台《哈爸哼妈》，更有 10.8 万的订阅者。可是这 10.8 万的粉丝却没有给他创造出日销 3 万 3 的效益，反而是微信上的 3 万多粉丝帮他做到了。为什么媒体开放平台和微信公众号有这么大的差别? 归结原因应该是有没有与用户建立关系。

很多人可能会认为能不能在公众号上与用户建立关系，与内容是否原创有很大的关系。“哈爸”却不这么认为，用他的话说就是:“用户们需要对他们有价值的‘鸡蛋’，而不太管谁是‘鸡’。”

不同于其他公众号运营者的是，“哈爸”很少发布原创文章，发布的文章多为摘编内容。但发布的内容多数能引起父母们的共鸣，让人倍感亲切。图 5-8 所示中的文章《孩子比面子更重要，不是吗？》就是摘编的内容，但却道出了广大家长们的心声。

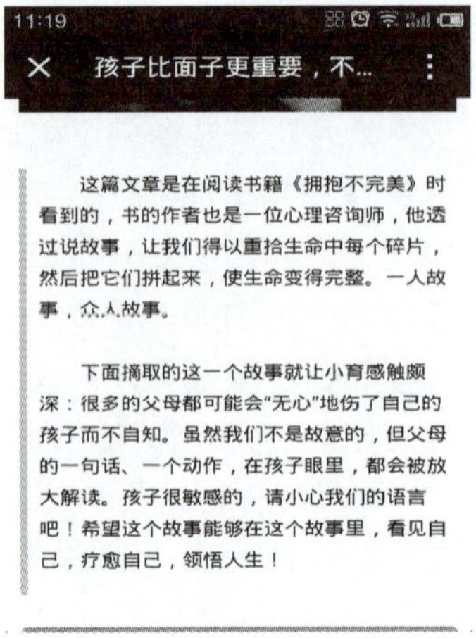

除了发布文章，“哈爸”还常在公众平台上跟粉丝们闲谈，与大家聊聊他的家庭他的生活，让大家了解他和他的妻子、孩子。很多时候微信内容就几句话，连文章都没有。但却由此慢慢地建立起了他自己的“人格魅力”，这样的效果是很多每天都发原创内容的人很难达到的。所以只要你用心维护运营微信号，懂得与粉丝们交流互动，才是与用户建立关系的关键所在。

图 5-8 “经典绘本”公众号文章

3. 微店卖货

当与用户建立起了关系，就可以开始销售商品了。因为公众账号上本就常向众多家长们推荐儿童绘本读物，而许多粉丝们也常询问“哈爸”哪里能够买到书，这些都代表着消费者的需求，所以卖绘本童书也成了一件自然而然的事情。

一开始，“哈爸”只在微信公众号里卖，每天推荐一套或一本书，需要的用户回复收件人信息，然后他把书快递出去，用户收到书之后，通过支付宝或银行转账给他。可以想象，这是一个极其麻烦的过程。用户只能要其当天发布的书，并且这种“货到付款”的方式在没有第三方平台保障的情况下，有些书款根本无法追回。但即使是这样，“哈爸”也卖出了很多书。他主要是想借此让用户知道他是非常信任粉丝的，这为后来的销售打下了坚实的基础。

之后，“微店”的建立有效解决了以上的问题。不仅“哈爸”做生意更方便了，粉丝们购买也变得方便起来。“哈爸”开通了微信菜单，将微店放在显眼的公众号自定义菜单上面，粉丝们只需点击进入就能马上购买。除此之外，“哈爸”还会时不时进行一些团购促销活动，吸引粉丝们前来购买。

不过，“哈爸”并没有因为开了微店就开始大肆在公众平台上做广告，宣传自己的微店，他还是每天坚持发布对用户们有价值的内容，推荐适合的儿童绘本给家长们。当粉丝们都知道能在他这里买书后，基本都转化为了他的消费者。

从哈爸的微店经营过程中，我们可以看到，他在开微店之前就已经做了很多准备，在公众平台上为自己积累了大量的粉丝，才得以达到日销 3 万 3 的成绩。也许对于普通的微商来说，要花费如此多的时间培养和引导粉丝，是一件很难的

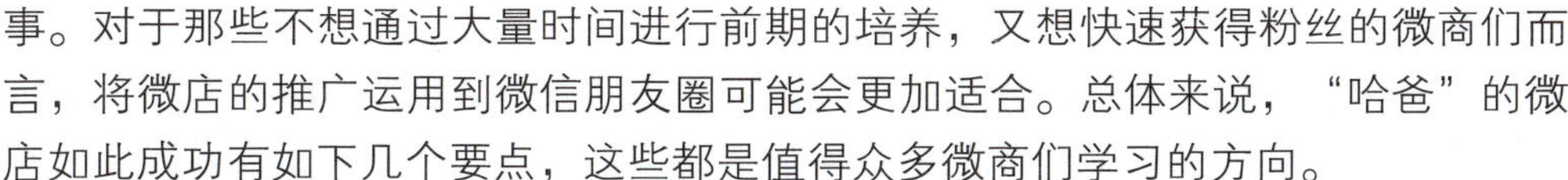

事。对于那些不想通过大量时间进行前期的培养，又想快速获得粉丝的微商们而言，将微店的推广运用到微信朋友圈可能会更加适合。总体来说，“哈爸”的微店如此成功有如下几个要点，这些都是值得众多微商们学习的方向。

- 通过订阅号内容发展新粉丝。
- 订阅号以分享内容为主，推荐商品为辅。
- 通过订阅号内容黏住老粉丝。
- 通过订阅号以图文形式发布微店商品促销。
- 通过自定义菜单、图文推荐、营销型页面组合提升销售转化率。

5.2　微商“宝物”：豆瓣口袋里的“东西”

豆瓣，从 2005 年上线伊始，就一直保持着异于其他社交平台的高调性。对于其他的电商平台来说，要做到拥有众多的用户，那么其网站就得做到雅俗共赏，甚至偏“雅”的部分还要更多一些。看看淘宝、京东这些电商平台，页面设计得并不见得好看，商品网页上显示的一些夸张信息更让其透露着一股浓浓的“大卖场”气息。可如果你在浏览豆瓣的网页时，这样的氛围就完全感受不到。

2013 年 9 月 17 日，豆瓣导购频道——“东西”正式上线。用户可在该平台浏览、评论和分享各类商品及使用体验，帮助其他用户发现适合自己的好“东西”。

“东西”的出现，就给广大的豆瓣用户提供了一个分享宝地，把自己喜欢或者已经购买过的物品上传到“东西”里，就能被上千万的豆瓣用户看到并进行再次分享，点击分享的链接还能直接进入购买页面。这样的分享动作，不仅仅让用户购物更加方便，也让许多微商们看到了其中的商机。微商们只要借着“东西”平台将自己的商品分享出去，就能让众多豆瓣用户看到，从而促进销售。

◎ 5.2.1　“逼格”高的“东西”

豆瓣可以说是国内出了名的“文艺范十足”的网站，而且拥有一大批个性十足的用户。当“东西”上线之后，很多人都将它与美丽说、蘑菇街等网站相提并论，但豆瓣自己并不这么认为。从形态上来看，“东西”确实像是一个电商导购的平台，但是在豆瓣的眼里，正如豆瓣不属于任何一类网站一样，“东西”也不能简单地用“电商导购”来概括。

“东西”的信息源几乎完全来自于用户，而大量的核心优质用户，正是豆瓣最大的资源。一直以来，豆瓣都为其强大的造血能力感到自豪，上千万的优质用户不断出产书影音、冷笑话、热门文章等。这些丰富的内容使得用户访问频度大大增加，他们因各种各样的理由而来，又不断地被新内容吸引，而“东西”的出现又进一步增强了这种组合效应。这是豆瓣与生俱来的特性，也是“东西”与其他电商导购网站相比最大的不同之处。

“东西”里有许多有趣的豆列（基于某个特定主题的一系列推荐）：“十块钱你买不了吃亏也买不了上当”“小清新的世界我不懂”“要不要这么会买货”等这些豆列完全由用户自行创建，千奇百怪、包罗万象，同时带有明显的豆瓣风格。用户还可以将“东西”上的内容推荐到个人广播中，与其他友邻分享讨论。因此在“东西”上，大家不仅是在聊商品，也在聊着生活。

“东西”所依靠的另一个强大的背景是豆瓣的算法推荐。在豆瓣，用户可以听音乐、看电影、读书、参加活动和讨论，这些行为能够较为全面地展示出用户的个性。“东西”的算法推荐正是基于用户的整体个性而向用户展示最符合其喜好的页面，而不仅仅是简单的搜索记录，这可以提升推荐成功的效率。因此，除了首页的焦点大图之外，每个用户的“东西”页面中显示的内容都不尽相同，每个人都拥有为自己量身打造的小世界。即使如今已经走在电商的道路上，豆瓣依然坚持着个性化的文艺路线。

因此，在“东西”里，通过豆瓣的算法推荐，分享的商品更容易出现在目标消费者的眼前，从而大大增加了商品的购买率。

◎ 5.2.2　微商如何在“东西”上分享与被分享

编者认为，在“东西”上做推广，最为适合的就是有着“淘宝店主”身份的微商，因为“东西”支持的分享平台有限，但是淘宝包括其中，所以如果你是淘宝店主，那么“东西”这块宝地是不能轻视的。如今许多的淘宝店主虽然都开了淘宝店，但却依赖于微信平台促成交易。相对于淘宝，微信更易管理。在说推广之前，我们先来了解在“东西”上要如何查看分享与分享操作。

1. 在“东西”中查看分享

“东西”的下载其实很简单，进入“东西”的官网 dongxi.douban.com 或者在手机应用下载软件中搜索“东西”即可。豆瓣“东西”LOGO 如图 5-9 所示。

图 5-9 “东西”LOGO

当下载完毕之后，可以在“东西”上注册一个属于你自己的豆瓣账号，也可用微博账号或微信账号绑定登录。登录完成后便可以看到首页的推荐栏目（如图 5-10 所示），以及一些拥有高分享数，高标注的热门分享商品，不仅仅有商品的推荐地址，还有用户的分享理由（如图 5-11 所示）。点击下栏的“喜欢”或者“加入豆列”选项，即可在你自己的账号上查看商品信息。点击“分类”选项还可查看不同类别的分享商品（如图 5-12 所示）。

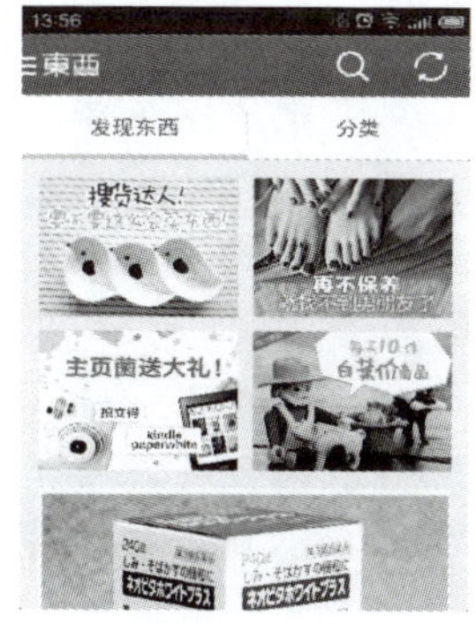

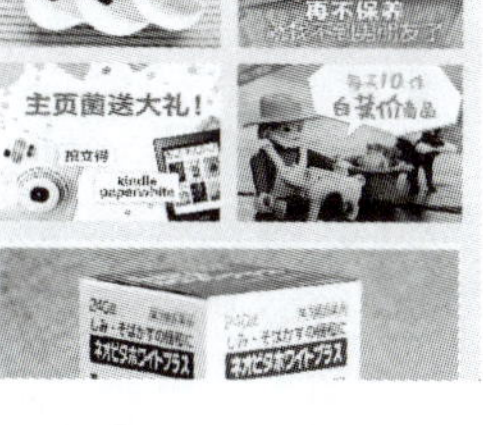

图 5-10　首页界面

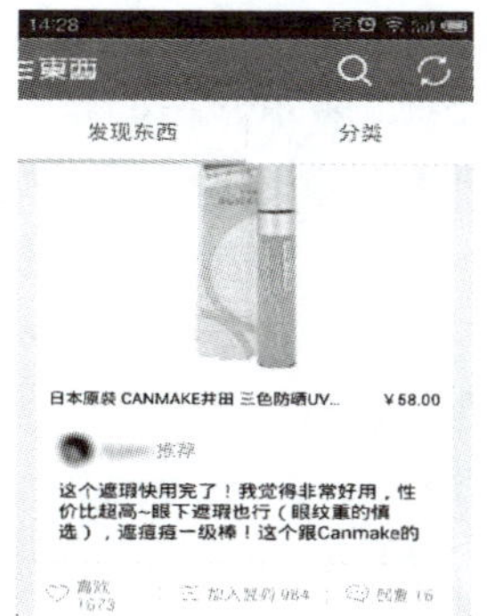

图 5-11　热门分享商品

图 5-12　分享商品分类

点击进入热门分享商品中，之后点击“去购买”按钮就可以直接进入到购买地址，还可以查看用户的具体分享心得，与评论中用户的回复，如图 5-13 所示。这些其实都是给商品营造良好口碑的重要因素。

图 5-13　分享商品详情界面

2. 在“东西”上分享商品

虽然“东西”是在手机上有APP，但是它最大的作用是供用户们进行点击分享、查看收藏的，因此在手机上并没有上传商品的操作功能，但是这一动作可以在网页版的“豆瓣”上完成。

Step1　打开网页版的“豆瓣”（www.douban.com），并登录自己的豆瓣账号，即可进入如图 5-14 所示的页面。

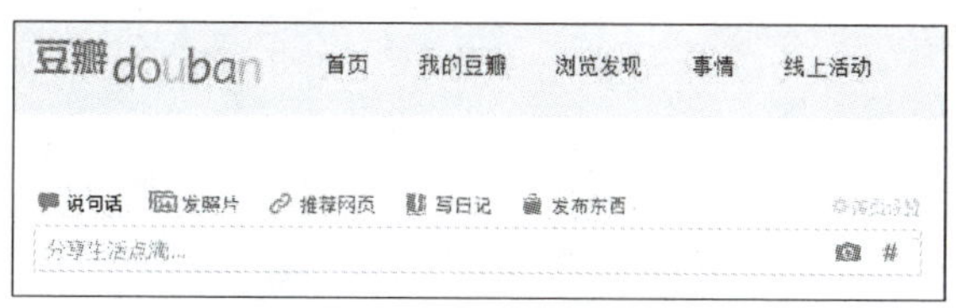

图 5-14　豆瓣登录后的页面

Step2 点击“发布东西”标签可看到两个选项，对于普通的分享来说，只需“发布东西”功能即可，如图 5-15 所示。在写“图文评论”功能中可以发布多条商品的信息，但需要用户自己事先编辑好，不然则会显得非常乱。所以编者建议卖家们使用“发布东西”功能，一条条的发布不仅仅可以增加分享的几率，也使商品信息显示得更为直观。

Step3 再次点击“发布东西”选项之后，页面会跳转至“东西”页面，填入需要分享的商品链接，如图 5-16 所示。要确保是支持分享的网站链接，在下方可查看具体的支持网站。点击“获取东西信息”按钮即可自动生成商品信息，如图 5-17 所示。

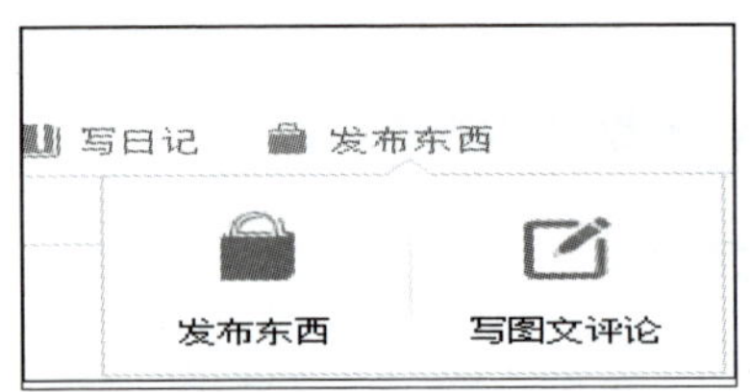

图 5-15 点击“发布东西”

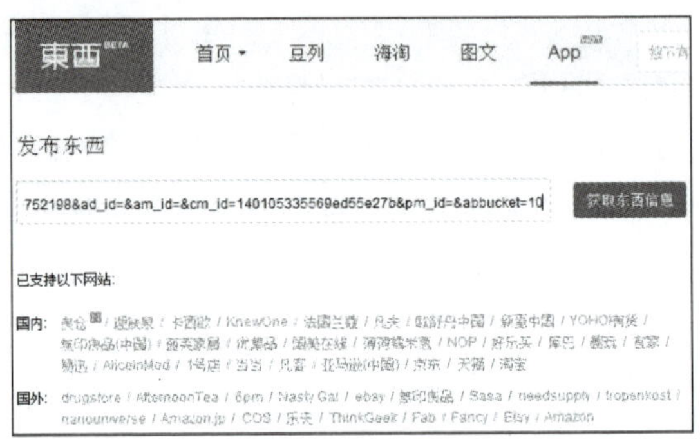

图 5-16 填入商品链接界面

Step4 编辑商品的分享信息，可以填写自己对商品的使用心得，并选择加入的豆列，修改确定后点击“发表”按钮，则完成了商品在“东西”中的发布，如图 5-18 所示。发布成功后可查看分享页面，进行修改或删除，也可点击“分享到”选项，将商品信息分享到微博或者微信上，如图 5-19 所示。

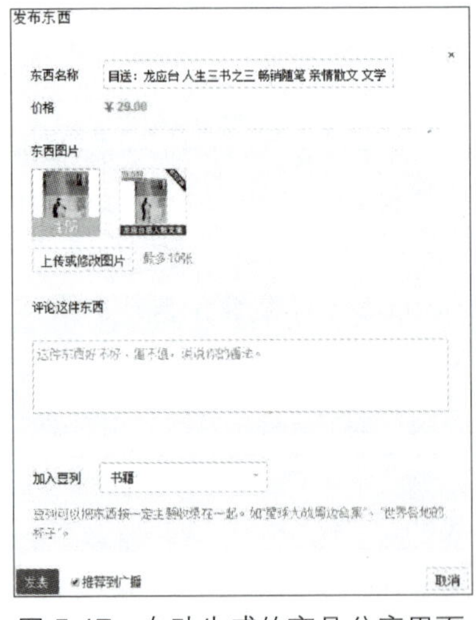

图 5-17 自动生成的商品分享界面

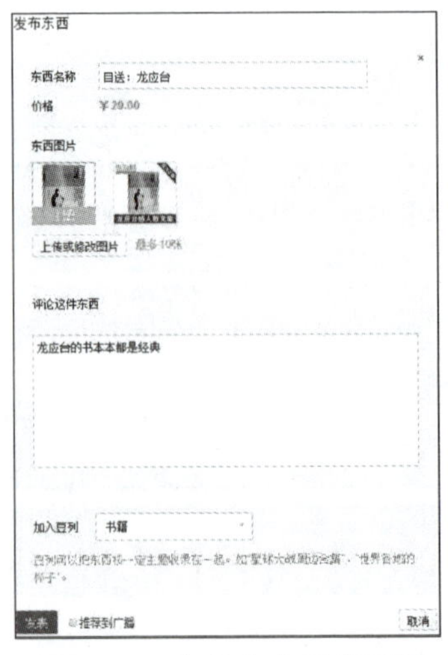

图 5-18 商品分享后的页面

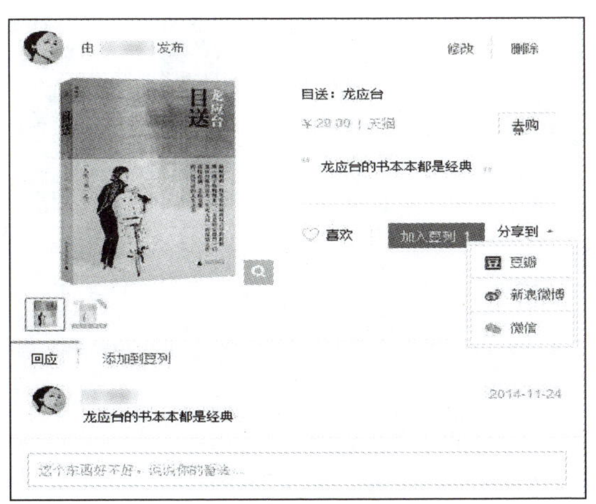

图 5-19　商品信息修改后页面

◎ 5.2.3　用“东西”专攻文艺青年

之前已经说到，“东西”是淘宝商家们不可轻视的阵地，但编者认为在“东西”上，更适合那些消费群为“文艺范”“小清新”“高品味”“高格调”的淘宝商家进行营销。

如今，“东西”分享的内容和图片的质量都还保持在较高的水准，这仍然得益于大量的高素质活跃用户。在“东西”上线之前，通过与垃圾用户的“八年抗战”，豆瓣已经积累了相当丰富的反垃圾经验，大量的卖家在数据库里被记录在案。通过人工和机器的双重审核，用户的信誉度被划分为不同的层级，得到的曝光量也会有所区别，这使得“东西”内容质量得到了一定程度上的保障。

如果淘宝商家把营销战场的目光放在“东西”上，那么注定只会有两种结果：一是被众多的豆友们疯狂转发分享，给你的店铺带来巨大的流量；二是如石沉大海，不会起任何的反响，如果急于求成，大量的分享商品还会面临被举报的风险。因此，在“东西”上的营销并不能用传统的方法来进行。

1. 好货既要好看也要实用

首先你得保证自己的商品是能够调起文艺豆友们兴趣的“好货”，也就是说作为商家，你的商品必须在审美上符合用户的需求，商品照片能第一时间抓住他们的眼球，或者商品信息足够标新立异引起用户的兴趣。图 5-20 所示为“东西”上展示的商品，你会发现它们的图片都是以简洁、清新为主调。

在东西上，你可以分享一切有创意、有格调、有特色的商品，但是一定不能是“烂大街”的商品，“东西”的风格本来就是独树一帜的，分享的商品自然要与其网站风格相符合。

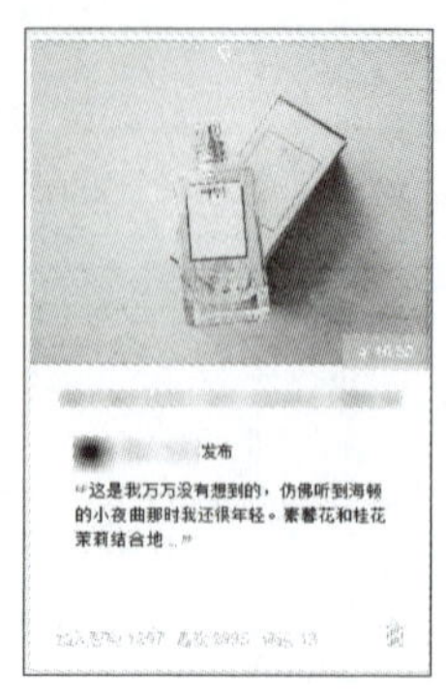

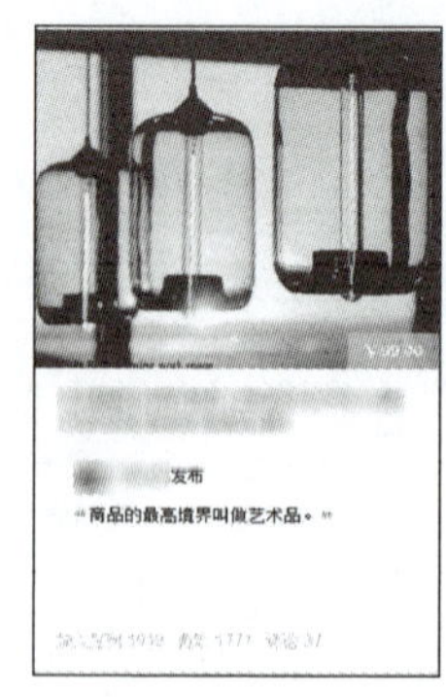

图 5-20　“东西”商品分享页面

分享在“东西”上的商品，除了样子要好看，能符合豆友们的口味，当然质量也是导致其能否被广而告之的重要因素。如果质量不过关，当有豆友们“上当受骗”后会立即跑来评论。如果一个商品被差评给包围了，不要说影响分享率了，甚至以后你要分享的商品都会遭到举报和抵制。因此商品的质量永远都是决定商品推广是否成功的核心。

2. 利用好“豆列”功能

之前提到过，豆瓣中的“豆列”是个人基于某个特定主题的一系列推荐。在“东西”的首页页面中，最上端出现的“成为一个软妹子的装备”“搜货达人，要不要这么会买东西”“每天 10 件白菜价商品”，这些豆列是面向所有用户推荐的。点开即可看到豆列下的多款商品，如果用户点击关注豆列了，那么以后豆列有更新时便会马上通知用户，如图 5-21 所示。

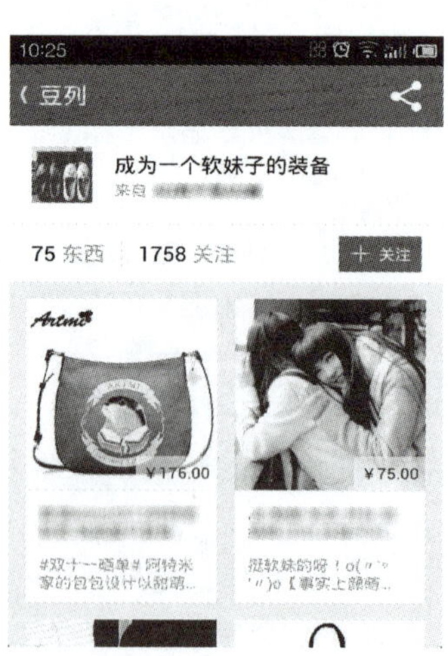

图 5-21　“东西”首页豆列

在分类的商品中，也会出现“热门豆列”的条目。例如在女装的分类中，就可看到“今日热门豆列”，如图 5-22 所示。

由此我们可以看到，当你在分享时选择将商品归纳到一个豆列中，那么当这个豆列被众多豆友喜欢和分享后，连同豆列里的商品也一并会成为热门的分享商品，从而被更多的人看到，并且在豆列中还有“关注”的功能，这其实就是培养客户的快捷方式，当你分享的豆列被人关注后，这部分关注你的人群其实就已经对你所分享的商品产生了兴趣，从而更容易转化为真实消费者。

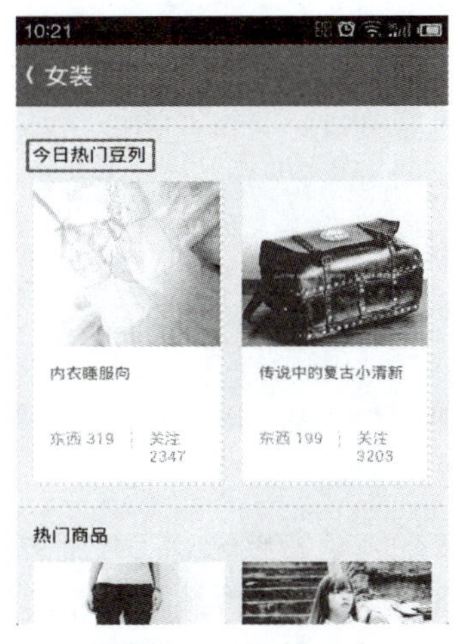

图 5-22　今日热门豆列

如今豆列中的条目数量不能超过 256 个，但可创建的豆列没有数量限制。在创建豆列时，做一个标题党非常重要。看看“东西”中的豆列，没有一个豆列的标题是不吸引人的。在分享后，用户第一眼能看到的除了商品图片就是标题了，所以在创建时标题不能过于平淡，尽可能地加些时下热门的网络热词，或者一些文艺青年的常用词在其中，如引用一些诗句、成语等。

3. 水军不可少，但不能过于水军

当你在“东西”上分享商品后，前期的流量要靠自己引出来，这时候就需要一些水军给你顶商品，在你的商品上加“喜欢”或加入豆列中。淘宝商家们可以自己多申请几个豆瓣账号，或者发动已有账号的朋友，让他们帮你做引流。

要注意的是，对于刚刚申请的豆瓣账号，要养一段时间才能开始当水军，而不应该刚注册就用来评论，这样的水军顶出来的商品很快就会被发现。

5.3　短视频 APP，助微商一臂之力

随着移动互联网的快速发展，移动视频的规模效应也慢慢凸显，在许多视频网站越来越倚重移动端流量的同时，另一种根植于移动互联网的视频 APP 形式也逐渐大行其道。2013 年，国外以 Vine、Instagram 为代表的短视频应用的爆发，国内微视、美拍、秒拍等短视频应用纷纷跟进，微信更新 6.0 版本后也加入了“小视频”这一功能，一时间短视频的江湖好不热闹。

由于短视频 APP 在社交、视频、图像等领域的跨界性，更为微商们开拓了一片营销的新天地。尤其是在 4G 时代的到来以及人们对动态丰富信息的需求下，短视频分享更成为了微商们发展商机的新趋势。

◎ 5.3.1 短视频再创微商营销新途径

相信2014年的“冰桶挑战”已然引起了不少网友们的关注，并且在长达半个月的时间里成为了各个社交平台的热门话题，引发了热烈的讨论。但和以往图文播报不同的是，这种动态性的事件，让短视频抢得了先机。在国内，不仅仅冰桶挑战火了，用来作为拍摄工具的一系列短视频APP也火了，如微视、美拍等，如图5-23所示。

图5-23 “微视”“美拍”LOGO

短视频顾名思义，与传统视频的差别就在于一个“短”字，往往视频时间控制在30秒以内。传统视频拍摄时间长，并且使用到的拍摄工具也比较专业，甚至许多视频在拍摄之前还需要进行很长时间的创作和准备。但是短视频只需要用户下载一个APP，就可以马上拍摄短视频，拍摄完成后，可以运用APP中自带的多种特效，制作出一个属于你的“大片”。

“操作便捷”“画质美观”也是短视频最大的特点，其所具有的丰富性、直观性是文字和图片所无法比拟的，这意味着短视频能有更大的表现力。而且短视频拍摄门槛低，不像文字还需要考虑字句搭配、正确与否，拍张照还要考虑构图。如今，“分段拍摄”已经成为众多短视频应用的标配功能，可以将不同的场景不同的状态拍摄进同一段视频中，加大了用户拍摄的创意空间。

随着4G网络时代的来临，网速、流量等对短视频分享的局限性将会降至最低甚至不复存在，4G时代的网络环境将会为更多应用提供新的市场生长空间，这一点对视频类产品尤为重要。而短视频只有短短几十秒的时间，除了更容易在用户脑海中形成印象，并且视频文件不大，在网络通畅的情况下即可快速上传到分享平台，让更多的人看到你的作品，有利于在移动端进行分享。

1. 短视频营销价值

如今在短视频APP上，已经有许多的明星用户和普通用户都加入其中，借助着明星效应和各种美化功能，加上支持将视频作品分享至微博和微信等其他社交平台的实用功能，短视频瞬时成为了善于发现生活中趣味并勇于尝试新鲜事物、重视社交的年轻一族心头所好，使其成为了新一阵的潮流。而在如今的移动互联网时代下，每一阵潮流的背后都有伺机而动的各路商家，于是嗅觉敏锐的微商们也纷纷试水短视频营销。

因此在这种操作简便、兼具话题性和社交性的短视频平台上，不仅让很多草根用户一夜爆红走上人生巅峰，而且也给了各行各业的企业投放广告的机会。如此一来，短视频营销也成为了众多企业及商家们争相运用的营销手段，那么短视频营销对其来说到底具有什么样的价值呢?

① 短视频在社交化时代更具传播价值，通过社交网络的分享，可以增加短视频用户流量，从而实现变现。对于微商来说，这样的流量就是客户流量，当你的短视频内容点击率上升，被疯狂转发关注时，得知你品牌的人也就越来越多，这些关注你的粉丝很大一部分可以转化为你的客户。

② 短视频天然的强娱乐性和话题性，更适合内容营销，营销内容化，内容即营销。通过短视频可将娱乐和营销进行深度融合，以极富创意和观赏性的短视频内容来打动用户，从而引发用户发自内心的一种认同，而非强行推销。

③ 短视频在内容表达上非常丰富，并且盈利的方式也很多。它不但可以和长视频一样投放前后贴片广告，通过微电影、病毒视频等短视频形式还可以进行广告植入，甚至是针对广告主的要求进行内容定制等，形式非常灵活。

④ 与文字和图片相比，短视频可以多方位刺激受众感官，为体验式营销提供了一个不错的平台。

2. 短视频中的创意营销

利用短视频推行广告营销，显然是找到了一个合适的载体。视频信息具有丰富且形象化的特征，是天然的广告载体，当然，前提是少于 10 秒钟（当前主流短视频 APP 初始限制时间）的展示一定要经过精心设计，找到巧妙的切入点，做到简洁而又有力。要知道，普普通通的 6 秒或是 10 秒，绝不会打动任何一位潜在受众。

就运营手法来看，短视频至少已初步形成三大营销形态：一是在应用平台或是社交网络发起热门话题、标签，吸引网友参与其中拍摄短视频，也就是 UGC（用户生成内容）；二是针对品牌建立一个账号，以此为阵地进行整合包装传播，每天提供优质内容聚集粉丝；三是与各种短视频达人合作，在他们的短视频作品中进行品牌的深入植入。

从具体短视频的用途来看，则大概有以下五种玩法。

① 做预告

许多在电影上映之前都会先发出预告片，开始造势引发关注，所以电影预告片广告一直是视频广告的主战场。而短视频兴起后，与电影之间也开始发生了一些新的化学反应。

在 2013 年 6 月，美国最大的影剧院连锁运营商帝王娱乐集团就利用 Vine 推销其即将上映的《怪兽大学》《僵尸世界大战》和《白宫陷落》三部影片。虽然 Vine 中的视频仅播放 6 秒的时间，但这实际上提升了广告片讲故事的效率。更容易将最精华的部分呈现在观众的眼前，吸引住观众的眼球。

虽然这样的广告方式发生在国外，但在国内，也是非常值得借鉴的。不知道接下来短视频与电影之间会不会再发生些有趣的互动。

② 说产品

用不到10秒的时间去描述一件产品，确实有些难度，这就需要有十足的创意。一向善于做社会化营销的小米，在短视频营销方面也做了第一个吃螃蟹的人。

日前，小米手机官方微博正式宣布，其微视单条创意视频播放量已超过千万，成为首个进入“微视千万俱乐部”的企业级用户。而消息一经爆出，迅速引发了超过3万的评论互动量。而当时恰逢全球移动互联网大会召开期间，小米的这条微博也进一步验证了此次大会上反复被提起的一个观点：“社交媒体多元化的大趋势下，商业和信息其实并不存在冲突，关键是如何融合在一起。”

③ 论使用

除了体现品牌趣味性以外，还可以通过短视频讲明怎么使用的问题，告诉你的用户，产品如何安装、如何使用，以其代替之前的纸质说明书，更形象更具体。整理出客服部门最常收到的问题，制作相关的视频短片去解答这些问题。

在利用短视频讲产品使用时，要注意的一点是，切莫贪图全面，一次只说一小点，但要说清楚。还以小米手机为例，在短视频中，小米教用户用线控耳机进行拍摄的小技巧，这也是把一些产品中更酷、不易被发现的玩法教给用户，激发用户参与互动的积极性。

④ 讲故事

用视频来讲故事，很多广告主早已熟知。长达几十分钟的微电影，可以将故事讲得婉转曲折；30秒的传统贴片广告，可以将故事讲得含蓄巧妙；而只有几秒的短视频呢，真的可以用来讲故事吗?

在10秒以内的时间内讲明白一个故事，其实给品牌提出了更高的要求。前文提到利用短视频制作电影预告片，其实就是把一个饱满的故事高度简洁化，在最短的时间内表达出故事的亮点。

如果直接讲故事难度太大，完全可以转一转思路，剑走偏锋，请名人或是达人来讲故事。既吸引眼球又有说服力。例如CCTV发现之旅和中国南方航空公司联合国内短视频达人“@罗休休”“@北小诗”“@韦海珊”等，在短视频平台里用8秒视频带领用户体验南航、体验澳洲珀斯美景，制作出品质优美的“旅行小故事”。

⑤ 做活动

短视频为什么能在短时间内变得流行? 用户在使用中的存在感和参与性算是原因之一。以微视为例，十几个频道中，除了明星频道外，绝大部分频道都是以普通用户内容为主来进行推荐。在短视频应用中有一个现象，就是每天不仅有各种话题更新，而且绝大多数都是由用户在使用中自发形成，或者由网友发起后迅速吸引大批用户参与其中，从而形成的热门话题。

这点恰恰是品牌可以加以利用的，品牌的单方面推广劳民伤财，如果能以 UGC 的形式发起品牌活动，吸引广大网民的广泛参与，调动起有效的社交网络加以蔓延，传播边界就可以无限扩大。

◎ 5.3.2　美拍 VS 微视

在国内多款短视频应用中，“美拍”和“微视”可谓是用户群较大的两款 APP。那么同样都是短视频应用，作用都是拍视频，这两款 APP 又有什么不同？下面编者为大家一一介绍。

1. 用户定位不同

“美拍”是美图秀秀出品的最潮短视频社区，用户可以拍摄时长为 10 秒的视频上传分享。美拍主打女性用户群体，特效偏唯美韩范，能让普通视频瞬间高大上，媲美韩剧甚至专业 MV 水准。

众所周知，“美图秀秀”被誉为“美颜神器”，自它诞生以来就一直都是无数爱美女性手机中的必备品，而“美拍”也延续了“美图秀秀”的美颜功能，即使是拍视频，也要把人物拍得美丽动人，这也正是其成为广大女性用户喜爱的重要原因之一。

“微视”是腾讯推出的一款应用，定位是基于开放关系链的 8 秒短视频分享社区。用户可将想表达的内容通过 8 秒钟视频分享的方式展现，同时支持分享到微信朋友圈和微博。其定位为普通大众，任何年龄层的人都可以使用。

2. 界面设计展示不同

“美拍”界面设计较为精致，走高端精品路线，由于是主打女性用户群体，配色多采用粉色以及深邃的紫色，搭配上黑灰色的背景，显得尤为高档，如图 5-24 所示。

“微视”因定位面向普通大众，所以其界面设计得非常清爽，使用了活泼细腻的天蓝色，打开就有种清新之感，如图 5-25 所示。

图 5-24　美拍初始界面

图 5-25　微视初始界面

在“美拍”和“微视”的首页中，都是以瀑布流形式展现作品，更加直观。区别在于功能键分布，“美拍”中的功能键呈上下分布，“热门”“广场”“好友”三个板块在屏幕上方，可滑动切换。“个人中心”与“消息”分别位于下方拍摄键的两侧，如图 5-26 所示。

“微视”的多有功能键都集中在屏幕上方，“原创”“热门”“频道”三个板块，可滑动切换。“消息”“个人中心”以及拍摄键也都在屏幕的最上方，如图 5-27 所示。

图 5-26　美拍首页

图 5-27　微视首页

3. 拍摄方式不同

“美拍”的拍摄按键被安排在界面的最下方，与产品 LOGO 保持一致，非常容易辨认。拍摄界面设计简洁，整个画面只有拍摄按钮色彩突出，确保用户不会按错。在拍摄按键的两边还有“照片电影”和“导入视频”的功能键，用户可以导入 3~6 张照片制作成视频，也可以导入本地视频，选取 10 秒的画面制作。清晰直观，方便用户快速选择。

在拍摄时可在右上角点击选择是否打开闪光灯，点击选择前后置摄像头的切换，取景框中带有自动对焦标识，轻轻点击屏幕就能实现二次对焦，支持分段拍摄，最短可拍 4 秒视频，如图 5-28 所示。

图 5-28　美拍拍摄界面

“微视”拍摄界面相较“美拍”更为简洁，甚至连拍摄按键都被取消了，但实际上整个屏幕都是拍摄按键，不再是局限于某个点，更方便了用户操作。不过没有特别的标志或者颜色来突出，在视觉上不够醒目，也容易让很多用户在不知所谓的情况下就开始了拍摄，如图 5-29 所示。

右下角的是其功能按键，点击开即可查看使用功能，分别有“8 秒微视”“动感影集”“长视频”“本地视频”四个功能。“动感影集”支持上传 2~6 张本地照片来制作成视频，“长视频”支持拍摄时长 5 分钟的视频，但在最终制作时只能截取 8 秒的画面。而“本地视频”则支持上传手机内的本地视频，同样在制作时，只能选择 8 秒以内的画面，如图 5-30 所示。

在“微视”的取景框里无法自动对焦，用户需要点击右上角的🔧进入工具菜单才能调取，如图 5-31 所示，稍有不便。

图 5-29 微视拍摄界面

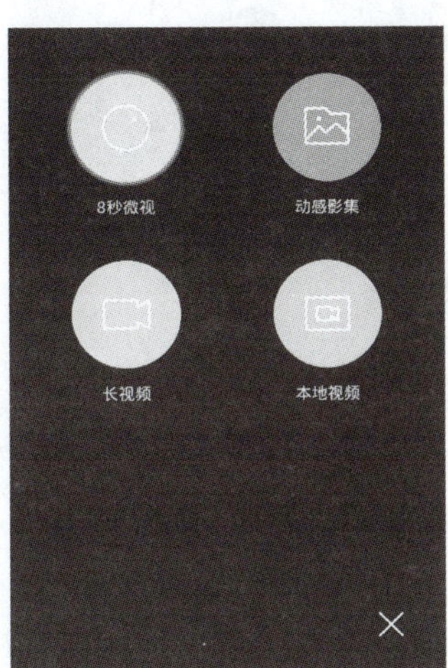

图 5-30 微视拍摄功能

图 5-31 微视工具菜单

4. 功能上的大相径庭

“美拍”和“微视”设计理念有很大区别，同是为年轻人设计，一款深邃唯美，一款轻松自然。“美拍”上档次些，但是细节功能有细小缺失；“微视”界面简单，但是细节却很丰富。

① “美拍”视频制作功能

“美图秀秀”相信很多人都用过，它已经成为了普通女性通往女神之路上的必备神器，同属一家公司的“美拍”美化效果延续了“美图秀秀”的风格，就算再普通、再简单的视频也能通过“美拍”变得唯美梦幻，这一点就体现在其提供的多种多样特效上。在用户默认的设置下，特效已下载好的就有 13 种，还有更多未下载的特效可以选择，年轻、动感、沉淀、柔和等风格都有，几乎涵盖了所有用户的喜好，如图 5-32 所示。除了“MV”特效之外，还有滤镜供用户选择，就算在不用特效的情况下，用滤镜就能马上改变视频画面质感，这么看来用手机拍大片也不是不可能。

图 5-32　美拍特效功能界面

在美拍中通过添加本地照片也可以制作成视频，就是我们在拍摄界面中介绍过的“照片电影”。但不同的是，“照片电影”使用到的特效与拍摄视频使用的特效不同，只有几个特效可以使用，滤镜的效果也不一样，但画面感更加有趣，如图 5-33 所示。在照片电影的特效中，点击右下角的A≡还可以更改特效文字，加入用户自己的创意也会让视频更有特色，如图 5-34 所示。

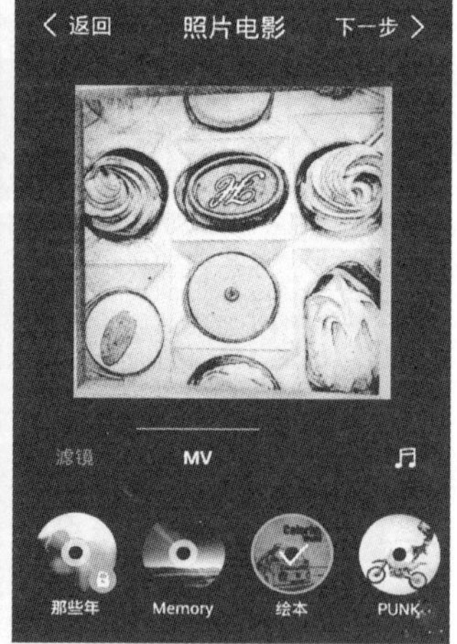

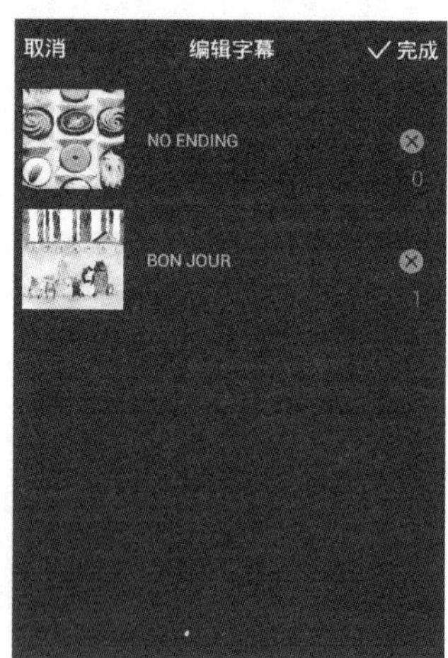

图 5-33　美拍“照片电影”界面　　　　图 5-34　编辑字幕界面

除了准备好的特效之外，点击右下角的♫还能更改背景音乐，为视频再添一道色彩，音乐种类可谓齐全，并且应用已经自动将它们进行分类，用户可以根据拍摄内容进行选择更换，如图 5-35 所示。不过并不支持使用手机里的歌曲，也不支持在网络上搜索。

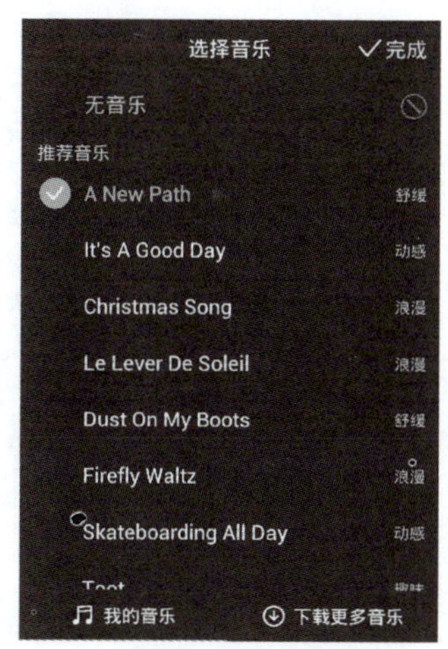

图 5-35　美拍选择背景音乐界面

②　“微视”视频制作功能

由于“微视”主打社交功能，所以在美化方面没有“美拍”那么唯美，风格更加现代化，但它提供的 19 种特效也足够使用。它没有单独将特效中的“更多效果”列出，而是将它们和当前特效整合在了一起，喜欢的话点击即可下载，如图 5-36 所示。预览形式更加直观，步骤减少使得体验更直接了一些。除了给整个画面加上特效，点击拍摄界面右下角的还可以添加视频美颜功能，对于女性用户来说非常实用，视频中的面部皮肤会显得更细腻柔和，即使是动态画面，也无须担心暴露皮肤缺点，如图 5-37 所示。

图 5-36　微视特效功能界面

图 5-37　美颜功能界面

与“美拍”一样，“微视”中的“动感影集”功能与普通的拍摄视频能使用到的特效完全不一样，画面感更有趣也更具创意，如图 5-38 所示。

图 5-38 微视“动感影集”功能界面

水印是很多人都喜欢的元素，在“微视”中点击右下角的即可添加水印，可根据自己的用户名或主题更换，如图 5-39 所示。背景音乐同样必不可少，在“微视”的配乐库中将歌曲进行了更加详细的分类，可选择余地更大一些，如图 5-40 所示。不过大多数都需要下载才能使用，如果在网络不畅的环境下则无法使用。它同样不支持使用手机里的歌曲，也不支持在网络上搜索。

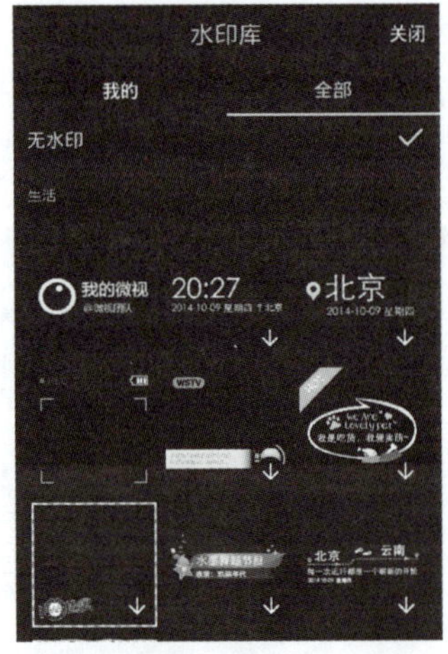

图 5-39 微视水印库界面

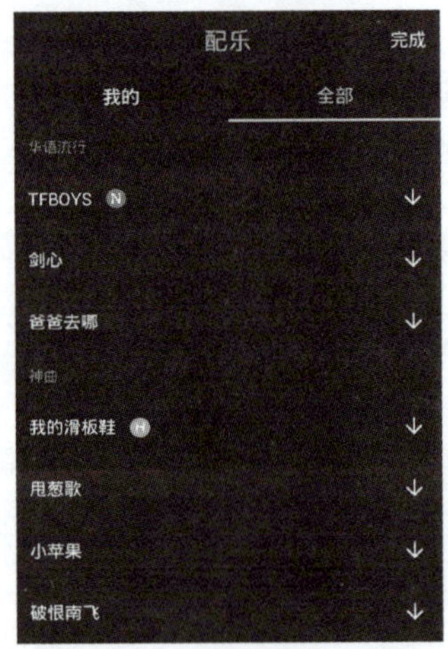

图 5-40 微视配乐库界面

在短视频的应用中，特效和音乐是丰富视频的根本，从数量上来看，这个环节明显是“美拍”更胜一筹，但是从下载是否方便这个方面来看，“微视”设计更简洁，操作步骤少一些。

5. 分享功能的不同

“美拍”的分享界面中，可将视频同步到新浪微博和 Facebook 中，虽然平台不多，但是将国内和国外的主流分享媒体全都囊括在内，也是在给其发展海外用户上多了一条道路。在分享时还可以添加话题或者提醒好友、发送定位。当然如果不选择同步功能，最终会分享到“美拍”自己的社区和广场上。如果用户不愿意将这些画面公开，点击右上角的“草稿箱”，这段视频就保存在您的相册中了，如图 5-41 所示。

对于一些朋友想将视频分享至微信朋友圈或者 QQ 空间中，那么就需要在视频成功上传到“美拍”平台后，在“好友”中查看到自己上传的视频，选择右下角的，即可发送给微信好友或分享到朋友圈和 QQ 空间，如图 5-42 所示。

图 5-41　美拍视频分享界面

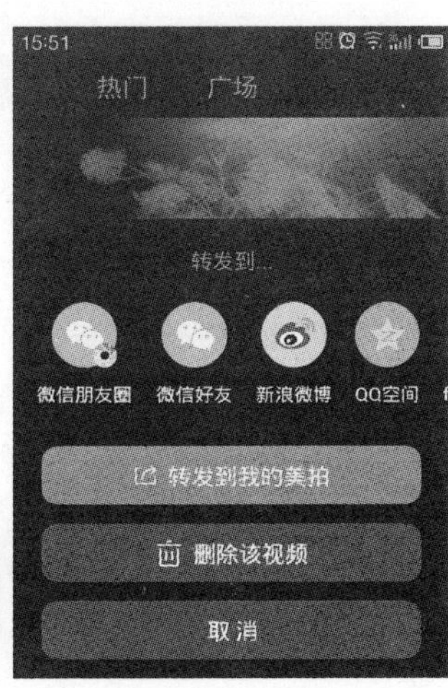

图 5-42　将视频分享至其他平台界面

“微视”分享上也仅仅支持同步到“腾讯微博”和“新浪微博”两个平台，同时可添加标签、可提醒好友，还可以设置为不公开，细节方面体验更佳，有种接地气的感觉，如图 5-43 所示。

当视频成功上传后，在“原创”板块中可以查看，点击右下角的即可分享到微信朋友圈、QQ 空间平台或转发给微信和 QQ 好友，如图 5-44 所示。

图 5-43　微视视频分享界面

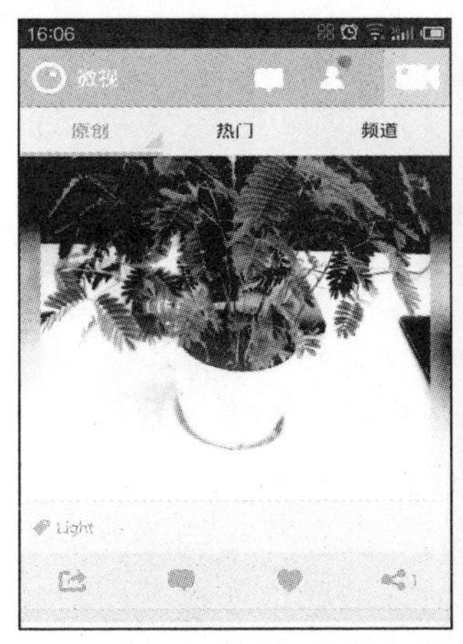

图 5-44　将视频分享至其他平台界面

在分享方面，“微视”支持的国内平台更多，而“美拍”则加入了国外的分享平台，面向范围更广。

“微视”与“美拍”，在营销方法上其实是很相近的。所以在下面的章节中，编者主要以微视平台来讲解营销方法及分析案例，但也会在单独章节以“美拍”所面向的女性用户群讲解营销知识。

◎ 5.3.3 用微视打造你的热门视频

经过上面的基本介绍，相信大家对微视的操作都已经有了一定的了解。那么接下来就是让微视真正发挥它的用途——做营销。但在这之前，首先要先下载“微视”APP，只要你在微视的官方网站上扫描二维码，或者在手机应用商城上都可以下载，当下载 APP 之后，可以选择微博、微信、QQ 等多种方式登录，登录成功后即可开始创作你的短视频“大片”来赚钱了。

微视以差异化的玩法，塑造了一种全新的营销生态。这使得微视的用户在构成上便形成了年轻用户占比最大，在整体产品氛围上也显得更具活力且轻松的特点。这种氛围随之带来的变化是，人在良好的情绪下显然更易接受一些附加商业信息，也更易达成对品牌的某种认同和主动传播。在这个生态体系中，很多成名的玩家并不是以往的微博红人，而更多来自喜欢视频表达的普通用户，并且形成了各具特色的圈子。因此，对于普通的草根来说，就算你从零做起，也可以成为微视上的营销红人。

微视营销赚钱的途径有很多，只要你能够快速积累大量粉丝就可以做微视营销，自然就能赚钱，也可以买卖账号，接广告，做活动，其次微视营销还是一种非常好的免费宣传和推广营销的途径，只要你有一个好的产品，就可以通过微视来营销，免费推广高利润回报。

微视营销中，适应的产品很广。只有你想不到而没有不能卖的产品和做不好的营销，涉及汽车业、手机业、服装业、化妆品业、婚介业、明星业、首饰业、宠物业等，其实有大部分产品都包含了。

1. 账号定位

在做营销之前，就得申请一个自己的账号来做营销，对于这个营销账号的定位尤其重要，开头开得好了，那就是成功了一半。微视营销将会成为一块大宝库，也是营销必学的方式。如何做微视营销呢？下面就为大家详细介绍微视营销运营方法和技巧。微视的视频虽然只有短短的 8 秒短视频，但完全可以设计非常有吸引力的广告视频来宣传推广产品和品牌。

定位自己的行业和产品，然后开始注册申请公司或者个人的微视号。如何定位微视账号？就是要注册的账号和你所在的行业和产品相关，如果你卖化妆品，可以设计成美容俱乐部，如果你卖服装，可以设计成潮流搭配风等，这样设计的话有助于分享视频，吸引粉丝订阅，为营销做准备。

① 确定帐号名字

如果你是企业的微视号，可以使用公司名或者品牌名来做名字；明星或者自媒体人最好选用自己的真实名字，并且通过认证，这样才会让用户产生信任感。

如果是个人微视号，就得确定出一个符合自己定位的名字。比如以搞笑为主题就要起一个幽默的名字。同样，如果以创意、绝技等为主题也要起一个能表达主题的名字，最好能达到让人过目不忘的效果。如果你就想让自己红起来，不想让账号加入某个分类中，那么完全可以取带有自己名字的账号，例如一些微视达人“罗休休”“张小雅 kiki”等都是让自己的账号名称看起来就像本人的名字，这样不仅增加了账号的真实感，还让粉丝们更容易记住它，就好比一些草根达人们的艺名，久而久之则会形成你的粉丝效应。

例如，图 5-45 中的一些微视账号，就非常符合其本身的定位：

图 5-45　微视关键词搜索界面

② 选择帐号头像

如果是企业账号就用自己的品牌 LOGO，如果是个人账号，头像和你的名字一样都要符合定位。例如，图 5-45 中的“搞笑”关键词相关的这些账号，不是用一些搞笑图片，就是用喜剧代表人物“憨豆”“蜡笔小新”来做头像；而“电影”关键词相关的这些账号也采用电影公司、电影海报来做头像，这些头像都使其账号定位非常显而易见。

除了头像要和主题相配外，鉴于手机屏幕的尺寸，图像一定要清晰明显，最好能带给人视觉冲击力。

③ 填写帐号简介

简介以短小精炼为佳，内容要清晰明确、能够直接告诉用户此帐号起到什么作用，以及给他们带来哪些好处或利益。

④ 创作帐号内容

除了要做符合自身主题的内容，还要根据用户的关注度去创作内容，比如当下人们炒得火热的某些社会现象等都可以巧妙借用。

一个良好的定位会为你的营销之路打好根基，所以说先把这四步做好了，也就成功一大半了，运营好微视账号，不断累积资源，剩下的路，每走一步，也就离你的目标更近一步了。

2. 运营推广

说到微视运营推广，想必微商最关心的就是如何增加微视粉丝，这也是检验利用微视进行品牌推广的一个重要参数，毕竟只有被更多有价值的粉丝关注了通过微视分布的推广信息，才能体现微视推广的价值。

在微视上从微视达人变成营销达人的，无一例外都有着比较相似的模式：人气暴增——保持知名度——植入营销获得收益，所以推广自己的微视账号吸引更多粉丝就变得非常重要。具体方法如下。

① 互粉互推

这个是最基本的推广方式，通过每天不断加关注获取大量的回粉，获得大量被关注用户。加关注时应找到和自己需要的相关人群进行添加，比如你是想用微视来卖化妆品的微商，那么“年轻的爱美女性”就是你的粉丝人群，这时你就可以去搜集一些化妆教程或护肤品大号，找到他们的粉丝并使其开始关注。只要你的账号活跃度不低，各项资料都齐全，回粉率还是比较高的。

需要注意的是，微视每天的关注上限是 200 个，每天最多取消关注 200 个人，一个账号最多只能关注 2000 个用户。

② 定期更新内容

定期发布一些高质量、有创意的视频内容，并鼓励引导粉丝转发、点赞，会为你带来更多粉丝。具体如何制作出好的微视视频，在后面的章节中会有详细讲解。

这里要注意发布微视要适量，每天最好发布 2~5 条微视。如果是广告性质的微视，每周最好 5 条左右。不要大量发布，也不宜刷屏，不然会提高粉丝取消关注该账号的数量，反而得不偿失。

③ 添加标签，紧跟热门话题

每天更新有创意、有人气、转发高的微视内容给粉丝的同时，一定要添加热门话题的标签。这样微视用户在搜索相关词时就会找到你的微视，当用户喜欢你的内容时，一般都会进行关注。同时，尽可能多去添加标签，只要觉得能和你的视频内容沾得上边的都可以添加，这其实是加大了不同用户查找不同关键词时该账号的出现率。

④ 评论和加赞

虽然在微视中加关注每天上限为 200 人，但评论和赞是不限次数的。因此，我们可以通过评论和赞一些热门微视，获得关注。在评论中引导粉丝关注也是一种不错的方法。

⑤ 推荐给微视官方

发布一些好的视频，选择 @ 微视官方：比如你发布的旅游类内容，可以 @ 微视旅行；发布的宠物类内容，可以 @ 微视宠物；发布的明星类内容，可以 @ 微视明星。这样当微视官方认为你的内容比较好，就会推荐到相关分类的首页，从而大大增加了爆光的次数，以及被关注粉丝的人数。

⑥ 分享至其他社交平台

除了微视本身的平台外，还要将其他的社交平台作为推广阵地。之前已经说到，微视是支持转发到 QQ 空间、微博、微信朋友圈的，这些平台上的好友平常在其中浏览的时间基本都很长，所以你的微视内容也很容易被他们看到，如果正巧能够吸引到他们注意的话，就很容易将其转成微视平台上的粉丝。

⑦ 活动推广

许多的品牌通过广告要赢得粉丝，不给一些用户们物质上的“诱惑”是不行的。在微博上“转发 @ 好友即送礼品”的活动如今到处可见，微信上“集赞就送礼品”也早已泛滥。可是无论这样的活动方式被各大企业和商家们用了多少次，还是会引来无数粉丝的转发。在微视上，发布这类的活动消息也是推广的重要方法之一。用一些奖品来吸引粉丝们，不需要多么丰厚，但是要能够引起粉丝们的兴趣，符合粉丝们的需求，让他们给你转发带来引流。

⑧ 交换资源

当微视账号有大量的粉丝后，可以与其他账号交换资源，相互营销借力，同时可以出售广告给商家来赚取广告费。

⑨ 借力微信平台

如果部分微商在玩微视之前，就已经有了自己的微信公众号，甚至有些已经将其运营得非常好，积攒了大量的粉丝。这部分资源就不能白白浪费掉，微视和微信本就是一家，都是腾讯旗下的应用软件，在推广上这“两兄弟”也是相辅相成的。微商们可以将自己的微视视频上传到公众平台，具体方法第 155 页中已有阐述，这样可以借助微信公众平台的力量，做更多的引流。如果能够把微信公众平台上的粉丝们转到微视平台上，必定能使营销的效果更上一层楼。

3. 如何拍出热门视频

要知道内容即营销，当你的账号有一定数量的粉丝时，就可以推广宣传自己的产品或者公司了，如录制一些简短的商家简介、活动，产品说明，客户见证，产品广告等视频给你的粉丝观看。但这样的前提是需要拍出热门视频来吸引粉丝。

如今多数用户在体验微视这 8 秒拍摄时间的时候，多多少少会产生一些抱怨，觉得 8 秒太短了、不够看。其实之前在介绍微视功能的时候就有说到，微视是支持拍长视频的，而这个长视频可以拍长达 5 分钟的时间，然后通过剪辑成为一个 8 秒的片花进行上传。如果用户想浏览整个视频的话，就可以自行选择观看完整视频。如果你觉得 8 秒时间达不到你要的视频效果，就完全可以使用长视频功能。但长视频因为时间较长，用户观看时在没有 WIFI 或网络不稳定的情况下，则会影响播放效果，用户体验也就下降了。所以编者建议大家最好以制作 8 秒钟的视频为主。

一个微视账号想要赢来大量的粉丝，最重要的还要“肚里有货”，能够拍出与别人不一样的视频，能够做到让用户们眼前一亮，能够自然而然地加入广告不引起用户反感。总体归纳来说，在拍摄技巧上有以下几个方面需要掌握。

① 分段拍摄

分段拍摄，在短视频 APP 里，几乎是必备的功能。正是因为这个功能，许多的用户才拍摄出了令人或匪夷所思或捧腹大笑的作品。

例如，图 5-46 所示中“@ 小米手机” 微视官方账号发布的一个创意视频，视频里的小米手机中显示了一张 100 元人民币图片，此时一个乒乓球飞了过来砸中了手机屏幕，神奇的一幕就发生了，手机里的 100 元图片变成货真价实的人民币！

图 5-46 “@ 小米手机”创意视频截图

这样的“魔术”效果就是用“分段拍摄”技术做到的。先拍好乒乓球砸中手机里人民币的画面，这个时候暂停，将手机屏幕调成白背景状态，自己放一张真正的 100 元人民币在手机前，再点击继续拍摄。这样处理后，最终制作出来的效果是一个连贯的视频，其中的趣味性就凸显出来了。

除了这样的玩法，在微视的“热门”板块下，每天都有无数的创意视频会上传至此，你可以在里面找到更新鲜、奇特的分段拍摄创意，而在“频道”板块里更有不同主题的微视红人视频，这些都是值得学习借鉴的地方。

② 延时拍摄

启动该功能后，无须再用手按屏幕，界面显示倒数 3 秒后，便自动进入拍摄状态，拍摄完成后，还会自动转至编辑页面，使用起来十分便捷。

对于很多喜欢自拍的用户来说，只要点开此功能，之后单手握着手机或将手机固定在一个位置上，想怎么拍就可怎么拍，就算来一段自编自导的情景剧也不在话下，解放了双手，大大拓展了拍摄和玩创意的空间。

比如最近在微视上极为流行的“假装在一起”玩法——一个人分饰两个角色，伪装成两个人在谈恋爱的假象。在无人协助拍摄的情况下，选取合适角度，将手机固定好机位，打开延时拍摄，背对摄像头，用自己的双手模仿出好像有人在拥抱自己的感觉，一段“假装在一起”的微视就搞定了。有了延时拍摄，微视一个人玩出花样再不是什么难事。

③ 表演段子、短剧

在微博上早就出现了无数的“段子手”，写出来的搞笑段子更是数不甚数，其实这些都是可以用来创作的素材，如果这个段子是个人原创的那就更好了。图 5-47 所示中“糗事百科”的微视号，就让两个演员表演了一个段子——女：“专家说在狗的眼里，人类的一切行为都是慢动作”；男：“怪不得！老板总嫌我干活儿动作慢！”。想必这样的“吐槽”段子换谁都会笑喷吧！

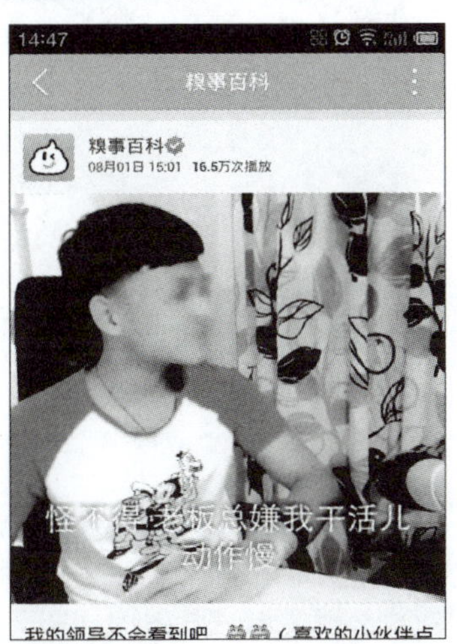

图 5-47　“糗事百科”搞笑视频截图

如图 5-48 所示中的视频，男：“为什么井盖是圆的呢？”女生抬手给男生一巴掌道：“如果它是方的，你又要会问为什么是方的呢，它总得有个形状吧！”，搞笑段子加上演员表情动作，更是将这样一个“暴力”场面变得笑料十足！

图 5-48 “糗事百科”搞笑截图

微视上的红人“罗休休”是一名普普通通的大学生，但她在加入微视后拍摄了一个题目为【8 秒微电影·《来自书中的你》】的微电影（如图 5-49 所示），惹来了众多粉丝的追捧。这部微电影共有 8 集，每一集的点击率都超了 50 万次，这样的方式也为众多用户们提供了一个新的玩法。

图 5-49 “罗休休”微电影

④ 特长表演

之前编者在介绍适合短视频营销的群体时，就提到了有一技之长的自由职业者，而这个一技之长在微视上就是一个很好的表演平台。你如果特别擅长唱歌、跳舞、画画等才艺，就用视频拍摄下来让大家看到你的闪光点，但是仅仅只有 8

秒的视频，就一定要把精华表现出来，这样才能立即吸引住用户的眼球，从而逐渐形成一个欣赏你的粉丝阵营。

图 5-50 所示为微视上一群爱跳舞的女生上传的舞蹈视频，以及一位小女孩演奏钢琴的视频，点击率都不错。

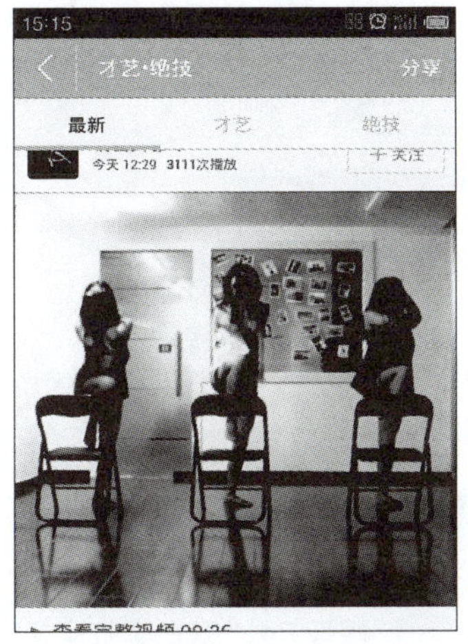

图 5-50　女生舞蹈微视截图和小女孩演奏钢琴微视截图

⑤ 恶搞卖萌

如果你特别会恶搞，还特别放得下面子博取众人一笑，那么录制一些搞笑视频，或者结合时下热门的笑料话题做成视频，都会博得大家的笑声。图 5-51 所示为，一个男生将自己打扮成了格格，说着宫廷剧里的台词；而图 5-52 所示为一位男生结合了时下多个热门的新闻话题，拍了一段语速超快的独白。

图 5-51　恶搞格格视频截图

图 5-52　恶搞独白视频截图

如果你是美女或帅哥，对自己出众的外表有足够的自信，那么只需要在镜头面前尽显优雅姿态或帅气风姿（如图 5-53 所示），并且运用特效让自己更加迷幻动人，这就够了。如果你养了宠物，让宠物乖乖配合你在镜头前卖个萌（如图 5-54 所示），同样能赢来众多的目光。总之只要是美丽的事物，就会受到无数人的赞赏。

图 5-53　美女卖萌视频截图

图 5-54　宠物卖萌视频截图

⑥ 参加活动

微视中经常会举行一些微视活动，或者微视上的热门话题视频，这个时候就需要你去积极参与，这是一个增加曝光率的好机会，参加活动的人越多，互相点击看视频的人也就越多，你的曝光率也就越大。

图 5-55 所示为微视“活动版块”里的各种活动，以及当下的热门话题“鸭梨大洗头舞”，在其中都有许多的用户参与。

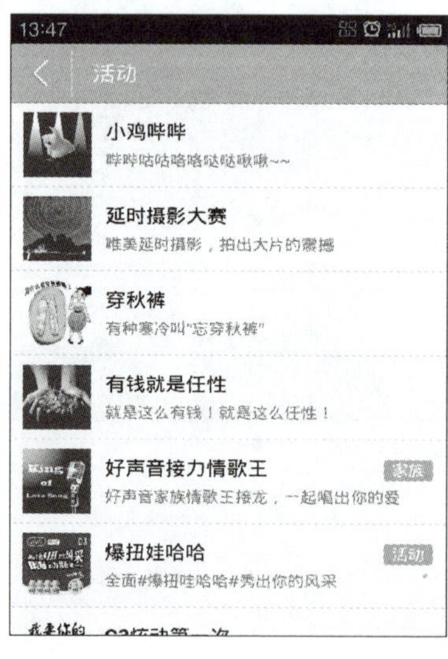

图 5-55　微视热门活动

4. 微视营销注意事项

每个营销平台都会有些“禁区”是不可跨入的，微视也不例外，微商们在微视上营销有以下几点必须注意。

- 微视账号最低四个字节，也就是最少两个汉字或者四个字母。
- 评论不能总发一句话，发多了不但毫无观赏价值，引起用户反感，严重的还会被屏蔽。
- 随机粉人，大概只有三分之一的人会回粉，这是一个非常准确的概率。
- 搜索排名是根据你的名字和最近活跃度来排列的，就是说如果你最近发了视频，那么当有人搜索你名字中的某几个字时你会排名靠前，如果你没有发过视频，即使搜你的名字也不一定排名靠前。

◎ 5.3.4 看美拍如何圈住“女人心”

“美拍”在营销技巧上，与“微视”有很多的相似之处，前面编者以“微视”为载体介绍的拍摄技巧、运营推广技巧等，其实在“美拍”上也是同样适用的，只是在 APP 界面操作上会有些许不同，在此便不再赘述。

之前编者也已提到“美拍”所面向的用户侧重女性用户群，其依托的平台是美图秀秀。有关数据显示，在中国，每 7 个人就有 1 个是美图的女性用户，每 2 个果粉就有 1 个是美图的女性用户，平均每 3 台安卓手机就有 1 台安装了美图秀秀。由此可见，在“美拍”中女性用户的比例占据有多大。如果你的消费者面向的是广大女性朋友，那么“美拍”绝对是你的最佳营销场地。

在众多面向广大女性的行业中，编者认为最有利的行业则是淘宝店主和微信商家们，因为无论是淘宝主还是微信商家，基本都是采取线上宣传推广。如果你是卖女装的，可以用“美拍”来拍摄展示视频；如果你是卖化妆用品的，可以用“美拍”来拍摄化妆过程视频和效果视频等，最后在视频的介绍中附上自己的淘宝店铺地址或者微信号。“美拍”自带的精美特效能将视频中的人和物都美化得更加动人，不需要额外处理就可以让商品的格调大涨。这样的效果对于需要常常使用照片展示的淘宝主和微商来说，无疑是更好的方法，通过直观的拍摄也更能吸引消费者的注意，做到“人气引流”。

除了能在“美拍”平台推广商品之外，其上的视频还可以运用到淘宝页面商品的展示上。其实淘宝不仅支持使用照片展示商品，也支持视频展示。而“美拍”拍出来的视频是 1:1 的正方形大小，正好符合淘宝商品展示的要求。如今在淘宝上使用“美拍”拍摄视频进行展示正在众多淘宝店中广泛使用，作为提升商品的一种好方法。图 5-56 所示中的淘宝店正是使用了“美拍”视频来作为商品展示。

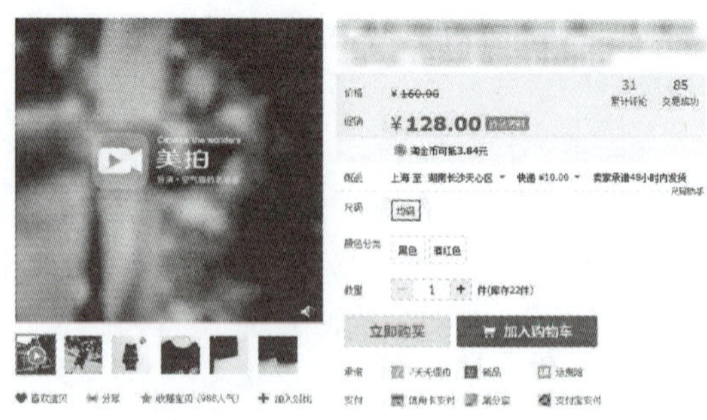

图 5-56　淘宝店主美拍展示宝贝界面

案例　淘宝卖家成美拍红人

淘宝上的一位皇冠级卖家"@Z_ 子晴"就转阵"美拍"营销，不仅为自己的淘宝店带来了更大的收益，还常常在"美拍"上将微信号公之于众，引流到自己的朋友圈，更成为了一位"美拍"里的红人。

她的"美拍"粉丝如今已经达到了 26 万之多，浏览她的美拍主页可以看到，很多视频都来自日常生活中的记录，并没有许多特别创意搞怪的视频。起初，子晴开通"美拍"账号时，也只是把其当做是玩乐的工具，但是因为其"女神"级的容貌，拍的视频很快就被推上了"美拍热门"，粉丝一下大增。于是她马上想到了利用"美拍"来做淘宝和微信引流。

子晴每次拍视频都会选择穿自己淘宝和微信朋友圈店里售卖的衣物，这既为自己的商品做了宣传，也向粉丝们更全面地展示了商品的形态。如果其店铺有新品了，要拍新照片时，"美拍"则会成为一个她分享拍摄花絮的平台。而在美拍上也常常会产生一些热门话题，作为美拍红人，子晴也会结合热门话题来推广账号。如 2014 年 6 月大热的"全民社会摇"舞蹈，她也独自拍摄了一段舞蹈视频，并获得了超高的点击率与转发率，如图 5-75 所示。

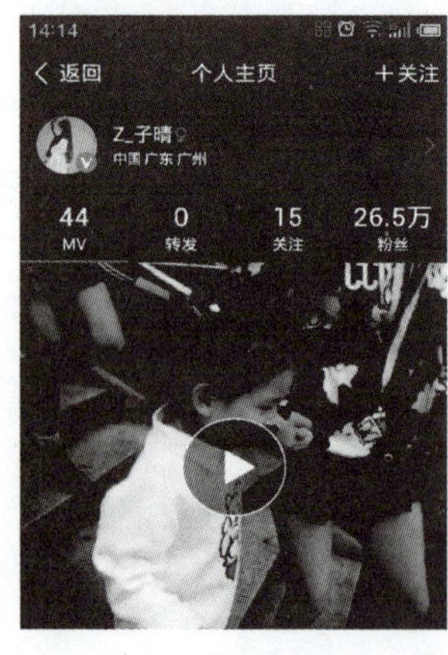

图 5-57　美拍红人"子晴"视频

类似于子晴这样擅长网店站外营销的卖家，如今并不占少数。最出名的莫过于网络红人“@ 恋珊妮”，也通过站外引流的方式，创造了其护肤产品日收入破百万的奇迹。

除了个人卖家之外，“美拍”也可以是面向女性消费者企业的营销平台，一些企业想尽各种办法，通过户外广告的宣传，微博的转发有奖活动等想吸引消费者，很多企业在大费周折之后，还是没有得到满意的效果。他们没有想到的是，只要一个“美拍”就够了！例如 2014 年“双 11 购物节”中美宝莲在“美拍”平台上的营销就是一个典型的例子（限于篇幅，有兴趣的读者可另行查阅相关资料）。

◎ 5.3.5　小米手机的微视营销战场

“@ 小米手机”自 2013 年 12月就进入了微视营销领域，至 2014 年 12 月，已经发布了 500 多条微视并拥有 40 多万的粉丝。短短的一年时间里，小米借助特色的营销方式迅速在微视又为其开辟了一条新的营销道路。

“@ 小米手机”从最初的利用手机简单记录工作和生活的场景，到“小米学院”的上线，从幽默搞笑到魔幻般展示科技的创意，从心情语录到微视新品发布和移动销售引流，小米的一次次进步，无一不是在帮我们找可以不湿鞋过河的石头。

1. 在微视上发布新产品

图 5.58 所示为小米 2014 年 11 月新产品“小米移动电源”的开售预告，“@ 小米手机”将这款移动电源的外形特征和作用通过视频中的展示，向用户传递其即将问世的信息。其实 8 秒视频的目的并不是让用户完全了解移动电源的内部结构，而是通过这样一个平台让大家在脑海中留下产品的画面，引起消费者的兴趣，将普通用户引流至视频下方的产品预售链接中去。在这条微视中，更有点赞即送移动电源的活动，当用户大量点赞后，相应增大了这个微视上首页的机会，从而被更多的用户看到。

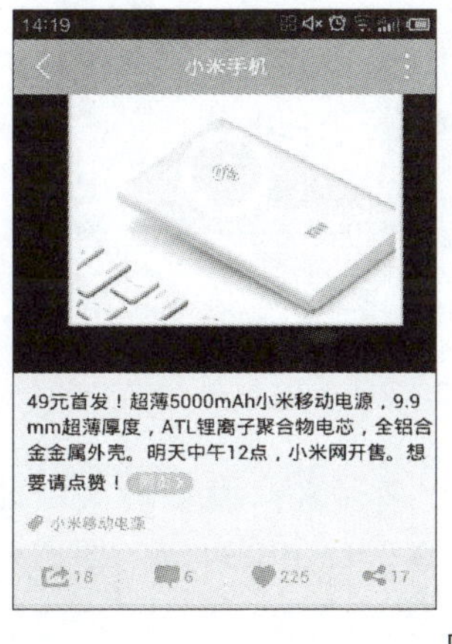

图 5-58　“@ 小米手机”微视截图

该案例就很好地凸显了微视的价值，以最短的时间、最捷径的渠道、最方便的模式将产品展示给用户。解决了传统的产品发布采取发布会、媒体报道、PC 端视频展示的方式，导致整体推出的速度比较慢，用户接收到的时间也比较长等问题。

2. 传播小知识平台

既然微视给企业搭建了一个做服务的平台，那么就一定要把它全方位地运用好。用户在利用碎片化时间玩微视的时候，不仅需要乐趣，当然也要获取生活中的技巧和产品的使用技巧，要告诉用户一些他们不知道的事，才能长期套牢他们。“@ 小米手机”当然也想到了这一点，其总是能够完美地运用一个平台来实现最大价值。

“小米学院”是“@ 小米手机”官方推出的一档微视节目，主要是通过 8 秒视频给用户展示一个在使用小米手机时比较容易遇到的问题。这样的展示浅显易懂、生动形象，用户仅通过 8 秒就可以看到如何处理在使用手机时遇到的问题，并且有手机操作演示，更加直观易学。

图 5-59 所示为“小米学院”里分享的知识课堂，视频中解答了用户在生活中遇到的多种问题，例如如何在不方便接听电话时使用短信快捷回复，经常连接的 WIFI 如何在换手机后不用重新输入密码，如何利用手机里的性能模式，使得在手机上玩游戏时更加顺畅等普通用户多会遇到但是却从没在意过的问题。

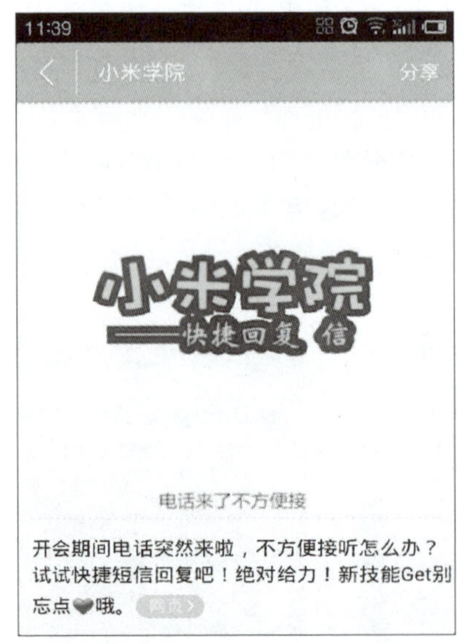

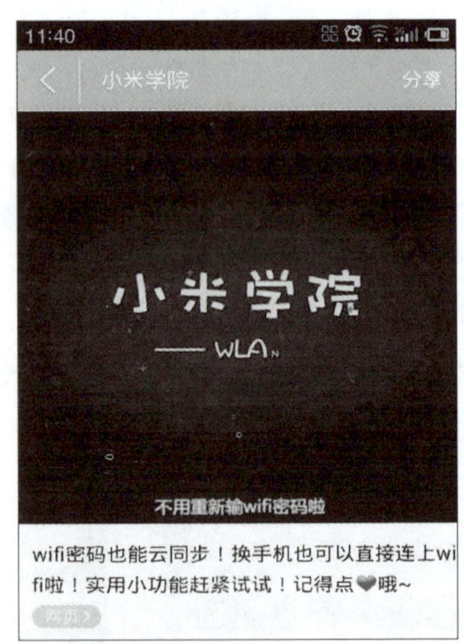

图 5-59 “小米学院”微视截图

图 5-60 所示的微视就是“小米学院”中的一堂课，通过 8 秒微视教大家如何巧用呼吸灯分类信息。在视频中有每一步的操作步骤演示与语音讲解，使用户一看即会。

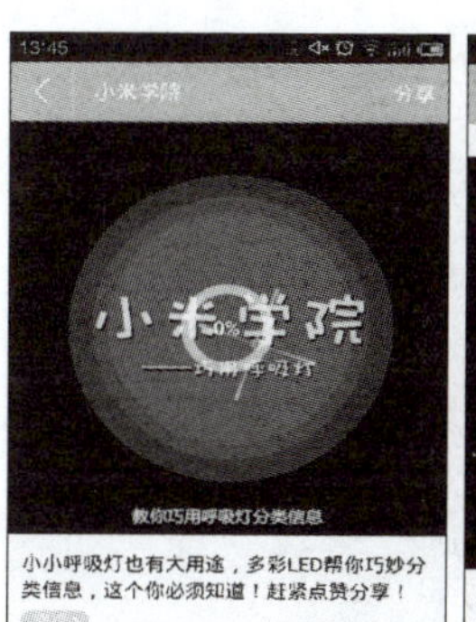

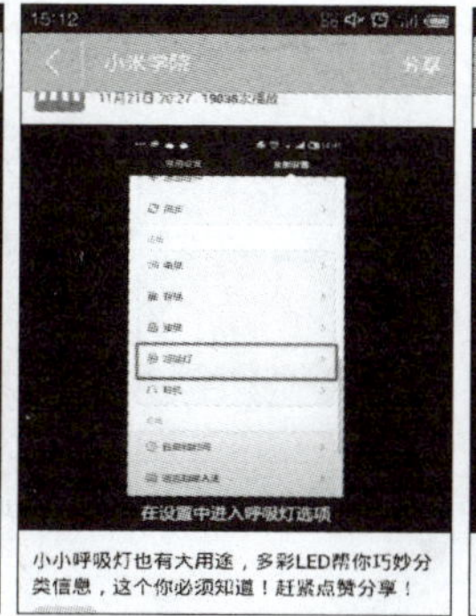

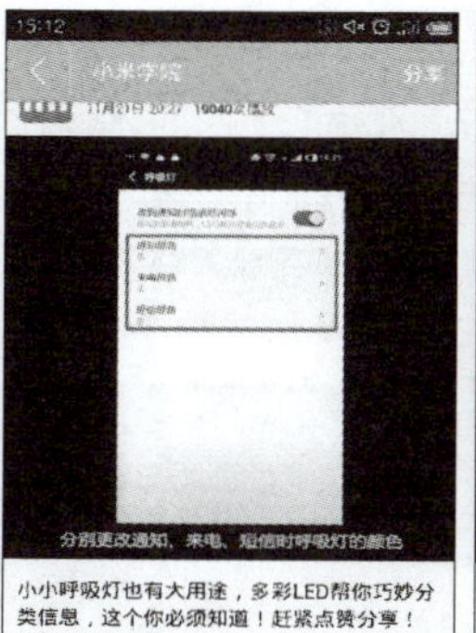

图 5-60 “小米学院”微视截图

微视让服务变得更加便捷，试想一下没有微视上的“小米学院”，如果用户想要解决这个问题，就得自行百度或者到小米的官方网站及官方论坛上去寻求解决方法，就算是官方微博上也只能以“文字 + 图片”的方式来告知用户。

3. 创意视频惹人爱

“@ 小米手机”从第一个试水微视营销到现在单条视频取得千万播放量，在对品牌营销的不断实践中，针对商业和信息进行了完美融合，从而避免营销成为粉丝热度下降的最大顽疾问题。“@ 小米手机”也在其微视营销上逐渐摸索出了适合自己的独特方法——创意内容营销，其实就是把营销内容化，内容即营销。具体来说就是将娱乐和营销进行深度融合，以极富创意和观赏性的短视频内容来打动用户，从而引起用户发自内心的一种认同感，而非强制性的推销。

要达到这一营销效果，就得在短视频中表现出极强的娱乐性，或者形成微视的特有话题。与其他的分享平台相比，微视是这个队列中唯一能玩且能玩出不同花样的平台。也正是因为这样的差异性，在微视的用户构成上便形成了年轻用户占比最大，整体产品氛围也显示出更具活力且轻松的特点。随之带来的变化是，人在良好的情绪下显然更易接受“@ 小米手机”附加的一些商业信息，也更容易达成对小米品牌的认同和主动传播。

在“@ 小米手机”发布的微视当中，经常可以看到极具创意性的视频，其有趣的视频拍摄方法，也是为许多想要用微视做创意营销的人们提供了想法与灵感。

例如下面列举的这个视频，就是用小米手机做平台道具，将小米手机放在镜头前，人物在镜头远处，利用镜头距离远近产生成像大小不一致的原理，构成了一幅有趣的格斗场面。

一男一女站在一个平台上格斗，眼看男生马上就要将女生击败了，一只手从上空伸了出来弹了男生一下，女生趁势将男生一脚踢了下去，最后女生开心地庆祝胜利。视频的最后平台被翻了过来，小米手机马上映入眼帘，如图 5-61 所示。

将产品融入视频中，成为整个视频不可分割的一部分，这样的微视营销让用户完全不觉得是广告，互动性很强。此视频一经播放就达到了 6 万多次的播放量，可见用户们对这样的方式特别有观看兴趣。

图 5-61　小米手机创意视频截图

再如下面这个视频，是小米新产品“小米手环”的微视广告。在一个桌面上有一台小米手机和一个小米手环，在将手环套到手机上时，手机瞬间被移动到了另一处，手环扑了个空，一下就“穿越了”，如图 5-62 所示。

图 5-62　小米手环微视截图

以上的这个视频广告，其实就是利用了微视中最基本的分段拍摄的方法，成就了这样一个大开眼界的“魔术”，且都将产品作为一个整体融合到创意当中去，这些创意都在吸引消费者的同时，增加了消费者对于小米品牌的认知，也为“@小米手机”赢得了超多的点击率。

4. 活动发布区

每当谈到小米当年红起来的方法，许多人都可以想到“饥饿营销”，小米刚刚上市时，并没有线下的实体店，只能在网上购买，而且还是限量，你有钱也不一定买得到。正是这样的饥饿营销，帮其培养出了一大批的“米粉”，而随后“F

码”的推出也让许多“米粉”们心动不已，有了 F 码随时可以去官方购买小米手机，无须等待官方的抢购活动，还享有优先发货的权利。小米曾经在微博上就常拿 F 码作为奖品来吸引用户转发，为此许多疯狂的“米粉”们也不禁“上钩”，只为了得那一个 F 码。如今在微视上也不例外，“@ 小米手机”经常会推出一些有奖转发的活动来吸引粉丝们的参与。

下面这两条微视就是“@ 小米手机”在今年的“双 11 购物节”时推出的有奖转发活动，只要关注官方微视账号，点赞并转发就可以获得小米手环或红米 F 码，如图 5-63 所示。这两项活动都获得了较高的点击率与转发量。

当活动结束后，“@ 小米手机”还会在微视上公布中奖者的名单（如图 5-64 所示），进一步增加了其公信力。

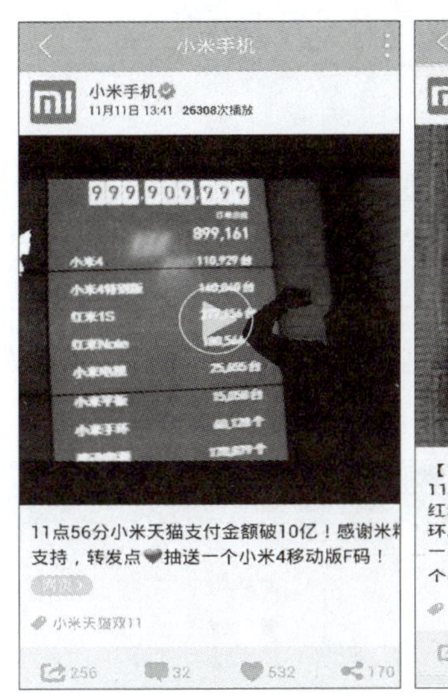

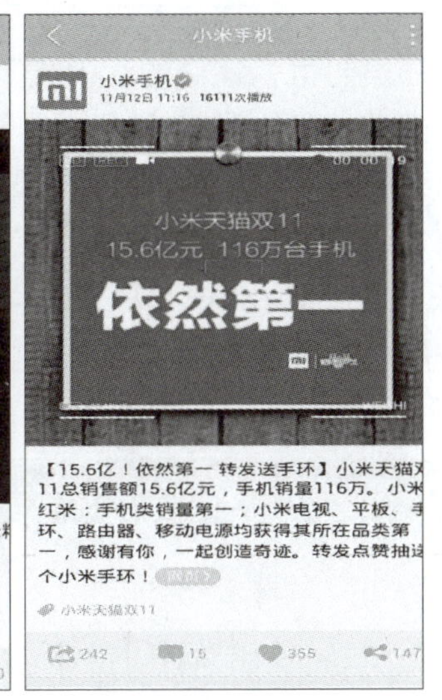

图 5-63 “@ 小米手机”双 11 微视活动

图 5-64 小米手机公布获奖名单

当年在微博风行的时候，像这样做营销的企业也不在少数，转发量比小米多的也不少，但是像小米一样创造出如此大效益的却很少，为什么就没有像小米一样成为神话呢？就是因为活动的水分太大，参与进来的多为“僵尸粉”，这样是产生不了效果的。

对于微视营销的微商来说，要准确把握好营销的力度就体现在是否对微视运用得当上，而“@ 小米手机”的做法正给大家提供了一个很好的借鉴。

5.4 天涯论坛，微商推广好平台

随着如今营销模式在不断增多，微营销也在兴起，很多传统的营销模式渐渐日薄西山，论坛营销就是其中之一。虽然现在的论坛营销已不再像当年那般火热，但是对于某些行业来说，论坛营销依然能够起到非常不错的作用，特别是一些专业技术类的行业，很多资料内容都存在于论坛中，而且论坛中还有众多的目标群体，那么基于这类论坛进行营销就能够起到事半功倍的作用。加上如今“猫扑”“天涯”等论坛网站都已推出手机端APP，更有利于微商们直接用手机操作。

论坛营销的最大特征就是免费和低门槛，在这么一个庞大的用户群体平台里可以自由沟通，相对来说，宣传的力度也比较大。总体来说，论坛汇聚了天南地北，各行各业的人们，人气高、权重也大，是微商们推广生意的重要场所。

◎ 5.4.1 掌握论坛营销技巧

现在想要做论坛营销，不再像过去一样通过论坛发帖机，或者注册一个账号，弄一个签名发帖、顶帖就算是营销了。这样的营销策略已经不符合现代论坛营销的需求，也很容易就被论坛管理员封号，让你的营销起不到丝毫作用。因此，只有转变营销策略，才能够在这类网站中取得成功。

在众多的论坛网站中，编者推荐大家首选“天涯社区”，天涯社区如今注册用户已超过8000万，并且在社区里有几十个不同类别的论坛板块，将不同行业，不同喜好的用户都进行了集中分类，如图5-65所示。论坛中这样的分类板块更利于微商们有针对性地进行推广，下面编者也会以天涯论坛为载体向大家讲解论坛营销中的技巧。

图5-65 “天涯社区”多个板块

1. 要定位在论坛上的关键词进行推广

这是很重要的一个方面，如果营销关键词和论坛关键词之间的意思格格不入，不仅不招论坛管理员的喜欢，甚至会影响到你营销目标站的权重，所以你选择的关键词和论坛中的核心关键词存在着一定的关系。例如你是做化妆品营销的，那么在天涯论坛里就得选择在“时尚资讯”板块中发帖；你是做旅游营销的，那么就得选择在“旅游论坛”板块中发帖。只有与板块内内容相贴合，才能达到真正的引流效果。

2. 注意发帖的技巧

这是论坛营销的关键，很多论坛营销工作难以开展，就是因为帖子一发，账号就会被取消资格。想要在论坛中搞好营销，首先要让自己变为论坛中的积极分子，积极为论坛服务，要么积极参与论坛发起的活动，要么勤快地签到、顶帖子。等到自己的权限有了进一步提升后，再发布一些高质量的内容，这些内容可以是一些网站中的软性广告，此时一定要注重软性，因为现在很多论坛坛主不希望自己的关键频道存在着垃圾广告，所以一旦出现，要么删帖，要么删账号。

等到自己的权限越来越高时，那么就可以适当带上你的网站外链，这通常也是论坛坛主允许的范围。一旦你获得了这样的权限，此时发布的图片和外链锚文本的设置都需要经过推敲，一定要符合百度优化的相关性原则。然后帖子的发布位置既可以是以发主题帖的形式出现，同时也可以通过顶贴的形式出现，而顶贴的位置一般选择首页一楼和第二页一楼的位置，这样更有利于营销帖子的曝光度，从而提升对用户的吸引力。

3. 加强互动无疑是最为重要的营销途径

因为论坛的一个重要功能就是话题的互动，所以通过互动进行营销，那就是得到了论坛营销的真谛，从而让流量转化成自己网站的忠诚用户。这一点甚至要比微信和微博等现在流行的微营销效果还要好。这种互动式营销，既可以利用自己多个马甲之间进行互动，同时也可以让自己主动融入到论坛组织的活动中，从而让自己的营销目的和相关的互动内容相配套，这样就能够起到引流的作用。

◎ 5.4.2　发帖软文要包装

很多微商在做论坛推广的时候，遇到最大的障碍就是被管理员删帖。帖子一旦被删除了，那么之前所做的工作也都白费了，因此在做论坛推广的时候，一定要掌握发帖技巧，将帖子包装后再发至论坛，才能大大降低删除率。编者认为主要有以下几点需要注意。

1. 降低删除率

① 注册后先不忙发广告

如果你注册之后就马上发广告，那管理员一经发现便会不留情面，不仅会把该帖子删除了，还会把连带的会员号删除，严重时还会把相关的 IP 封掉，让你以后都进入不了论坛。因此作为一个新注册的会员，一定不要太过分发广告帖，先是在里面“灌水”混个面熟，这样才会招管理员喜欢。

② 多给论坛提建议

多在论坛里面发一些建议性的帖子，这样不仅会引来里面会员的注意，管理员也会对你刮目相看，一个把论坛的发展放在眼里的会员是他们求之不得的。

③ 多积极参加活动

当有版主或者管理员发帖或者发布活动时，一定要积极参与，平常也要勤快签到、顶帖，让他们感觉到你的积极性。长期的积极参与会让你在论坛中的权限慢慢提升，等到自己的权限有了提升后，就可以发布一些高质量的营销软文贴了。

④ 多发一些公益性内容

在论坛里面发一些社会焦点或者公益上的帖子都会引起关注的，甚至还会被置顶加精，管理员一般不会删这样的帖子，如果你能巧妙把自己的广告融合到这些帖子里面的话，那就最好不过了。

⑤ 多咨询请教问题

在论坛里面混一定要虚心请教，多发一些请教类型的帖子，一般坛友都会比较乐意回答的，这样也可以增加别人对你的好感度，还能跟大家混个“脸熟”。

发帖一定要“软”着来，千万不要来“硬”的。在论坛里面“混”就要讲究一些技巧，时间长了自己成为元老级人物时，更不会有人删你的帖子了。

2. 包装精华帖

一篇精华帖能带来的流量，远远大于十篇普通帖子的流量。而这成千上万的流量正是做营销时最有利的资源。那么普通微商该如何去创作精华帖呢？精华帖可以是你的心得，也可以是你的故事，发表在不同版块的帖子会有不同的要求，可是无论是哪一种类型，只有对别人产生帮助的帖子才是真正的好帖子。下面来谈谈该如何写精华帖，编者认为要想写精华帖，需要注意以下几点。

精华帖一定要有一个好的标题。一个吸引人的标题才能引起大家的兴趣进入你的帖子，是成为加精帖的第一步。大多数人都是通过看你的帖子标题才点击进入，一个好的标题需要引人入胜、一目了然。标题上可以加上些特殊符号引人注目，让人一看就不自觉地想去逛逛。

精华帖一定要有好的主题内容。如果你的帖子有了一个好的标题，能够吸引用户点击进去。但进去以后看了一段就发现内容与标题根本不符，只是个标题党。这个不但不能给你带来销量，还会赶走你的潜在客户。版主同时也会审核你的帖子能否成为精华帖。内容做好了相信大家一定会给你回帖的。这个内容最好为自己的原创，并且有较高的技术含量，能给大家带来贡献价值，以及值得大家讨论学习，这些都是能否成为精华帖的重要元素。

◎ 5.4.3 结合热点夺眼球

在微博、微信上都有借势营销这么一个方法，该方法在论坛营销中也同样适用，结合热点事件有利于增强营销软贴的传播力，从当前最热门最容易引起关注的一些热点，找到能够跟我们的品牌或者产品巧妙结合的，就是微商的“东风”，那么以热点事件切入来做软文贴会有哪些好处呢？

➢ 热点事件在一段时间内都是非常吸引眼球的话题，与这类话题沾边的文章，发布在论坛里容易得到关注。

➢ 热点事件通常会延伸出一系列搜索词，在该时间段内会有非常大的搜索量，如果以此去刻意地布局关键词，那么发布的软文在 SEO 效果上也会比较占优势。

借用热点事件来做软贴，并不是将热点写进帖子中那么简单，其难度不仅仅在于怎么写、怎么去结合，还在于怎么去把握“度”。

与热点的结合，一定要注意巧妙的结合度，尽量不要是牵强附会，更不能去歪曲事实甚至造成一些侵权的问题。微商做软贴，只是为了更合理地进行营销传播，必须控制好底线。你借来的“东风”只是为了助火势，这个火势要有方向性，并不是越大越好。也不是什么方向的风都能用的，不能任由这风最后变成飓风把自己的船都给掀翻了。那么我们要怎样去结合热点事件来做软文呢？

1. 找热点和关键词

如今每天都会有一些受到人们关注的热点时间，通过“百度搜索风云榜”中的实时热点和七天热点，以及通过微博热门话题上的排行等都可以搜索到，热点有短期的也有周期比较长的。

如果在细分领域，可以找到很多话题，总会有一些可以运用的话题，也总会有一些可以引申并且带出自身产品的关键词。

保持对网络热点的关注，保持对于热点事件是否能与自身产品结合的嗅觉，对于做网络营销的人，应该是一个长期的习惯。正常来说不应该临时抱佛脚、要写软文了才去翻看排行榜的。因为能为你所用的“东风”绝不是每天都有的，所以应该是感觉到东风来了就立即提前考虑如何去利用，而不是错过了一阵又一阵，到要放火的时候才抱怨怎么这几天都是西风和北风了。

2. 进行用户匹配

除了寻找能有效结合的热点外，还要从人群来进行匹配和分析。看哪个热点事件关注的人群会和你的目标用户群有重叠。

例如，曾经百度风云榜有个“环球小姐素颜雷人”的热点，光看关键词，就知道可以将其与美容化妆类产品结合。再进一步点开相关新闻看到的是“佳丽频打哈欠，环球小姐素颜排练照雷人”这种信息，那么一些提神醒脑类的产品，比如某些功能饮料或者保健品，在这里就可以趁机发挥一下。只要你能注意到热点时间里的小细节，就会发现还是有很多产品种类都能沾上边的。

3. 结合热点写软文

软文贴的标题一定要包含所属热点的相关词，这样才能获取关注，并且有让人点进去看的冲动。

一般这类软文的内容写法，建议从这个热点的基本事情开始写起，可以叙事加评论，这部分内容要写其实也不难，因为一个热点，相关的报道和评论在网上比比皆是，资料非常丰富。然后关键是找到一个结合点逐渐带出自己的品牌或者企业。怎么带出？方法很多，要看具体的热点和自己品牌的情况。最好是能把品牌融入其中。融入不到叙事的部分，也要融入到评论的部分，在这个事件的正反论证中，提到要传播的东西，相对来说比较容易。

如果要学怎么最简单地带出品牌，建议大家可以看看之前“重回江湖”的蓝翔相关段子，大部分都是网友自己发挥的，不管哪个故事，哪个事情，都能在最后把“挖掘机技术哪家强”这句给带出来，大部分看来也毫无违和感，虽然是恶搞，但也是有借鉴意义的。

总而言之，论坛营销依然是目前最为重要的营销形式，而且还具有免费的功能，这让很多捉襟见肘的微商们有了一条适合自己的营销之途。不过这种营销方式其难度相对较大，在营销过程中需要规避站长的惩罚而导致账号封号，但只要遵循了上面的营销策略，那就能够让你的论坛免费营销策略得以实现。

◎ 5.4.4 日破万元的绝招，用帖子推卤菜

在天涯论坛上有个板块叫“创业家园”。里面是专门提供给网友们进行创业交流、发创业经历、谈创业项目，以及分享勉志创业故事的版块平台，许多的创业人士都经常在这个版块里看帖子。

2013 年初，在天涯论坛的“创业家园”中，《我吴庆元没什么了不起，只是把开在乡里的随手香卤菜一天卖到 16287.5 元》一则帖子迅速火了起来，如图 5-66 所示。写这则帖子的楼主通过该贴卖了几百上千份他制作卤菜的秘方，一下就赚了不少钱。

图 5-66 天涯论坛帖

写这个帖子的人是一个普通的卤菜店老板吴庆元，通过在天涯上的帖子晒出他一天卖 1 万 6 千多元卤菜的故事，成功招到了来自全国各地的“徒弟”，卖出了上千份的独家配方。而他的这些“徒弟”们，可以到其店里学习，然后自己回家开店。与此同时，他还会提供制作食物的材料，以及指导经营装修等。他的学

徒们大多来自一些生活在小城市、小县城里面的创业人员，从他这里学艺成功后回家自己开店，对这部分人群来说是往往是创业的优先选择。

楼主吴庆元其实就是成功地使用软文推广和营销方法，将他的独家秘方高价卖给了无数人。虽然外界没人知道他这个配方是不是够独家，跟他学艺是不是能赚钱，但不可否认的是他通过这么一个论坛贴确确实实卖出了好几百份甚至更多的秘方。可以说，他的网络营销是做得非常成功的。而他的推广营销武器就仅仅是在天涯论坛上的一篇帖子，那么他是怎么做到如此成功的呢？

1. 做标题党，吸引眼球

楼主的标题是《我吴庆元没什么了不起，只是把开在乡里的随手香卤菜一天卖到 16287.5 元》，就这么一句口语化的标题成功吸引住了人们的注意力，而标题的重点则是 16287.5 这个数字。对于普通的创业者来说，这个数字无形中就存在着一种诱惑性。“是什么样的生意能在一天时间内就收入 1 万 6 千元？”网友们都会抱着这样的心态好奇地点进去看看。除此之外，标题中还加入了“吴庆元”，能让网友们更加相信这个帖子内容是真实的，也是有阅读质量的。之后，4 万多的点击量也证实了这个标题的成功。有一个成功的软贴标题，可以说营销就成功了一半。如果没有点击率何来营销？

2. 贴图展示生意火爆场面

在软贴的开头，楼主就发了一些有大量的美味卤菜和生意火爆场面的图片，如图 5-67 所示。图文并茂的内容让人更加相信帖子内容是真实的。

图 5-67　生意场面图片

这些图片可谓是软贴营销里面的核心，人们常说“无图无真相”，有这些图片作为证据，进一步地加强了其真实性，而火爆的生意场面更能勾起创业者们心中的“欲望”。这一切都是为下一步卖配方和收徒弟进行了很好的铺垫。

3. 实物账本的出现

在帖子中还出现了一样让许多创业者们疯狂的物件——密密麻麻的记账本，如图 5-68 所示。

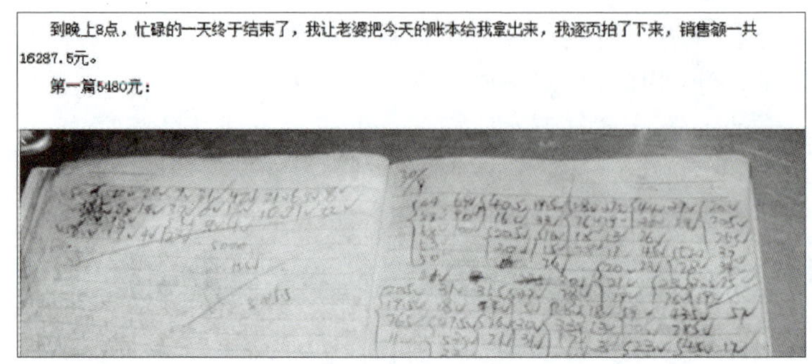

到晚上8点，忙碌的一天终于结束了，我让老婆把今天的账本给我拿出来，我逐页拍了下来，销售额一共16287.5元。

第一篇5480元：

图 5-68　记账本

相信很多看完这些账本的网友都有马上联系楼主的冲动。不管账本是真是假，但不可否认它是最具杀伤力的。楼主用火爆的生意场景图片和这个真实的记账本，双管齐下。很多网友看到这里基本都不会怀疑这些内容的真实性了。

这个小小的卤菜店一个月就能达到几十万的销售额，对于一个小县城里的生意人来说，已经是超乎想象的数字了。这也进一步吸引了更多有意向者的好奇心。看到这些，一些想创业的人基本都已经是热血澎湃了。

4. 与网友交流，暗示收徒信息

发完上面的火爆场面和账本后，楼主很聪明地卖了个关子，在回帖中说自己正在出差指导开店。其实也是向大家暗示自己可以收徒弟，为的还是给他卖秘方和收徒做铺垫，如图 5-69 所示。

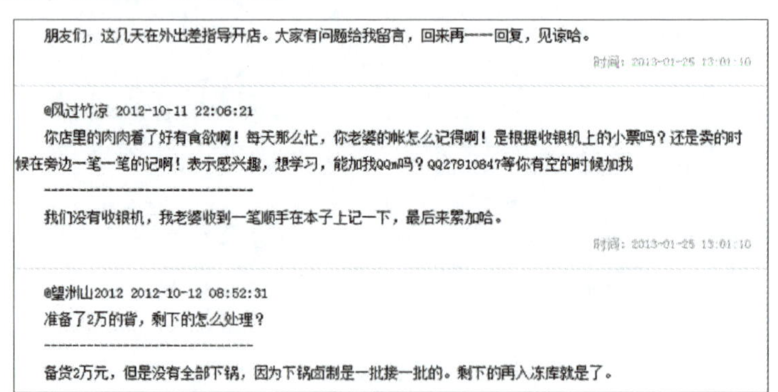

朋友们，这几天在外出差指导开店。大家有问题给我留言，回来再一一回复，见谅哈。

时间：2013-01-25 13:01:10

@风过竹凉 2012-10-11 22:06:21

你店里的肉肉看了好有食欲啊！每天那么忙，你老婆的帐怎么记得啊！是根据收银机上的小票吗？还是卖的时候在旁边一笔一笔的记啊！表示感兴趣，想学习，能加我QQ吗？QQ27910847等你有空的时候加我

我们没有收银机，我老婆收到一笔顺手在本子上记一下，最后来累加哈。

时间：2013-01-25 13:01:10

@望洲山2012 2012-10-12 08:52:31

准备了2万的货，剩下的怎么处理？

备货2万元，但是没有全部下锅，因为下锅卤制是一批接一批的。剩下的再入冻库就是了。

图 5-69　帖子回复

其实一个帖子是需要管理的，管理得是否得当会直接影响到转化率。互动可以让其他的网友看到你的热心，让他们更加相信你。有互动的帖子才能够大大地提高你的客户转化率。

5. 发展成即时的沟通和线下交流

在暗示完可以卖秘方和带徒弟之后，留下自己的联系方式，如图 5-70 所示。其实这些人只要和他联系上的基本上转化率就达到了 50% 以上了。只要你细心观察，该帖子真的不是一般人随便发发而已的。整个流程都是计划好的，从开始就一步步地为他的营销进行铺垫，为的是让这些想创业的网友最终联系他，最终给他们推销自己的卤菜制作秘方。

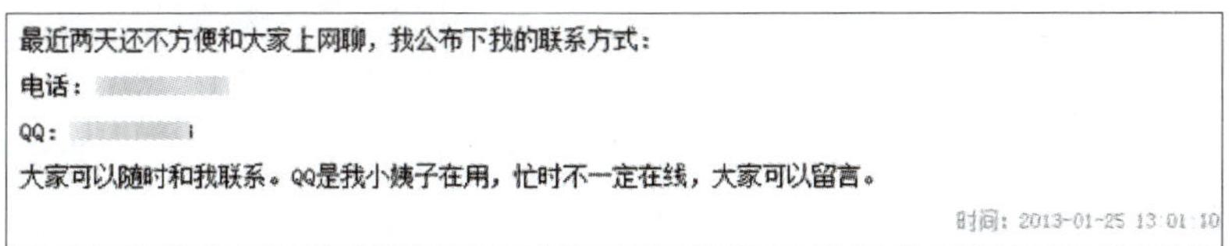

最近两天还不方便和大家上网聊，我公布下我的联系方式：

电话：

QQ：

大家可以随时和我联系。QQ是我小姨子在用，忙时不一定在线，大家可以留言。

时间：2013-01-25 13:01:10

图 5-70　在帖子上留下联系方式

6. “徒弟”发帖，增加信任度

之后，以他徒弟和各种媒体的名义注册马甲推翻各种言论，目的是让大家放心地把学费交给他，如图 5-71 所示。

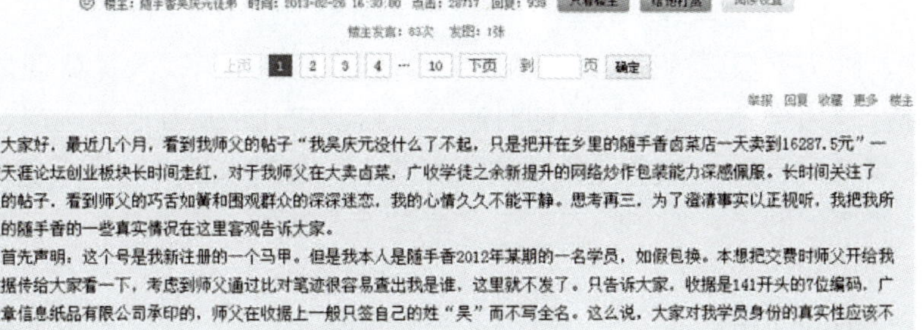

楼主：随手香吴庆元徒弟　时间：2013-02-26 16:30:00　点击：28717　回复：939

大家好，最近几个月，看到我师父的帖子“我吴庆元没什么了不起，只是把开在乡里的随手香卤菜店一天卖到16287.5元”一贴在天涯论坛创业板块长时间走红，对于我师父在大卖卤菜，广收学徒之余新提升的网络炒作包装能力深感佩服。长时间关注了师父的帖子，看到师父的巧舌如簧和围观群众的深深迷恋，我的心情久久不能平静。思考再三，为了澄清事实以正视听，我把我所知道的随手香的一些真实情况在这里客观告诉大家。

首先声明：这个号是我新注册的一个马甲。但是我本人是随手香2012年某期的一名学员，如假包换。本想把交费时师父开给我的收据传给大家看一下，考虑到师父通过比对笔迹很容易查出我是谁，这里就不发了。只告诉大家，收据是141开头的7位编码，广东天章信息纸品有限公司承印的，师父在收据上一般只签自己的姓“吴”而不写全名。这么说，大家对我学员身份的真实性应该不会有怀疑了吧。

图 5-71　“学徒”发帖

因为关乎到钱，绝大部分的人都会比较谨慎。一般都会搜索下这个人的背景和来历。不难观察，这些帖子其实都是他一个人弄出来的。如果真的是他的徒弟为何不把名字公布出来。真的想帮师傅说句公道话，连名字也不敢说吗？不过对于一般人来说，这些内容还是很有效的。他注册马甲来发帖其实为的是让大家更加相信事件的真实性。不难看出这是一个经过专业策划的网络营销事件。

这里我们暂且先不评论这个做卤菜收徒的吴庆元是否真的值得信任，不过把他当做一个网络营销来分析的话。确实是一个非常成功的例子。而且基本不需要什么宣传的资金，却比人家砸几十万做广告的效果要好很多倍。

从案例中我们不难发现，软贴中无不透露着真实可靠的信息，以增加网友们的信任。有很多微商做营销，只认为推广最重要，时常忽略了用户的感受。没有任何比赢得用户信任更重要的事，只有首先赢得信任，才能将其转化为真实的消费者，在网络营销本就让人产生信任模糊的环境里更应如此。

5.5 QQ仍然不可小觑

当微商们逐渐把营销的目光放到新平台上时，往往就忘了最原始但也最有效率的营销方式——QQ。

随着移动互联网不断发展，平台也在不断丰富。从传统广告牌再到如今各种形式的网络营销，营销手段的多样化也让微商们不断探索，不断发掘更好的营销能力，虽然现代移动设备发展迅速，但是当我们回溯营销道路的时候，依然不可忽视QQ空间那极富生命力的营销能力。

相比于最新的微信、微博等平台，QQ空间的营销能力一样不能小觑。毕竟从历史角度来说，QQ空间是它们的前身，而“元老级”的QQ空间能生存到如今必然是有其特点的。这其实也是QQ空间的一个营销优势。其有着极强的生命力，随着时代的变化而不断改变。从原始的以文字为主的博客形式，到如今涵盖了视频、音频、图片等多种载体的展现方式，都为营销提供了巨大的优势。既然有那么多的“微商”们可以在微信的朋友圈做生意，并且创造了那么多的效益。那么QQ空间作为朋友圈的“前身”为什么就不可以？或许在QQ空间还能做得更好呢！

当然，除了有极强的生命力之外，QQ空间营销的第二大优势便是其强大的用户群体。作为一个“老牌”的即时通信工具，它几乎从互联网刚兴起时就开始覆盖了大量的用户群，如今只要是会上网的人们基本人手有一个QQ，可谓是已经覆盖了全国的网民，如此强大的用户基数是“后起之秀”的新浪微博、人人网等分享平台不能比的。

从如今的QQ用户群体可以看出，虽然年轻人居多，但是依然存在着中年和老年人的使用，也就是说幼年、青年、中年、老年用户全部涵盖其中，这样极强的覆盖性，试问现在哪一种营销方式可以比拟，所以说QQ空间庞大的用户基数便成为了其最强的优势之一。

同时，正是由于这种基数以及腾讯对于QQ空间讯息传播的重视，其传播性也是一个非常大的优势，对比微博的言简意赅和微信的朋友圈营销，QQ空间营销则将两者集成而且有着自己独特的优势。根据相关的调查显示，一篇热门的日志从被发现到传播到火爆，最终所花费的时间甚至不会超过20分钟，即使是传播速度如此之快的微博也没有这样强大的能力，所以QQ空间虽然是元老级的营销手段，但是其传播性依然不可小视。

综上所述，QQ空间营销具有高适用性、针对性，以及操作简单、成本低、回报高、持续性等优点，同样是当代社会新型营销不可忽视的一个重点，如果大家想要获得一个比较好的营销效果，不妨尝试一些关于QQ空间营销的活动，正是这种方式让营销变得更简单。

◎ 5.5.1　善用 QQ 群定位

无论是在什么平台上做营销，最重要的都是要找对自己的目标客户群体。之前也说到在如今的 QQ 上不仅仅有年轻用户，更有中年和老年用户，所以在如此宽泛的用户群中，抓准自己的目标客户群对微商来说至关重要。除了要把目标人群定位在自己已经添加的好友上时，还必须进一步扩大客户群，这时 QQ 群就是一个好助手。

首先你要加入一些目标 QQ 群。如果你的目标客户是年轻女性，那就加入一些带有“美容”“时装”关键词的群，如果是年轻男性就加入一些“健身”“科技”等关键词的群。对于目标人群的定位越具体越好，关键词越精确越好。在 QQ 群里利用搜索关键词的功能往往会出来很多群，如图 5-72 所示。尽量选择其中人数多并且等级高的群，并且点击群资料查看是否真实。图 5-73 所示的群资料非常详细，这样的群真实性才高。要知道既然如今有“僵尸粉”，那么必定也会有“僵尸粉”堆出来的 QQ 群。在申请加入群时填写的理由要够诚恳，不能敷衍，这才有利于增大通过率。如果你选择的群难通过申请，那么就说明你找对目标群了，越是审核严格的群就说明里面的群人数真实和互动性越高。所以碰到难通过的群就多试几次，一旦成功了你拥有的就是宝贵的客户资源。

图 5-72　查找 QQ 群

图 5-73　查看群资料

如果申请成功加到群里之后就改下备注，改成自己的小名或者自己的名字，这是跟群里好友拉近距离的第一步。之后常跟群里的人多聊天，保证自己和他们都认识，当混熟了之后再逐个添加为好友。加人的目的是为了省去宣传 QQ 空间，好友打开自己的空间就可以看到你空间的信息状态，比如每天更新的说说、日志等。如果加的正是自己的目标用户，对你的利益是无穷的。

在 QQ 群推广中也有如下一些注意事项需要微商注意。

➢ 选择与自己产品匹配的群，不要盲目去加任何群，先找到适合自己的人群，系统规定每天就能加 20 个群，资源有限，一定要选好人群。

➢ 不活跃的群不要加，这充分表名群成员对群没感情，甚至有些群里的人一年也不说一句话，这样就无法判断群里的人是否还用该 QQ 号码了。

➢ 进群以后及时修改群名片，看下群主是否要求统一马甲，如果有要求可以设置成“群马甲 + 你的产品名”这种形式。

当你顺利进入一个群之后，发广告也有技巧，千万不可莽撞发硬广，这样只会遭人嫌弃。因此对于新加入的群，应该以“先建感情，后推广”为主要原则。首先和大家建立好感情再去推广你的产品，不要一进群就发广告，这样你一定会被踢出群。

同时广告要本着少而精的原则，每天最好只发一次，广告要做得吸引眼球，不要打几个文字就发出去，比如放些小符号在上面，显得漂亮些，让人看了你发的就算是广告也舍不得删除。另外，时常变换广告内容和样式，这也能给人以新鲜感。同时，要利用好群空间、群共享功能。

◎ 5.5.2 QQ 空间营销技巧

在添加目标用户的同时，QQ 空间的营销上也要下功夫。之前也说了，要在 QQ 上做营销，利用好 QQ 空间是必不可少的。当成功添加了好友之后，好友的第一个动作往往是查看你的 QQ 空间以便更了解你，因此不仅仅 QQ 空间能够代表你的个人形象，更是在为你开展营销道路做铺垫。

1. QQ 空间装扮美观

QQ 空间是否美观是好友进入空间后的第一印象，这也是决定好友是否对你产生兴趣的重要因素，因此尽量把 QQ 空间装扮得简洁美观。虽然是做营销的，但切忌将空间的背景用广告词或产品来替代，不能让好友进来后的第一感觉是“这个人就是个做营销的，想赚我钱”，而是要让他们感受到“这个空间看着还挺舒服的”，这样用户才会有继续浏览的兴趣。编者建议大家去申请一个“空间黄钻”，这样会拥有更多的装扮特权，也能让自己的空间与别人与众不同。

一个美观的 QQ 空间，更有真实度和可信度，从而有利于微商塑造形象。只有让好友信任你了，才会将目光放在你要营销的产品上。

2. 每天定时更新原创日志和说说

空间里要每天定时更新原创日志和说说。更新这些是为了让好友能够打开自己的 QQ 空间时，就可以看到你的动态信息。在更新的时候要定时、定点更新，可以参考你的用户群作息时间去进行操作。比如在上午十点和下午三点、晚上八点更新。不用担心用户看不到，只要用户打开 QQ 空间就可以看到你发的信息，而且好的信息用户会自动点击查看。如果 QQ 好友达到 2000，要是有一半的人去点击说说和原创日志，保持每天都推送一下的节奏，相对来说，空间访问量也会出乎意料的多。

3. 在空间里与 QQ 好友互动

要经常性地和 QQ 好友进行沟通，不要加了好友就不理了，一般长时间不理人就会被删除掉。所以微商要时常与自己的好友产生互动，如在空间里时常评论好友的说说或照片，增加亲近感。如果是一些已经有过购买记录的好友，可以在评论时说一些有针对性的内容。例如用了某某产品感觉怎么样，某某产品的知识点、常识都了解得清楚吗，通过沟通后再推荐用户到空间里查看最新的产品信息。

◎ 5.5.3　“西瓜哥”QQ 空间走红

西瓜刀握在手中，刀尖游走在西瓜皮上，不到一刻钟，鸟叔就活灵活现地在瓜皮上“骑马”了。制造这一幕的这位操刀者不是什么艺术家，而是在网上被疯狂热传的“西瓜王子”沈栋彬。

他曾经和许多普通人一样平平淡淡地做着西瓜生意。由于每年的夏季，西瓜行业的竞争都非常大，导致他的生意经营惨淡。一天，他闲得无聊，就在西瓜上刻了一些“阿迪达斯”“耐克”的商标，并用手机拍照上传到了 QQ 空间。却没想到就这么一个“一时好玩”的念头让他的空间访问量大增。之后他又在西瓜上雕刻了些卡通人物的形象，如图 5-74 所示，更引来了朋友们的疯狂转发。在不到一天的时间里，他的照片就已经引起了小范围的传播。随后在 QQ 空间内，越来越多的来自全国各地的陌生好友也加入转发阵营，使得他真正开始火了。

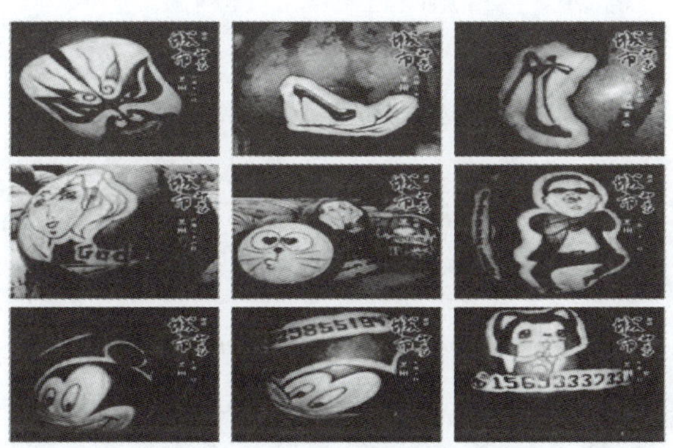

图 5-74　雕刻后的西瓜

之后很多粉丝慕名前去买他的西瓜，甚至出现了供不应求的现象。在整个过程中，QQ 空间对“西瓜王子”的营销起到了至关重要的作用。也许很多人都认为这位“西瓜王子”的走红只是个意外，但是并不是每个人都能利用好这个“意外”让自己大赚一笔。“西瓜王子”不仅红了，更借此机会打造出了属于自己的个人品牌。

真正的营销是需要一步步去精心策划的，并不是只要在 QQ 空间发点信息、有所互动就可以实现。下面结合“西瓜王子”的案例，编者为大家分析一下 QQ 空间品牌营销的若干细节问题。细节决定成败，不注重细节，营销必然失败。

既然是卖西瓜的，在 QQ 空间发布的内容自然要以西瓜为主。从 2014 年的 5 月底到 7 月初，“西瓜王子”几乎每天都会在 QQ 空间发布一些带有西瓜图片的说说。在说说中，几乎都是一些自己的心情，并没有任何“广告词”，如图 5-75 所示。他还会时不时地谈起自己的一些卖瓜经历，包括采摘西瓜、在西瓜上刻图案以及被城管勒令收摊等。这些内容都成功抓住了人们的注意力，引起大家的共鸣，也为接下来的西瓜销售打下了“群众”基础。

图 5-75 “西瓜王子”QQ 空间的说说

没有创意，再好的内容都会黯然失色。同样是卖瓜的，怎样才能脱颖而出呢？“西瓜王子”便独具匠心，将卖瓜这个传统行业附上了“创新”的色彩。他不仅仅在西瓜上刻了各种各样的图案，这些图案有商标、建筑、人物、卡通动漫等。还会在图案上刻上自己的联系方式，更推出了自己的专属 LOGO，使西瓜的品牌化特征更加明显。同时，我们在图片中还能注意到，“西瓜王子”上传的每张图片都使用了 QQ 空间水印相机“城市印象”的模板，标明了卖瓜的地点是兰州（如图 5-76 所示），更容易吸引兰州附近的人们去购买。

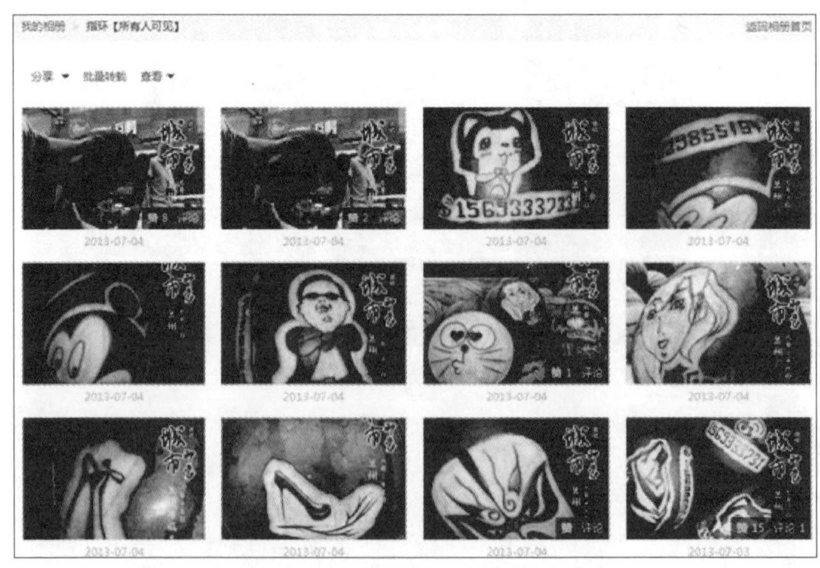

图 5-76 “西瓜王子”的空间相册

其实空间的相册也是一个很好的营销工具。当一个陌生好友进了一个人的空间，大家都会有首先点击相册的习惯，因为通过图片能直观地了解这个人。因此，QQ 空间相册也可以是微商们利用起来的工具。而“西瓜王子”将自己的“艺术作品”都集中放在了空间相册里，利于好友们能随时查看与转载，也起到了不错的营销效果。

无论在出身背景还是在学历经历方面，“西瓜王子”都只是普普通通的一个网民，其走红现象虽然有其机缘巧合的天时因素，但充分利用 QQ 空间不断对外营销自我、通过 QQ 空间不断展现自我的方式，从本质上决定了“西瓜王子”的走红虽是意外但却也是情理之中的事。

借助着 QQ 空间的平台，将自己的生活以及梦想和追求通过记录的方式表达出来，这些本就充斥着草根生活特征的言行和图片，却因为真实的记录和情感写照，一时之间引发网友的共鸣和关注。这样的现象从本质上说明了社交空间在真实的人际传播中，也会产生巨大的正能量。

如果“西瓜王子”在其空间中所发布的东西不是充满正能量的生活记录及理想追求，而是萎靡消沉的悲观生活态度，那么即便无数的网友观摩了其空间，也不会被其生活方式感动。然而事实上“西瓜王子”通过向外界展现的正能量生活传播记录，充分传达了外界对现今社会渴望的正能量标准，因而收到大多数网友的一致关注。

在社会化营销盛行的今天，只要准确把握好符合个人的营销社交平台，就算是再草根的人也会有成就梦想的一天。

第6章 自媒体，粉丝经济颠覆传统创业

在移动互联网的发展下，越来越多人纷纷加入创业大军。有利用微博、微信年赚百万的，也有在通过各种分享平台一炮而红成为草根明星的。在这其中有一类创业者们，虽不及明星般火热却有着比明星们更忠诚的粉丝，并且给他们创造出了源源不断的效益。

6.1　既要做微商，更要做自媒体！

自媒体早在互联网时代初期便已存在，但其真正发挥魅力为众人所热捧的时期却是在 2009 年随着微博的出现。

像罗振宇、程苓峰、鬼脚七等这类自媒体人，也许你并不了解他们是谁，是干什么的。但不可否认的是，他们的名字频繁出现在各个网站论坛上，拥有了无数粉丝的追捧，真正火了起来。他们不是明星却更胜明星，明星们没有玩到的粉丝经济，对他们来说却是运筹帷幄。因此许多的自媒体人在拥有了“明星效应”后便会转战微商，用粉丝经济赚足了口袋，更成为了许多微商们竞相模仿的对象。

◎ 6.1.1　何为自媒体

自媒体概念源自于美国新闻学会媒体中心于 2003 年 7 月提出的“We Media”（公民媒体）概念，2009 年末随着微博的出现愈发受到国内传播者的关注。2013 年随着微信公众平台及虎嗅、钛媒体等自媒体平台的崛起，一大批自媒体作者逐渐取代微博大 V 成为话题传播的引领者。

自媒体即人人可成为媒体。也许在现实生活中，你是被城管驱逐的小摊贩，但在互联网上你就是自媒体。自媒体并不是指报道新闻的个人媒体，而是指你可以发表任何自己的观点及见解，有个人语言风格，能够得到大众的赏识，你就可以成为一个出色的自媒体。自媒体最大的特点就是赋予了每个人传播的权利和机会，传受界限模糊。如今的自媒体平台主要包括：博客、微博、微信、贴吧、论坛 /BBS 等网络社区。

李开复曾说过“在微博时代，如果你有 100 个粉丝，相当于办了一份时尚小报；如果你有 1000 个粉丝，相当于一份海报；如果你有 1 万个粉丝，相当于创办了一家杂志；如果你有 10 万个粉丝，相当于创办了一份地方性报纸；当粉丝数增加到 100 万，你的声音会像全国性报纸上的头条新闻那样有影响力；如果有 1000 万个粉丝，你就像电视播音员一样，可以很容易地让全国人民听到自己的声音。”

确实，在移动互联网创造的开放平台下，任何人都有可能摆脱传统媒体的束缚，以自己的观点尽情释放，很多公众人物与意见领袖也由此成为新的影响力中心。而微信公众平台的发布，更是如一夜东风，以由朋友圈构成的有效传播链，让自媒体的外部条件更加充分。

如今自媒体这个行业已成为越来越多创业者们选择的方向，而这又跟一般的创业不同，不需要有丰厚的资金，只需要“肚里有货”，就可以一个人独立创造“媒体”这个玩意。对于许多有志青年来说，创业不仅可以选择从商，更可以选择从文！而自媒体这个行业则是当前最好的“从文创业”的机会。

◎ 6.1.2 自媒体怎样做才会成功

一个成功的自媒体完全可以拥有跟明星一样的魅力，有崇拜自己的粉丝，能和粉丝们分享自己的思想。当然想当明星的人固然多，但是真正成为明星的又有多少人？

想做自媒体容易，但是要成为自媒体却不简单，更何况想要成为像罗振宇这样能赚钱的自媒体更是难上加难，当然，这并不意味着自媒体是个无路可寻的行业。在这条道路上还是有很多的创业者们前仆后继，对于有方法的创业者们来说，既能一边做自己喜欢的事，一边把自己的思想散播给大众得到认可，最后还能实现赚钱的目的，真正做到了一举两得。对于浮躁又急于求成的创业者来说，没有目标去做自媒体最终只会是竹篮打水一场空。

要做一个成功的自媒体，达到营销的目的，就必须有章法可循。编者认为以下七点要求是打造成功自媒体的关键。

1. 做好自身定位

正如之前所说，自媒体必须要有准确的定位，清楚知道自己要做哪一方面的“江湖行家”。编者建议大家选择自己擅长和感兴趣的领域，例如摄影、游戏、影音、科技等方面，如果能在一个大领域中深入细分则会更好。只有选择自己喜欢的领域，才会有更多自己的想法和心得，也才会有足够的热情创造出高质量的文章或作品。不要贪心去做大而全，而要力争去做小而美。

2. 分析用户，确定平台

当确定自媒体的定位后，基本也就能确定你的目标用户群了。不过，了解目标用户群的具体需求也是一项重要的工作，他们习惯在什么平台浏览文章或作品？什么样的内容对他们最具有吸引力等问题都是值得自媒体们思考的。只有了解得深入，最终的效果才会事半功倍。

你所发的内容可以是文字也可以是图片，更可以是视频或音频，还可以是长篇大论的文章甚至是只有140个字的微博，这也主要取决于你选用什么样的分享平台。

用户的分布也决定了你要选择的分享平台。注意“不要把鸡蛋放在同一个篮子里”这条原则，你可以发现在如今的知名自媒体中，没有几个人会只选择单一发布渠道。

3. 提供价值最重要

自媒体之所以能够成功，最终要依靠的还是粉丝们。要赢得粉丝们的青睐就必须向他们提供有价值的内容，要想那么多人支持你总得有个理由。当还没有建立足够的关系和信任的时候，靠的就全部是内容的价值。你的内容如果对他们有用，能解决他们的问题，道出他们的心声并引起强烈共鸣，那么久而久之，这些用户就会成为你的粉丝。

一切的前提是，需要抓取目标用户群的痛点，并持续不断地为他们提供有价值的内容。持之以恒是很重要的一点，如果是抱着三天打鱼两天晒网的心态，粉丝不会变多只会减少。这样的例子不在少数，很多自媒体人都是始于内容，也终于内容。因此如何让你的内容呈现出“专家范”，成为粉丝眼中的“有价之宝”，自媒体人们就要争取做到以下几点。

① 挖掘自己的独到之处，并且表达出来

只要愿意表达，就会有人愿意看，不管资历深浅，每个人身上都可以有自己的独到之处，也能找到自己擅长的地方，从而发挥自己的优势项目，并且深挖下去。比如有人专门开个课程教人做 PPT，也成功获利了。有人专门录制自己玩滑板的视频并分享出去，也拥有了大批粉丝，成为一个成功的自媒体。有人打某一个游戏很厉害，把游戏心得写下来发布到分享平台上，这样也能做成自媒体。虽然他们有的并不一定认为自己在做自媒体，但却都在“无意”中成功了，并成为了各自粉丝眼中真正的专家。

② 自己要懂得多，即使你现在懂得不多，也要坚持学习

在任何一个领域，只要你自己也在不断学习，把想要表达的东西组织出来并写出来，其实就已经比这个领域内的一部分人更强了。对于一些读者来说，只要你懂得比他多，可能就是他眼中的“专家”。所以“专家”是相对的，并不是一个绝对不可能的事情，任何人都可以先从一个小范围的“专家”做起。但前提是你真的在提供一些可以帮助别人的内容，而不是误人子弟。如若你要给别人一杯水，自己就得先有一桶水。

③ 要加入自己的东西，有自己的风格

既然要做自媒体，就不能照搬内容，而要让内容中有自己的风格和见解。比如《晓说》这档脱口秀节目，主要是说历史的脱口秀节目。主持人高晓松如果照着历史书本来讲，没有自己的分析和见解，照本宣科，即使你提供的知识再多，又有多少人爱看呢？而自己的东西，就算你的观点不完全对也没关系，可以相互探讨，这就是自媒体的个性。哪怕你就是一个企业的自媒体，也一样可以有自己的风格。如若只是照搬各种知识过来，那样并不算一个合格的自媒体，更别论具有专家范儿了。

任何一个方面，只要你擅长，自己还能不断去钻研，并且坚持分享，同时融入自己独特的东西，时间长了，你就是“专家”。

4. 推广内容，整合资源

如果别人都不知道你，没浏览过你的文章，何谈欣赏你，成为你的粉丝呢？所以当你创造出了高质量的内容后，必须进行推广传播。

首先要寻找跟自己身处同频率的人。例如你是写影评的，那么可以到“时光网”“豆瓣电影”等影迷聚集的平台上发布内容，并且可以在别人的影评下与他人多交流。如果你的观点够独到，很快就会获得别人的赞赏及顶贴。

当你在推广中拥有了一批支持者后，还可以加入各种联盟或者组织进行互推，实现共赢。在这个各种抱团、联盟、小圈子的年代里，如果你想单打独斗，显然是很困难并且不明智的。俗话都说，在家靠父母，在外靠朋友，而身处网络圈中自然就得靠人脉了。这个人脉可以是你普通的朋友人脉，也可以是所在领域知名人物的人脉，更可以是自然建立的人脉等。建立你自己的人脉，是推广内容时很重要的一步。有了人脉，你的内容才能被更快速、更广泛地推广。

一个自媒体想再进一步升级就需要整合资源，个人需要整合各种各样的资源，这是个人自媒体价值的升级，资源越多，自媒体存在的价值越大，你的粉丝能得到的价值也会越多。最重要的一点，这也是个人的一笔财富。

5. 与用户交流互动

千万不要只做一个供应内容的冷冰冰的机器，也就是一个“死的”自媒体。你是“死”的，你的用户也会是“死”的，到你这就只是索取文章而已，别无他意。所以要和你的网友们多交流多互动，在网友之中建立信任，现在的粉丝经济不就是信任经济吗？没有了交流和互动，信任何来？恐怕单凭几篇文字是做不到的，而且交流互动的过程其实就是一个自我推广的过程，在这个过程中，你的网友也会自发帮忙推广，不仅推广你的文章内容，还在推广你这个人。

6. 借热点造势

当你有了一定的人脉及人气后，就要抓准时机造势了。可以是自己借着时下热点造势，也可以是你的朋友们帮你造势，更可以是借助媒体的力量来造势。这个时候发挥你的人脉关系显得尤为重要，让有用户资源的牛人们帮你宣传造势，扩大你的用户范围，这就是借人造势。

除此之外，还可以借事造势，炒作当下你做得比较火热的事。可以是一篇广为传播的文章，也可以是一个比较有创意的举动，还可以是一次会议等。反正不管是借什么势，都是为了让更多的人知道你，不过不能宣传一些虚假、负能量的东西，这样只会让你的名声被毁。

7. 持之以恒的动力

无论是输出高质量的内容，还是多渠道的推广，都必须持之以恒才会达到效果。许多的自媒体人，在刚刚开始时会兴致勃勃地写文章、做内容。但因为没有坚持下去的恒心，三天打鱼两天晒网，所以到后面“存活”下来的人根本没几个。而如今我们所熟知的那些自媒体人们，都是苦苦坚持了很久才有今天的成就。

如果你小有名气了之后，不要妄自菲薄，继续做之前的所有事，继续价值供给，继续深挖人脉、整合资源，继续为自己造势。之后，随着你的粉丝增多、内容价值提高、人脉上升、知名度提高，这些所有的一切都应该加强，而不可松懈。小有名气只是开端，还不到可以偃旗息鼓的地步，这个时候更需要趁热打铁，将积累的一切再次巩固一下，不得不说，这个时候打铁比之前效果更好。

在一个大多数以转载和提供低质量文章为主的时代，在一个只有少数人写文章，多数人在看文章的时代，你只要做到长时间、高质量的内容输出，就会发现这个领域的自媒体圈子其实很窄，而且真正会坚持下来的人并不多，只要你能坚持几年，这个圈子里的人都会对你有所了解，名声也自然会越传越广。当你坚持过后有了牢固的“粉丝基础”，也就代表有人愿意掏钱给你买单了。

还是那句话，人人都可以做自媒体，人人都可以出名，但自媒体火起来不是偶然。自媒体明星火起来更不是运气，你想把自己打造成一个成功的自媒体，就得有一些觉悟和一些规划，靠冲动、靠头脑发热、靠打乱战是走不到最后的。

◎ 6.1.3　自媒体如何实现盈利

既然是创业，最终目标就得实现盈利，赚到钱才能称作创业成功，这也是许多自媒体创业者们苦苦坚持的原因之一。那么是像程苓峰一样接广告？还是像罗振宇一样玩众筹？或者你能拥有自己的赚钱想法，做和其他人与众不同的事情？当然如果你出名了拥有了粉丝，不愁挣不到钱，更不用愁如何实现盈利，但怎样才能把利益最大化却是很多小有成就的自媒体人们不知道的。

1. 广告收入

出售广告是大部分自媒体人会选择的赚钱模式。这个模式适合那些流量大且不容易产品化、服务化的自媒体。但自媒体不是传统的媒体，也就不具备真正的公信力，靠广告赚钱并不能作为长久之计。至少不能主要靠广告，偶尔打打广告还是可以的。例如自媒体人程苓峰售卖微信公众平台“云科技”的广告位就是典型的例子。

关于这种方式其实很好理解，就是在自媒体“大号”中发布信息、传播信息。收费标准主要根据粉丝数、平台类型和发布位置来进行定制，即粉丝越多、位置越好、收费越高。平台则主要分为博客、微博、微信等，不同平台根据客户行业属性收费标准有所不同。从现状来看，如今微信的影响力和吸金力正在慢慢超过微博和博客。

2. 卖产品或者服务

当自媒体的粉丝达到一定数量后，可以通过平台覆盖人群来售卖产品。产品类型可以多样化：有形的软硬件设备和无形的服务，如培训、咨询、顾问；也可以只售卖自营产品；还可以帮助第三方推荐产品。自媒体平台的精准度越高，则转化率就会越高。

这个赚钱模式是编者较为推崇的模式，因为它能让你赚上大钱，如果做得好，赚钱速度也会超出你的想象。其实自媒体也是一个打造精准客户的过程，通过自媒体这个建立信任的媒介，让客户信任你，再对你的精准客户们做营销，这样一来，他们购买你的产品也就成了一个顺理成章的过程。通过卖产品来做自媒体，小流量也可以赚大钱。

3. 有价软文

自媒体人把输出的内容变成有价的“商品”，其实就是指内容营销了，也就是我们常提到的“软文”。自媒体通过一系列有深度的、能抓住用户痛点的文章，来吸引媒体和潜在用户关注，最终达到品牌推广、产品销售的目的。其收费标准主要根据自媒体人在行业中的影响力定制。一篇文章少则几千字，多则数万字。自媒体人为了避免自己的平台中出现大量“水文”，往往会设立相应的门槛，如收费标准、定制性文章数量和发布时间等，将一些不符合自己未来发展的客户挡住。这样既能保证自媒体内容的相对“纯洁”，又能实现盈利。

4. 开启会员制

一些自媒体人先通过部分“干货”吸引粉丝，粉丝数量级和市场影响力达到一定程度后，“干货”就只对付费会员开放，收会员费盈利。这种模式对自媒体人的个人品牌和“干货”内容有着非常高的要求，不是一般人能利用的。例如罗振宇的微信会员制就是典型代表之一。

5. 电商专家

自媒体不一定就是写文章的人，也可以是一些卖货发家的电商。在做生意这一块有其独到之处，而对电商或行业感兴趣的人就会关注他们。在这个时候他们只要稍微推荐一些产品，许多“脑残粉”就会跟着买单。他们是自媒体人，更是意见领袖，能影响很多人。最重要的是，这些人会直接购买东西，然后实现他们的自媒体价值套现。

6. 行业资讯

这个盈利模式更适合专业人士的自媒体，因为你在某个领域做得不错，并且提出的观点都具有很高的专业性，得到了同行的认可。自然就会产生一些找你咨询项目的人，这样的情况下也是完全可以收费的。

7. 培训讲座

自媒体做得好，自然是对互联网传播方法有独特的优势。这时就会引发一些想要学习的人，可以给用户粉丝或者企业做一些内训，效果一般是要好于社会上的那些讲师的。

8. 新闻客户端

当你的内容做得好了，就可以将其投稿于各个新闻网站，并能拿到相应的稿费。稿费的多少就取决于你的内容质量及拥有粉丝的数量了。

除了以上的八个盈利方式外，其余的方法大家可以发挥自己的想象。但要注意的是，自媒体最好只做推荐，不做推销，帮助别人成功，自己才会赚钱。如果只是自己写稿子，版权还把得死死的，是没有未来的，要给别人创造价值。

其实自媒体就是一个粉丝经济，里面充斥了情感营销。很多意见领袖可以影响很多人，然后互相推荐一下，效果还是很不错的。

自媒体们在盈利时还有以下两点需要注意。

第一，懂得与人合作。不要拒绝和传统媒体合作推广，就算有好的内容一样需要好的传播渠道。

第二，可以结盟，但不能依赖结盟。在如今的自媒体圈子里，出现了一些自媒体联盟，这为许多自媒体人敞开了一扇大门。与志同道合的朋友们结成组织固然好，但做自媒体本来发表的就是个人意见。你是一个意见领袖，一旦结盟，意味着丧失掉了独立性，成了利益集团。因此，自媒体人就算身处在结盟的情况下，也要保持住自己的独到见解，不能因为结盟而损失掉自己的独立人格。

◎ 6.1.4　企业也有自媒体

不仅仅是个人，企业也是可以做自媒体的。但编者认为，并不是所有的企业都适合做自媒体，首先企业的受众要偏年轻化，才容易被打动。其次企业要有“内容”可说，这个内容可以是产品，也可以是企业文化，能够引起热门话题以及事件等。最后还得看企业领导人对社交媒体的认知程度。

在众多的企业中，小米可以说是做得最好的自媒体企业之一。小米的营销方法体现了自媒体的一大特点：内容与渠道同时建设并互相匹配。小米的自媒体渠道除了用户量最大的微博微信之外，还覆盖了 QQ 空间、百度贴吧、官方博客等平台，总共设有 70 多人来运营。在发布内容上永远赶在时下话题的最前端，在客服方面也做得面面俱到。

企业能否做自媒体，关键在于能否创造出广大网民喜闻乐见的文化食粮，而不要纠结于可以做到多大的影响力。

自媒体对于企业营销来说，无疑是新的机遇和挑战。在这样全新的媒体环境下，企业如何运用个性化与互动性强的自媒体进行传播，也是一个值得关注的问题。编者建议可以从以下四点出发考虑这个问题。

1. 定位明确

企业利用自媒体来进行传播和营销，首先一定要确定自己的品牌理念和核心价值，向客户们表达什么样的诉求，留下怎样的公众形象。在这样的基础上要尽量突出个人风格，传统媒体网站会尽量移除个人风格，但这恰恰是自媒体最大的特色：通过微信、微博等平台账号告诉他们关于企业的一些想法、状态等，这样用户感觉到呈现在自己面前的不再是冷冰冰的企业形象，而是一个有个性、有亲切感的形象。一些企业常常会以一个拟人化的形象出现在社交平台上，如杜蕾斯的小杜杜、绝味鸭脖的绝小鸭等。

其次要明确自己的受众群体，对于自己的目标受众要足够了解和精准分析。核心点是要时刻站在用户的角度进行换位思考，了解客户的喜好并作为内容发布的依据之一。

2. 内容为王

企业传播营销的核心是更精准、更有效地将企业信息传递给潜在消费用户群，以增加品牌好感度。而在这一点上自媒体营销要比传统媒体营销那种粗放式的信息传递更加具有时效价值。

那么对于企业自媒体来说，要发布哪些内容来吸引用户呢？企业的自媒体账号应尽量规避向用户推销企业和产品。不要急于寻求销售量的转化，不做广告而做内容和服务，之后再做营销。可以从行业的高度谈理念、谈创新，与专家学者共同论战。也可以从用户情感诉求出发找共鸣，抛开卖家的身份来讲述企业的品牌故事。

企业所发布的每一条内容都要保证能给用户提供价值，只有秉承这样的理念写出来的内容，才能够帮助企业留住和培养粉丝，这也是进一步渗透营销，实现销售转化的关键所在。可以这么说，企业的自媒体账号就像一个用户身边的媒体观察者，要紧紧围绕企业的业务、产品或服务，透过结合热点、聚焦眼球、形成有价值的内容，从而不断向用户传递品牌理念。

3. 互动为先

在自媒体环境下，实现了信息的互动传播，受众主动性增强，这也是其与传统媒体的不同之处。因此企业的自媒体营销应该在“互动”和“服务”上做足功夫，注重用户们的评论、建议和意见，并为他们构建一个“自媒体圈子”，进行长期引导和互动，激发用户们自发产生的优质内容，及达成二次传播。

4. 鼓励员工做自媒体

企业都是由个人组成的，每个企业个体都可以本着企业的整体利益出发，每个员工或者管理者都能够成为自媒体。例如在微博鼎盛的时期，不少处于创业时期的企业管理者和领导人就开通了博客，阐述自己关于某个领域的观点。

企业做自媒体不是以组织的形式去实行，而是以组织中的个体去实行。每个个体都可以进行定位，例如财务人员可以打造有关财务领域的自媒体，管理人员可以打造有关管理领域的自媒体。道理其实非常简单，企业应该主动地鼓励员工去运营自媒体，除了能够为员工带来个人品牌上的效益，亦可以形成一个矩阵群力促进企业品牌的宣传。

5. 有变化意识

在这个日新月异的信息时代，用户需求变化快，不可控因素多，因此内容、形式都要保持多变，而不要在一个模式中死循环。另外，在面对突发状况下也要能够随时改变发布策略。

总之，只要扎扎实实地做有价值的内容，充分利用好自媒体手段，把自己的内容有效传递到用户的计算机前、手机中。通过屏幕传递价值主张和品牌理念，就能够真正在用户心目中构建出优秀的企业形象。

6.2　自媒体中有榜样

在众多的自媒体中，有几个名字永远是被首先提及的——罗振宇、马佳佳等，之所以他们的名声这么响，不仅仅是因为他们有别于常人的思想，更有巧妙的营销绝招将其推至自媒体行业的领头位置。下面编者就为大家分析他们的自媒体成长之路。

◎ 6.2.1　罗振宇，粉丝经济玩众筹

罗振宇可谓是如今的自媒体中最具“明星感”的一位人物。其不仅开办了《罗辑思维》脱口秀节目，赢来了一大批的忠实粉；还通过微信公众平台的“会员制”大玩粉丝经济，6 个小时完成了约 5500 个名额的购买量，现金 160 万到账；更启动了自己的巡回演讲，受到全国各地粉丝们的追捧。这么一位自媒体人，从最开始的默默无闻到建立起自己的社群，靠的不仅仅是罗振宇本人的口才与魅力，还有其团队在各个分享平台上的推广策略。下面编者为大家分析罗振宇的自媒体之路。

1. 《罗辑思维》起家

《罗辑思维》是罗振宇在网上开播的一个知识性脱口秀节目，2012 年 12 月 21 日正式上线，如图 6-1 所示。其口号是“有种、有趣、有料”，倡导独立、理性思考，推崇自由主义与互联网思维，深受广大知识人士的喜爱。

图 6-1　《罗辑思维》节目

《罗辑思维》节目还有着精确的定位——打造自由联合的知识社群。节目的用户被高品质的内容吸引，因价值观彼此认同而形成关系。而每周一期的视频脱口秀，不带重复，充满未知。节目关注的焦点多为当今社会热点和敏感话题，包括房价、慈善、民主、反腐、法制、政治体制改革等当今主流社会关注的热点外，也包括追求女性、找工作难、读博无用等生活化的话题。这些与当下生活联系紧密的内容，总是引人深思、给人启发。这样的知识供给完全符合定位用户们的“口味”，节目上线100天，视频的点击率就已经超过6000万。

节目在播出一段时间后开始对广大听众们开放投稿，这使得其知识社区开始形成。从这时起，《罗辑思维》便开始发挥自媒体的“互播式”优势。有了前期积累的数十万粉丝，即使只有一小部分与其互动，也能够产生相当多的热点和素材。节目的内容品质也开始稳固提升，所谈内容也多为社会潮流。

《罗辑思维》的成功可以算是传统媒体人转型成功的正面教材，然而其意义却不仅限于此。包括罗振宇本人在内，都将其视为“自媒体”商业模式的成功试验。自媒体强调互动式广播，听众在其中不光参与互动甚至还会创造内容。

2. 用“会员制”玩众筹

在《罗辑思维》上线初期，就通过微博和微信上推广脱口秀视频开始了口碑的积累，甚至在新浪微博上“@罗振宇”多半还能得到他本人的回复。

与此同时，《罗辑思维》的微信公众号跟随脱口秀的播出同步推出，微信公众号每天早上6点半左右也会发布60秒语音信息，如图6-2所示。选择早上6点半发布是为了争取每天第一个开始需要阅读的碎片化时间，即早上上厕所的时间。在大多数公众号们还在微信公众平台上做图文内容的时候，罗振宇就已经做起了音频的流媒体。并且全年中每天都会推送，没有重复。就这么短短的60秒语音让其在一年的时间里微信粉丝破百万，成为了万人喜爱和拥护的自媒体“明星”。

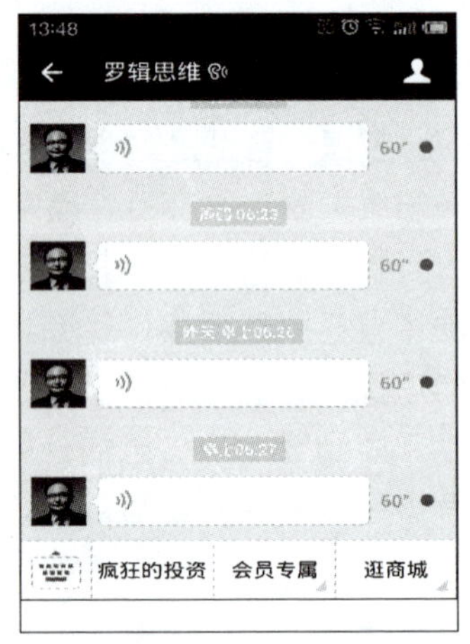

图6-2 “罗辑思维”公众号语音消息

当忠实粉越来越多、越来越狂热时，罗振宇趁热打铁，在微信公众平台上推行了两次至今仍被很多人都认为是“史上最无理”的付费会员制——普通会员，会费200元；铁杆会员，会费1200元。要求会员能对知识性产品有发自内心的热爱，能够彼此信任，有行动的意愿，且真能付出行动。购买会员资格不保证任何权益，却筹集到了近千万会费。“爱就供养、不爱就观望”，就看大家是否愿意众筹养活一个自己喜欢的自媒体节目了。

就这样一个看似“无理”的会员活动，却在第一期招募时，短短半天内就宣布告罄，罗振宇轻松入账 160 万。而二期会员的招募，只限定微信支付，利用微信实现闭环。24 小时内招收到了约 2 万会员，入账 800 万。

当然，既然是会员，也并不是没有任何的好处。例如脱口秀节目《罗辑思维》的选题，就是节目运营团队和粉丝会员们共同确定的，用的就是“知识众筹”。罗振宇说过，自己读书再多积累毕竟有限，需要找来自不同领域的“牛人”一起玩。众筹参与者就好比是“知识助理”，为《罗辑思维》策划选题，如果有好的想法及建议，还可以被罗振宇在节目中传达。例如一位人民大学的学生就因为对历史有深入的研究，被罗振宇在视频中多次提及，也让他小火了一把。

从招募到会员开始，罗振宇也开始实验社群经济的运作模式。这种模式分为两类：一类是群内互动；一类是社群电商，就是一起挣社群外的钱。

群内互动的尝试包括帮会员相亲，女会员可以附上照片、简介和微信号，罗振宇帮其在微信公众号上广而告之，征集意中人；社群电商的尝试就是进行一些线下的活动，例如“吃霸王餐”，就成功征集到 200 家单位和 1 万多个席位。通过罗振宇自身的吸引力以及社群成员本身的人脉，吸引一些外部商家免费参与到这些活动中来。

其实这两种模式在后续的运营上都有很大的想象空间。例如有会员想要找工作，可以通过在社群内发散信息，外部联系找到。再例如一些会员想去旅游，找企业赞助，社群帮助打广告，会员帮助协调组织等。类似的行动召集体现出低成本、高效率的特点。组建社群内的人一起来做，在社群内和社群外互动，这是一件很好的事情。

除了做服务以外，罗振宇还能借助社群做产品。例如在 2014 年的中秋节期间推出“真爱特供”的月饼，就是在社群内筹资，例如有 500 份月饼，一份 1 万块钱，只限会员参与投资。当筹到 500 万资本金后，再把月饼的制作（包括法律顾问、财务顾问等支出款项）费用摊开，让会员认领。最后，接受面向大众开始售卖“真爱特供”月饼，挣到钱之后，把参加会员的工资付掉，留下 20% 做一个公益事业，剩下 80% 跟原始股东分成。

像罗振宇这样的“会员众筹”模式在如今的互联网营销中实为少见，它的成功也再一次证明了，一个成功的自媒体能够拥有的魅力及号召力是无穷大的。

案例分析

在众多的自媒体中，能做到像罗振宇这样的实属少数。尽管《罗辑思维》的定位是知识型社群和自媒体，但其线下活动却并非是严肃的读书会，而是相亲、吃霸王餐等看似无关的“有趣”活动。这并非是偏离定位，只是在向人们展示社群一呼百应的力量，未来的互联网时代也许就是无数个“小而美”社群的时代。

将影响力从线上转为线下，将用户变为铁杆粉丝，为自媒体的盈利站稳脚跟

的方法之一。如罗振宇在会员方案中提出“建筑一个十万爱智求真的读书人的社群”，它之所以迅速被接受，是基于用户的新鲜感、对个人品牌的认可，以及对未来线下活动的想象。因此如何在线下维持自媒体的信誉和影响力，是自媒体人面临的一大挑战。

自媒体或者社群电商是未来几年的流行趋势之一，但学习更是永远的趋势。当互联网的浪潮在向社群经济不断汹涌时，当《罗辑思维》这档节目已经摸着石头过河时，要做自媒体的你是要继续站在河边围观、论证浪潮是否存在，还是试着去打造自己的过河之舟？

◎ 6.2.2　马佳佳，90 后女神另类创业

如今的社会越来越多元化，但在我国改革开放很久以后，提到“性”这个词，国人们仍是“谈性色变”。性话题在中国文化里一直是一个禁区，而谈性色变的恐慌也让国人对性讳莫如深。对于许多创业者来说也一样，创业的方向有很多，但却很少有人往与“性”相关的行业上投放目光。

在中国传媒大学中，一位“90 后”的女学生马佳佳却不惧他人异样的目光，毕业后在学校旁边开了家成人用品店，开始了自己的创业路程。然而对她来说这并不仅仅只是开一个店铺那么简单，更是为当今的成人用品业进行了时尚新潮的重新定义。有着另类的创业想法，在社交平台上的无所畏惧，大秀自己的产品，加上本人的良好相貌，一时之间被众多的网友们奉为“女神”的马佳佳不再是一位普通的店主，更成为了许多年轻创业者标榜的对象，一时间拥有了众多支持她的粉丝。渐渐地，这位“90 后”女神也成为了当今最火热的自媒体人之一。

1. 马佳佳开“泡否”，进军成人用品业

马佳佳在大学毕业后，没有像大多数同学那样找工作、出国，而是选择了留在北京创业。于是在她大学毕业的那一天，专售成人用品的“泡否”开业了。最初开在传媒大学西门的一条街上，只有 20 平方米，虽然面积很小，却成为了那里的一个奇观。学生们经常光顾不奇怪，因为马佳佳就是冲着传媒大学那群思想开放的大学生们去的。但是很多人都不会想到，连周围的农民工、城管、上了岁数的大爷都会到店里去买东西。

“泡否”甚至没有经历过破冰阶段，一开业就被引爆。至少在传媒大学校园里，“泡否”已经无孔不入。要知道，大学生毕业选择成人用品业本就是许多学生们不敢想象的话题，而这样的事情就真真切切地发生在了自己学校的同学身上很吸引人的注意。紧接着，马佳佳在微博上推出了一个宣传视频，马上就在人人网和微博平台上被疯转，点击率在短时间内过百万。

其实，这些传播手段并非马佳佳刻意的选择，因其本身就是“90 后”，热衷于在微博、人人网等平台上发布动态，也有许多学校里的粉丝，所以在“泡否”

开业消息一经发出，便引来了众多关注及转发，这些校友们的转发就成了她的免费宣传单。

当然，虽然“90 后”开成人用品店少见，但大街上也不是没有成人用品店。并不能说这个行业是处于无竞争状态的，那为什么其他的成人用品店没火却只有马佳佳的火了？就仅仅是因为“90 后”开店的噱头？其实不然，“泡否”是一家有别于传统成人用品店的店铺，带有浓浓的“90 后”色彩。在把情趣用品卖出格调这点上，马佳佳就做到了。

① 店铺设计

“泡否”店内的布置不同于一般意义上的成人用品店，颜色丰富却不落俗，店铺的设计感极强，如图 6-3 所示。

图 6-3 “泡否”颜色丰富的店铺设计

② 产品物以稀为贵

“泡否”拒绝卖那些随处可见的“超市货”。其产品多半来自日本、北欧和美国，都是比较流行的国际大牌。除此之外更有一些小众、偏门的品牌，产品包装都时尚新潮，这会让人觉得更有格调，如图 6-4 所示。

图 6-4 “泡否”售卖的产品

③ 另类广告语

成人用品当然也会用到广告语来吸引顾客，但“泡否”的广告语拒绝了普通的“医疗型字眼”，取而代之的是那些让人感觉温暖舒适的字眼，其中也不乏创意。例如，“男子居家三件套”，还分当季、下季、流行和过时系列。再如图 6-5 所示中的“辣妈必备”等，这样的广告语是不是更具吸引力和杀伤力?

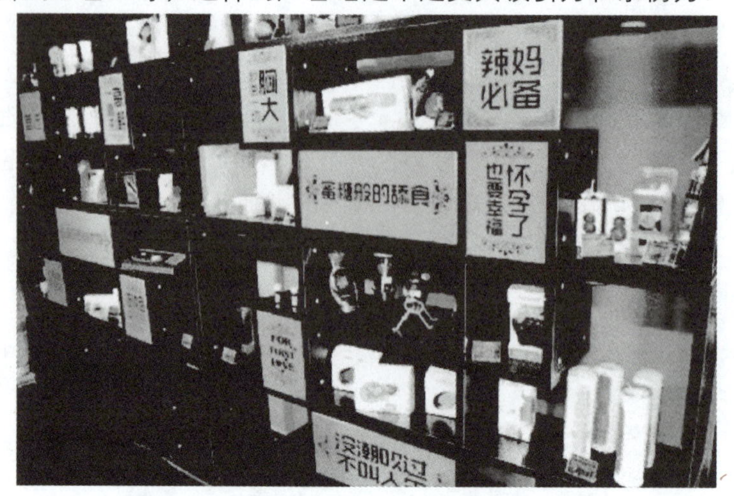

图 6-5 “泡否”店铺广告语

④ 重新定义产品和场景，颠覆消费习惯

“泡否”重新定义了产品功能。解决生理需求只是其中的一小部分，成人用品有更多大家想不到的功能可以使用。例如粉色安全套可以“放钱包招桃花”等。

“泡否”重新定义了使用场景，从私密消费变为新潮礼品。也彻底颠覆了用户的购买习惯。在以往，用户购买成人用品会偷偷摸摸不好意思，但是“泡否”的出现让更多的购买用户认为，买产品说明我的生活健康，而不是我有病。很少有用户在购买产品后要求保密包装，更有用户会主动要求和马佳佳合影并发微博，@ 到自己。

⑤ 用奇招来传播造势

“泡否”还会制造有趣的争议。虽然这看似不妥，实则是对目标群体的极大讨好。例如在招聘信息上写有“本店只招女生”等相关特殊规定。并且对反对者采取“歧视、嫌弃、鄙视”的态度，而非循循善诱。店铺有几个“不准”：不好意思的不准进，长得不好看的不准进等。这跟普通的打开门来做生意的店铺不一样，并不是谁都可以进的规定才更能将目标准客户吸引进来，并且有效排除掉了那些抱着“不想买看热闹”心态的客户。

⑥ 张扬个性，树立形象

“90 后”开成人用品店的消息一经传播，引来的不止有粉丝，更有无数的媒体。媒体们都争相报道马佳佳这个人物，那么接受媒体的采访是必不可少的，但不同于其他人的是，马佳佳就是一个将个性张扬到底的“90 后”。在他人面前保持高调、保持自我的这种态度，也让她直爽的本质更受到粉丝们的青睐。

当她遇到居心不良的媒体采访时，就会拿出与微博上大名鼎鼎的“留几手”一样的毒舌来应付，塑造了其犀利毒舌的人物形象，也增加了忠粉的凝聚力。

目前“泡否”的主力消费人群是“70 后”和“90 后”。马佳佳认为“70 后”已经彻底成熟，能客观看待这些问题；“90 后”则是因为没有受过性压抑，成长过程中也没有被教条所束缚，搞定“90 后”就等于打造出了榜样。相反，“80 后”被她认为是纠结的一代，既不愿意回到过去的传统，又不太敢彻底释放自己。

2. 为自己代言

当学校旁的第一家“泡否”开业后，引起了微博上的轩然大波，也受到了大众的关注。极具互联网思维的马佳佳也开始不甘心于这个小店，而是朝更远的目标迈进——建立自己的品牌。

在“泡否”成立初期，就已经用“禁忌”“美女”“搞笑”等字眼博得关注，紧接着马佳佳登上了江苏卫视的《非诚勿扰》相亲节目成为女嘉宾，吸引到了更多的眼球。当势头正热时，一些投资人也开始介入马佳佳和“泡否”的品牌成长，于是马佳佳的第二家“泡否”在北京热闹繁华的三里屯开业了，并且这家分店成为了“泡否”在北京地区的旗舰店，之后还被称为“中国最美情趣用品店”。随后，北京泡否科技有限公司正式成立，马佳佳也从一位网络红人店长变成了 90 后 CEO。

马佳佳也像“聚美优品”的陈欧一样，将个人与企业品牌相结合，开始走“为自己代言”之路。手上拿着自家产品，做出可爱的表情拍广告。还拍了许多上世纪美国“洋妞”风格的写真，照片中的她身体姿势和自信健康的笑容构成反差，如图 6-6 所示。以此昭告“新时代的女性在经济独立的基础上，分分钟集智慧、知性和风情于一体，性和性感不再为了取悦男人，而是取悦自己，两性关系转化为平等的相互眷恋。”这也是突出了“泡否”所要传达的品牌理念。

图 6-6　马佳佳做自己的品牌代言人

与陈欧不同的是，马佳佳不做“高大上”而选择了接地气的普通人，其认为“男神女神”的形象虽然足够受追捧，但是却不具备爆发力，而如今的网络能引爆的形象是更亲民、更有幽默感、更有娱乐感的。

如果说“泡否”过去是在野蛮生长，当其第二家店面开业时，马佳佳其实就已经开始进行品牌规划了。之后他们会发力线上渠道，线下作为活动场地和体验店。品牌还针对受众不同的问题，推出套装系列。他们把所有人分成十几种，根据不同人的需求打包不同的产品。在马佳佳的逻辑里，用户学习单品太麻烦，直接给他们解决方案更靠谱。

案例分析

将成人用品变身潮牌不再隐私，有望积累愿意宣传的名人顾客、制造明星效应，形成和其他从业者的致命差距。这就是马佳佳“泡否”拥有的最大绝招。

在自媒体当中，不仅仅是有为大家贡献“干货”而赢得关注和喜爱的人可以成为自媒体，更有像“马佳佳”这样个性鲜明、思想创新、独立一派的人可以做自媒体。虽然如今网络上炒作的红人也并不少，但是像马佳佳这样既懂炒作又能自立门派的人却不多。而马佳佳想传达一种独立新女性的品牌风格，“旧女性取悦男人，新女性消费男人”。就像“泡否”对待消费人群一样，她们不会去迎合谁，而是要做意见领袖。

抓住受众的心理，敢于建立自己的风格，不畏惧世俗的眼光，这些都是马佳佳成功的要素，也是自媒体人们要做大做强的重要因素。当马佳佳和她的“泡否”戴着“90后”“互联网思维”“颠覆”等光环出现后，一向躲在灯影中的成人用品，终于能够以一种坦然的、正常的商业思维进入人们视线。

第7章 看12大行业如何争做指尖微商

尽管在如此多的平台上都有不同的营销策略，但是如今的移动互联网发达之处就在于，它能将不同的平台及用户连接到一起。对于企业微商来说，也应该将多个不同平台的营销策略整合后才能发挥巨大的能量，实现利益最大化。当然，行业不同，方法自然也就不一样。在本章中编者以案例解析的形式，为大家解读不同的行业该如何变身成微商，在客户的指尖上进行针对性的营销。

7.1 房产行业营销指南

近年来，诸多房产商也开始向移动端营销靠近，做起了微商，不再只是传统的贴街头海报，发街头传单的单向宣传模式，而是通过各种新颖的营销方法在移动终端把握客户、转化客户。很多时候，客户想要了解楼盘，获得购房优惠，只需在手机上轻松操作即可获得。接下来，编者就为大家列举两个房产业在手机营销上的营销指南案例。

◎ 7.1.1 西安万科领先创新

万科集团作为如今中国的房地产领军企业，在全国各地几乎都可以看到其楼盘。众所周知的是，但凡是房地产商，在各种渠道的营销推广是必不可少的。万科集团下的西安万科，在营销上的创意和创新更是常常夺得头筹，成为众多房产商标榜的对象。

1. 世界杯借势营销

2014 年 7 月的世界杯不仅仅是球迷们的盛宴，更是营销界的比拼赛场，而此时也正值西安万科的首届购房节。为结合热门话题达到更好的营销效果，西安万科自然也不会错过世界杯这个“香饽饽”。可蛋糕虽大，分羹者却不少，如何才能在海量的营销阵势中吸引目标客户的眼光？西安万科的玩法就给众房产商们上了一课。

本届巴西世界杯在国内引起的关注点，不是黑马、不是裁判、也不是巴神，而是猜球。伴随着越来越多的人加入“猜球大队”，“上天台”也变成了比赛期间的热词。“上天台”是指人们为了图乐子增添刺激，花大小不等的钱参与世界杯猜球却接二连三遭遇惨败，从而产生了“上天台”跳楼的心，当然，这里更多是一种调侃的意思。而当社交平台上被“上天台”刷屏时，西安万科便玩了一把“行为艺术”——封天台。引发了网络关注和病毒传播，为万科购房节制造出了不小的话题。

在世界杯期间，西安万科在微博上发布了一条图文并茂的长消息，向大家展示了西安万科物业“封天台”的全过程，如图 7-1 所示。西安万科通过这样的方式不仅考虑到了球迷们的人身安全，也是在号召球迷回归享受足球本身。当此条微博被大量转发时，“戳链接”里接入的购房节页面浏览量也大幅度上升。伴随着世界杯热门话题，西安万科成功引来了客户们的关注，并顺势推广西安万科当下举办的购房节。

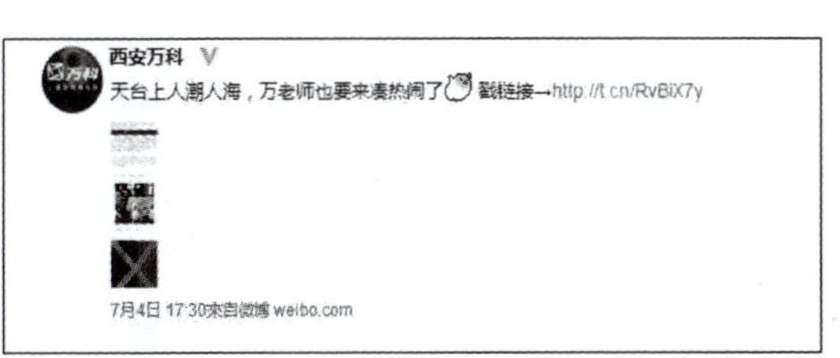

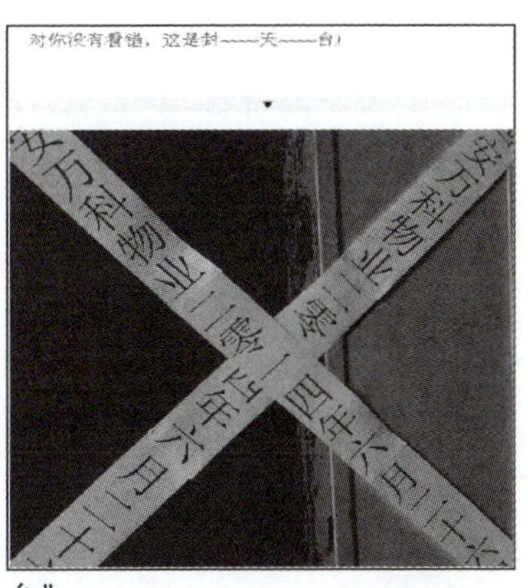

图 7-1　西安万科“封天台”

为了让购房节对球迷的关怀更“体贴”，西安万科还拿出自己的购房车为球迷们做“夜班车”，半夜免费护送在酒吧夜市等地的球迷回家。用“莫上天台，带你回家”的切入点再次消费“天台”热点，又一次引起了小范围的传播。

西安万科同时也将“优惠”这一理念植入到所有推广平台线。例如在其微信服务号上推出的“疯狂猜球”游戏，每天都像博彩公司一样更新比赛与赔率供粉丝们猜球玩耍。设定的奖品不仅有世界杯周边产品，还有任何人都能百分百中奖的购房节优惠券。

2. 与招商银行玩跨界

除了“封天台”的营销动作外，西安万科还联手招商银行信用卡，凭借着金融与地产领域的双重号召力，在西安掀起一波“猜球”热。借“赌球（博彩）”热潮玩“猜球”，两大领域龙头牵头各支持一支球队，带动城市参与，调动市民参与热情，拉近品牌与大众的距离，如图 7-2 所示。

在与招商银行信用卡的跨界同城猜球中，西安万科还将购房节优惠包装成招行信用卡用户的专享特权，尝试跨界新玩法。

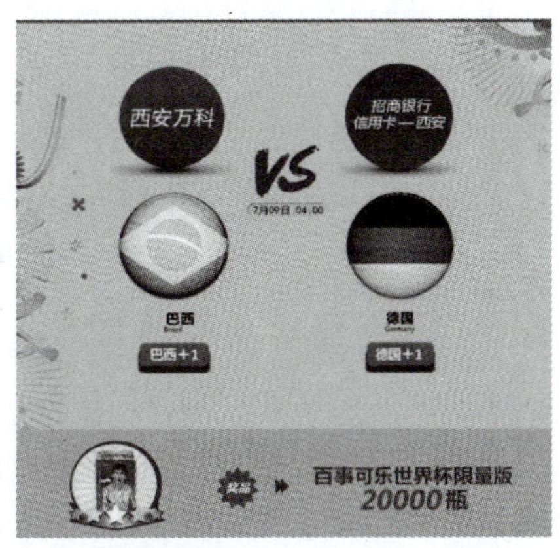

图 7-2　西安万科携手招商银行举行猜球活动

线上“猜球”后，除了在线下利益互推、客户互换外，还借巴西大比分输球，发出“输在巴西球迷身、痛在世界球迷眼，与其猜球对峙，不如一起享受足球”的号召，联手为西安球迷举办看球派对（即英文 Party 的音译），持续进行品牌营销。

案例分析

热点营销往往是如今新营销模式中不可少的一种方法，但在对热点的把握程度上却很少有企业微商能作到与众不同。案例中的西安万科不像其他的企业一样，利用比赛中的球队来作为营销点，反而抓住了“上天台”这一热点，将球迷客户们放在了第一位置，通过世界杯的热点突出了西安万科对消费者的人文关怀。

如今“跨界营销”虽已不是什么稀奇事，但地产业和金融业强强联手的案例却并不多见。跨界合作对于品牌的最大益处，是让原本毫不相干的元素相互渗透融合，给品牌一种立体感和纵深感。而可以建立“跨界”关系的不同品牌，一定是互补性而非竞争性品牌。西安万科和招商银行信用卡正是如此，其跨界合作本身就已经能引起业内关注和大众传播。在实质操作过程中，无论从资源还是传播渠道，都因“跨界”的资源共享而使营销费用大幅降低。

◎ 7.1.2 碧桂园，全民移动营销

对于房产业来说，传统的营销模式不外乎于对外打着“降价、赠送、低首付”等促销信息，而大多数用户都已对类似的营销语产生了疲劳感，这样的营销模式已经无法第一时间吸引用户的注意，更别提产生兴趣进一步了解了。而在 2014 年，意识到地产营销现状堪忧的无锡碧桂园，开始了调整传统的营销模式并试水 O2O 移动营销。

无锡碧桂园在经过前两期的销售推广后发现，由于其楼盘远离市区，使得销售过程中实际到场看房人数很有限，楼盘的优势也很难直接传递给潜在购房者。因此，在项目第三期开盘期间，碧桂园改变了以往的营销策略，借助手机终端广告和线下的传统楼盘活动结合，展开了一场 O2O 移动营销。

碧桂园的目标用户群主要面对 25~35 岁的年轻群体。通过对目标人群的具体分析，选定了五类匹配碧桂园的细分人群，并分析这五类人群的行为轨迹和阅读习惯进行创意广告投放。

“跑跑卡丁车，过关即有礼”的广告语，结合这个年龄段比较熟悉的网络游戏吸引潜在购房者点击浏览了解楼盘详细信息。

2014 年 6 月，在碧桂园的楼盘现场，开启了“跑跑卡丁车激情体验之旅”活动，结合移动广告的宣传和手机线上游戏体验，活动期间共吸引了约 100 多人到楼盘现场试驾。其利用手机交互和重力感应功能，用户只需左右摇晃手机即可参与

激情的卡丁车游戏，操作简单互动性强。游戏开发者在赛道两旁植入了碧桂园的楼盘信息，赛道的终点也设置成了碧桂园的大门形象，如图 7-3 所示。这让用户在潜移默化中加深了对碧桂园的印象，大大提升了项目的品牌价值。

图 7-3　“跑跑卡丁车”线上游戏

碧桂园这款移动终端的游戏，吸引了大量年轻用户在线上参与，当用户在规定时间内闯关成功，输入手机号码便可在线领取奖品，点击游戏界面中的“导航”还可以获取到达碧桂园项目地点的路线，方便用户前往项目所在地参加线下的活动。

对于线上跑跑卡丁车玩得不过瘾的用户，还可以亲自到达碧桂园项目现场，体验试驾线下的“跑跑卡丁车”，过一把“赛车瘾”，参加的用户都有机会获取 200 元的加油卡。这种线上到线下的互动营销让用户化被动为主动，积极参与到广告的互动中，从而大大提升了营销的价值，将广告效应发挥到最大。

本次碧桂园广告投放 10 天，活动总点击超过 100 万次。如此客观的数字让我们对广告产生的效果一览无余：移动营销讲究的是精准营销，本次活动面向本地开发商，助力本地品牌传播、互动营销，最终实现了更多人参与这种 O2O 方式，从而为拉动销售推波助澜。

案例分析

在广告界“鱼龙混杂”的年头，如何突破、创新，吸引意向人群眼球，抓住用户心里需求，都是值得每一位地产营销人深思的问题。而碧桂园用线上线下游戏相结合的形式，用线上游戏的新颖方式吸引用户的关注，在玩游戏后转化到线下楼盘现场，将人气带进楼盘内，使其了解到楼盘的真实信息，加快了潜在购房者转化为实际购房者这一过程。

7.2　金融行业营销指南

当移动端营销越来越多样化和普及化，金融业也伴随着移动营销的趋势，与手机端结合开展移动金融与移动支付。如今手机银行日渐成为了众多银行业触网移动的标配，而围绕着移动营销的价值探索也以其个性化的创意营销形式曝光于人们的眼前。下面编者就为大家列举来自金融业的移动营销案例。

◎ 7.2.1 51 账单，“隐蔽”营销

图 7-4 所示为一条由微博草根大号“冷笑话精选”转发的微博。其在发出后三天时间里马上就赢来了超过 6 万次的转发量。这条“恨嫁”的感人微博里配的图片看似是夫妻间在“秀恩爱”，实则是“51 账单”一次超低成本的营销——50 个小时，500 万次曝光，APP 排名 Top40。其营销技巧很简单，就是营销团队将 APP 的 LOGO 投放在图像的最下方（图中红框位置）。

图 7-4 “冷笑话精选”微博

就这么一张简单的微博图片是如何成为其“营销功臣”的呢?

1. 病毒营销来源于生活

此条微博的内容非常打动人心，运营团队以一位疼爱老婆的丈夫为主线，来编写了这条微博。在配图中，每一个文件夹的名称无不透露着这位“丈夫”对妻子的关怀。对于很多已婚人士来说，这样的内容更容易引起共鸣，并且内容本身看起来一点也不像是广告，营销者还故意把“淘宝”放在了“51 账单”的左侧。

2. 超低成本的营销

做微博营销，如果有粉丝过百万的大号来帮忙转发，自然很容易事半功倍。但是往往这些“大 V”发布一条微博的价格至少会上千上万元，这样的广告费对于一个新开发的 APP 团队来说并不是一个小数目。因此“51 账单”的营销者选择用 150 元找了一些小号来转发，试试效果。没想到发出来的效果非常成功，短时间内也达到了约 200 的转发量。

紧接着，运营团队趁热打铁，动员全公司的同事转发，给自己的 QQ 好友也一个一个邀请转发。随着小众账号的转发逐渐变多，“大蛇”也被引出了洞——拥有 1000 万粉丝的草根大号“@ 冷笑话精选”转发了这条微博，使其转发量瞬间上千。

3. 跟进持续造势

当“@ 冷笑话精选”引发大量转发后，越来越多其他的草根大号也开始转发此条微博。在微博转发上好不热闹时，运营团队为了使其传播得更为广泛，又做了一个“唬人”的策划，再次造势。其按照桌面图标的各类应用虚构了一个他

们官方微博转发“有我 + 鼓掌表情”的列队，如图 7-5 所示。没想到这个虚构的微博转发让很多用户都信以为真，于是真正的官方微博“@ 淘宝 @ 京东 @ 支付宝”等都来竞相转发，整个策划再一次出现营销高潮。其中还有网友虚构了一个“@ 中国移动：没我 + 哭泣表情”的转发，而这又引来了另一波“卖萌”高潮。

截至当月 16 日，“51 账单”在 APP STORE 生活榜排行第 37 位。这些效果都显示着此次微博营销长尾效应非常明显。

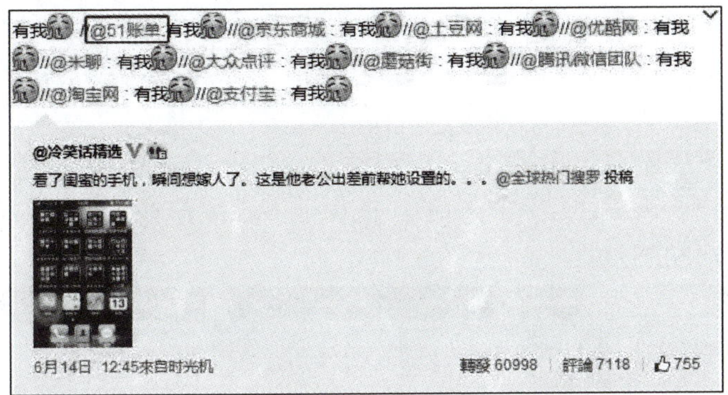

图 7-5　各大官微转发微博

案例分析

做微博营销，一定要拥有能够直指人心的优秀创意。同时，运营者一旦发现可以引爆流行的机会时，应立即乘胜追击，抓住这个机会让内容实现覆盖式的推广。例如 51 账单的策划团队在有小量转发量时，就在 QQ 上邀请朋友点评转发，这是非常必要和有用的，只有这样才能引爆更大的流行。

营销是要花心思的，并非堆砌资源就能成功。如果将优秀的创意与准确抓住恰到好处的引爆点紧紧结合，小投入也可以换来大惊喜。

◎ 7.2.2　交通银行，最红星期五

对许多生活在城市中的人群来说，星期五总是带有着“重要意义”，上班族们结束了一个星期忙碌的工作，可以好好地释放工作压力，缓解情绪；学生族们不用再承受学习的压力，可以约上朋友出门结伴游玩。星期五一到，也是大家购物、娱乐、聚会的重要时机。基于以上用户人群的心态，交通银行在 2014 年开春之时推出“最红星期五”活动，把握都市族群的“星期五”情节，通过移动互联网平台，打造“最红星期五”这一营销品牌活动。

在移动互联营销飞速发展的时代，行业间的同质化竞争已经严重导致消费者的目光被分散。如何利用移动互联网特点让交通银行“最红星期五”这一品牌成功打入都市族群，植入受众内心是此次传播面临的挑战。怎样在营销过程中自然而然地与用户建立“亲密”的联系，让用户随时可以及时参与其中，是此次推广

活动的关键。

移动终端的普及已经带动了手机上网群体的日益壮大。移动购物使得上班族和学生族能更加便捷地下单购物。因此，利用手机营销平台与用户建立稳健的品牌关系，推广“最红星期五”活动，增强现有消费者的消费粘度，进而发掘潜在消费者，是此次推广的传播策略。

放大用户的“星期五”情节，让“最红星期五”成为用户的一个固定习惯，成为此次活动的创意亮点。交通银行首先在网站的落地页里用“百元话费周周送”话题先吸引用户点击 banner，进入交通银行制作的移动端页面。在此页面中，用户可以浏览到“最红星期五”活动的优惠信息，并下载日历。用户输入手机号可将优惠日历安装到自己手机的日历应用中，如图 7-6 所示。每逢周四，手机便会自动提醒用户周五优惠活动的细项。在保证兴趣用户参与精彩内容的同时，有效地吸引新用户的加入。

图 7-6 “最红星期五”日历下载

在“最红星期五”推出后不久，交通银行为了提升品牌的热力，紧接着推出“超级最红星期五”活动，并以“返还 50% 刷卡金”的优惠信息吸引用户参与。银行提供超大力度优惠幅度，鼓励消费者去刷卡消费，促成当天在线下形成购物消费的高潮。

交通银行将“星期五”主题营销活动完美地契合了周末经济，在每个星期五集中推出包含了多个生活领域的优惠活动，例如加油站、超市、酒店、最红看电影、餐饮超红、最红商户优惠等，几乎包揽了生活中消费的方方面面，并统一在星期五这一天提供优惠，用户只需在手机上进行操作，既实惠又方便。交通银行信用卡用户在消费的同时，既能享受由交通银行信用卡与商户联合提供的优惠，还可以获得刷卡金返还，最高可达 500 元。

案例分析

此次交通银行的“最红星期五”营销活动，为金融业的信用卡品牌开辟了一

个新营销高地。因为“最红星期五”突破了以往消费只是为了满足物质需求的营销活动局限，让持卡人享受到了更多周五的乐趣，比如和家人逛超市、聚餐享美食、约朋友看电影等一系列活动，相应促进了亲人朋友间交往的人际链条，很多用户通过“最红星期五”活动认识并使用了交通银行信用卡，良好的用户体验使其口口相传，为交通银行信用卡自愿推荐了更多客户。由此，交通银行信用卡也逐渐形成了立体化经营链条，从快速发卡到促进消费，再到提升服务体验，最终到强化品牌忠诚度，形成了这样一个良性循环。

银行信用卡营销活动能否带来更多的后续实惠，是大部分持卡用户决定选择哪张信用卡的重要衡量标准之一。如今大多数银行的信用卡活动都采取了单一的活动模式——集中在某一时段、某几个地点。即使其优惠力度足够诱人，但“只此一次”的局限性并不能使持卡用户得到真正实惠。此次交通银行信用卡“最红星期五”在活动设定上进行了与众不同的创新，根据都市人群的“星期五”效应，推出每个星期五都能享受折扣及购物返现的长期优惠活动。多选择的优惠平台、持续性的惊喜刷卡体验，“最红星期五”开创了信用卡业内首个营销品牌，为用户带来与众不同的信用卡营销体验。

如今的企业微商想要在移动端吸引用户，那么不仅要有简单易操作的营销机制，更要把握住消费者的潜在因素，从活动中为其提供优惠信息。促使用户捆绑的不仅只有手机号，还有使用习惯，因为关注优惠促销信息，一直都是大多数用户的一种“现代，病”。仅仅抓住客户这种“病态”的心理再紧密结合移动端的优势，双管齐下，才会更有效果。

7.3　餐饮行业营销指南

如今，餐饮业的微商们尝试做 O2O 的案例不在少数。随着越来越多手机端社交平台 APP 的出现，其 O2O 的玩法也在不断更新改变。下面编者就为大家列举来自餐饮行业微商的手机营销案例。

◎ 7.3.1　麦当劳，樱花甜筒“跑酷”

当微信的“摇一摇”问世以来，LBS 定位（基于位置的服务，详细说明请查阅相关资料）也成为了众多餐饮业的营销方法之一。但随着 LBS 营销运用的泛滥，一波接一波的相似玩法已经很难刺激起消费者的参与度，商家的 LBS 营销急需改变固定位置的推送玩法。

那么基于 LBS 定位的新营销要怎么玩？2014 年 9 月，麦当劳携手“百度地图”发起的“樱花甜筒跑酷 0 元抢”活动给出了答案。在没有广告投入、不搞街头试吃的情况下，麦当劳新品樱花甜筒如一夜春风，在微博、微信等社交平台上掀起了一股“满城开跑抢樱花”风潮。

100 万个免费麦当劳樱花甜筒在 9 月 24 日开抢。用户只需在手机里安装“百度地图”APP，就有机会抢先免费吃到麦当劳即将上市的樱花甜筒。当用户位置在麦当劳甜品站附近 3 千米以内时，“百度地图”会自动发送活动参与信息至用户手机上。用户打开“百度地图”的初始界面中也可以找到樱花甜筒标识，点击即可进入活动页面按规则参加活动。

进入活动页面后，“百度地图”会基于用户的地理位置计算最近甜品站的距离，并自动匹配时间，用户只要在规定时间内抵达最近的麦当劳门店，就可以免费享用一个樱花甜筒，如图 7-7 所示。需要注意的是，用户在跑酷的过程中，手机页面上樱花甜筒是在不断融化中的。如果当用户抵达门店之前甜筒图案已经完全融化的话，就只能重新参加活动了。这样的挑战既达到了产品的推送，更以“跑酷”这样有趣的方式大大提高了用户的参与度。

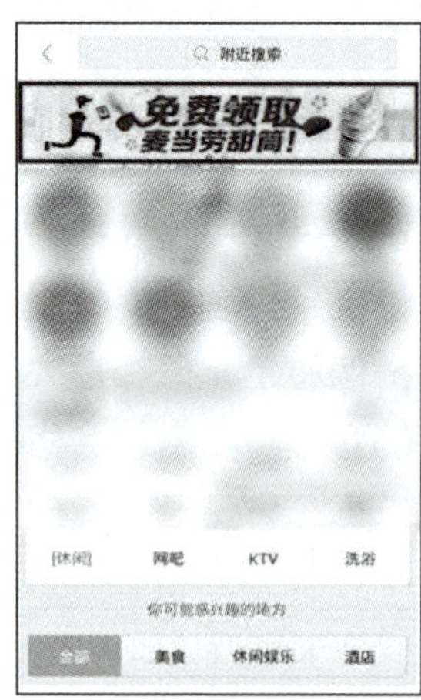

图 7-7　樱花“跑酷”活动界面

在宣传上，本次活动也不走寻常路。通过广场舞大妈、美少女战士、滑板少年等话题人物跑酷抢夺樱花甜筒热潮的病毒短视频，激发受众对活动趣味性的无限想象，也为活动持续打造了热度。

麦当劳此次与“百度地图”的联合营销着实不同寻常，编者身边也有不少好友在活动期间都在秀着自己如何不花钱就获得了樱花甜筒的相关图文信息。能够得到大众的喜爱，可见这次活动有着不一样的“三高”营销秘诀。

1. 瞄准目标用户，高精准

“百度地图”首次创新性地与品牌广告主进行深度合作，当用户身处距离麦当劳甜品站 3 千米的范围内时，根据用户的属性进行识别之后，部分用户手机上就会收到来自“百度地图”关于“樱花甜筒跑酷活动”的推送信息。这部分用户人群往往经常使用“百度地图”搜索附近餐馆、购物地址等信息，他们拥有较高的商品服务需求，如用餐服务、路线服务、购物服务。当有免费的优惠服务推荐时，他们的行动通常是欣然尝试和接受。

除了主动推送之外，用户只要打开“百度地图”，在使用“附近搜索”功能时，就能看到一个漂浮在地图上的樱花甜筒标识，寻找离自己所在地最近的甜筒标识，点击即可参加活动。

这样的方法不仅撬动了用户的好奇心，还有效利用优先展示功能，牢牢抓住了用户的注意力。这种基于相关性的推送与令人耳目一新的全方位展示，对“百度地图”而言尚属首次，但效果奇佳。

2. 线下跑酷活动，高趣味

线上收到推送，线下好戏也才刚刚开始。必须在规定时间里跑到麦当劳甜品站，才能免费领取领樱花甜筒。基于 LBS 定位技术，“百度地图”直观、精准地告知用户与最近麦当劳甜品站的距离，并按距离长短分配任务时间。距离短，时间则短。距离长，时间相应延长。“百度地图”还会提示用户跑到麦当劳附近，再开始跑酷任务，极为贴心。线上地图提供游戏互动，还为线下活动规划和导航，在营造惊险刺激的氛围同时，用便利和趣味性调动用户的参与热情。

3. 传递品牌价值，高情商

此次“百度地图”与麦当劳的合作则是更多出了一抹温情，处处传递着麦当劳的“快乐”品牌理念。利用现今的移动终端技术，为顾客带来了生活便利与趣味性的全新体验。“跑酷”的活动主题和产品的“樱花”特质，能让用户体验到运动中的快乐，增加了品牌和产品的好感度。

这一次“百度地图”则是展示无线营销技术在冰冷数据之上可能存在的艺术展示空间，而打通 O2O 营销的任督二脉——技术不仅仅是智能的，还可以是更有情感化的，比如性感温情脉脉，或是亲民的。当然，最为核心的是，这种技术手段能够将以往“用户追寻”的 O2O，转化为“主动连接”的 O2O 解决方案。对于有线下实体店的微商来说，保证线下人流是难点，关键就是如何追踪到他们的脚步，一触即达。

在大数据、支付等多维技术支持下，这种主动连接可以拥有更多个性化空间。例如通过用户搜索的大数据，以及支付数据，可以发现用户对于某种商品的需求，最后通过 LBS 技术向他推荐附近的类似服务，达成主动连接，提升消费转化可能性。

案例分析

麦当劳新品樱花甜筒的独特性，“百度地图”精准的推送与 LBS 技术，新

奇有趣的“跑酷”活动创意，这三者结合构成了独特的“引爆点”。加之活动时间接近“十一黄金周”，可谓是占尽了天时地利人和，为其长假期间的用户活跃度、新用户增量乃至今后在生活服务领域的品牌形象提升，都会有很好的促进作用。

◎ 7.3.2 必胜客，携手“啪啪”引爆盛夏

2014 年 7 月盛夏，必胜客与“啪啪”APP 掀起了一股桑巴热潮。“啪啪”作为国内首款将语音和图片巧妙结合的社交应用，用户在拍摄照片之后，按住录音按钮，可以录制自己的声音，讲述这张照片背后的故事，让内容更加生动有趣。

当各路商家都在借助微信、微博、人人等社交平台激战巴西世界杯营销时，必胜客则另辟蹊径，联合图片语音移动社区“啪啪”进行了差异化营销。其在“啪啪”上推出了“桑巴狂欢”主题互动活动，让消费者在用餐的同时感受桑巴狂欢的氛围，开启了新的营销思维。

1. 线下推出特色美食，线上特色水印滤镜来袭

借助着巴西世界杯体育赛事，必胜客展开了特色营销。在线下餐厅里推出了“桑巴狂欢美食节”，新增多款具有巴西异域风情的美食新品，如桑巴狂欢烤肉比萨、滋滋岩烤巴西风情肋眼牛排等，为消费者献上了一场丰盛的桑巴美食盛宴。

除美食外，必胜客还与热门图片语音应用“啪啪”APP 进行合作，在“啪啪”上推出了带有桑巴特色的水印滤镜，如图 7-8 所示。10 款水印滤镜，配上场景化的必胜客美食，再加上奇妙的语音配音功能，瞬间抓住了用户的眼球，吸引了众多用户热情参与及互动。

图 7-8 “啪啪”必胜客水印滤镜界面

吃着美食，聊着赛事，用特色滤镜美化图片，在“啪啪”有声的照片里畅所欲言，参与互动活动。在尽情享受视觉盛宴的同时，感受声音的美好，把生活的滋味被演绎得有声有色。

2. 营销线上线下相结合，打造消费新体验

必胜客在“啪啪”上推出了“喊出桑巴秀、表情我最美”趣味互动活动。只要用户参与到活动中，在“啪啪”上使用桑巴狂欢水印滤镜，发布自己的有声照片后，即可赢取必胜客美食代金券。参与活动看似简单，但要赢取奖项其实很难。在活动中，用户不仅要使用桑巴滤镜进行拍照，还要用声音表达出个人对桑巴狂欢派对的真心感受。经过滤镜、声音的双重审核后，内容才会被视为有效，只有这样才有机会参与抽奖互动。这与普通的互动活动不同，并不是随便操作一下就可以，而是需要用户真正将创意融入到活动中来。这样有“难度”的活动要求，避免了刷屏水军的乱入，保证了参加到活动中的都是真实有效的用户。

观看赛事、参与互动、赢取美食优惠券，新潮的交互式玩法吸引了众多网友、网络红人及明星参与。这些名人们凭借自身的影响力和高人气，又带动了众多粉丝参与和互动，实现了全方位、多重覆盖，从而将活动带向了一个新的高潮。

“桑巴狂欢派对”活动推出后，便在互联网上产生了爆炸式效应。活动在上线两周后，就在“啪啪”上收获了 18000 余条的网友参与内容，在 QQ 空间、微信、新浪微博等社交媒体上累计产生 12000 余次的曝光与传播，品牌的口碑及影响力得到了持续性传播与扩散。

案例分析

在这次的跨界营销合作中，“啪啪”从前期的线上创意参与互动，引导到用户线下消费，有效形成了营销闭环，给用户带来耳目一新的消费体验，是本次营销活动的亮点。作为餐饮业的微商，这是较为新颖的一种营销方式。

“啪啪”凭借“图片 + 声音”这一独特的传播介质，在当时众多以世界杯为主题的营销中突出重围，打造了不同寻常的新媒体营销阵地，建立起了事件营销和品牌合作的全新模式。此次“啪啪”与必胜客跨界合作，在营销方式上打破过往“硬广走江湖”的方式，采取线上线下相结合的立体营销传播模式，实现了传统餐饮业微商营销方式的蜕变。

7.4　快消品业营销指南

快消品作为人们生活里的刚需产品，其营销的要点就在于一个“快”字，与其他行业不同，产品要求实现快速高效的销售转化率。通常来说，快消品的消费群体又多与移动互联网用户吻合，移动互联网用户可以说是快消品行业巨大的潜在客户群，所以在移动端的营销对其来说必不可少。下面编者就为大家列举来自快消品行业的企业微商在手机端的营销案例。

◎ 7.4.1 华美月饼，“四微”齐发

每逢中秋佳节时，本已竞争白热化的月饼企业们都开始“拼刺刀”，为获得可观的销售量使尽不同的营销手段。在众多月饼品牌中，“华美食品”改变以往采取传统媒体的推广手段，利用线上多个媒介平台构建会员粉丝经济，使之与消费者产生共鸣，达到将产品的推广转化为销售的目标。在2014年的中秋期间，“华美食品”基于新媒体打造了“四微”式的营销模式，整合新媒体微信、微博、微视、微视频（病毒视频），将“会说话的月饼”概念推向市场，引发热点关注并创造话题引爆市场。以新媒体为突破口让其在同质产品中脱颖而出。

1. 微信上的营销策略

① “会说话的月饼”活动进行客户导流

华美月饼在中秋节期间，推出了“我为亲人送祝福，会说话的月饼更传情”活动。用户在购买月饼后，只需扫描月饼包装盒上二维码即可进入活动的微信页面，如图7-9所示。在活动页面通过与“微视”平台的接壤，用户不仅可以录制祝福视频，也可参与“我要晒祝福”“赢取抽奖号”等配套活动，赢取奖品。在活动规则设置上，以邀请好友获得抽奖号的“拉人头”形式为活动规则，制造用户间的自发传播，让活动在微信社群内迅速扩散。

图7-9 “会说话的月饼”微信活动流程

当活动流程都完成后，把购买的这盒“会说话的月饼”送给亲友，让他们通过扫描二维码去到活动页面，输入祝福编码就可查看祝福视频。这样一来亲友收到的除了华美月饼，还有祝福的话语，感受到送月饼者更多的情谊，间接提升了对华美月饼品牌的好感度，而线下和线上无缝连接，也大大提高了粉丝参与热情。

华美食品将此次活动引入“月饼会说话”的概念，既新颖有趣，又能唤起亲情，让月饼回归传递祝福的本质，重拾了传统节日的精髓。

② 紧跟社会热点，微信游戏玩不停

华美月饼还根据时下热门游戏，结合自身品牌和产品，开发了一系列的微信小游戏，如“围住神烦狗”“看你有多色”“疯狂手指”等，如图 7-10 所示。在游戏中设置了主活动导流的入口，既能增加微信趣味、提升粉丝活跃度，也能为主活动导流。例如，在“看你有多色”的游戏页面底端，就有一个进入“会说话月饼”的活动入口。

图 7-10　微信小游戏

此外还开展了微信拉新人活动，通过集齐 N 个好友抢奖品的形式，迅速聚集超过 2 万粉丝，并为主活动导流。

③ 陪聊式微信服务，提高用户粘性与活跃度

华美食品设置了专人团队，以“华美君”的形象为微信粉丝们解答活动疑问、进行陪聊，以此来跟粉丝建立起情感纽带，极大地提升了用户的忠诚度。

2. 微视来扩散社群，刺激参与

在微信的活动中，用户的祝福视频需通过微视来录制。以大热的短视频 APP“微视”平台为依托，让消费者轻松打造独具个性的祝福视频，发布的视频也能带动微视好友一同参与，在社交圈内引发传播。同时以微视播放量排行来颁发奖品，刺激消费者参与。图 7-11 所示为许多网友录制的祝福视频。

图 7-11　微视活动界面

3. 微博平台集中引爆，链式扩散。

华美食品在官方微博上与许多的名人微博、草根红人等进行互动。通过原创微博内容及有奖活动的发起，引爆链式传播、提升曝光、为活动导流。华美食品在微博上创建“会说话的月饼”话题，产生了高达6000多万的阅读量。

微博草根大V“@回忆专用小马甲”也参与了活动，上传了其微博最火萌宠“妞妞”和“端午”录制的祝福视频。被曝光后，在微博上立即获得了200多万的阅读量，如图7-12所示。在电商界、广告界、媒体界近30名意见领袖大V账号也齐齐发声，推荐“会说话的月饼”。

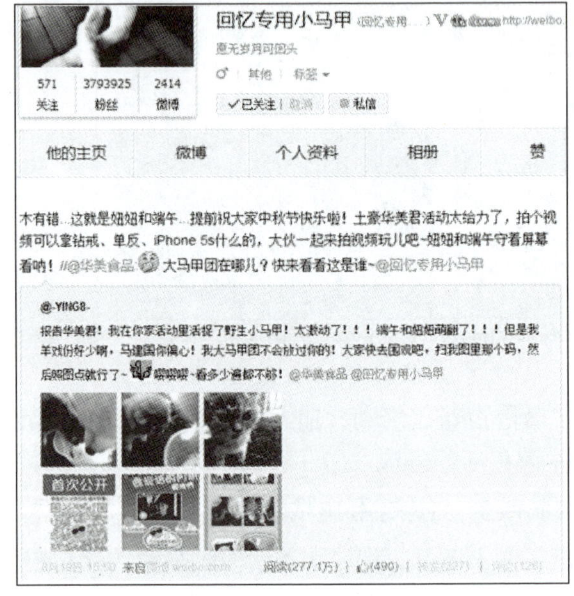

图7-12 微博大V转发

为配合“我为亲人送祝福，会说话的月饼更传情”主活动，微博也围绕“送祝福”的主题，持续开展了7次活动。从第一期请各种大V们发声推荐的“华美君帮你送祝福”到最后的“给微博大大送祝福”，累计活动曝光量达2亿次以上，转发总数更是超过10万次。

案例分析

在华美月饼引发的“让月饼送祝福”活动中，采用了全新的互联网传播媒介渠道，使得华美月饼与终端消费者实现直接沟通，让消费者可以直接“对话”华美月饼，也同时让华美月饼可以直接和消费者“说话”，这种方式构建了华美月饼与消费者之间直接交流的桥梁。和传统企业的经营思维模式相比，华美月饼的这种方式具有直接性、不可替代性，远远胜过传统品牌需要中间商、代理商、经销商等中间环节的烦琐步骤。

在此次的营销活动中，华美月饼别出心裁推出的“让月饼说话”更是一种给其他人送祝福、送温暖、送问候的方式，这种方式较之传统模式方面的送“礼物”形式，更具有祝福的感觉，也更容易引发消费者的感知和认可，因此从理念创意来说，华美的“会说话月饼”也从本质上展现了华美月饼的人文关怀。

拥有不一样的创意，又能够满足消费者情感寄托需求，并有过硬的产品质量为基础，以互联网平台为依托。适时引爆社交媒体，让“会说话的月饼”爆红网络。总体来说，此次华美“会说话的月饼”的营销策略不仅使华美食品良好的品牌形象深入人心，赢得好口碑，更是让互联网思维深入人心。同时也创造了企业微商营销新法的典例，引领传统食品企业发展的新方向。

◎ 7.4.2　奥利奥，线上线下的亲子互动

相信在许多的 80 后、90 后的童年里，奥利奥饼干“扭一扭、舔一舔、泡一泡”的广告词早已深入人心，成为大家童年里最温暖的记忆。奥利奥作为一款面向儿童及青少年消费者的饼干产品，一向都打得一手好的“亲情营销牌”，在 2014 年的营销战场上亦是如此。

1. 微信亲子表情

随着智能移动终端的普及与各种 APP 的推出，聊天表情早已成为即时通信应用和社交平台的必备品。微信在 5.0 版本后也推出了自己的表情商店。当用户在聊天时，表情很多时候可以代替文字，营造出更好的聊天氛围，一个有趣的表情能带来的快乐甚至超乎你的想象。针对这样的互联网环境，奥利奥制定了“向用户提供童真、有趣的亲子主题表情”的营销策略。

2014 年春，奥利奥推出了整合营销活动“亲子一刻，玩起来”。活动选择了微信和“QQ 创意相机”APP 作为手机互动平台，通过品牌的深度植入，打通微信生态圈。依附于微信强大的平台效应和线下产品包装上的 Pincode 编码解锁表情促进销售，开启了微信商业合作模式。

“QQ 创意相机”是微信主力推广的明星产品之一，入口自动内嵌在微信聊天界面的下拉应用菜单中。用户在微信中即可添加创意相机的插件进行自拍。当安装完成后，用户点击首页的“互动表情”即可在奥利奥品牌专区选择各式各样的素材和模板。在亲子素材中，还结合了当时的热门综艺节目《爸爸去哪儿》里的亲子互动图片。之后再将用户与孩子的可爱亲子照添加近模板当中，当系统自动生成真人动态图表情后保存即可，如图 7-13 所示。制作好的表情可以使用在用户微信的聊天当中，这种与众不同的表情更增添了聊天的趣味性，吸引了众多用户的参与。

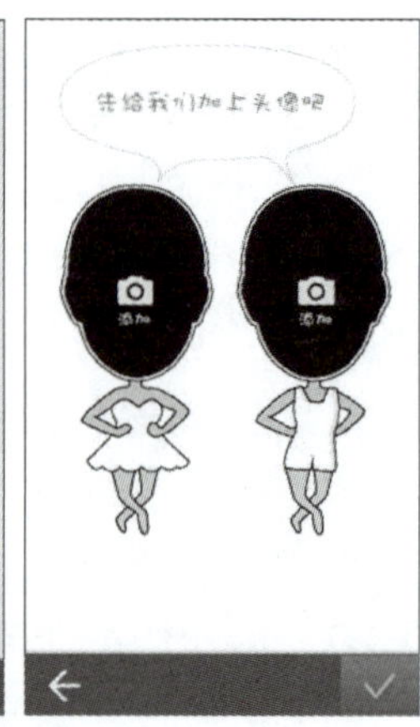

图 7-13　创意相机制作表情流程

在活动期间，奥利奥还将线上亲子表情的推广与线下销售拉动直接结合。不仅推出以“亲子表情”设计为主题的全新包装和店内促销，还巧妙地通过包装内的 Pincode 编码，作为“QQ 创意相机”里提供解锁更多动态亲子表情功能的兑换码，如图 7-14 所示。这直接刺激了产品销量的增长，并有效提升了消费者对于奥利奥产品的忠诚度。

2. 移动社交媒体 + 户外媒体

奥利奥在联手微信、QQ 创意相机的同时，为了加深线上与线下的互动，还设立了亲子公交站亭，方便消费者将手机上制作好的微信亲子表情打印成大头帖，随时和亲友分享“亲子一刻”。

奥利奥创新了线上线下联动的传播模式，为消费者带来了全新的媒介体验。消费者只需在微信的 QQ 创意相机里制作好属于自己的“亲子表情”分享至朋友圈。同时，通过关注奥利奥官方微信公众平台，就可以将专属的亲子表情在指定的公交站亭上打印成精美的照片，让“亲子一刻”无处不在，如图 7-15 所示。

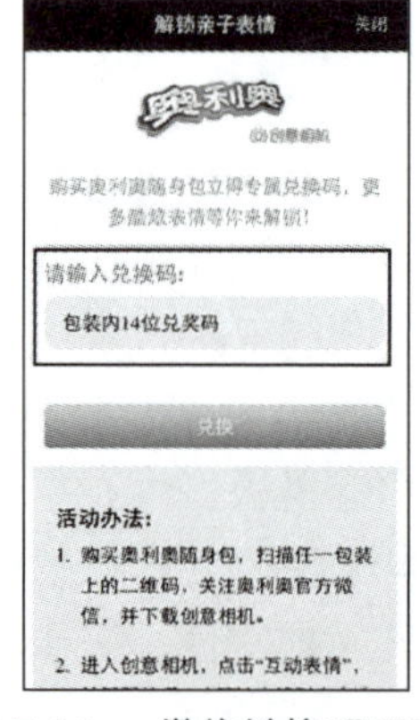

图 7-14　微信兑换码界面

图 7-15　“亲子表情”打印成照片

在此活动的短短 3 周内，消费者通过创意相机一共制作了近 1700 万个奥利奥亲子表情，并且通过社交媒体的分享，奥利奥全网声量提高了 5 倍，而在百度、谷歌等主流网络搜索引擎的搜索量则提高了 3 倍。这些数据不仅表现了奥利奥创意相机“亲子表情”活动与微信的首次商业化所取得的巨大成功，也为其他品牌提供了更多可借鉴的经验。

案例分析

奥利奥品牌一直致力于营造愉悦和无间的亲子关系。在如今瞬息万变的移动互联时代，传统的亲子关系面临的是父母繁忙的工作与较少的沟通。如何在这个时代升华亲子关系是品牌所面临的挑战与机遇。

在本次奥利奥与“QQ 创意相机”及微信合作植入“亲子表情”创造的互动体验，很好地传达了奥利奥的品牌诉求：鼓励父母不仅要花时间陪伴孩子，更要放下包袱、释放内心童真，彻底融入孩子们的世界，与孩子一起玩起来。消费者借助创意相机提供的强大功能，可以随时随地记录下与孩子互动的温暖瞬间，并轻松制作成为真人动态表情，通过创意相机与微信朋友圈的自然打通，传播亲子互动的快乐。

奥利奥借助微信强大的入口效应及与销售促进的有机结合，这种全新的微信商业合作模式也为其带来了显著的营销效果，不仅促进了自身产品的销售，更将消费者融合进了“亲子一刻”的快乐当中。

7.5　美妆服饰行业营销指南

如今做微商的人不少，而做美妆服饰品类的微商则在其中占据了很大比例。美妆服饰业针对的往往多为年轻群体，把握其消费特征，与移动端电商的形式相结合，成了美妆业与服饰业的转型首选。下面编者就为大家列举来自美妆服饰行业的营销案例。

◎ 7.5.1　时妆时刻，欧莱雅帮你圆戛纳梦

爱美是每个女人的天性，大多数的女性都希望自己能够像明星一样耀眼，化妆打扮也成了女性们必不可少的“功课”。可是什么样的妆容才是适合自己的？自己想要打扮的妆容需要哪些化妆品？什么品牌的化妆品才好用？这些问题往往存在于大部分的女性群体当中，无人指导加上对化妆产品的不熟悉，导致她们产生了以上的困惑。

在 2012 年，著名化妆品品牌欧莱雅就推出了一款“时妆时刻”的 APP，帮

助广大女性们实现像明星一样耀眼的梦想，并借助当时的戛纳电影节这一热点，来推动产品的营销。

"时妆时刻"这是一款集娱乐八卦、试妆体验、产品销售于一体的 APP。用户可以通过 APP 随时随地掌握戛纳的明星红毯讯息，以及娱乐八卦新闻；也可以根据欣赏戛纳红毯上各明星的妆容，并获妆容的解析；还可以依照自己的脸型查找最新的美妆；甚至可以在线尝试不同彩妆的效果，实现 APP 体验换妆。在体验过程中，如果用户发现有适合的彩妆产品，可以在线获取店铺信息，查看当季优惠，进入天猫旗舰店在线购买等。通过"时妆时刻"APP，欧莱雅将消费者体验自然融入品牌整合传播，构筑了品牌与消费者沟通的梦想世界。

1. 借助戛纳电影节，获得关注

戛纳国际电影节是欧洲三大国际电影节之一，很多明星都将戛纳电影节看做一个大放光芒的时刻，于是各种时尚云集其中。每年的戛纳电影节都能称得上是娱乐界的盛宴，也受到来自全世界各地媒体的瞩目。借助众人对戛纳的关注，"时妆时刻"APP 通过提供戛纳电影节中的明星妆容，例如中国巨星、欧美巨星、亚洲巨星、潮流街拍等妆容，还有潮流资讯及视频花絮信息吸引用户关注。

2. 图解明星妆容，与时尚同步

为了更好地吸引用户，同时让用户保持与戛纳时尚同步，"时妆时刻"为用户们图解戛纳现场的明星妆容，让用户认识到自己喜欢的明星妆容，并了解这些妆容所需要的产品和手法，如图 7-16 所示。同时也给那些爱美却不知道涂什么彩妆的人提供了很好的彩妆范例，让选择彩妆不再难，只需跟着明星彩妆走即可。

图 7-16 "时妆时刻"APP 界面

3. 用户试妆，体验为先

很多爱化妆的女性通常会遇到这么一个问题，自己喜欢一个妆容，并花费了资金将这个妆容所需的产品都买齐了，也学会了这个妆容的手法，但给自己上完妆之后却发现它并不适合自己，到头来是白忙一场。还有一些用户不懂得去什么样的场合该化什么样的妆，导致在一些正式场合出现了错误的妆容。为了帮助用户解决以上的问题，"时妆时刻"向广大用户提供了试妆功能。

用户可以选择各种类型的戛纳妆容进行试妆，主要包括红毯妆、派对妆、血拼妆、海滩妆等，有了这个功能，让用户不再陷入化错妆的困境，如图 7-17 所示。

为了让试妆后的妆容更接近用户的真实体验，“时妆时刻”为用户提供了多种脸型选择，用户可以根据自己的脸型进行试妆。具体操作为：用户点击选择自己的相似脸型，然后点击欧莱雅的某款彩妆产品，该产品的妆容效果就会体现在模特面部，如图 7-18 所示。

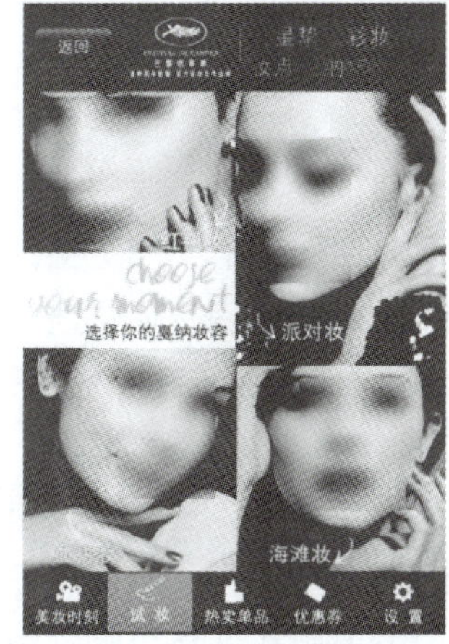

图 7-17　“时妆时刻”试妆界面

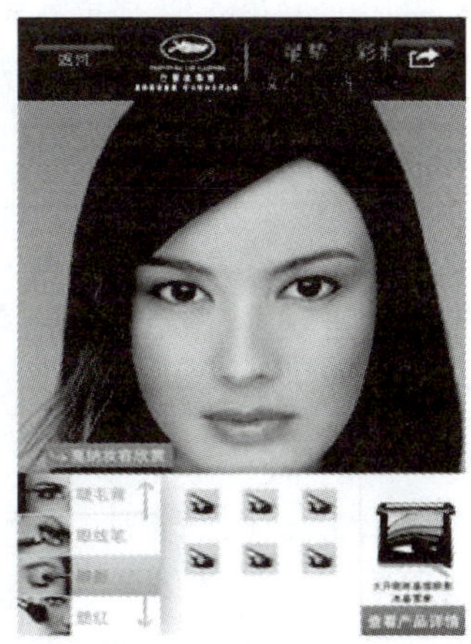

图 7-18　“时妆时刻”选妆界面

4. 在线购买，方便实惠

欧莱雅打造这一 APP 的真正目的在于提高销售量。因此用户可以通过“时妆时刻”获得热卖的彩妆单品信息、店铺信息，以及进行优惠券下载等操作。当用户选中一款商品时，可以点击产品，跳转至天猫商城里的欧莱雅官方旗舰店下单购买，如图 7-19 所示。优惠券下载，使消费者节约了购物成本；帮助用户进行在线购买，节省了购物时间。

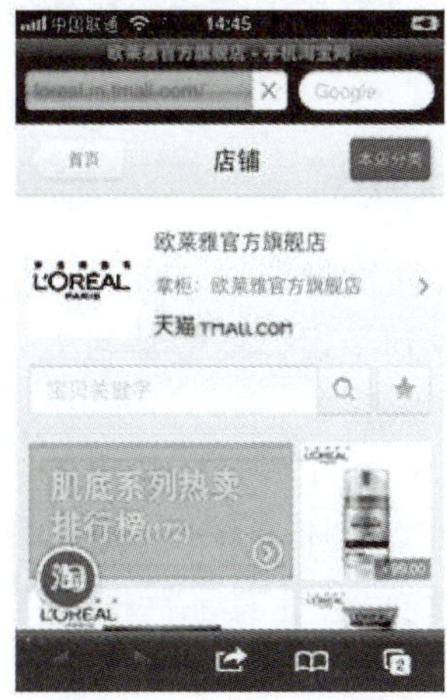

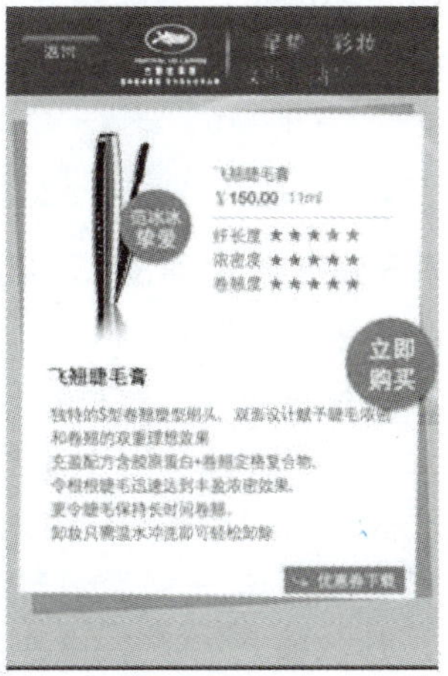

图 7-19　“时妆时刻”购买界面

5. 微博分享，制造话题

当自己完成了一个美丽妆容以后，用户可以通过微博分享功能，将妆容形象分享给好友。欧莱雅更是通过“分享即得新上市奇焕 BB 霜中样一份”的奖励刺激用户的分享，达到更大范围的传播扩散。同时，在微博上打造热门话题，从而吸引更多微博用户参与进来。

案例分析

对于化妆品行业来说，好的用户体验永远都是企业营销胜利的第一大法宝。在移动互联网时代，手机 APP 营销的用户体验功能也使得 APP 营销备受关注，欧莱雅作为全球著名的化妆品品牌之一，自然也要留下痕迹，这也是其提升品牌影响力不可缺少的工具。

在社会化营销中，APP 提供了一个新战场，APP 在品牌企业手里，可以是产品手册、电子体验、社交分享、公关活动，还可以是在线购买等，一个 APP 几乎可以把整个营销流程都“武装”一遍。现在的人们无论去哪儿都是手机不离身，手机随时能够消磨用户的碎片化时间，而 APP 营销抢占的就是用户的这种碎片化时间。只要不是用户主动删除，APP 就会一直待在用户的手机里，品牌就有了对用户不断重复、不断加深印象的机会。在很多时候，品牌企业往往是将 APP 作为整合式营销活动中的一个关键环节，APP 不能脱离其他营销手段而单独存在。就如欧莱雅的 APP 要通过多种渠道推广，才会吸引用户。

化妆品是女人的专属品，通过这个案例可以得知任何形式的品牌宣传都要有亮点才能够吸引到广大消费者的注意力。那么消费者们最关注什么呢？美丽、娱乐、八卦、打折、优惠等这类信息，紧紧抓住这些关注点，再借助时下流行的移动营销，才能打造出吸引消费者的 APP。

◎ 7.5.2　新百伦，城市互联网冲刺

对于消费者来说，一个商品的实际体验往往都是决定其是否进行消费的重要因素。因此越来越多的品牌都将感性诉求放到了媒体的最醒目处，而任何一种广告都不会比让用户亲身体验一次更能使其印象深刻了。

新百伦（New Balance）成立于 1906 年，历经近百年后现已成为众多成功企业家和政治领袖爱用的品牌，在美国有着“总统慢跑鞋”“慢跑鞋之王”等称号。长久以来，新百伦从不与任何运动明星签约。这让其品牌一直给人一种非常传统、老套的跑步鞋的概念，尤其是在如今的移动互联网时代下，相比起 Nike、Adidas 针对年轻消费者不断出招，新百伦明显缺少现代感与品牌创新元素。

在线下的运动品牌市场中，越来越多的新兴品牌加入使得品牌间的竞争更大，新百伦急需给自己的品牌注入新生的活力与时尚的气场才不会落后。新百伦如今面临的挑战，是必须围绕品牌，推出令大众兴奋并且广泛关注的活动，从而体现新其创新力。借助新兴移动互联网工具和移动终端的影响力来营销，已经成为新百伦奠定市场新地位的重大任务。

在智能手机普及的今天，年轻人是最大的使用群体。而这部分群体往往也是经常进行体育运动的人群，他们就是新百伦的重要客户。在此背景下，新百伦也借助智能手机并推广具有竞争性质的 APP 应用，同时把“跑步”这一行为与 APP 结合起来，旨在吸引消费者来到店中，争取更多门店访问量和购买量。

1. “Urban Dash”（城市接力跑）APP 游戏

2011 年，纽约的第一家新百伦旗舰店开业。为庆祝这家旗舰店开业，新百伦推出了“Urban Dash”APP，这是一场城市短跑接力活动，期望借此次机会将富有历史和好评的品牌注入新的活力和气场，以传达品牌的最新概念——“让世界动起来”。

在 APP 设计理念逐渐清晰的基础上，“Urban Dash”APP 要达到的目标主要是将线上与线下深度结合，改善用户体验，提升品牌价值，并在竞争市场中先声夺人，占位互联网时代的跑步鞋品牌新形象。

此款 APP 中装载着纽约的城市地图，并附带 GPS 定位系统。用户可以通过这款应用寻找到新百伦放置在纽约城中的虚拟接力棒，用户的位置和虚拟接力棒的位置会实时显示在应用的地图上。这些虚拟接力棒也和显示的接力比赛一样，最终目的是到达新百伦纽约旗舰店，谁能通过 APP 拿到虚拟接力棒并且跑步到新百伦纽约旗舰店，就能赢取相关礼品。

活动期间，新百伦每天会放置 20~30 个接力棒，如果用户能捡起其中一个并顺利抵达旗舰店，店员就会免费赠送一双新百伦某款运动鞋。收集到最多接力棒的用户，还能获得一个价值 2 万美元的纯金接力棒。

当然，这个 APP 游戏玩起来并不简单。活动中的每个参与者都会看到其他用户所在的位置，如果他们离你很近的话，可能会在你眼前夺走接力棒，如图 7-20 所示。

新百伦推出的这款手机游戏，使玩家通过线下的现实跑步比赛与他人竞争，来获取游戏中的虚拟接力棒。游戏的目的既是为了激发玩家之间的相互竞争，也是激励爱好运动、热爱生活的“活动家”们参与到活动中来。游戏的终点线设在新百伦旗舰店里，并用金牌和奖品来鼓励玩家参与进来并努力前进。最终新百伦要实现的是把“创造非凡”从品牌远景，转变为一个充满活力、振奋人心的号召——把纽约的每一条街道变成竞技场地，把“接力棒”当做这场竞技比赛的最终代表物。这不但增加了新百伦旗舰店的入店率，也加深了用户对新百伦全新品牌形象的认识。把城市变成属于新百伦的“互联网”，这点类似于国内的O2O，但是又更充满刺激和挑战，以及符合“纽约活动家”们的热衷挑战、注重感受等特点，并且借助“活动家”们圈子的交流规律，使得线上和线下、口碑和分享成为可能。

图 7-20　Urban Dash 游戏界面

2. “街头联盟”推广计划

在“城市接力跑”活动进行的同时，新百伦又制定了名为“街头联盟”的街头推广计划，精心策划了一系列关于竞技和运动的节目，让那些能够代表新百伦新形象的品牌代言人在纽约市进行街头表演，并且分发印有下载二维码的品牌宣传 T 恤及相关附属品，以此提升大众通过二维码对 APP 游戏的关注度，进一步地提高 APP 下载量。

新百伦此次活动的商务目标是要不断产生新的兴奋刺激感，并期望通过强有力的社会影响，成功转变大众对新百伦品牌的传统观念。然而项目实行后的收效远远超过所有人的预期，具体效果如下。

“城市接力跑”APP 应用的视频在新百伦的官方博客上第一天首播便获得了 6 百万次点击，活动的相关视频内容在各类网站上总共获得了 7 千 4 百万次点击，且由此产生了上亿条评论及话题。最使人兴奋的是，旗舰店开业当天即有超过三百人在店外排队等候。在之后的数月中，店铺月访问量超过一万人，甚至很多时候造成了店内拥堵，造就了和 iPhone 一样的营销盛景。

案例分析

正如国际权威品牌专家大卫·爱格所说的那样：品牌经营就像旅馆经营一样，每年你都要投资一定的维护、保养费用，使之焕然一新。

在新百伦推出的激励活动及“城市接力跑”APP 应用大获成功之后，我们可以看到，用户的切身体验永远是品牌应该聚焦的首要问题，品牌必须善于发现自己的核心客户群体，去了解并激发他们的感受，让他们主动去了解品牌——而不是一味强调“我们是个好牌子”。毕竟“品牌”的本质就是“消费者心智中形成的关于其载体的印象”。

如今的消费者，越来越追求新鲜和刺激，老品牌过去引以为傲，甚至凭之称霸市场的“优势”已经开始逐渐失去对消费者的吸引力，甚至很多富有悠久历史和传统的品牌慢慢成为了“老套、落伍”的代名词。那些试图争取或维持其在行业内领先地位的品牌，必须做出改变，能使品牌变得更好的方法，只能是对用户感受的持续关注，而不是紧抓质量和端着一副老品牌高高在上的架子。只有紧盯消费者生活及思维习惯，能够做到将品牌战略上升至与用户情感产生共鸣的企业，才有可能为自己赢得未来的市场。

7.6　旅游行业营销指南

近年来多家旅游企业都将移动互联网作为重要布局，在移动营销、移动广告与移动电商方面进行了多种尝试。如今人们出行不再带上笨重的行李，往往带着一部手机就轻松上路。因此对于旅游业的微商来说，手机端的营销至关重要。下面编者就为大家列举旅游业的微商营销案例。

◎ 7.6.1　加州旅游局，吸引年轻群体

随着生活水平的提高，如今人们更多选择了出行旅游，越来越多的人将目光放在国外旅游胜地上。因此许多的国外旅游机构也开始重视中国市场，不断通过各种营销战略来吸引中国的消费者。加州旅游局就是其中之一，并且在中国开展的营销活动中取得了可观的效果。

一直以来，国内旅客去长途旅游，大多会选择欧洲，例如巴黎、伦敦等地，但很少会选择去美国的加州。对于大多数人来说，并不了解加州的吸引力。很多人都不知道加州以阳光海滩、购物天堂、家庭娱乐名扬国际；也不知道加州是迪士尼乐园的发源地；还不知道环球制片城、斯坦福大学、一号公路都是加州的旅游重点；更不知道纳帕谷是加州其中一个盛产美酒的 103 个产区之一，而且

90% 的美国葡萄酒产自加州。

加州旅游局在 2013 年 4 月开始，重点在中国展开营销活动，希望能够在短期内，为来自中国的游客介绍有关加州包罗万象的一面，并最终希望能够增加来自中国的游客数字。加州旅游局以微博平台为主要阵地，开展了一场全方位的社会化营销。

1. 微博话题传播，让用户了解加州

加州旅游局根据调查了解到，在中国，选择国外旅游的消费者大多偏年轻化。他们热衷于应用各种社交媒体，常常通过一些社交平台来寻找目的地，或者是分享旅游照片给亲朋友好友。如今“旅游”也逐渐成为社交平台上讨论量日益增加的热门关键词，而社交平台在消费者制定旅游计划时也发挥了越来越大的作用。这使得许多的国外旅游机构都开始不惜重金将推广重点投放在国内社交平台上，越来越多的国外旅游机构纷纷都在微博上开设官微就是一个很好的证明。这些旅游局的官微，推荐的不止是单一的某个景点或某个游乐场所，更多推荐的是当地的文化。加州旅游局就是一个典型例子，通过微博为主战场，配合其他整合式手段，通过挖掘影响者，更好地向中国游客普及关于加州的知识，取得了不错的成绩。

加州旅游局选择在日常微博上建立多个话题，让国内消费者更了解加州的富饶和魅力，认识到加州的旅游价值。话题不同，类型则不同，介绍的侧重点也不同。例如：“# 阳光面对面 #”介绍内容以加州的户外活动和自然风光为主；“# 文艺范儿 #”主要介绍加州的博物馆和艺术文化；“# 吃货游踪 #”主要介绍加州的美食美酒及农作物；“# 奢华之旅 # ”以加州高端购物中心、休闲娱乐设施等为核心内容，如图 7-21 所示。

图 7-21　话题微博

加州旅游局还通过关键词搜寻，找到与加州相关度高的真人大号用户，通过

跟他们互动，让其成为粉丝，让大号用户们在适合的时机，转发官方微博的内容。例如微博上火热的旅游达人“@ 貓力 molly ”就曾在加州旅游时，将自己的旅途经历发到微博“@ 加州旅游局”，随之被众多粉丝转发，让更多人了解到加州不一样的美丽，如图 7-22 所示。

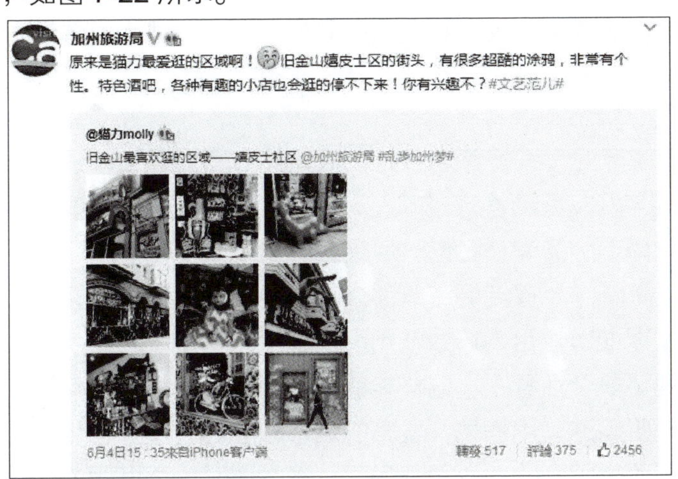

图 7-22　大 V 微博

2. 整合推广“我‘摇’去加州”

从 2013 年 4 月开始，加州旅游局通过户外广告投放、线上社交媒体推广、名人参与、手机趣味活动等手段，推广“我‘摇’去加州”活动，目标是要在短时间内，引起大家对加州旅游局的关注。

微信上的“摇一摇”相信许多人都知道并使用过，在该功能上大做文章的企业也多不胜数。可是微博上的“摇一摇”却很少被悉知。加州旅游局将新浪微博“摇一摇”功能应用在品牌宣传上，利用新浪微博移动客户端上已有的“摇一摇”功能，结合“我要去加州”的传播点，将“要”与“摇”进行了谐音替换，从而产出了一个成功的活动创意——“我‘摇’去加州”。

只要用户在新浪微博移动客户端上关注加州旅游局官方微博，并拿出手机使用“摇一摇”功能，就能自动加入到抽奖名单当中。这样新鲜的参与方式引起了众多用户的参与，活动中的分享功能还为其加大了传播力度。

活动不仅仅在微博上进行推广，线下也进行了大张旗鼓的媒体投放以引起大众的注意。2013 年 4 月，多台遍布上海市的 LED 户外屏幕广告牌显露街头，借着广告牌上的二维码连接官方微博，加上网络广告投放也连接官方微博，宣传加州旅游会展局以新浪微博平台上的“我‘摇’去加州”全国活动，号召网友通过新浪的“摇一摇”功能简易地参与抽奖活动，从而增加加州旅游局微博的粉丝数量和关注度。

在活动期间，加州旅游局在新浪微博上开展“加州旅游达人”的问答活动，正确回答问题的网友有机会赢得加州旅游局送出的精美礼品，甚至是免费到加州旅游，从问答中增加粉丝对加州的认识。

加州旅游局还赞助了 3 位喜欢旅游的意见领袖（分别是“@ 田原”“@ 陈亮途”“@ 维克吃素”）到加州实地体验各方面的感受，并让她们在旅游期间发布微博内容，务求能让他们把加州美好的一面带给广大的消费者。

案例分析

如今的旅游产业，许多旅游胜地都开始设立官方微博，通过在微博上传播旅游信息，以及与网友互动等方式来拉动旅游经济。但是还是有很多官微，并没有真正达到在微博上服务消费者这一目标。

既然选择微博作为宣传平台，那么就更要注重宣传的侧重点，并且掌握宣传技巧。比如定期推出栏目，巧妙使用微博的话题功能（如加州旅游局就常常在日常微博中整理了多个话题），这样能够帮助网友更好地进行信息归类，更便捷快速地找到自己所需的有用信息。发布的信息应当具有一定的服务性和针对性，而不是现在人们所常见到的“心灵鸡汤”。当微博开始强调服务性，也就是在提高微博和网友以及潜在客户群的粘度。

仅提供单方面发布服务性信息还不够，微博营销的互动性更需要被重视。官微不要只顾着单方面向网友灌输产品资料或信息，还要掌握互动技巧。在微博上多开展活动，就是与网友互动的最好形式，就如加州旅游局的“我‘摇’去加州”活动一样。

如今的微博营销，要针对不同领域、不同情绪点，通过不断的小点传递信息，才能实现有效传播。虽然微博营销自诞生之时已有一段时间的“历史”，但其并没走下坡路，只是网民变得更成熟了，官微们需要与时俱进，推陈出新，而不是一招鲜吃遍天。

◎ 7.6.2　海航集团，慈善公益造形象

据统计，我国白内障致盲者有将近 670 万人。大多来自中西部欠发达地区，由于经济上的拮据，因病致盲的人数每年都在激增。2004 年，海航集团响应全国防盲组的号召，以自己的实际行动，正式启动“海航光明行”救治活动，从青海开始，到西藏、四川、内蒙古、新疆等十几个国内外地区。十年间，为约 4739 名贫困白内障患者免费实施复明手术。

然而，公众对于白内障疾病的了解，以及海航集团开展的“光明行”慈善活动并不是十分了解，海航本身也很少主动宣传这项富有意义的慈善活动。

2014 年是“海航光明行”的第十个年头。海航集团希望在此十周年之际，

通过社会化媒体的传播，引起公众对贫困地区白内障患者的关注，鼓励更多的有爱人士助力“光明行”，在企业建立社会责任形象的同时，传播善与爱。同时，提升官方微信粉丝量，扩大企业知名度，制造网络声量。

基于人们愿意分享正能量，社交媒体用户偏好为自己贴“公益”标签，举手之劳做公益的洞察，海航集团围绕“海航光明行”活动深度打造慈善公益话题，通过移动端虚拟体验白内障患者眼中的模糊世界，激发用户的关注与爱心，引发用户通过社交媒体分享进行自主性传播，并利用微信朋友圈达到迅速扩散传播面，带动更多关注和参与互动的营销目的。

1. 海航光明行，公益营销

海航集团在官方微信上建立“海航光明行”专属栏目，依次推出“口号征集”“擦亮世界”“最新动态”“海航十年”四个板块内容，与粉丝进行有节奏、多层次的互动。

① 口号征集

海航集团发起“海航光明行十周年”口号征集及票选活动。通过微信、微博两个平台展开征集活动。随后从征选的 200 余条原创口号中优选 6 条，通过海航集团微信公众号进行投票，票数最高者荣获海航光明行徽章。

② 擦亮世界

海航集团推出“擦亮世界”活动，邀请用户加入海航光明使者慈善队伍，并通过朋友圈分享，完成爱心接力不间断。海航集团在微信平台的主菜单页面推出了“擦亮世界”板块。整个板块包含如下三个环节。

环节一：通过一系列生动的图文，向用户介绍高原地区白内障疾病多发的原因，以感性的文字描述白内障疾病对患者生活造成的影响，并通过画面表达白内障患者眼中的模糊世界，如图 7-23 所示。

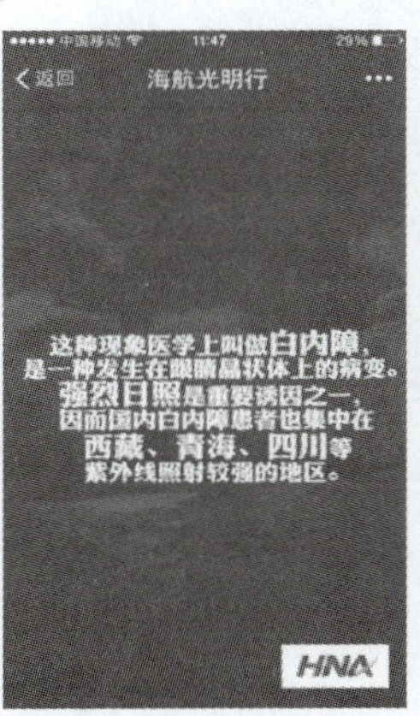

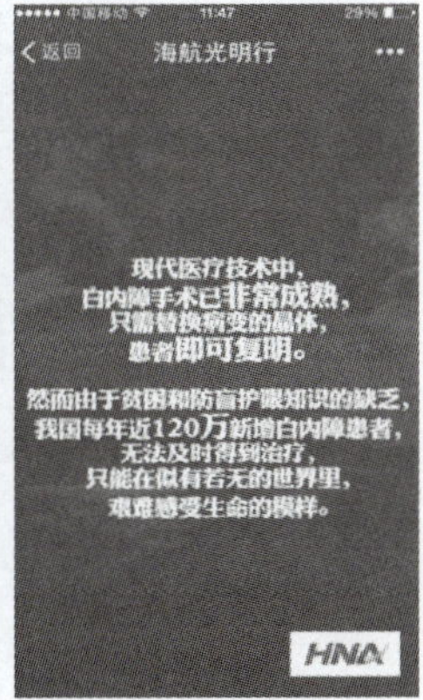

图 7-23　海航光明行微信界面

环节二：在微信中开发了运用带入感极强的互动体验，用户只要通过指尖擦动屏幕，就能让图片从黑暗无光到光明鲜亮，直观地感受到为患者带去光明的喜悦，如图 7-24 所示。

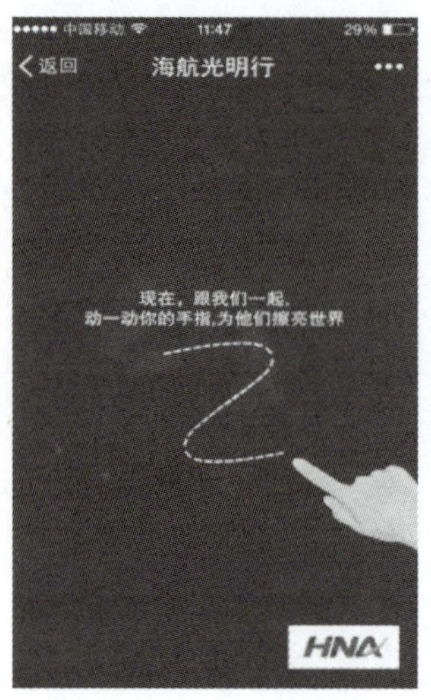

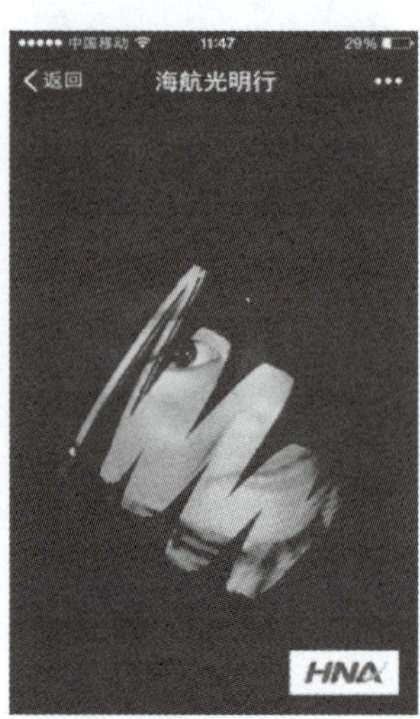

图 7-24　微信互动体验界面

环节三：海航集团赋予参与用户“光明使者”的荣誉称号，并激励用户将活动信息分享至朋友圈，号召伙伴们一起加入“光明使者”的慈善队伍中，传递爱与善意，不间断地完成线上爱心接力，如图 7-25 所示。

图 7-25　微信分享界面

③ 最新动态

活动期间，海航集团通过微信平台，对此次“海航光明行”全程进行持续报

导，使话题热度持续升温。11天的行程，1500 多公里的跨度，8000 多人的参与。粉丝们能随时随地通过微信平台，感受医务人员的工作状态，志愿者们的苦与乐，受助者的感人故事等，如图 7-26 所示。

图 7-26　海航集团微信平台消息

整个微信报导实现多次曝光、持续跟踪、有点有面的传播策略，有效提升粉丝粘度和二次传播效应。既传播了此次活动的理念，也客观呈现了实施过程。树立了利用社会化媒体做企业社会责任项目传播的典范与标杆。

2. 送爱回家，不一样的“众筹”

在光明行结束后，海航集团紧接着开始了下一段公益活动——“送爱回家”。

此活动于 2013 年正式启动，在春节将至期间，海航集团发起活动，提供免费机票和车辆，接送包括北京、海南等地的优秀大学生，甘肃、新疆等 9 个省及自治区支援国家西部建设的志愿者，以及来自海外勤工俭学的留学生在内的 100 余名回家有困难的年轻人，帮助他们春节回家过年，与亲朋好友团聚。当活动结束时获得了来自社会各界的好评。

2014 年，海航集团依旧开展了“送爱回家”的活动，但不一样的是，这次的活动采用了时下最火的“众筹”方式，将参与者们通过活动方式筹集的“爱心里程”汇聚到里程池，再定向兑换成海航的机票，筹集得越多，就能帮助到更多的贫困人群乘坐飞机回家过年。但这个“众筹”方式既不是捐款的形式，也不是涉及与金钱相关的方式，而是一个无门槛的“众筹”，人人皆可参与，主要有以下四种方式。

众筹方式一：通过游戏积分来众筹

用户在“海航集团”的微信订阅号首页，选择菜单中“送爱回家”的板块，就能进入游戏。用户通过玩游戏的方式来“众筹”活动中的爱心里程，游戏得分以 100:1 兑换成爱心里程，如图 7-27 所示。用户每天有三次兑换机会，而且关注海航集团微信公众号并且捐献爱心里程的用户，还有机会获得海航国内任意航段的免费机票一张。

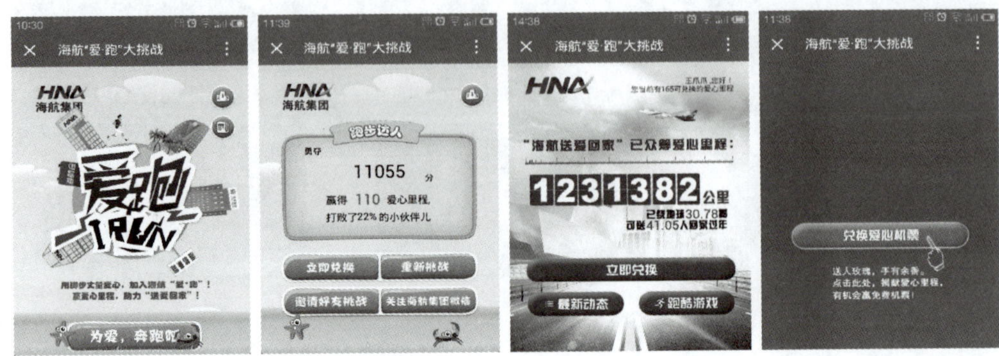

图 7-27　微信爱心游戏界面

众筹方式二：线下“爱跑”活动

除了线上的微信小游戏之外，线下的用户也可以加入到“众筹”阵营中来。用户通过线上海航集团官方网站即可报名参加 12 月 28 日在海口举行的海航“爱•跑”活动。只要完成比赛，就能把有效跑步千米 1:1 去兑换成爱心里程。参赛者如果取得了一定的名次，还能获得总价值超过 16 万元的大奖。

众筹方式三：“咕咚”APP

海航集团还联合“咕咚”APP，上线“海航送爱回家公益跑”。“咕咚”是一款能追踪用户运动路线，实时监测运动数据，提升运动能力的 APP。当用户在使用“咕咚”时参与到活动中来，就能将运动中记录的有效跑步公里数 1:1 去兑换成爱心里程。

众筹方式四：会员积分兑换

如果用户是海航金鹏俱乐部的会员，点击海航金鹏俱乐部商城网站的“积分换公益——送爱回家”活动，就能自愿捐赠任意里程。这个方式适合于常常奔波于各个城市间的商务人士，对于这部分会员人群来说只需动动手指捐出里程，就能献爱心。

捐献“爱心里程”的用户如果进入海航集团微信公众平台的“送爱回家”板块，就能实时在线查看“爱心里程”的累计进度。

案例分析

对于很多大型的企业来说，要塑造企业形象不是花重金请来代言人，就是斥

巨资打造各种“高大上”的广告片。时而做做公益活动的也有，但多年来一直依靠公益活动来打造形象的却很少。航海集团在这些大企业中偏偏特立独行，在社交媒体上的广告很少，知名度也并不算高，只是用其多年来专注于公益事业的精神作为了最好的形象代言。

7.7　电子行业营销指南

电子产品面向的用户群大部分为年轻群体，因此在手机端进行产品的创意推广成为了电子行业中多家品牌微商的必用营销招数。下面编者就为大家列举来自电子行业的微商营销案例。

◎ 7.7.1　VIVO Xplay3S，人人用户试用

自 VIVO 于 2013 年 12 月发布了新旗舰机 VIVO Xplay3S 以来，这款新机就一直广受关注，甚至被行业推至“最强旗舰机皇”的神坛。2014 年 3 月，VIVO 为了寻求在年轻人市场中的深层认可，让新机中独特的 2K 屏幕及“极致 Hi-Fi 影 • 音”在年轻群体中形成了不错的口碑及反馈，其选择将目光锁定在国内领先的实名制社交平台——人人网上，并携手推出了 VIVO Xplay3S 免费试用申请活动，在短短两周时间里，就引发了人人网内近 400 万次新鲜事的爆发。

面对全球智能手机市场格局的变化，以及竞争环境的持续激烈，VIVO 智能手机“敢于追求极致，持续创造惊喜”的品牌定位独树一帜，专注于热爱生活、积极乐观、追逐梦想的年轻人群。当各品牌智能手机都走堆砌硬件的老套路时，VIVO 则以“Hi-Fi 影·音”的差异化功能来俘获消费者的心。VIVO Xplay3S 搭载的影院声场系统，能够让用户在佩戴任意耳机的情况下，便可真实还原多声道影院声场效果，大大提升了用户使用手机的观影体验及听音效果。

之前编者也说到，一个产品无论费多少周章去说明自己如何优秀，但想要得到让用户真正的认同，最实际的做法莫过于让用户感受到真实的体验。只有经得起考验的产品，才称得上是好产品。占据年轻人的，不仅仅是 VIVO，也是越来越多面向年轻用户品牌的心声。

对许多年轻用户来说，此次活动中新机试用，“免费”是最具吸引力的体验机会。对 VIVO 来说，“活跃的用户”和“真实的声音”则是其十分渴望获得和了解的可贵资源。因此，为 VIVO Xplay3S 寻找一个恰如其分的沟通环境变得异常关键。

人人网作为国内领先的实名制社交平台，过半的活跃用户是“90 后”，这些年轻用户群体在与品牌的互动中，倾向于用直接的方式来表达自己对于品牌的喜恶，试用的感受也会毫无保留地分享给真实好友。甚至活动后期的试用机回收，

也会因为实名制而得到保证。以上的社交基因决定了它最终成为 VIVO Xplay3S 试用活动的独家平台。

随着年轻用户群触媒习惯的改变，越来越多的用户流量来自于移动终端。因此 VIVO 也将参与试用的主要入口搭载在移动客户端——“人人网”APP 上。而在人人网的启动页广告、页面内的新鲜事、顶部和底部横幅广告等广告位置放上了本次免费试用信息，使活动在短时间内迅速升温。

用户只需在打开人人网页面时顶端的嵌入广告中点击“免费试用”链接，而后填写个人资料，并回答三道与 Xplay3S 相关的问题，点击“立即提交”按钮即可申请试用，如图 7-28 所示。

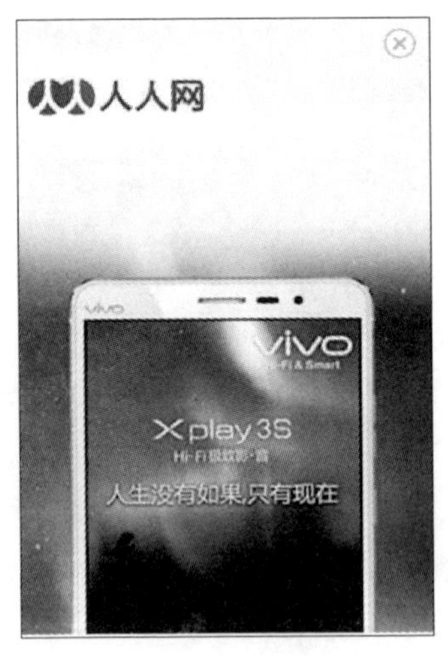

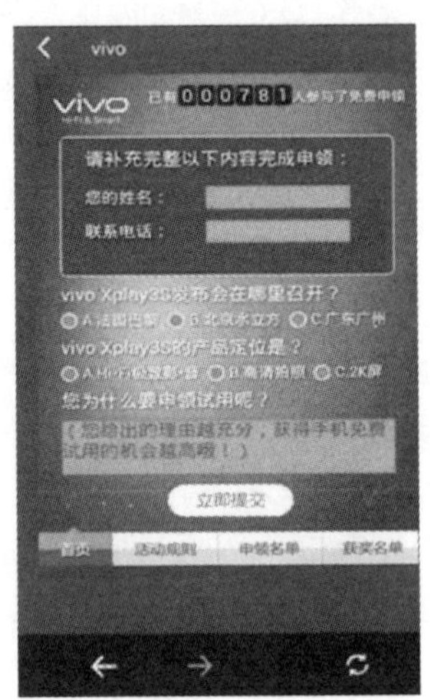

图 7-28　人人网活动界面

参与申请的用户在填写完个人资料和申请理由后，会自动发布一条新鲜事，这为活动和产品带来了大量二次曝光，如图 7-29 所示。借助申请用户的真实好友关系，可让更多的真实用户看到活动信息，再加上真实关系带来的信任感，也吸引了更多用户参与试用申请。

此时，品牌吸收到的用户反馈，都是来自真实的人人网年轻用户。这些真实的年轻用户再将有价值的活动信息传递给真实的好友，最终这根信任的链条就被串联起来了，这就是品牌将用户群体转化成销量的有力引导。

PC 端补强曝光和用户捕捉同样关键，双平台、有重点地进行广告投放，保证了用户的有效覆盖。人人网利用年轻人高度聚集的人群优势，还发挥了辐射作用，将活动的热度向其他社会化媒体平台扩散，分享活动信息给好友以及分享至其他社会化媒体账号，均可多获得一次抽奖机会。

在本次活动中，VIVOXplay3S 成功收获了以及近 8000 万次的广告曝光，

2.2 万条用户试用申请。同时，用户申请试用的参与痕迹也为后期销售留下了大量的线索，营销精准度大幅提升。

案例分析

近年来，以微博、微信等为代表的社交媒体具有传播快、范围广、影响大的特点，已经成为传播企业信息的重要途径。许多的企业及商家都纷纷投入重金，建立起微时代营销新模式。而 VIVO 在传播渠道上，却选择了实名制社交平台人人网，只因人人网面向的用户群更符合其目标用户群定位，通过目标人群的分享来扩大效果与影响力。企业在选择传播平台时要围绕互动分享、目标精准和影响力这三点来选择传播渠道，渠道的选择在精不在多。

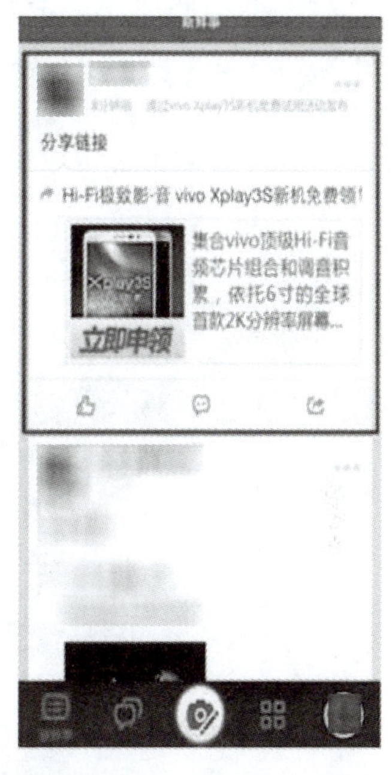

图 7-29　人人网活动分享

如今的营销者一定要了解受众感受，互动才能更加深入。微营销的时代到来了，越来越多的企业开始利用微博、微信等社交媒体进行品牌营销。微博、微信营销虽然都已经是老生常谈，但是真正能做好的却又屈指可数。"如何能在营销中精准地找到自己的目标客户群，进而与目标客户群进行有效互动这才是微博、微信营销的真正意义所在。要想达到这个目标的前提是深入了解受众的感受，与受众同呼吸共命运。

◎ 7.7.2　联想 Yoga 超极本

2012 年 10 月，联想 Yoga 超极本上市。这个国内首款 PC 和平板的跨界产品，一经上市就引来了各界不小的轰动。作为一款新产品，要创造可观的销量成绩并不能仅仅依靠线下的体验与线上的广告宣传，于是联想开启了一场新品发布的营销战役。

往往成功的战役都需要一个明确的目标，而这个目标对联想来说，就是最大限度地引发大众对联想 Yoga 上市的关注，从而带动销售。

因此，联想在微博、微信、人人网、豆瓣等主流社交平台设立了不同战场。前期在各平台发布多个活动以传播 Yoga 的产品理念，让用户对 Yoga 有先期的认识和印象。再根据不同平台，配以不同形式的创新传播方式，将平台用户引流至专题页面，吸引第一批购买者。之后，通过对第一批购买者引导，让其成为关键意见领袖，并鼓励购买者分享使用感受，通过他们在社交网络的音量，引发更多关注 Yoga 的热度。

1. 微博制造热门话题

2012 年 10 月，一场名为“谁翻转了世界”的联想 Yoga 发布会即将在上海举行。在此期间，联想官方微博发起了“#Yoga 翻转世界 #”的话题，并联合旗下各地区的联想官微为该话题造势，通过不同官微的微博让大众了解到 Yoga 超极本的产品性能与历史，如图 7-30 所示。在发布会当晚，联想的官微在新浪微博与腾讯微博上，对发布会的全程进行了同步直播。同时，发起有奖转发活动，刺激了广大粉丝们进行扩散性转发。

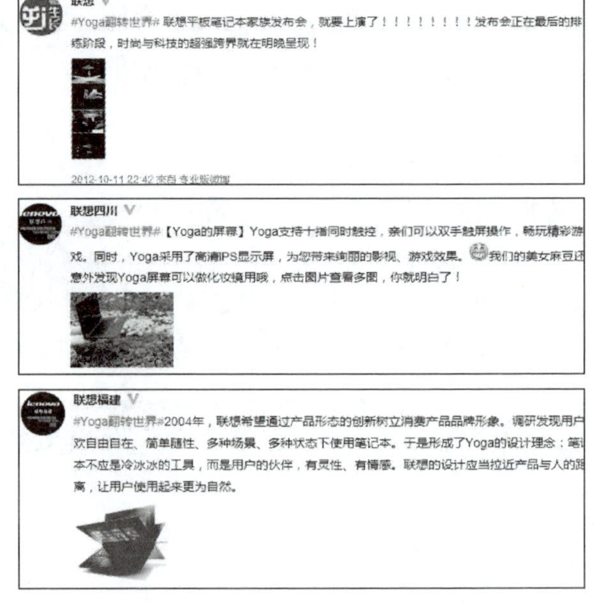

图 7-30　联想发起微博话题

2. 男女换装夺噱头

Yoga 超极本作为一个科技产品，如果仅通过在科技论坛发布测评报告这种传统的宣传方式，那么它的影响就只能停留在 IT 友和发烧友的小众层面。为了达到更大范围的传播，联想结合 Yoga 超极本可 360 度翻转的特点，将其与时尚青春的话题联系起来。在微博、豆瓣等平台，举办了一次“男女换装”活动，用这样一种轻松有趣、搞笑好玩的方式传播了 Yoga 超极本。

此次的换装活动在短短两天时间里，就吸引了超过百名的文艺青年们前来参加，拍摄了许多时尚、有趣的换装照片，并由微博上粉丝过百万的“@ 当时我就震惊了”转发，引发了大规模的讨论与传播，如图 7-31 所示。成功地将一个科技产品，贴上了年轻、时尚的标签。

图 7-31　“男女换装”活动

3. 微信游戏，促进二次传播

除了微博战场，联想还将营销眼光也放在了刚刚开放不久的微信公众平台上。其并没有在微信上单向对粉丝推送产品信息以及购买信息，而是选择在微信上推出了“变形金刚”“福尔摩斯”“十脉神剑”“轻薄天下”四个篇章的微信游戏（如图 7-32 所示），吸引了广大粉丝的参与。游戏中植入了 Yoga 超极本的产品特点与购买链接，使用户在玩游戏获取乐趣的同时，自然接受 Yoga 产品信息。

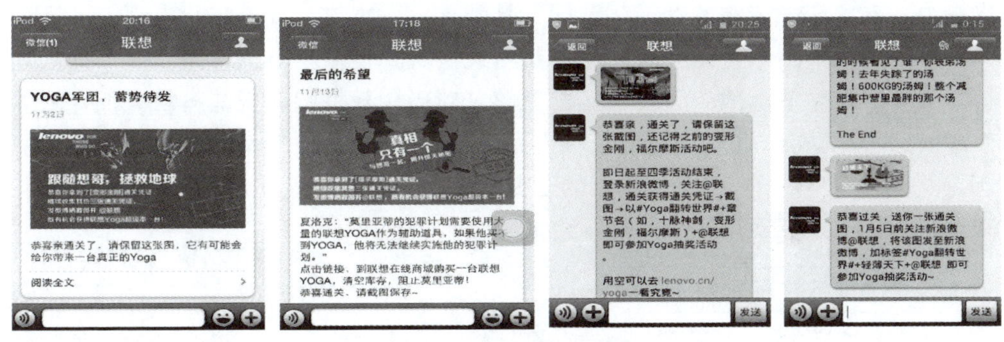

图 7-32　微信游戏

在闯关成功后，将微信页面截图分享至微博，还可以有机会赢取Yoga超极本，再一次促进了用户们的二次传播。

除了针对移动端的用户外，联想还针对PC端的用户展开了营销活动。在豆瓣平台上，其利用豆瓣小站中最流行的自拍作为活动内容，加以搞怪的主题，吸引了诸多豆友，甚至连许多豆瓣红人、大号都参与其中，活动在豆瓣平台上迅速传播。

案例分析

纵观此次联想“Yoga翻转世界”的营销活动，并非一蹴而就，而是三大战役环环相扣。首先通过发挥微博矩阵的优势，让各个地区的联想官微对新上市的产品同时发声、制造话题。之后，将目光定位于年轻群体，通过换装的创新玩法，引起微博及豆瓣平台上的传播。最后，通过微信通关游戏覆盖微信平台上的用户。多个平台的完美整合增大了品牌的曝光率，拉近了品牌与消费者之间的距离。

7.8　汽车行业营销指南

随着激烈竞争带来的产品同质化问题，当前的汽车行业正面对着一个产量、销量双双下滑的相对低迷市场。汽车营销也开始由覆盖大众的营销模式，转向聚焦精细化的营销时代。要实现真正的品牌传播，就必须精准把握用户特征。而移动互联网、移动营销，无疑是汽车产业低成本、精细化互动营销的最佳选择。下面编者就为大家列举来自汽车行业的微商营销案例。

◎ 7.8.1　比亚迪七夕互动

当移动互联网宣告“移动数字化时代到来”时，不少车商纷纷成立新媒体平台营销部，以及线上互动等部门，试图从移动互联网和新媒体平台上寻找营销的突破口。而比亚迪汽车的营销团队就是其中之一。

许多品牌的微信运营团队往往会花费大量时间去费尽心思地做出一个好的内容，来获得在微信上的广为传播，却忽略了对用户数据的研究与分析。而比亚迪汽车的运营团队就通过研究运营了近一年的微信公众平台粉丝数据，以此为根据调查发现的用户规律，在2014年的七夕节期间，为推广营销旗下的“比亚迪·秦”车型，展开了一场运用多个传播平台的整合营销活动。

1. 微信游戏打造热门话题

“比亚迪汽车”公众号在微信平台上推出“有‘秦’人，想念不如相见”活

图 7-33　活动页面

动，活动名称中刚好使用情人与新车型"秦"人的谐音，并结合了七夕节浪漫的恋爱氛围。深入人心的微信营销应该是能够打通用户的社交关系链，并激发用户维系社交关系的情感因子来持续进行的。在此过程中巧妙植入品牌，让用户在情感体验下感知品牌，才能让品牌更加深入人心。

活动中用户需关注"比亚迪汽车"微信公众账号，即可参加活动。可以看出游戏主题"有'秦'人，想念不如相见"非常应景。如今有多少异地恋想念却不能相见的人内心情感一触即发。当然诱人的奖金也是吸引用户的原因所在，如图 7-33 所示。

用户只需点击"立即参加赢大奖"按钮，填写个人信息，其中包括了你的"另一半"信息。当填写完毕后游戏会自动生成用户与其"另一半"之间的爱情地图。这时用户即可把链接和分享语发给你的恋人了，如图 7-34 所示。

图 7-34　微信活动页面

当用户完成以上步骤后，接下来就是发动好友帮助的时刻了。情人双方都可以分享给各自好友或朋友圈求帮助"加油"。加的"油"越多，汽车就跑得越快，朋友们的"加油"才能让用户和自己的另一半在生成的爱情地图上慢慢汇合，最终实现"鹊桥相会"，如图 7-35 所示。而小伙伴为你们加完油后，也可以参与此活动。

图 7-35 微信活动页面

在游戏期间，参与者可以随时查看排行榜，然后继续邀请好友帮助，直到游戏结束后，你跟情人鹊桥会面成功，就可以把游戏结果及分享语发到朋友圈感谢好友了。在快速实现鹊桥相会的有情人中，前 100 名不仅可以获得情侣充电宝，还可以参加爱情基金的抽奖。

我们可以看到，游戏的设置是非常符合社交关系传播规律的，在游戏第二步，情人将游戏发给恋人，情人双方开始分享给好友的时候，游戏已经开始了各自的链条式传播。另外，分享过程中基于人们触景生情和乐于助人的人情世故，一般都会帮助好友完成见面之旅而自己也参与进来体验七夕的情趣。最后，在游戏“好友蓄电加油”的环节，其实无形中向用户传递了油电混合动力双卖点的比亚迪“秦”，品牌达到传播的效果。

当然，丰厚的奖金也能激励用户继续参加，但这不重要，重要的是比亚迪通过应景的情感互动游戏方式将微信好友之间的关系激活了，使品牌卖点与价值在游戏互动中柔性地被用户记住了。

比亚迪汽车此次的七夕主题微信互动游戏营销，以 3 天超过 3000 万的曝光阅读量，12 万人参与游戏，超过 30 万人次的互动，给国内汽车行业展现了值得一赞的社交网络节日互动营销案例。

2. 博热门话题加大传播力度

通过多平台的整合营销可以让活动达到更好的效果，这就需要对新浪微博的媒体属性和微信的社交属性有充分理解，以及对企业各类营销资源有一个的充分调动。比亚迪此次就是一个社交媒体化的整合营销活动，不仅在微信上开展游戏吸引用户参与，更是在微博上制造热门话题——# 你最想和 ta 去哪儿 #。这个看似普通的话题，其实是每个情侣之间都想过的问题，在七夕之际更是引来了大量的回答，登上了当天热门话题的第 6 位。

对于新浪微博粉丝来说，焦点更多聚集在热点的话题和新闻事件上，因此通过相关话题的炒作可以带动整个活动和游戏的传播。

案例分析

其实不管是微博、微信营销还是其他社会化营销，最重要的是将每个相同关系节点的人连接起来，通过以情感的方式植入品牌，让品牌跟着关系链的传播路径走下去，直至人心。透过这个比亚迪的案例，我们看到了一个成功的社交网络营销所需要的以下几个元素。

① 前期运营观察，分析粉丝的爱好属性

比亚迪团队在进行活动之前，就对粉丝的行为进行了为期一年的观察，并基于对粉丝行为数据的解读，发现了轻松趣味的游戏在微信这个最具社交属性的平台上更容易得到传播。

② 时效性和具备快速反应的执行能力，是社交网络营销的必备条件

从发起主题策划到最终游戏上线推广，比亚迪汽车微信运营团队只用了 10 天的时间，在这期间需要完成游戏的设计、开发，话题传播的策划和文案创意，资源投放的计划和前期沟通，因此建立一套快速应对热点捕捉营销机会的机制和有一个高效率的执行团队是任何一家企业要做好社会化营销的必备选项。

③ 聆听社交媒体中粉丝最真实的声音，帮你找到最接地气的游戏创意

如何从“七夕”和比亚迪“秦”之间找到粉丝的共鸣点，比亚迪微信运营团队采取的是从粉丝的原创内容当中寻找灵感：通过合作的团队数据挖掘发现，在情感类话题中，粉丝们热议比较多的是异地恋，在新浪微博中提到异地恋相关的微博就有近 2000 万条。哪怕是在同一座城市，因为各自忙于工作，相聚也会变得是一件很值得期盼的事情。于是开发一款体现“相见”主题的游戏创意成为了团队的共识，而“秦”和“情”正好谐音，最终主题被确定为“有‘秦’人，想念不如相见”，在游戏互动形式上为了更贴切地植入比亚迪汽车以及“秦”这款油电混动车型的特点，调用了 GPS 和分享好友帮忙蓄“电”，完成爱情之旅的游戏设计，让游戏更加有趣又贴合主题。

社会在改变、媒体在改变、消费者在改变，推动着企业在移动互联网时代的营销不得不变，社交网络是企业在移动互联网下以“人”为中心，充分调动每一个消费者的互动性，发挥每个人的自媒体属性以实现企业营销资源最大化利用的最有效的通路。

◎ 7.8.2 DS 众筹式营销

电商与汽车行业的关联早在多年前就已开始，尽管很多人都明白电商将是汽车行业未来最重要的销售方式之一，但很多品牌却始终做不到质的突破。直到 2013 年的双 11，淘宝、搜狐等集中通过电商平台推出疯狂的购车优惠活动，成交额惊人，让汽车电商抢尽了风头。此刻，人们才突然意识到，汽车电商的时机已经成熟，未来将是汽车电商模式大面积落地的时代。

雪铁龙就意识到汽车电商的时机已经成熟，为抓住 2014 年的良好营销机遇。其全新战略车型“DS 5LS”在 2014 年的 3 月上市。作为一个国内豪华车市场的新进品牌，DS 面临的虽然有知名度略低所造成的挑战，但也不乏新品牌不惧创新所带来的机遇。因此，雪铁龙策划了一场“DS 微营销”，其借助微信这一受众广泛的平台，全面扩散 DS 品牌的微营销战略，利用粉丝的力量和圈子影响，全面提升品牌声量，并为“DS 5LS”车型做好大规模预热。

为了配合车型“DS 5LS”的上市，DS 从 2014 年 1 月开始，通过“一元订车”“订车宝”“DS 众筹基金”三步走，开启了 DS 5LS 上市营销的新局面，成为了豪华车市场“微信营销”的先行者。随后，DS 在此基础上推出了“DS 合伙人计划”，利用粉丝的力量和圈子口碑的影响力，让每一个人都成为了 DS 传播的一员。

DS 的微营销主要以“DS 5LS”为主要载体，以“DS STORE”官方微信公众号为阵地，分为“一元订车”“订车宝”和“DS 购车基金”三大主体，后续通过“DS 合伙人计划”进行扩散深化。

1. 微支付 1 元订车

对于很多人来说，1 元钱的价值很小，似乎做不了什么，但对于 DS 来说，1 元就是车主用户与 DS 5LS 间仅有的距离。

2014 年年初时，“DS 5LS”正式启动预售，DS 在汽车界率先启动了“微信支付”的预定形式。用户只需关注 DS 官方微信服务号或订阅号“DS STORE”，并利用微信支付 1 元钱即可预订 DS 5LS，还可以享免费保养并尝鲜体验 DS 5LS 新车的特权。

2. DS 订车宝

在成功推出“微支付 1 元预约 DS 5LS”的预售形式后，DS 在同年 3 月还推出了汽车行业首创的移动支付平台的互联金融产品——“DS 订车宝”。消费者仅需关注 DS 官方微信账号 DS STORE，并通过微信支付 5000 元订金，预订 DS 5LS，即可尊享“DS 订车宝”带来的最高可达 11.11 元 / 天的现金收益，如图 7-36 所示。

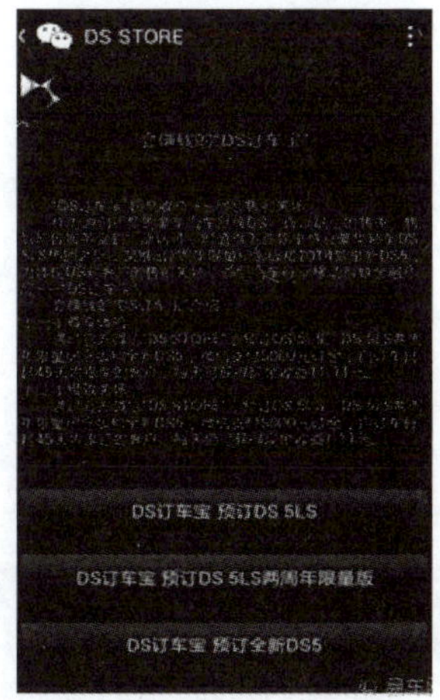

图 7-36　“订车宝”页面

3. DS 购车基金

2014 年 3 月，DS 还推出了“一元尊享 DS 购车基金”活动。如果是计划购买 DS 的客户或者已购车客户，可通过微信公众平台端的“众筹 DS 购车基金”进入活动入口，填写信息后点击页面中的“我要众筹”按钮。之后再将“一元尊享”的活动发送给自己的微信好友、朋友圈、微信群，邀请好友共同募集“DS 购车基金”，每位好友只需支付 1 元，DS 就将为客户的购车基金充值 100 元，最高可达 10000 元，如图 7-37 所示。“DS 购车基金”的启动，让喜爱 DS 品牌的消费者能在至爱亲朋的帮助下更快地实现自己的“DS 梦”，体现了 DS品牌对消费者的关爱，以及紧跟移动互联网时代消费习惯的新潮流。

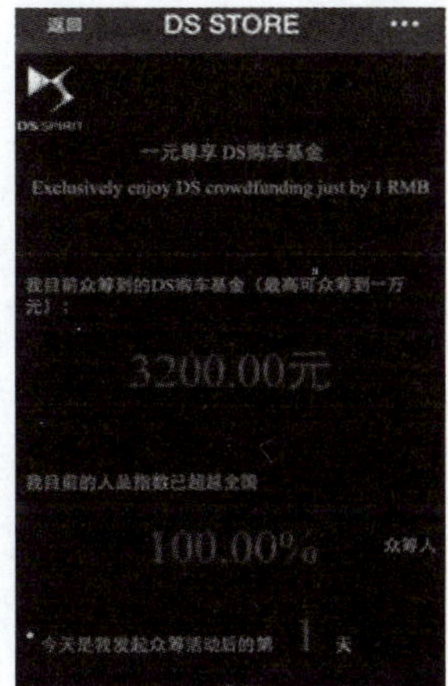

图 7-37　“一元购车基金”活动页面

活动在短短一个月的时间内就有超过 1 万 5 千人发起众筹，参与人数近 24 万人。最快的一个发起者不到 48 小时就募集满额。

4. DS 合伙人

为了更好地与 DS 车主和消费者沟通互动，DS 在品牌周年庆上还推出“DS 合伙人”计划，寻找有意向帮助 DS 进行品牌宣传及推广的粉丝们加入社群，成为“DS 合伙人”。合伙人可以通过推荐 DS 车型给身边的朋友或网友，一旦其购车成功，合伙人可获取一定额度的收益，这些收益并非是直接兑换的现金，而是以金币和积分形式体现，如图 7-38 所示。积累到一定程度的金币和积分可以兑换奖品，甚至可以兑换 DS 赞助的“DS 合伙人法国游”。除此之外，合伙人还可以对微群进行管理，组织群内会员活动。

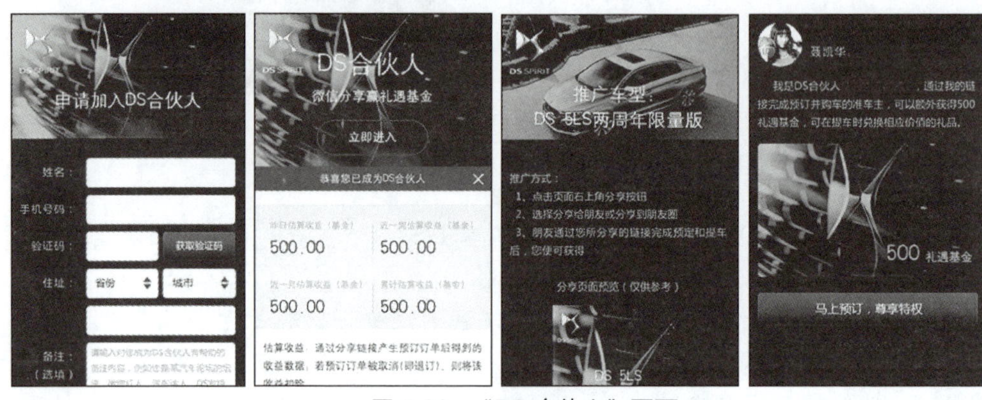

图 7-38 “DS 合伙人”页面

加入合伙人的方法同样也是在“DS STORE”的微信公众平台上操作，进入菜单中的“DS 合伙人”入口，填入信息申请加入合伙人。当审核通过后选择推广的车型，将其推广页面分享给自己的好友，一旦好友通过合伙人的分享进行预订并购车，合伙人就能拿到“礼遇基金”。

案例分析

从 2013 年开始，众筹模式在互联网圈子就备受热捧，之前所列举的案例中也不乏有其他行业或自媒体人众筹的例子。只要你的产品能引起市场共鸣，并引发粉丝尖叫，都能通过众筹募集资金，这也成为产品快速引入现金流的有效途径。

“一元预售”微信订车活动、到“DS 订车宝”，再到“一元尊享 DS 购车基金”活动，通过“创新微营销三部曲”，DS 突破了传统营销网络的局限，构建了独具 DS 风格的多元化、立体化的营销服务体系，提升了 DS 的人气和销量，将互联网思维引入了车界，引领了新一波的车界电商营销浪潮。

DS 购车基金是汽车行业首创的移动互联网圈子营销，借鉴了时下流行的“众筹”模式，不仅再次引领了业内潮流，也体现了 DS 在微营销模式上的不断创新理想， 以及 DS 品牌对消费者的关爱。最终结合“DS 众筹计划”等系列微营销策略，打造全新的网络交流互动平台。这是一种基于电商策略的、更接近年轻人的众筹营销。

DS 的众筹模式，宣传意义明显大于销售意义。对比传统豪车营销思路，DS 购车基金的互动性、有惊喜的特点正好契合互联网时代年轻人的个性。在潜在顾客发动朋友圈来帮助自己实现购车愿望过程中，越来越多的人参与其中，滚“雪球”效应也就发生了。

7.9　传媒行业营销指南

移动互联网的出现，对传统的传媒业可谓产生了很大的冲击，人们如今更加青睐于观看手机端的视频而并非电视机里播放的节目或者电影院上映的电影。如果运用好移动互联网这一工具，将传统媒体与手机端相结合，才能更加符合如今观众的口味，保持收视率。下面编者为大家列举传媒业的微商营销案例。

◎ 7.9.1　《后会无期》营销，创造 6 亿高票房

2014 年 7 月，电影《后会无期》上映，首映日票房就获得 7000 多万，在短短半个月的上映时间里，最终创造了超 6 亿的票房，成为 2014 年华语电影中首屈一指的大卖电影。而让许多人印象深刻的，不只有这部电影里各种精彩的情节，更有来自导演“韩寒”长达几个月之久的“潜移默化”的营销，其营销的核心阵地就是新浪微博，并实现了电影从宣传推广到口碑积累的一体化需求。

韩寒想必大家都不陌生，这位曾经打着叛逆标签的青年作家在年少时就成为了全国热议的对象。如今的他已经升级做父亲，从他身上也已不见“少年”的影子，却仍然深受万千粉丝的喜爱，喜爱程度在他的微博主页就可以看到，他的每一条微博几乎都有过万的转发量，这对于其电影营销，就是一笔最大的资源。

相比其他的电影,《后会无期》更加重视微博,从决定拍摄后就在微博上启动推广,并贯穿立项、筹备期、拍摄期、制作期、宣传期、上映期及上映后的各个环节。

1. 电影前的造势，韩寒成为“国民岳父”

2014 年 1 月 31 日，韩寒在微博上发布了一张自己女儿“小野”的照片，照片中有着一双亮丽的大眼，天真卖萌的“小野”瞬间惹来了无数网友的喜爱，更有男网友都大呼小野太可爱，想要娶回家做老婆，并称韩寒为“岳父大人”。于是韩寒“国民岳父”的美名就此诞生并迅速走红。之后，阿信、冯绍峰等明星也竞相在微博上称韩寒为岳父，更有人发起了“# 国民岳父韩寒 #”的微博话题，讨论量亦超过 10 万，阅读量则达到 200 多万。

倚仗着如此高的人气，韩寒开始正式进入电影的拍摄期，因为大家都期待在

拍摄中出现“小野”的身影，于是对电影产生了持续的关注，这也为接下去的电影营销起到了很大的辅助作用。

2. 演员逐一现身，饥饿营销保持热度

与一般的电影不同，《后会无期》在拍摄之前并未公布演员的完整名单，这可谓吊足了观众的胃口，让众多的网友们永远处于“期待”的状态之中。韩寒的微博从电影开拍以来，就未停止过更新，对演员的介绍更是一波接一波，韩寒从微博 2 月开始公开第一名演员陈柏霖加盟，到 5 月宣布最后一名演员贾樟柯加盟（如图 7-39 所示）。中间长达三个多月的拍摄期间里，剧组没有接待过任何媒体的探班，只有韩寒微博和电影官微是片场信息的唯一来源，这就是《后会无期》的“饥饿营销”。用饥饿营销的方式可以唤起大众对影片内容的好奇心，从而增加其对影片的关注度与期待值，最终实现线下的销售转化。

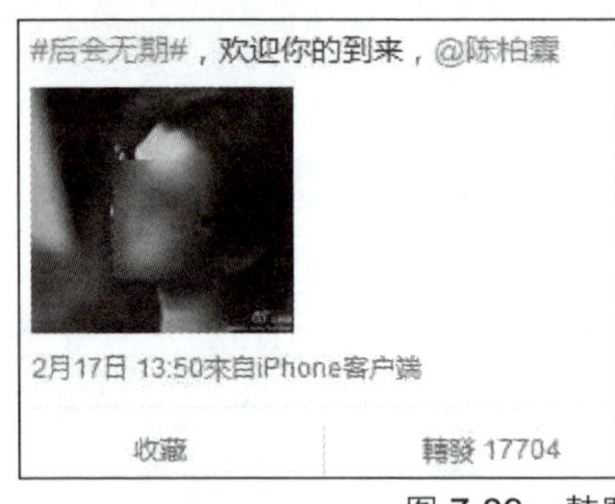

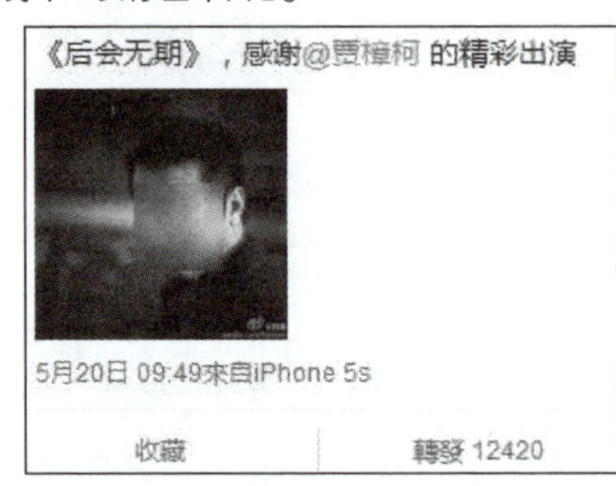

图 7-39 韩寒在微博上先后发布演员名单

3. 朴树发声，再引热议

在电影上映前的一个星期，韩寒发布了一条微博——“他十年没有发新歌，但他以前的音乐还经常在我的播放器里单曲循环播放。感谢他为《后会无期》带来的原创主题歌。朴树《平凡之路》，下周发布。”

此条微博一经发出，就引来破 40 万的转发量，时隔 10 年都没有出过作品的音乐人朴树，却在此时为《后会无期》发声，这样的合作再次引起众多粉丝的期待。在距离电影上映还有一个星期的时候，这首《平凡之路》将电影预热推向了一个小高潮。除了歌曲本身之外，朴树和韩寒的联手瞬间复活了 80 后们关于青春的记忆，也让他们产生了去影院怀旧的冲动。

在歌曲发布的当天，各大音乐网站都被《平凡之路》刷屏。在微博上也立即引起热议，之后，“# 后会无期主题歌 #”和“# 朴树《后会无期》#”两个话题的阅读量超过 1.3 亿，成为了爆炸性新闻。

这成功的背后，是与微博合作独家首播的机制，在韩寒发布带有音频链接的微博同时，电影团队在《后会无期》的官方微博上的直发、转发，更是直接带动了“事件效应”，借音乐之势扩大电影传播。

4. 马达加斯加，萌宠也成热门

在《后会无期》上映后，许多第一时间去观看的观众都对电影里一条叫做“马达加斯加”的狗狗印象深刻。这是一只“马达加斯加”电影中出过镜的阿拉斯加雪橇犬，不仅仅上过了杂志封面，有自己专属的百度百科，更在新浪微博拥有超过百万的粉丝，如图 7-40 所示。在很多时候，这个“宠物微博”比官方微博引来的粉丝互动还要多，宣传的作用比官方微博还要大。

图 7-40　宠物微博

电影团队利用影片中的萌宠热度，成功塑造了“狗狗微博”。在微博上关于马达加斯加的热门话题更是层出不穷，“# 帮小马达加 V#”等话题也让这位“狗狗演员”成为了一个万人追捧的小明星，这其实也是在为电影的宣传持续升温。

5. 上映期间，热门话题重重

在《后会无期》这部电影上映期间，微博上各种话题运营贯穿了整个营销过程。除了主话题“# 后会无期 #”以外，影片还在微博上制造了诸如“# 后会无期大解读 #”“# 后会无期观后感 #”“# 后会无期克制体 #”“# 韩寒电影卖得好，小野嫁妆少不了 #”等周边话题，从而形成了强大的传播阵营，为电影的持续火爆打下基础。这些直接聚合了微博上关于电影的讨论内容，让粉丝更容易在微博上获得影片的相关内容，仅“# 后会无期 #”的话题阅读量就已经超过 25 亿。

在新浪微博上，《后会无期》打破了很多纪录，从电影立项至整个宣传期间，在韩寒发布的 100 多条微博中，转发数超过 700 万次，评论量超过 240 万次。基本上韩寒发一条微博就会登上热门微博，其中有八成以上高居热门微博第一的位置。而在热门话题方面，其团队先后制造了不下 12 个，连续 6 周高居电影类话题榜第一名，总曝光量达到 25 亿。

案例分析

新时代下的营销已经不是简单去进行展示与单向传达，而是更加注重用户的参与和体验。在实施营销的过程中，营销者还要像讲故事一样，设计好情景，让受众慢慢进入，一步步渗透才能达到预期。“你若端着，我便无感”——《后会无期》

正是摸清这样的电影市场脉搏。

《后会无期》中“限量供应”的饥饿营销可谓吊足了粉丝们的胃口，电影在拍摄期间不接受任何媒体的探班，无任何剧透信息，就连从发布的剧照上能得知到的电影内容都非常少。就是因为这样有别于其他电影团队大肆渲染影片，只是选择不断释放信息的做法，从而不断地向粉丝透露着这是一部符合韩寒风格的文艺气质电影，也越来越能勾起粉丝的好奇心，增加了期待值。

除了玩饥饿营销外，《后会无期》还习惯了被“吐槽”，这其实也是如今新时代媒体下许多营销者要掌握的一点。如今，“吐槽”已然成为了网民中流行着的一种“文化”。在社交平台上，若要想与网友形成互动，那你提供的文本信息就需要有很强的解读性与留白，让用户们有参与的空间，可以进行再创作或“吐槽”。例如像《后会无期》的“依然体”“克制体”等电影台词就在电影上映期间一度成为网络流行语，激发了许多网友的创作热情。在互动内容方面，《后会无期》开设“狗狗微博”，用萌宠来作为与粉丝交流的沟通对象，真是又可爱又亲民。

最后，《后会无期》还会给电影贴标签。在今天的市场中，受众的选择更多是在寻找认同。因此营销也是一个不断给自己贴标签的过程，让产品与气质相近的人或其他品牌站在一起。例如《后会无期》的主题曲邀请了朴树来制作演唱，就是在不断地强化电影所附有的文艺气息，让文艺青年们为之疯狂。

当所有以上的信息传递到受众，将其情绪调动起来后，剩下的就是受众自己的“发酵”了。要想使一个好的营销计划的热度持续下去，这需要持续刺激。对于《后会无期》来说就是不断往电影上引导，新媒体时代有个好处就是可以随时看到用户反馈，而通过各个平台带来的用户反馈可以及时调整策略并做出反应。

无论是之前章节中提到的相关案例还是《后会无期》这个案例，都向我们说明着，微博已经成为了企业宣传推广最重要的平台之一，而电影从立项到上映售票的全程微博推广模式也有望成为常态。

◎ 7.9.2 《希望之星英语大赛》，央视也转型

曾经，微博上的“# 男神不老 #”的话题勾起了许多 80、90 后的集体回忆，其中一个叫做赵音奇的主持人被大众再次提起，而他就是央视《希望之星英语风采大赛》的主持人。如今已经很少还会有人打开电视收看这档比赛节目。此节目自诞生之日起已经走过了十几年的光阴，在观众心里，纵使主持男神不老，节目也难免散发出老旧的气息。

在 2014 年 8 月，2014 年度的《希望之星英语风采大赛》再度开播。节目在新时代的环境下已经变得焕然一新，大概只有“不老男神”主持人赵音奇还算

得上是“熟悉的配方”，华丽的舞台效果与创新的内容制作，选手的选拔，赛制的改变，几乎都运用到了当下的流行元素，这一档“古老”节目的求变之心已经不言而喻。

本届希望之星最大的亮点并不在于节目本身，毕竟如今各大电视台都有投资数额更庞大、制作更精良的综艺节目。作为一档主流电视台的教育益智节目，《希望之星》也开始向新的互动形式和营销方式转型，这一点确实难能可贵。

1. 跨屏合作，共同成长

在全民谈论互联网思维之时，一向看上去高高在上的央视也做了些许结合互联网的改变。例如在大赛主持人赵音奇的微博主页上，能看到“放弃英语后果很严重”的热门话题。

一档老节目想要跟上移动互联网的步伐，注入新鲜的气息，选择与互联网产品合作是最直接便利的选择，于是《希望之星》节目找到了“网易有道词典”，如图 7-41 所示。

图 7-41　有道词典开启页面

此次的跨屏合作是《希望之星》第一次与互联网合作，并希望以此为契机寻求节目自身的变革。该节目组之所以选择拥有 4 亿英语学习用户的有道词典，一则是有道词典有着广泛的用户基础，并以英语学习人群为主，二者的目标受众高度匹配；二则是有道词典的移动端优势可以增加观众的活跃度和参与感，实现真正意义上的网台互动。

一个是拥有十几年历史的英语教育电视节目，一个是互联网上最大的英语学习聚集地，高度匹配的目标受众成为二者合作的关键。拥有 4 亿用户的有道词典可以让传统节目焕然一新，借回忆青春召回流失多年的观众，树立与时俱进的新形象，而有道词典也可以借央视平台提升自身的品牌形象。

2. 双屏联动，游戏连接台网

此次的跨屏合作，并不只是人们常常看到的，在界面上和节目播出过程中的品牌植入，这样的合作未免太过肤浅。有道词典和《希望之星》合作的独特之处在于——双屏联动。互联网时代大家观看电视的方式和需求有了新的变化，观众不再满足于单向传播，线上线下的互动必不可少。在观看《希望之星》电视节目的同时，观众还可以通过有道词典玩游戏、赢大奖。游戏融合了欧美电影、名著等英语元素，对于参与者的知识面有一定的考验。同时在关卡的最后设置了与当日节目相关的元素，很好地拉近了观众与节目的距离，如图 7-42 所示。在节目播出当天，参与游戏的用户不在少数。

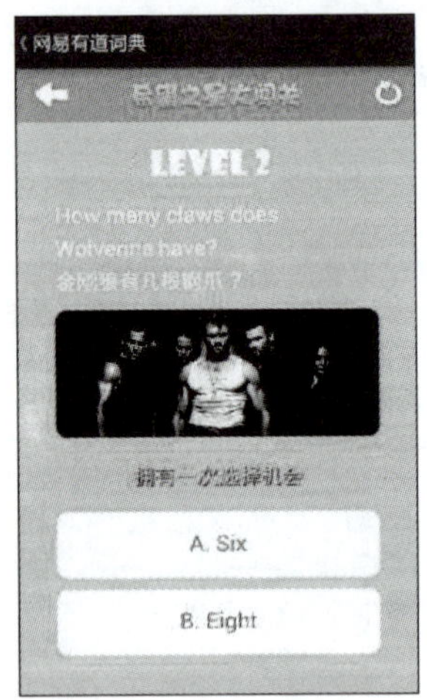

图 7-42　游戏界面

借用时下流行的概念，希望之星与有道词典这次合作算是开启了电视益智节目互动 2.0 时代。也就是说，线下节目线上游戏，这种互动方式已经不再是综艺娱乐节目的专属，教育益智类节目也可以变得很好“玩”。

案例分析

游戏互动只是双屏联动的一种展现方式而已，节目组将这次合作看作双方的一次试水，不论是有道词典还是央视，或许都有着更大的野心——为了实现更深层次的线上线下联动。那些曾经的观众们，或许可以期待之后的《希望之星》又多了有道词典分赛区，或者其他更新潮的合作方式。

在移动互联网的冲击下，传统媒体如若想要继续“套住”观众，打造真正“不老”的节目，就得紧跟社交媒体的步伐，与互联网有效结合，调整单向沟通的营销套路。如何让电视机前的用户真正与节目互动起来，是这些节目组们应该深入思考的问题。只有这样才能重新获得电视机前受众的关注。

7.10　商场行业营销指南

当淘宝出现后，网购这一购物方式迅速发展。网购能将更便宜、更多样化的商品提供给消费者，并且不需要消费者花费大量的时间和精力，只要轻轻点击鼠标就能逛街，如今成为网民们最喜爱的购物方式。这对于线下实体店的冲击是极其大的，因此更多的实体店也开始向移动营销转型，为消费者提供更有趣和便捷的服务，重拾芳心。下面编者就为大家列举来自实体店的微商营销案例。

◎ 7.10.1　西单大悦城，社会化营销

人们在面对快速的生活节奏时，快速消费时代也悄无声息地到来了。如今人们在购物时，往往会优先选择上网购物，虽然互联网的发达能让人们体验到触手可及的便利，但也让人们失去了亲自挑选商品时体验到的乐趣。如今的消费者缺少了参与购物时的互动体验，很多人都期待回归到通过努力而获得存在感的传统生活模式。

从 2012 年开始，每年的“双 11”购物狂欢节，许多电商平台的当天销售额都能达到百亿元以上，例如 2014 年的“双 11”当天，阿里巴巴的全天交易额就达到 571 亿元，这就是电商对于消费的改变。

在快速消费的时代里，零售业、线下的百货公司除了要忍受着电商平台对于消费者购买决策的控制外，更面临越来越多消费者追求除购买商品以外的体验需求。基于这样的新挑战，北京西单大悦城力求从自身及消费者角度制定社会化营销策略，以增加品牌竞争力和销售份额。

1. 商场首次打造“亲和力”营销

在快速消费的时代里，关注消费者购买行为发生全过程中的非真实购买需求，给予消费者最贴心的服务，已然成为线下购物商场的必要营销方法之一。品牌只有具备人的性格特征，才能有效地进行社交营销。

西单大悦城通过对消费者的调研，打造了品牌的专属人物形象——悦小 Young，并邀请微博上的人气漫画家“伟大的安妮”，为其量身定制了一套漫画形象。

为了使“悦小 Young”的形象被广大消费者接受，西单大悦城在微博平台上发起了“# 谁是亲妈 #”话题，引导网友们猜测是哪位天才美少女画家来为“悦小 Young”打造的卡通形象，如图 7-43 所示。以此引发网友好奇心和讨论，为接下来的活动造势。当答案揭晓后，西单大悦城通过打造“悦小 Young 出生卡”原创内容，为“悦小 Young”的正式登场和形象定位进行了传播。

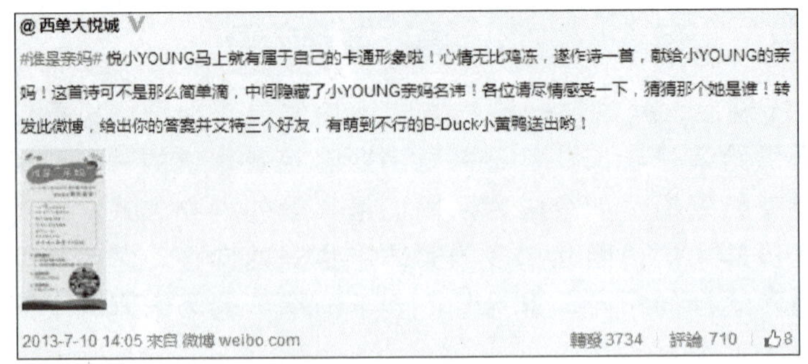

图 7-43　微博讨论

在“悦小 Young”已经成为西单大悦城社交平台上的代言人后，社交媒体与消费者的日常沟通中也充分考虑到人物的性格和特点，从各个平台发力，力求将悦小 Young 的形象深入粉丝内心。于是西单大悦城在微博上创造出如下的一系列话题标签。

➢ “# 潮不潮，瞧小 Young#”“# 时尚 Young，小心机 #”“# 以折服人 #”：“悦小 Young”为粉丝们介绍和推荐西单大悦城内的时尚品牌、大热单品、时尚知识以及打折信息。

➢ “# 小 Young 玩大了 #”“# 小 Young 萌日历 #”：“悦小 Young”作为一个有血有肉的人，和粉丝分享自己觉得有趣好玩的内容、生活技巧以及日历播报。

➢ “# 不吃不舒服斯基 #”“# 小 Young 热影讯 #”：“悦小 Young”带着粉丝们吃喝玩乐，享受生活。

➢ “# 潮店长，热推荐 #”：“悦小 Young”亲身采访商场内各个商家的店长或店员，并由他们推荐大热单品和理想搭配。

为了使“悦小 Young”形象更加深入人心，西单大悦城还创作了四格漫画以及六格漫画，将“悦小 Young”可爱、卖萌、时尚、有态度的性格和粉丝们喜爱和接受的励志题材相结合。

在微信平台以“悦小 Young”的拟人设置为基础，设置了楼层信息、停车信息、营业时间、联系电话、WIFI 密码获取等信息，以及会员卡等关键词，方便粉丝进行相关信息获取，并且在微信内容上先后推出了“美好单品集中营”“小 Young 出街指南”“小 Young 看电影”“潮店长，热推荐”等多个版块，与粉丝进行良好的互动和沟通。

同期，西单大悦城还特别设计了系列微信动画表情，以配合“悦小 Young”在微信上与用户对话时能更加生动有趣，扩大整体传播攻势。

2. 微信完美整合，实现 O2O

在 2013 年的 6 月，一个号称“世界上最大的橡皮小黄鸭”停驻在维多利亚港湾上，引来了无数网友的拍照上传，一度成为当时的热门话题。而西单大悦城则抓住了这个时下的大热点，在 2013 年的 9 月打造了“小黄鸭海陆空大派对”大型活动，以带动西单大悦城的目标人群进店体验，如图 7-44 所示。

图 7-44　微信活动主题界面

根据小黄鸭的活动主题，西单大悦城找到了与目标人群沟通的最佳途径——用“卖萌”来俘获人心。其针对目标人群的购物心态，在官方微信平台上开展了与小黄鸭对话的互动形式。其为“小黄鸭”设计了有趣的语音回复消息，更有搞笑的“方言版”。用户在与公众账号对话时，提到关键词“小黄鸭”就会出现语音消息回复，如图 7-45 所示。“卖萌”这种在年轻群族中喜闻乐见的行为帮助西单大悦城搭建起了与目标消费者沟通的桥梁。“卖萌”的互动形式不仅可以为微信账号本身增加活跃度，还帮助线下活动进行了通知和预热，形成带动消费者进店的 O2O 闭环。

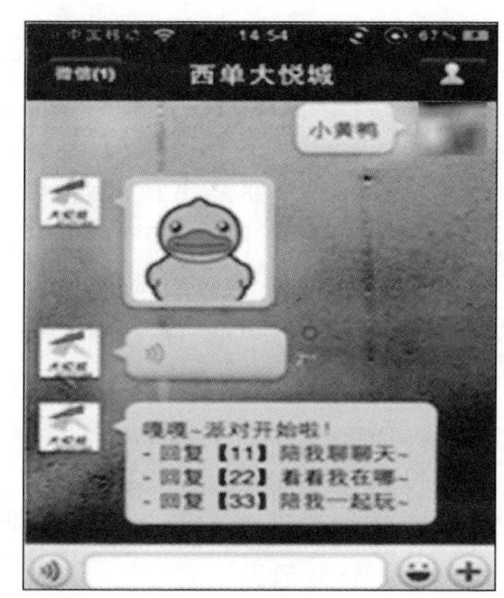

图 7-45　微信小黄鸭回复界面

此次的“小黄鸭海陆空大派对”的宣传目的是为了带动更多的顾客进入线下商场参与购物。又因活动时间跨度较长，分活动也较多，为了使顾客们能更好地了解派对的活动流程，西单大悦城还在微博上发布了“攻略图流程”，标明了分活动时间及具体场地位置，更清晰地将活动展现给网友。

案例分析

对于未来的营销战役，西单大悦城除了要继续在社会化平台上增强用户体验与品牌影响力外，还应着力打造会员服务平台来增加服务属性。在塑造平台的同时准确聆听和定位消费者的需求，结合 LBS 定位技术，根据真正的消费者需求，打造出真正符合用户利益的地图定位、悦小 Young 导航、语音提示等功能。

在消费者心中树立价值是市场营销的基本原则，对于日趋感性的消费者来说，这种价值将更多地体现为体验和服务。西单大悦城在商场百货业率先出发，为消费者营造一种满足内心的消费氛围成为了行业学习的榜样。

作为商场业，要使用新媒体营销模式来吸引客户，首先就得根据自身的定位，找准能够与消费者有效沟通的平台及形象，通过“沟通 + 服务”的方式树立品牌形象、增加品牌价值，这样的品牌才能切入到消费者的社交生活圈中去。

当建立好了沟通基调后，再运用创新的形式提升品牌在消费者社交圈层中的活跃度，例如大悦城举办的“小黄鸭”活动。利用这种互动方式来拉动传统线下营销，实现 O2O 的整合营销格局。

◎ 7.10.2 短视频平台，万达百万征集创意

在“双微”盛行的 2014 年里，许多企业基本都围绕微信、微博两大平台展开社会化营销，在这方面确实也产生了不少精品营销案例，但这两大平台的社会化红利基本被挖掘殆尽的弊端也开始显现出来。而在 4G 时代到来后，短视频营销也正显露出新锐面目，瞄准这一商机的正是万达集团。

2014 年 4 月 1 日，万达集团“百万大奖征集广告”创意活动在新浪“秒拍”、腾讯“微视”两大平台上同时上线。拿起手机，你就是导演，只用一句广告语“万达广场就是城市中心”拍出你的创意，就能赢取万达集团准备的百万好礼大奖。

在本次活动中，万达集团购买了在微视与秒拍平台页面上最重要的广告位 Top banner 、热门活动、热门标签等板块吸引用户的注意力。同时万达集团提供总价值 200 万元的奖品激励，征集带有“万达广场就是城市中心”主题的微视频创作要求，立志成为用微视频营销开展以来平台声量最大、传播效果最好的商业活动。

万达集团在手机 APP“微视”“秒拍”平台上，以及同步在 PC 端和移动终端的活动专题中，均举行了线上活动。用户通过移动设备拍摄短视频，最终由媒体及主办方评选出优秀作品及月度冠军，分别赠送 iPad 及长白山旅游等丰厚奖品。在这些奖品的刺激下，网友参与的积极性异常高涨，上传了大批的优秀创意视频作品。在这些视频作品中，通过多种形式传达了一个中心思想——“万达广场就是城市中心”，如图 7-46 所示。

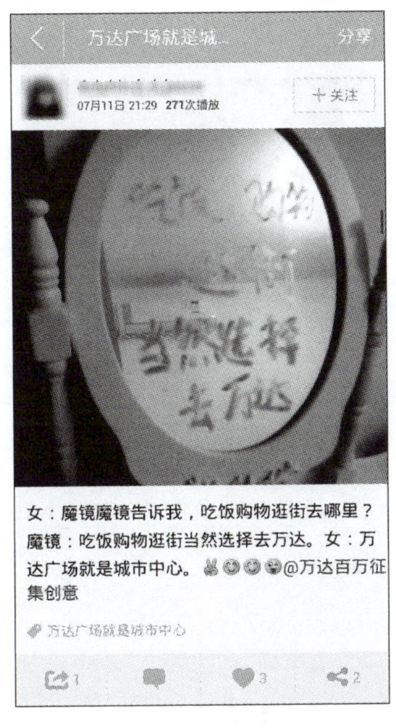

图 7-46　“微视”“秒拍”活动作品

1. 活动前的预热，官方引导

在 3 月中旬，“万达微视频征集大赛”正式上线前，万达开始了活动的预热。通过新浪、腾讯以及官方微信三个平台交错配合推广，发布“#10 秒能说多少字儿#”“#一起来猜字#”等预热话题（如图 7-47 所示）。同时通过“微博活动”“话题主持人”“微博精灵”等微博大号进行推广，10 多位网络红人大号进行转发，很好地为视频征集活动进行了话题预埋及造势。

图 7-47　微博话题

当“万达百万征集”活动正式上线后，万达集团还邀请 24 位，各平台人气达人，拍摄了活动的种子视频。通过“微视”“秒拍”上的传播，微博、微信中的红人转发，各大论坛上的转载，以及各大视频网站密集曝光。同时配合大量的广告资源推广，短时间内扩大了活动声势。同时万达集团还拍摄了 20 余部引导视频，通过官方账号发布对受众进行引导，如图 7-48 所示。

图 7-48 "微视""秒拍"万达官方账号发布引导视频

2. 定期公布获奖名单，刺激用户参与

在活动举行一个月后，万达广场在"微视""秒拍"的官方账号上公布获奖名单，并在线下举办了第一期的月度赛冠军颁奖礼，如图 7-49 所示。现场邀请新浪"秒拍"和腾讯"微视"领导、多位拍摄达人，以及多家媒体到场。本次颁奖礼不但是阶段性成果的展示，更成为了引爆下一阶段活动的爆点，通过线上线下对活动的配合报道，使活动被多家视频、娱乐媒体网站转载了相关信息。

在随后的几期比赛中，万达集团持续在不同地区举行了颁奖礼，每次都会引来粉丝及各大媒体的关注，使活动的传播呈地毯式扩散。

图 7-49 官微上的颁奖礼视频及名单公布

3. 借助世界杯造势

在 2014 巴西世界杯期间，“万达百万征集”活动通过拍摄以“万达广场就是城市中心”为世界杯主题视频——罗纳尔多、梅西系列，男女看世界杯系列等，如图 7-50 所示，借势世界杯以增加活动热度，引导网友拍摄系列创意作品来展现世界杯主题。短短的一个月内，世界杯系列作品上传 600 余部，总播放量累计超千万次。

图 7-50　世界杯系列视频

4. 活动效果总结

从活动正式上线截止到当年的 7 月 4 日：“微视”平台上，网友上传的参赛作品总数超过 1 万部；“秒拍”平台上，网友上传的参赛作品总数超过 5000 部。在所有的作品中，单支视频播放量超过 50 万次的达到 29 个，播放量超过万次的更有 700 个之多。大量具有视频剪辑技能或创意表演才能的网友参与到在活动中，并且通过丰富的形式对活动主题进行诠释，包含真人演绎搞笑类、才艺展示类、合家欢类，同时计算机创意类与电影剪辑配音类也占据了半壁江山。

在活动开展的短短 3 个月时间，总曝光量达 1 亿次。征集创意作品量最多、总曝光量最大的营销活动，其影响程度已经覆盖了全网。

案例分析

如今微视频、短视频等新媒介逐渐取代文字、图片，升级为 90 后、00 后年轻群体最钟爱的个人秀场。伴随着用户的转移，营销方向也必须有所改变，而在短视频平台上进行营销也逐渐成为了许多企业和商家需要上的重要一课。

在大多数的客户还停留在对广告入口及推广位置的需求时，一些企业还没有真正认识到微视频营销核心本质的时候，万达集团就开启了短视频平台的营销战略。根据“微视”“秒拍”平台的活跃度，设立了微视平台征集原创高质量作品 10000 部，秒拍平台征集原创高质量作品 3000 部的目标。当用户创造出体现传播主题的高水平作品后，万达集团还进一步帮助这些优质内容进行二次传播。配合微博、微信、视频网站、贴吧论坛、媒体报道等方式的扩散，使传播主题“万达广场就是城市中心”的曝光量再一次增加。

万达集团利用移动视频传播媒介的创新，借助最新手机 APP“微视”和“秒拍”两个视频分享社交平台，征集视频创意广告，这些微视频可以更加直观精准地表现出“万达广场就是城市中心”这个营销目标。同时还结合了新浪微博和腾讯微信平台上的共同宣传推广。万达微视频大赛活动的技术应用创新，活动除了用主流文字和图片媒体，主要使用 8 秒或 10 秒微视频进行传播，创意视频画面更直观连贯，同时视频配音使活动主题在受众记忆中更加深刻和立体。通过丰富的创意表现形式对活动主题进行了完美诠释，活动参与用户主动拍摄符合“万达广场就是城市中心”活动主题的视频，具有高度的品牌记忆性，使受众对活动主题印象更加深刻。

7.11 互联网产品营销指南

互联网产品本就多为移动端的用户而服务，但同样也面临着强大的竞争。因此在手机端谁家的营销对策能出奇制胜，并赢得用户的芳心，也就成为了产品间的营销较量。下面编者为大家列举来自互联网产品的微商营销案例。

◎ 7.11.1 QQ 浏览器，双屏互动营销

当人们在选择浏览器产品时，常常会用一个指标来衡量——运行快不快。这个指标也是许多浏览器产品想要争先表达给用户的，让用户了解其“快”的特性。但又因“快”这一特性涉及技术层面的知识，光靠文字或图片的形式都难以让用户了解，所以 QQ 浏览器结合现今人们多屏获取信息的特点，再匹配自身产品的内含技术与移动特征，开发了“谁能比我快”浏览器赛跑这样一种创新形式的双屏互动游戏。通过玩游戏的形式，既能让用户直观地感受到 QQ 浏览器 X5 内核超快速度的特性，获得对浏览器产品功能的深度体验，又能以独特的传播方式区别于同类的浏览器宣传模式，找到制胜的关键。

用户登录 x5.mb.qq.com 网页即可直接进入到游戏界面，游戏本身趣味性十足，浏览器以卡通形象出现在游戏中，使整体画面生动且有带入感。游戏的参与方式也采取了创新的跨屏形式——使用手机和计算机同步进行，用户需先在手机上下载“手机 QQ 浏览器”，下载完成后只要在网页端用“手机 QQ 浏览器”扫描二维码即可控制在计算机端的浏览器角色进行赛跑，如图 7-51 所示。这就好比计算机是屏幕显示游戏画面，而手机就是用户的“游戏手柄”操控角色，这样有趣的双屏联动模式，吸引了更多用户参与其中，刺激更多用户下载 QQ 浏览器 APP。

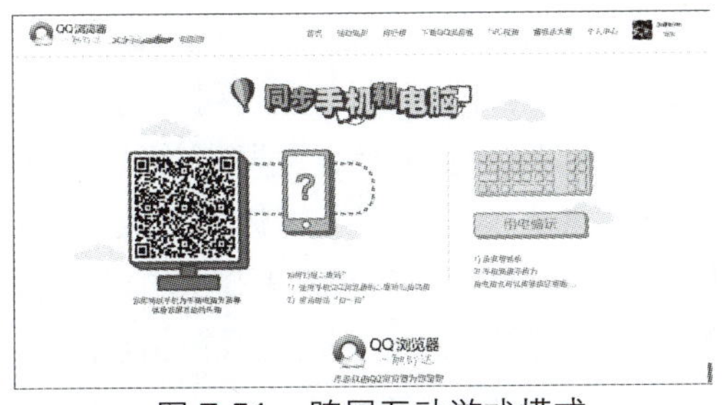

图 7-51　跨屏互动游戏模式

在“谁能比我快”互动游戏过程中，当用户正在进行角色赛跑时，点击手机屏幕达到了一定频率便会提醒用户选择“X5内核加速包”助力用户游戏角色加速。这一功能也是基于“手机 QQ 浏览器”产品自带的 X5 内核进行设计的。QQ 浏览器拥有 X5 内核，这就是其“快”的原因所在，但 X5 内核对于消费者而言属于认知盲点，于是通过给游戏角色加载 X5 内核提升速度的方式来阐述产品 X5 内核的功能点。

在游戏中，不仅仅有单人模式让用户“自娱自乐”，更有双人模式可供用户选择，还可邀请好友一起对战，刺激了用户与好友之间的口碑传播，如图 7-52 所示。例如一些网友就在玩游戏时通过微博分享，邀请到好友参与其中，如图 7-53 所示。

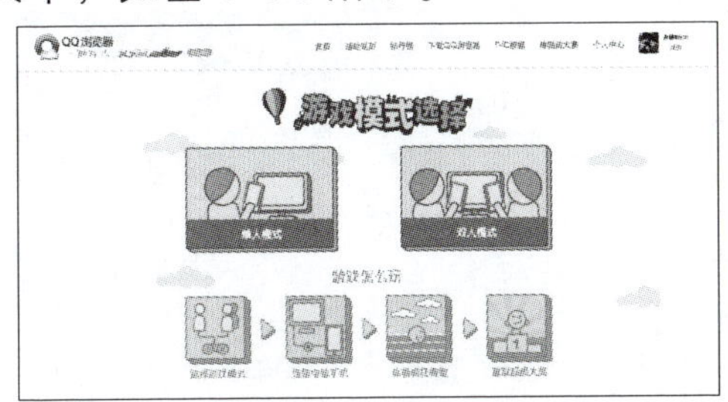

图 7-52　双人游戏模式

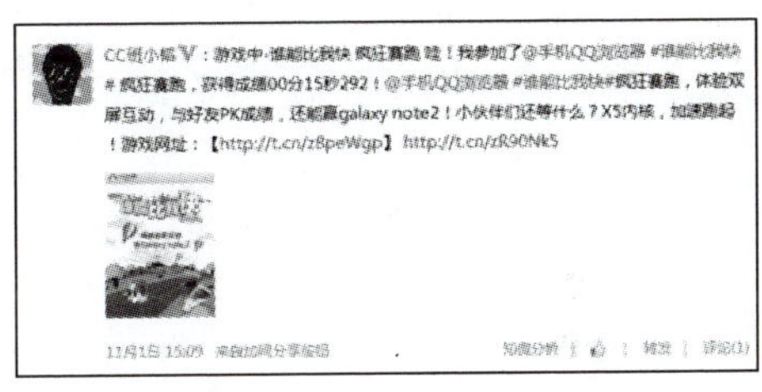

图 7-53　微博分享邀请好友

QQ 浏览器此游戏推出时间正值每年“双 11 购物节”的来临，所以其在自身传播的同时还借助了双 11 的热点，与电商品牌“易迅网”强强联手，在游戏内进行潜移默化的品牌植入，用“易迅网”提供的奖品刺激用户参与活动，极大地提高了用户的参与数。

除了体现游戏趣味以外，双屏互动的模式还与“手机 QQ 浏览器”的跨屏穿越功能不谋而合。“手机 QQ 浏览器”自带的跨屏穿越功能能让用户在计算机和手机间同步互传文件，是移动体验上的大胆革新。如今其采用创新型的互动形式，让用户玩游戏的同时也能体验到“手机 QQ 浏览器”双屏穿越的产品功能。

案例分析

QQ 浏览器在此次活动中采用了最新的双屏互动技术，很好地结合了趣味性，

紧抓住用户的移动产品使用特性，让“谁能比我快”游戏最终在用户心中形成了极佳的口碑，而其产品 APP 也潜移默化地植入到了用户的手机当中。这既与同类产品形成了差异化的传播优势，也让 QQ 浏览器将大量的用户“收进囊中”。

双屏合作的模式是如今越来越多的传统媒体或者互联网产品会选择的传播模式之一，在抓住了用户特征的前提下进行创新的双屏互动活动，往往能够产生“1+1>2”的效果。将 PC 端的营销中心转移到移动终端上才是新时代下的营销新趋势。

◎ 7.11.2　应用宝，父亲节节日营销

许多品牌在每逢节日之际，就会进行节日营销，但往往能将主题贴合得完美又能引起用户共鸣的品牌却很少，可见节日营销不单单是将节日头衔安在品牌上面那么简单而已。2014 年的父亲节期间，腾讯的“应用宝”APP 就联合了多家官方微博，发起了“# 我的父亲是超级英雄 #”的微博活动，开启了一场多品牌矩阵式的节日营销，为众多父亲们送上了一份新意十足的节日惊喜。

1. 切中情感共鸣，“复活”昔日的“超级英雄”

“应用宝”通过大数据调查发现，其 APP 用户多为社会新人与年轻学生。他们习惯于使用智能手机，诸多 APP 影响甚至改变了他们的生活方式。而他们的父辈则因为年事已高，对智能手机的使用并不熟练。于是在前者眼中曾经无所不能的后者一下就变成了“无助的孩子”，于是根据这一现象，“应用宝”在官方微博上发布了一则感人的漫画，如图 7-54 所示。

图 7-54　微博发布“超级英雄”漫画

漫画中的情景，是许多现代年轻人与父辈之间的经历，勾起了很多人的情感共鸣。“应用宝”作为一款手机应用平台，其本身的核心概念就是一个帮助任何用户轻松玩转手机的应用法宝。在这样的情况下，“应用宝”找到了一个很好的父亲节营销视角——“复活”昔日的“超级英雄”：有了腾讯“应用宝”，上了年纪的爸爸们也能轻松玩转手机，让昔日的超级英雄重获超能力！

2. 多品牌矩阵协作，展开跨界联合

有了这个绝妙的创意之后，在推广传播上“应用宝”也有不一样的思考。如今在微博上如果只靠买下一些大 V 账号发布广告，虽能获取短暂时段内的

曝光，但却不是品牌宣传推广的长久之计。因此，“应用宝”并不满足于躲在大 V 身后，而是利用自身的平台优势，联合多个联盟品牌集体推广，和用户建立更加直接的情感沟通。

在父亲节当天，“应用宝”首先发起“# 我的父亲是超级英雄 #”活动。随后邀请“@ 飘柔 Rejoice”“@ 旅游卫视我家厨房”“@ 墨迹天气”“@ 极路由”“@ 周末去哪 APP”“@ 腾讯手机管家”6 家品牌的官方微博参与本次活动，如图 7-55 所示。在“应用宝”发起话题后紧跟其后，并以不同品牌下的产品作为转发奖励，刺激粉丝转发推广，让昔日的“超级英雄”复活。

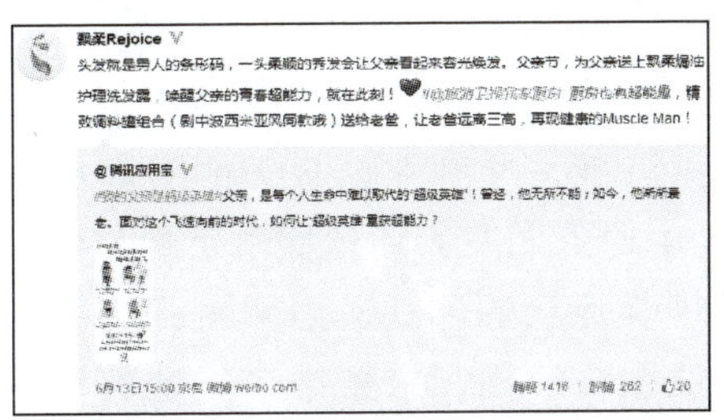

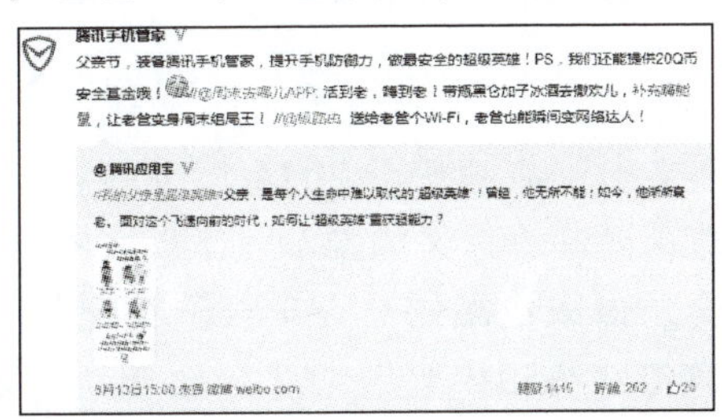

图 7-55　其他官微转发微博

切中情感点的创意和多品牌联合传播的造势，充分调动了网友的参与热情。随着各品牌不断加入造势，引爆相关话题，腾讯应用宝的父亲节活动取得了巨大成功。活动中原发微博两天的时间内超过万条转发次数，覆盖总人数高达 2000 万人，在为节日中的“超级英雄”们送上一份祝福的同时，这种多品牌矩阵式协作的营销方式，也为品牌的节日营销开启了一条新的思路。

案例分析

节日营销往往是许多行业都会使用的营销方法，因其更容易将节日氛围融入其中，让用户产生共鸣，由此达到传播品牌形象、促进销售的目的，而这个销售对于互联网 APP 产品来说就是下载量。

在营销过程中，“应用宝”联合多个品牌的官微一齐发声，用不同品牌集中于同一话题的传播方式，凝聚多个品牌影响力以此形成传播共振、协同矩阵式地扩大活动影响力。这也避免了在节日中，单一品牌因声量过小而被嘈杂的营销环境淹没的情况发生。

7.12　生活服务行业营销指南

生活服务业作为人们在日常娱乐时接触得最多的行业，自然要与时俱进，抓住消费者普遍使用移动端的特征，在移动端提供服务与优惠，进行推广营销。下面编者就为大家列举来自生活服务业的微商营销案例。

◎ 7.12.1 苏荷酒吧，新店开张的营销策略

对于任何商家来说，开业能不能拔得头彩是很重要的，自然而然为开业汇聚人气成为了各大商家不遗余力的事，因此各种开业活动扑面而来，但有些花了不少钱但效果却不尽如人意的情况也很多。2014 年 10 月开业的文山苏荷酒吧，却通过区区 56 张体验券就让开业当日消费者爆满，完成了大约 3 万的日销售额。

对于大多数商家来说，开店最苦恼的就是如何宣传，特别是刚开业的造势活动应该如何在朋友圈里传播并且引发大众兴趣呢？这次文山苏荷酒吧的做法就很值得同行们借鉴。

1. 开业前微信造势，体验券引爆传播

文山苏荷酒吧于 2014 年 10 月 1 日正式开业，在开业前 5 天的时间里，文山苏荷酒吧举行了内部测试活动，在此活动中对外向广大粉丝提供了参与测试的机会。借以在微信公众平台上推出体验券抽奖活动的形式，为即将开业的店面做宣传造势和积累人气。本次活动主要借助图文传播，首条推送阅读次数达到 20430，转载次数 972，参与投票人数 1643，共增粉 1000 多人。活动参与人数高达 500 多人，开业当天就达到爆满状态，首日实现销售 3 万余元。

① 借力推广

由于“文山苏荷酒吧”是一个新开的公众账号，积累的粉丝并不多，因此其要形成广泛的宣传推广会存在一定困难。又因其店面位置位于文山的炬隆万商汇商业中心，于是其选用了“文山炬隆万商汇”的公众号帮助进行推广活动，扩大传播范围，如图 7-56 所示。

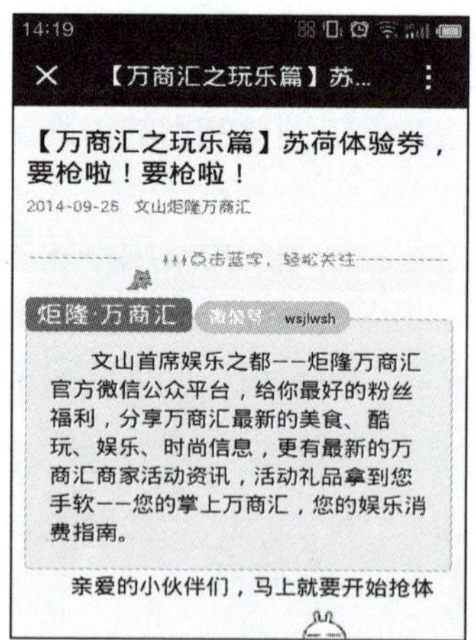

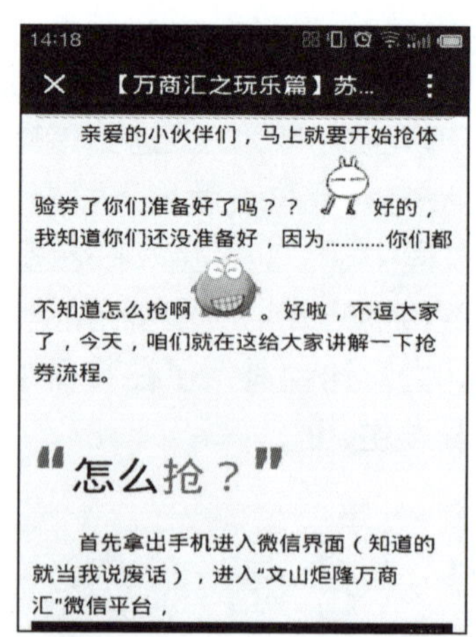

图 7-56 微信活动内容

于是 32 张体验券采用抢赠方式分五天在两个平台同时发放，24 张单人体验券利用微信“摇一摇”功能采用摇一摇抽奖方式分三天在苏荷平台发放。

② 活动图文不死板，换个身份赚好感

本次活动获得成功的绝妙之处，就在于在微信公众平台宣传活动时所发布的图文信息。图文内容以对话形式呈现，小编以一个普通消费者的身份向粉丝们介绍参与步骤，并体验苏荷的店内环境、服务、特色。这样的内容形式拉近了公众平台与粉丝间的距离，更易获得认同感，如图 7-57 所示。

同时，其在公众平台上的活动还增加了一个互动投票环节，并且公布：只要是投票粉丝过 1000 人就可以在“炬隆万商汇”的公众账号内申请发放 16 张苏荷酒吧体验券，如图 7-58 所示。

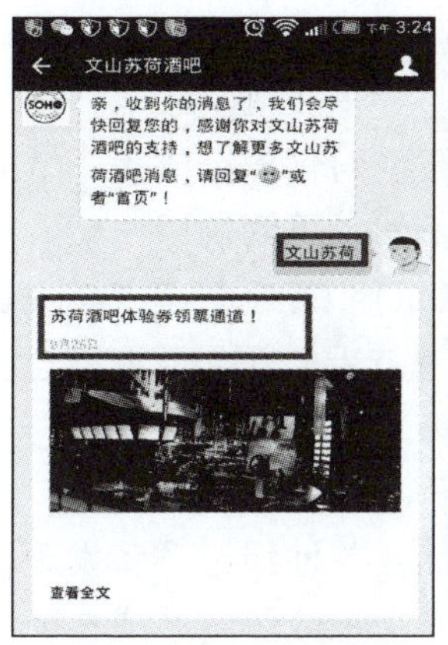

图 7-57　微信活动页面

图 7-58　微信粉丝投票界面

这样的设置首先增加了粉丝们的参与感，同时对于投票的粉丝们有一定的参与活动的心理暗示，并且在图文信息的强大吸引力下使得粉丝们会持续关注投票数的变化，更刺激了粉丝们的分享转发。

③ 粉丝转移，活动效果聚合至苏荷

在“炬隆万商汇”公众平台的活动宣传得到了可观的传播效果，为其公众号增加了 1000 多名粉丝，显示了粉丝们极高的活跃性。接下来要做的就是将这些粉丝们转移到苏荷酒吧公众账号了。

于是在 9 月 23 日“炬隆万商汇”发布图文，告知粉丝苏荷酒吧将再次提供单人免费体验券 24 张，但只在苏荷酒吧的公众号内推出。与此同时苏荷酒吧公众号也公布了此活动消息，这使得粉丝快速向苏荷酒吧转移。

案例分析

对于像苏荷酒吧这样的生活娱乐行业来说，新店开业往往都要博个噱头，只有引起了大众的注意才能刺激往后的消费。不同于多数酒吧开业发优惠券或消费满减的形式，苏荷酒吧利用公众平台发起活动与粉丝互动，抓起其好奇心调动积极性，这样的方式更利于积累人气。

在此案例中，苏荷酒吧最聪明的决策就在于懂得相互借力。在前期信息投放上选择了粉丝量更多的“炬隆万商汇”微信公众平台，活动也因此得到了更好的宣传与扩散。而借助着苏荷的品牌效应，为“炬隆万商汇”平台增加不少的粉丝，也将其平台部分粉丝引流到了文山苏荷平台。

对于很多商家来说，不会想到在开业之际选择与别的平台进行合作，只想着一味地大肆宣传就能起到效果。但作为一个新店，除非你有足够的宣传优势，不然在大众不了解的情况下往往不会立即得到关注。如果这个时候借力于已经与大众“处好关系”的平台账号来推广，就会达到事半功倍的效果。

◎ 7.12.2 功夫熊，实现上门推拿

随着移动互联网应用的逐步深入，传统服务行业互联网化已经成为一个必然的趋势。各类上门服务业，如上门取件的洗衣服务、美发，再到美甲、私人穿搭师服务、上门私厨等，这些不同的生活服务领域都在尝试用 O2O 的模式将服务互联网化。2014 年 10 月，一个名叫“功夫熊”的服务上线产品，采用互联网思维，选择从推拿按摩服务切入，是一个基于移动平台的按摩、推拿等上门中医理疗服务的 O2O 平台。

“功夫熊”创始人王润有多年的互联网经验，在创业前他经过调查发现，传统的推拿、按摩、针灸等中医理疗行业中，往往由于店主抽成厉害造成技师们收入水平偏低。而大多数的消费者由于工作、生活上造成的颈椎病、肩周炎等关节痛疼症状，急需中医理疗。但他们大多不愿意花费较大的资金到大店面中消费，而对于街边林立的小按摩店又持怀疑态度。这就是中医理疗行业的痛点及市场缺口。传统的店面服务模式已经不再得消费者欢心，所以王润开创了“功夫熊”，将理疗行业与互联网思维相结合，采取了线上预约线下上门服务的 O2O 模式，提升了行业资源效率，降低了创业成本，为用户打造“私人订制”的优质化服务。

1. 微信预约，线上完成支付

用户在微信公众号中搜索“功夫熊”，即可添加其公众平台账号。通过公众平台，用户可以线上预约推拿技术来上门服务。在其中可选择公办颈肩按摩、家庭推拿、腰背推拿、全身推拿等项目类型，价格从 30~500 元不等，如图 7-59 所示。用户还可以自由选择服务技师，查看技师评价，与空闲时间表等信息，如图 7-60 所示。用户通过微信公众平台下单，在线完成支付。

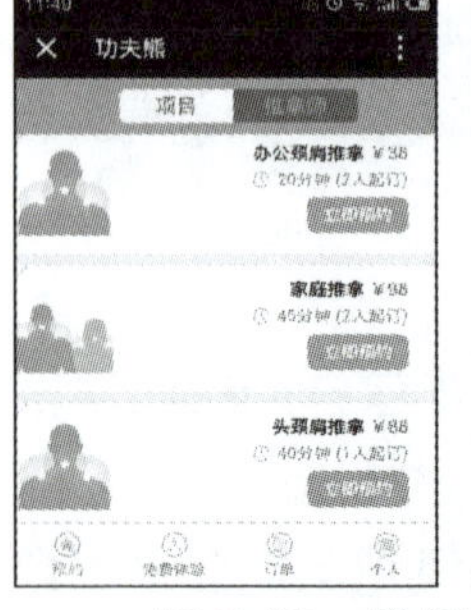

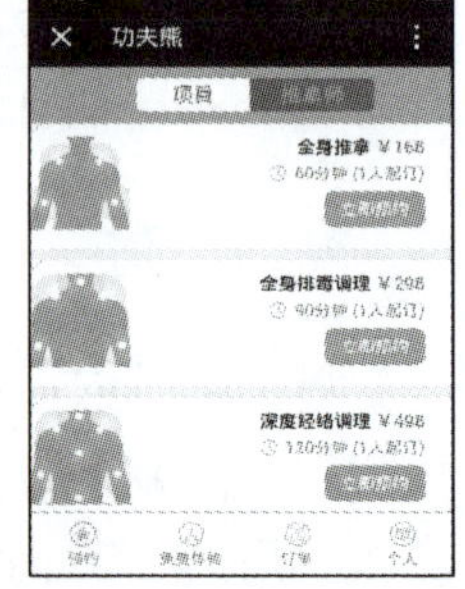

图 7-59　微信预约服务界面

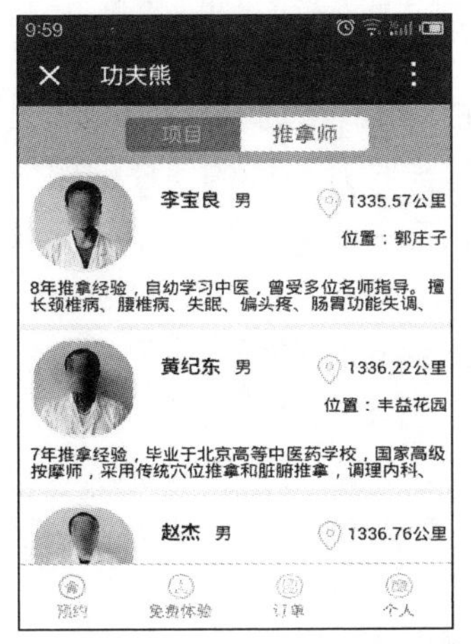

图 7-60　微信选择技师界面

“功夫熊”目前仅支持北京市区五环内服务的，基于 LBS 定位系统，用户可以查看与技师的位置距离。在下单后，也能够保证周边技师以最快的速度到达顾客所在位置。“功夫熊”通过在微信上完成支付的方式，保证了服务价格透明，让消费者更加放心。

根据不同的时间节点，“功夫熊”还会推出相关的优惠活动，例如新用户在第一次下单时就可以获得 50 元的优惠券。如果是团队预约，还可以申请免费体验。在圣诞节来临之际，还推出圣诞福利、19 元也可以做推拿等活动，如图 7-61 所示。优惠的价格也得到了更多用户的青睐。

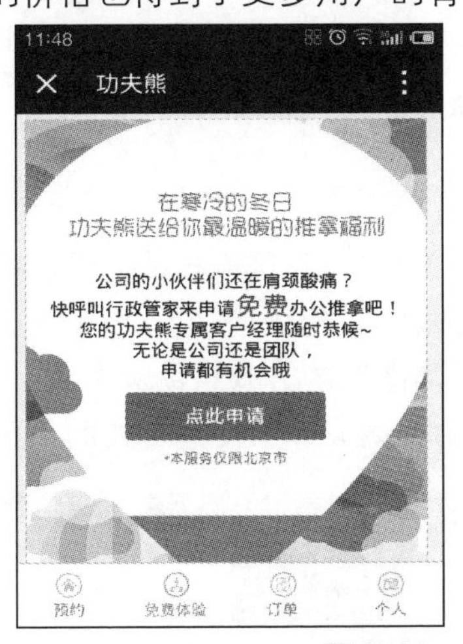

图 7-61　优惠活动界面

通过以上一系列操作，上门服务标准化、规范化、体系化就大大提升了。创始人王润表示，“功夫熊”手机端 APP 的安卓和 IOS 版本如今正在审核阶段，不久后就会上线。

2. 员工规范化，建立于顾客之间的信任感

功夫熊在前期运营时间里，主要工作在于培育市场和改变用户习惯。对于“上门推拿”这一服务，首先需要解决的是顾客与技师之间的信任问题。

在员工方面，“功夫熊”筛选技师时，都会查看其信息审核和资格认定。目前平台上的技师们，至少有五年的从业经验，也都具备国家认定的推拿资格证书。当技师们的信息审核通过后，“功夫熊”还会对其进行一个短期的服务培训，包括服务礼仪、服务模式等。

在服务方面，“功夫熊”平台的技师们，在上门服务时都统一着装，让顾客感觉到规范化。同时，“功夫熊”通过与互联网公司的合作来推进服务。图 7-62 所示为某公司通过团体预约的方式，在办公室完成推拿服务，并在微博上宣传，以此打消用户的顾忌，从而建立信任和积攒用户。

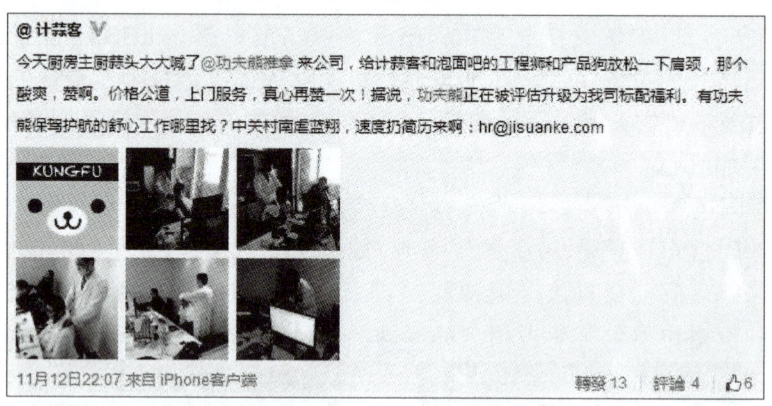

图 7-62　微博活动宣传

3. 微博二次传播，扩大声誉

“功夫熊”在新浪微博上还开设了官方微博，对日常技师们上门服务的工作通过微博全程记录，让粉丝们能更加了解服务的相关内容。更有许多加 V 的大号也都成为了“功夫熊”的顾客，他们通过晒微博的方式帮助其扩大了传播范围。一些普通的顾客也通过晒微博的方式，帮助其达成二次传播，如图 7-63 所示。

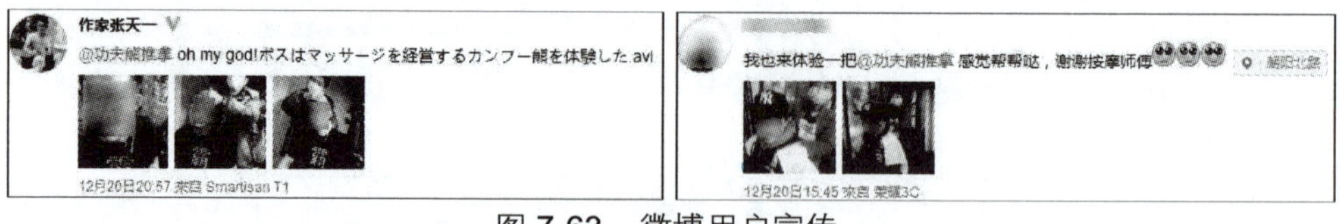

图 7-63　微博用户宣传

“功夫熊”在微博上还起到了客服的作用，图 7-64 所示为某顾客在下单过程中出现了金额付款没有减免的问题，在微博上进行了反馈。之后，“功夫熊”则在第一时间给予了回复，使情况得到了有效的解决。

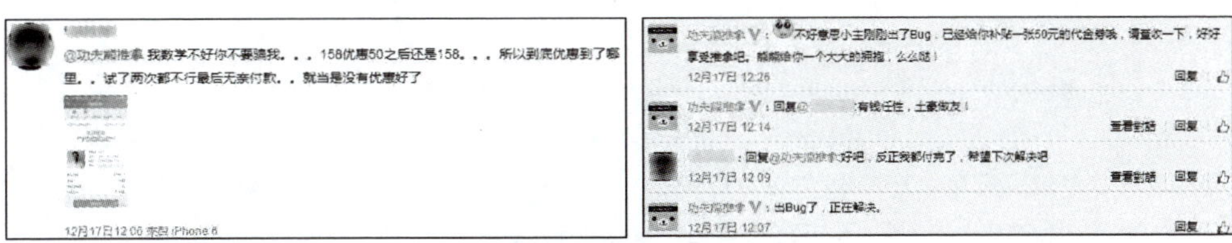

图 7-64　微博上进行客户

在“功夫熊”服务上线不到一个月的时间里，其日单量就已经突破了 100 单。目前其平台上共有 20 多名全职按摩技师，每位推拿技师平均接单量是 5~6 单，消费者的单价在 100 元左右，“功夫熊”采用电商运营模式，让消费者花更少的钱，得到更优质的服务。可以说这种“手艺人上门”的 O2O 模式已经取得了很大的成功。

案例分析

虽然“功夫熊”至今发展前景良好，但编者认为，其服务区域范围过小，服务品类少也将成为限制其发展的最大因素。在前文我们也有提到，这样的模式难就难在用户和技师双方间信任感的建立。除了通过统一的着装、用团体预定方式来打消用户的疑虑。技师本身对用户的信任也是一大难题，例如如今一些推拿技师通常以女性居多，但多数女性技师对上门提供服务会有所顾忌，如何保证技师的安全问题是也是“功夫熊”急需解决的。当“功夫熊”越做越大，消费者与技师的数量不断地增长，如何在更大的环境下稳定服务质量，守住口碑良好的服务品牌也将成为其最大问题。

传统行业要结合互联网做 O2O 服务，就不能单单“扯”概念，必须将重心放在线下用户的体验上。在中医理疗行业中，O2O 的服务模式在之前几乎没有，而“功夫熊”作为第一个吃螃蟹的人，无疑占据了最大的市场优势。这种优势体现如下：O2O 的服务模式对于创业者来说，打破了实体店的局限，降低运营成本；对于用户来说，移动终端预约便捷快速，同时又能获得相对便宜的价格，提高了用户体验；对于技师们来说，绕过了实体店面的抽佣环节，获得更大的利益，这些都是 O2O 的好处。

对于传统服务行业来说，服务本身就是产品最大的招牌，而充分利用移动互联网下人们的日常使用最频繁的移动终端——手机作为入口，完善服务体系，才能最终成为一块“金字招牌”。这其中的 LBS 也是传统服务业发展 O2O 的切入点，只有应用好 LBS 定位技术，才能给用户带来更便捷的体验，也是最终实现 O2O 的重要渠道。

第 8 章 个人品牌微商自有创业门道

在介绍完了 12 大行业的企业微商后，接下来我们来分享一些个人微商的成功案例。

许多人在刚刚加入微商这一行的时候，多多少少会没有头绪，不知道如何做，也不知道方向在哪里。微商虽然容易做，但是并不好做。想要做得出色，甚至创造出自己的品牌，都需要付出很大的努力，或者经历漫长的过程。在这其中，一些已经脱颖而出的优秀微商们，将自己的成功秘诀公之于众，分享给大家，这也让那些还在探索中的微商受到了很大的鼓舞。

8.1　韩束，3 个月创造上亿销售额

曾经在化妆品领域有这么一句话“化妆品卖得不仅仅是产品，更是一个美丽的梦想。”贩卖美丽梦想成为了许多化妆品牌的口号之一，其中就有韩束。

韩束与很多的微商品牌不一样，它并不是一个新生品牌。其在 2002 年就已诞生，在十几年漫长的努力下，韩束搭建起了“线下代理 + 电视购物 + 电商平台 + 微电商”的一整套产品销售渠道，如今韩束的销售额已达到近 30 亿。但拥有十几年历史的品牌为什么到了 2014 年才火起来？为什么在经历了那么多的销售渠道后才创造出销量神话？这都是因为韩束选择在 2014 年加入“微商”这个行业。

韩束在 2014 年 3 月开始真正关注微信朋友圈销售，发现了微电商渠道潜力巨大，从购物习惯，到资讯传达与交流，这些在微电商渠道中变得非常便捷和方便。同年 7 月，韩束开始筹划微电商渠道。

微信上卖东西现在已经不是什么新鲜事，然而目前微电商仍无明确规范，朋友圈里的东西常常是“快赚快闪”的三无产品，韩束作为一个已经有十几年品牌历史的化妆品为何要冒如此大的风险去“搅和”微电商这趟浑水呢？

1. 跟随微商大流，分析市场

韩束早在 2013 年之前就已经将基本的渠道铺设完毕，但随着移动互联网发展，手机端购物已成大势所趋，微信公众平台和朋友圈的微商们迅速崛起，并且做微商获取用户的成本又较其他渠道低廉，因此微商成为韩束不可不去争取的一大渠道。

在做微商之前，韩束对微商圈进行了调查，摆正了事实，分析了如今的微商趋势，给自己指出了应该如何在微商渠道着手的方向以及目标。

首先，其了解到，虽然微商有诸多从业者，但是这个渠道并没有具体的知名品牌，在杂而乱的情况下，这时候需要一个品牌作为标杆，领导这个渠道不断建立规范。由于此前微信平台上所代理的产品大多没有品牌，创业者缺乏安全感，而韩束可以弥补这个缺陷。

其次，从营销角度讲，微信本身就具有媒体属性，有助于拉进韩束与消费者的距离。微信端聚集的人群又是消费者属性，比如微信上有 10 万个人在卖韩束，一个人最起码有百来个好友，那么这个信息就会到达千万个真实消费者面前。后期再进行营销聚合，那么在朋友圈发 10 条信息，比其他推广渠道都要好得多。

最后，传统的线下渠道发展了近 30 年才规范化，而电商渠道只用了 10 年就完成了这一过程。现在随着移动互联网的崛起，信息传达的高效与透明，微商这一渠道势必会用更短的时间完成规范化。目前微电商已经发展了一段时间 ，规范化问题急需解决。

2. 发展代理，席卷朋友圈

韩束既然是一个品牌，那么要让这个品牌席卷微信圈，就必须有“东风”来推动，而这个“东风”就是如今微信朋友圈里的一个个微商。因此找到属于自己品牌的这群微商是韩束首先要做的事。

① 顺藤摸瓜，先接触小代理，然后找到总代。与线下渠道相同的方法论，直销分为三级，韩束只负责找到区域性大代理，设定好相应规则，后面的二三级渠道通通由大代理负责。

② 与其他“三无”产品最大的不同是，韩束采用了人走货清的退货模式，这极大地提高了代理商们的热情。比如，小王想要做代理，给他一定的配货，如果过段时间他不想做了，他手中的存货可以全部退回厂家。

③ 韩束会对代理们进行专业培训。相较于“攒人头、挣快钱”的方式，韩束采用“选精英、建团队”的稳扎稳打模式。曾经有过电商销售经验的人会优先选择作为总代理，总代理的数量是一定的。这期间会培训他们利用团队作战的方式迅速在微信上找到有效资源。

④ 韩束在微商渠道上的产品与其他渠道的产品具有明显的区别。例如，微商在微信平台卖的韩束面膜，其他渠道是没有的。同时，每一级的代理价格都是统一的，二级代理如果一开始从一个人手里拿货，那么就规定以后的货全部出自同一人之手。这样就避免了代理间的流动，形成稳定的局面。同时，韩束线下渠道的人是不被允许作为微商代理的。因为微商的微信平台不是线下基于地理位置渠道进行的延伸，而是作为基于对某一类人群的一个新渠道进行的开发。

商场总是以如此相似的规律运行。相比于2002年韩束成立时，化妆品行业在线下渠道的战国时代，如今一个轮回后，新的微商市场仍处于乱战的局面。然而，市场的逻辑就是在乱战中建立起来的。随着移动互联网越来越成熟，微商相对于传统渠道和电商渠道的优势会更加明显，这样的突破口韩束已经牢牢抓住。如果你是做化妆品产品的微商或品牌，还不准备抓牢吗?

8.2 河狸家，美甲也可以做O2O

“河狸家”，一个在微信、微博上做美甲的微商，在2014年3月才诞生。但就是这么一个如此小的新生品牌，不仅仅引来了微博上的多位明星代言，更在融资计划中被预估为具有2亿美元的价值。

“河狸家”由一位名叫“雕爷”的人一手打造，其致力于解放天下手艺人，帮助他们打造值得一生守护的个人品牌，同时为消费者带来更高质、更低价、更便捷的服务。“河狸家”最先推出的上门美甲业务，更有在线下美甲店找不到的定制花色款式，而其价格仅为线下美甲店消费的一半或者更低，所以一面世就受到业界热捧。

都说如今是爱美女人的钱最好赚，而“河狸家”也正是看中了这一点，但不同于普通美甲行业的是，河狸家并不是在固定的线下开了一家美甲店，而是运用了微博、微信平台做起了线上的生意。很多人会觉得疑惑，卖护品牌、化妆品可以做线上的生意，那么美甲这类的服务业怎么做线上生意呢？但是“河狸家”就打破了普通人的商业思维，首创了上门做美甲的服务方式，利用移动互联网的优势为自己发家致富。

1. 拥抱线上，搭建微商城

“河狸家”取消了店面，通过互联网技术聚集美甲达人和女性用户，自己做了一个信用和管理的平台，打破了传统美甲业的业务模式。“河狸家”在微信上搭建了一个完美的微商城，用户只需要在微信上关注“河狸家”，就可以实现在线下单，预约美甲师挑选自己想要做的美甲款式等，如图 8-1 所示。如今“河狸家”已经开通服务的城市有北京、上海、杭州、深圳、成都五大城市。

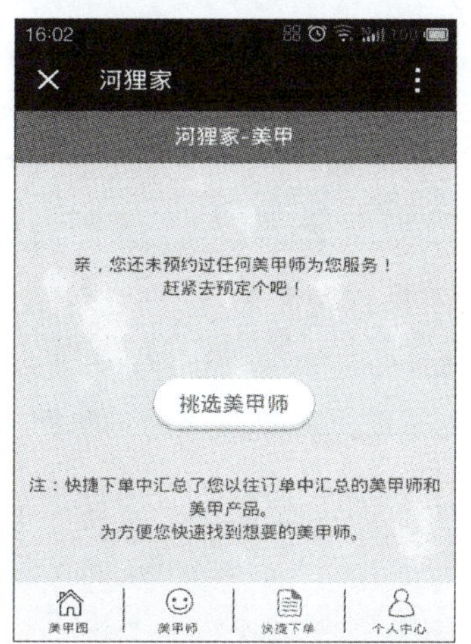

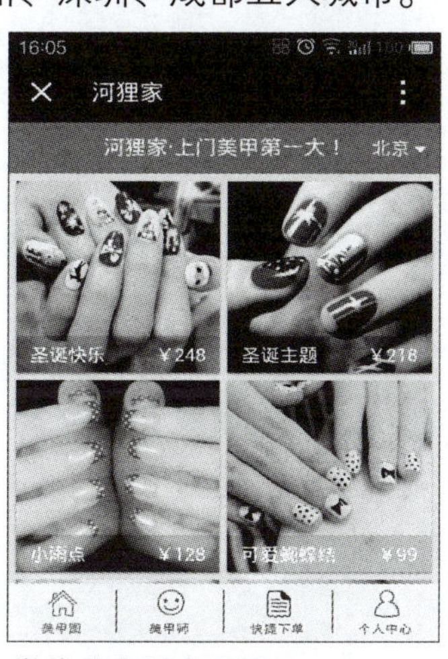

图 8-1　“河狸家”微信公众平台界面

为了实现更好的客户服务，“河狸家”从多个渠道着手。除了微信公众平台外，“河狸家”还开通了官方微博，以及微信服务号，客户都可以关注。同时，“河狸家”会通过线上平台不断地与客户互动，解决相关问题，打造出让客户舒心的优质服务。

2. 用更低的价格，打造高品质上门服务

传统的线下美甲店，往往面临着高昂的店面租金费，以及各种人工费用，所以在美甲的价格上，并不会设立太低。而“河狸家”因为是在线上发展的美甲店，

无须承担实体店面的各种杂费，也让其在价格上保持了优势。除了比普通的美甲店价格更低、更实惠外，还时常会在线上发布一些优惠券或者折扣活动，让客户更为倾心。最为重要的一点是，不需要客户出门，就能享受到优质服务。客户在“河狸家”下单之后，只需在家静心等候，美甲师们就会带着工具主动上门服务，这大大优化了客户的消费体验，也因此赢来了更好的口碑。

3. 启用粉丝效应，让明星客户代言

在众多的“河狸家”客户中，不乏有许多的明星客户也常常找上他们提供上门的美甲服务。“河狸家”每次给明星们提供服务时，更是免费找了个代言人，在“河狸家”的微博上，常常可以看到当红明星的身影，演员“@刘涛”、超女“@何洁”、甚至连微博女王“@姚晨”也是他们的客户，如图 8-2 所示。拥有如此多粉丝们的明星代言，无疑进一步加大了“河狸家”的品牌扩散。

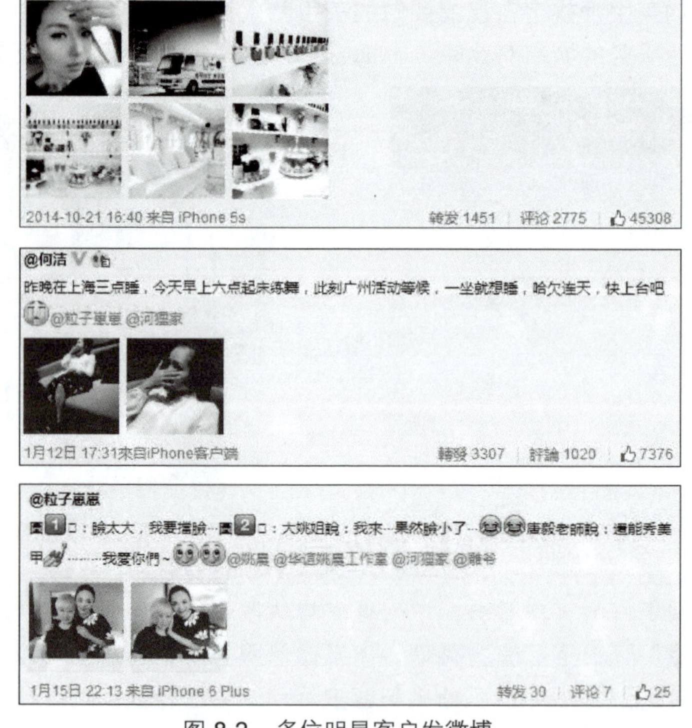

图 8-2 多位明星客户发微博

当“河狸家”在双微平台上都打响了名声之后，更趁热打铁开发出了自己的 APP，在 APP 上更多的服务功能得以完善，用户能够查阅更多的美甲款式，并能时常参加活动获得优惠券、折扣等“甜头”。因此在 APP 上线之初就赢来了大量的下载率，让“河狸家”再一次创造了成功。

在移动互联网的影响下，传统美甲店必须利用移动端新工具，来不断优化自己的运营过程，提高自己的客户维护能力。延伸到其他的行业亦是如此，在移动互联网的冲击下，任何一个行业都得把握好营销模式转变的风向，在消费者转移之前，锁定新的营销平台。只有走在消费者的前面，才能引导越来越多的消费者跟随你的步伐，大的顶尖企业应如此，小的个人品牌更应如此。

8.3　大学生创业卖水果，月收 4 万

如今在微信上的“创业者”很多都是刚刚崛起的 90 后，他们敏锐大胆，对新生事物敢于尝试，勇于行动又富有商业头脑，虽然没有多少资本，却有很多新的点子。几乎零门槛、零成本，建立在熟人基础上的微信社交平台成为他们最好的创业舞台。更重要的是，微信不仅是他们的工作平台，还是他们的生活方式。

“如果你只想吃两个苹果，又不想出门买，怎么办？我们就能给你送到宿舍里。”在石家庄经济学院有这样一个微信购物平台，学校的学生通过微信下单，就能“享受”到水果、餐点、化妆品直接送到宿舍的服务。而这个平台的运营团队，就是该校的一群学生。

团队负责人之一许熠是该校的大四学生，在每天中午的午休时间里，是许熠和他的团队最忙的时候：接收订单、配货、送货、记账……他们从批发市场进购水果，把水果商品放在微信平台上，包括苹果、火龙果、葡萄等时鲜水果在内，一共将近 20 种，另外还有化妆品和其他饮料、餐点。根据学生的特点，团队还创造了许多套餐，比如美容套餐、考研套餐、情侣套餐等。只要用户关注微信号，选择自己想要的东西，下单购买即可，如图 8-3 所示。之后团队会派人送货上门，因为是在学校范围派送，所以十几分钟就可将商品送达。

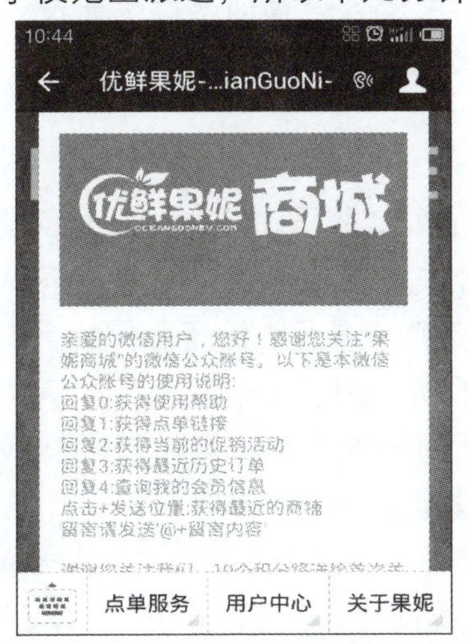

图 8-3　“优鲜果妮”微信界面

许熠团队将客户群定位于同校的学生，这样能最大限度节省送货时间，在客户联系上微信也有很大的优势。其选择水果作为商品也有现实的考量，水果是学生们经常会吃的食物，但学校超市水果特别贵并且质量并不算好，还得自己去超市选购，如果买得多，提回宿舍还费力。其团队以优惠的价格给学生们配送最新鲜的水果，送到学生的宿舍里面，学生们可以安安心心地上着网，不用动也不用跑，也不用打电话、不用发短信，仅用微信就可以等待新鲜水果的到来。

这样的外卖创业方式为其带来了巨大的收益，深得学生们的喜欢。平台从 2013 年 9 月 5 日开始运营，在一个多月的时间内关注用户便已达 1000 多个，月净收入达到了两万元。

在生活中，校园创业的案例可以说是屡见不鲜。但是，之前我们常常看到的创业案例一般是线下销售，例如新生入学时销售生活用品、电话卡等。在微信兴起之后，通过微信在校园里卖东西就成了一种别开生面的创业方式，像以上列举的许熠团队的做法就非常值得借鉴。当然，除了卖水果之外，还有许许多多的产品种类可供大学生们选择，只要是符合校园的，有学生市场的，都可以成为你的主打产品。

8.4 扯蛋哥，卖土鸡蛋发家

90 后大学生李笃乾，出生于农村，2012 年大学毕业后曾先后在塑胶、卫浴行业做过销售工作。在此期间，他常常帮同事带来家乡的土鸡蛋，深受大家的喜欢。他发现相比起超市里的“大路货”，大家更相信农村里的农产品。当他发现了这个商机之后，便马上辞去了工作，回到自己的农村老家用微信来卖土鸡蛋，并整合土鸡蛋的供应商户，先后与多家养殖基地签订了协议，开始了他的个人微商之旅。

1. 搭建自己的微信商城

李笃乾首先给自己在微信上开通了一个公众账号，并取名为“九点零扯蛋”(后改名为“九点零农人”），并在公众账号中设置了自定义菜单，搭建起了自己的微信商城。在微信上，用户可以在商城选购农产品，除了主打的土鸡蛋之外，更有许多来自乡下生禽、蔬菜的农产品。除了能让用户自助下单、购买产品外，更可以在微信上查找“农产品食谱”，不同的农产品可以做什么样式的菜肴，在微信上都有介绍。李笃乾还在微信上搭建了一个“蛋花社区”，这是一个类似于论坛的地方。“蛋花”就是“九点零农人”的粉丝和会员称号，在这个社区里，用户可以自由发起话题、活动，以及提问等，还可以点赞、分享、回复他人，如图 8-4 所示。

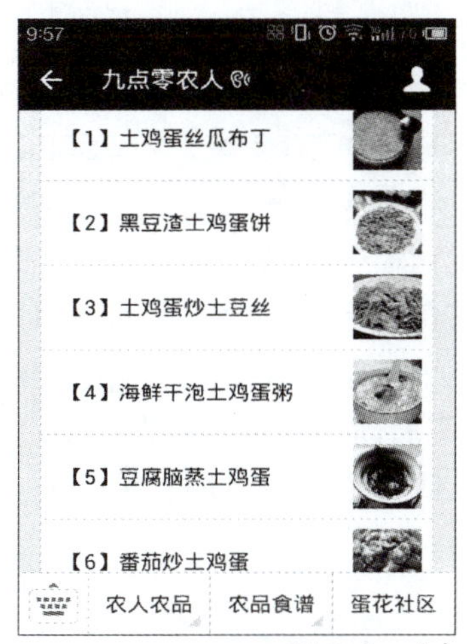

图 8-4　“九点零农人”微信界面

2. 包装自己，成为品牌

不同于普通微商们一心只想发展生意的单一目标，李笃乾在做生意的同时也致力于打造属于自己的“品牌”，并且对于一个刚毕业的 90 后，其将年轻人有趣、创新的思维发挥极致，打造了一个符合时代潮流、与众不同的“农产品牌”。

① 自我称呼

李笃乾不仅为自己的公众平台商城起了个另类的名字，也为自己想了一个不同寻常的外号——扯蛋君，利用时下的热门词语“扯淡”与自己产品的谐音相结合，既诙谐幽默，又让人心生好奇。

② 搞笑 LOGO

为了提高销量，李笃乾特别请朋友为自己设置了品牌 LOGO——一个小伙儿拉扯鸡蛋的卡通图，如图 8-5 所示。他将这个 LOGO 应用于微信头像、日常的工作服上，就连平常送货的车上和装货箱上也到处布满了这个 LOGO，无处不在的卡通形象让人进一步加深了对品牌的印象。

图 8-5　品牌 LOGO

3. 用恶搞赢来销量

在微信平台刚刚建立之初，李笃乾与许多刚入行的微商一样，不知要从何做起。只能偶尔在朋友圈发发图文状态，主要内容就是一些土鸡蛋的照片和联系方式，效果并不理想，微信平台上的粉丝也很久不见涨。如何才能让更多的人关注到自己并购买自己的产品，成了最困扰李笃乾的一个问题。本着 90 后“爱搞”的特性，李笃乾决定将自己恶搞一回。于是他用鸡蛋壳给自己做了一个“蛋壳草帽”，并且将自己作为“笑料”，拍了多组恶搞图片传到朋友圈和公众平台上，吸引众人眼球，引人发笑。最重要的是，在这次恶搞后，给其带来了巨大的经济效益——微信公众号粉丝涨了1000多名、一个月内促成订单50多笔，卖出5000多个鸡蛋。

一个创业的大学生，一个从零开始的微信商店，一次大胆的微商尝试，一个接近日常生活的搞笑事件，就是李笃乾的成功秘诀。做微商，不一定要用促销的方式来提高销售额，只要是一切可以促进消费者利用移动互联网消费的活动都可以成为微商们的手段。李笃乾就是利用了一个搞笑事件——恶搞自己的外形和打扮来吸引人们的关注，让人产生好奇，成为了煽动消费者购买自己产品的催化剂。这是一个非常低成本、高效率的营销方式，适合个人微商们利用起来。

8.5 阿虎烧烤，月收 10 万

“阿虎烧烤”曾经只是浙江湖州路边一家烧烤摊，然而却因为运用互联网思维的经营模式，成为了如今湖州第一家实现微信自助下单的烧烤摊。其线上线下结合的实践和营销方式非常草根化，但却为其带来了月超10万的营业额，对于一个烧烤摊这种平民生意来说已是非常惊人的成绩了。

“阿虎烧烤”是一对夫妻经营数年的路边生意，因诚信和不错的口味积累了一定的人气，但受限于城管执法和天气原因，生意常常不稳定。又因当地加大城市整容监管力度，烧烤摊面临难以为继的生存困境，于是“阿虎烧烤”萌生了利用微信、微博平台做烧烤生意的想法。

1. 微博平台——主动、活动和互动

随着人们对移动互联网的依赖性逐渐增强，如今大家吃烧烤不愿再出门找摊位，而是想要窝在家里等着食物送上门来。基于这样的情况下，“阿虎烧烤”选择了用微博、微信作为其主要的运营平台，为广大的消费者们提供送烧烤上门的服务。为了保持之前在线下就已经积攒住的口碑，其还是选择用“阿虎烧烤”这个名字作为品牌名称，并全身心投身于双微平台的营销，做起了微商。

① 主动：在“阿虎烧烤”开通微博后第一个方法就是看似简单的主动加关注，但却有技巧可循：比如只关注本地及具有美食、吃货类标签的用户，这就明确了目标用户群体的属性。“阿虎烧烤”坚持每天关注200人，其中有至少20个人回粉。之后，关注满了2500人就用粉丝管理工具，清理掉一批没有回粉的无效ID，这个过程重复下来，原始积累的粉丝有200多个。后期通过口碑传播与线上活动，粉丝有了很大的增长，这个方法至今还在沿用。

② 活动：活动不一定要新奇特，重点是能吸引潜在的消费者并促成二次消费，同时利用用户的口碑传播来达到广泛的传播效应，逐步把粉丝变成顾客再到回头

客最终到忠实顾客。“阿虎烧烤”发现拥有一定用户之后，并不一定能引导用户消费。这个时候，作为运营者来说，就需要找到一个突破口把用户购买欲望调动起来，他们就利用了下面几种方式。

➢ 微信号下单都优惠 5 元的办法。当时起送金额为 30 元，一单优惠 5 元的话才 25 元，折扣力度挺大的。在这样的不断积累过程中，20 多天后，微博上的粉丝有了 500 多位，微信上的粉丝有了 200 多位。

➢ 推出了一次活动晒单送电影票。他们为了把口碑宣传的影响力继续扩大，在微博和微信上都发布了活动，只要微博或者朋友圈订购烧烤后晒单给出真实点评，或者到他们当地的论坛美食版块中发帖晒单，任何一种形式的晒单都能获得一张电影票。但他们取票是有规则的，不支持自己来领，只能下次订烧烤的时候他们一并送上，所以这里又有个时间差，也促进了二次消费。很多用户为了拿到电影票又回来开始定烧烤，第一次可能是尝试，但第二次定就是满意，多定几次就成为了习惯，也将顾客从粉丝、到顾客、到回头客到忠实顾客完成了进化。

➢ 设计了回味童年时光的活动。当晚订单满 50 元就送一个童年时候的铁皮青蛙。后来还送过李子园牛奶、咪咪虾条、AD 钙奶等一些 80、90 后小时候吃到和玩到的东西，如图 8-6 所示。这次活动效果非常不错，好多顾客原本没有吃烧烤的想法，因为送的小东西很有意思也特意点了烧烤。

> 今晚阿虎为各位小主儿准备了一份经典怀旧的小礼物，是我们8090一代人的童年经典回忆，今天晚上凡是订单满50元的小主儿都有机会获得阿虎送出的这份怀旧小礼品，图片打了邪恶的马赛克，各位小主儿还能看出来是什么吗？，今晚6点开始接受订单，首单7点30送出，关注微信ahushaokao下单。

> 阿虎一直坚持认为，阿虎卖的不单单是烧烤，而是一种生活乐趣，所以一直想要给大家带来一种有趣的体验。今天，阿虎又来耍宝了，还记得我们小时候喝过的牛奶味道吗？李子园牛奶，大家小时候是不是跟阿虎一样，也经常喝呢？一起回味童年熟悉的味道，今晚微信下单成功皆送一瓶，礼轻意重，回复【菜单】下单

图 8-6　“阿虎烧烤”微博怀旧活动

除此之外，还有“与大虎师傅合照发微博，就送秋刀鱼两条”的活动，如图 8-7 所示。微博的分享使得线上线下形成了良好的互动。

> 大家都这么照顾我们生意，直接跑来摊子上吃烧烤了，那我们不如也互动一下吧，凡是直接跑摊子上吃烧烤的亲，拉住大虎或者虎妞，拍张合影，发微博@阿虎烧烤（也就是告诉我小虎一声，我在摊子上吃烧烤哦）那我就会通知大虎，赠送给亲2条秋刀鱼，以示感谢，各位小主儿愿不愿意？露个脸大家也好认识一下呢

图 8-7　“阿虎烧烤”微博合照活动

③ 互动：社会化媒体本就是基于人与人之间的互动平台，没有互动就失去了它的魔力。对于顾客的每一句或抱怨或赞美或鼓励都要积极回应，才能在用户心中留下好的印象。此外，主动征求用户的意见并使其参与决策是一种更高级的互动方式。例如“阿虎烧烤”在面临需要增加额外成本时，做了一个三选一方案的意见征集。

- 方案一：提高每串烧烤的价格，多出的利润用来支付送餐工每月 2000 元的工资。
- 方案二：每单增加配送费 10 元，烧烤摊不再提供送餐服务，顾客需要通过第三方的“跑腿公司”订购。
- 方案三：提高免费配送的起送金额（原来是 30 元，现提高到 50 元），未满 50 元则顾客出 5 元送餐费。

结果是方案三通过，这个结果是可想而知的，其实这是设计者在有意引导客户进行选择，也是用优惠信息促进了销售。

2. 微信平台——外卖配送实现 O2O

原本吃烧烤只能在路边，是“到店消费”，而把它做成外卖一样进行配送，却是“上门服务”，这在服务形式和业务模式上都是一个大胆的尝试和创新。

在此设想的基础上，“阿虎烧烤”先是做了一个菜单式的长微博图片，并把它置顶，用户通过电话来下单再货到付款。但是随着订单的增多，一个人接电话不够用，于是“阿虎烧烤”开通了微信公众平台，开始推荐顾客用微信公众号的直接回复功能来下单。由于微信公众平台本身不具备微信下单的技术支持，于是“阿虎烧烤”通过一些第三方平台购买了一套微信点单系统，在下单统计的智能化与用户体验上都得到了很大改进。同时，还支持无线打印小票，在用户下单的同时，通过无线打印机就可以打印出订单小票，顾客的订单信息及联系信息一目了然，这也使得“阿虎烧烤”的效率大大提高了。

在三个月时间的 O2O 实践里，“阿虎烧烤”利用互联网的方式不仅把外卖的流程做通做熟，还积累了线上线下的人气，最重要的是营业额翻了三倍。

很多时候，微商们以为拥有大量粉丝，就能产生购买率，实际上并不完全如此。真正能产生购买率的往往是你的忠实粉丝，这些人是无条件“挺”你的人，这些粉丝才是真正有价值的用户。“阿虎烧烤”显然也是这样认为，于是他们有了下面这样一个粉丝转化过程：粉丝数量→一次消费顾客→多次消费顾客→忠实顾客→死忠（铁杆粉丝）。

以上这个看似简单的转化流程，非常适用于大部分个体餐饮行业。所以，做个体餐饮微商的朋友，可以根据这个实用方法，来提高自己的销售额，从而创造更多利润。